인생도 역사도 만남이다

세 경 사

인생도 역사도 만남이다

2022년 새해가 밝았다.

코로나19로 인해 신년 타종식과 무등산 해맞이 행사를 개최하지 못해 아쉽다. 우리는 만나서 부대껴야 힘이 나는 민족인데, 코로나19가 2년 가까이 시정의 블랙홀이 되고 있다.

그럼에도 우리 광주의 시간은 결코 '멈춤'이 없었다.

짙은 어둠을 뚫고 무등산 위로 해가 우뚝 솟아 새 아침이 밝았다. 지금 우리 광주의 모습이 그러하다. 정의로운 역사를 가졌으나 일자리가 부족하고 살기가 팍팍해서 떠나던 광주에서 이제 사람과 기업이 찾아오는 광주로 바뀌고 있다. 정치가 강한 도시에서 경제도 강한 도시로 탈바꿈하고 있다. 세상이 광주의 성과를 주목하고 있다. 민주인권도시 광주에 새로운 이름이 많이 붙고 있다. 인공지능 대표도시, 노사상생도시, 친환경 자동차산업도시, 기후위기대응 선도도시, 아이 낳아 키우기 좋은 맘 편한 도시로 도약하고 있다. 강성 이미지로 기업과 투자가들이 기피하던 광주는 이제 옛날 얘기이다.

'광주', 이 두 글자는 생각만 해도 가슴이 뛰고 벅차오른다.

봄에 모천(母川)을 떠난 새끼 연어는 넓은 바다로 나가 다양한 경험과 지혜를 쌓고 단풍잎 곱게 물든 가을에 어머니 강으로 되돌아온다. 광주를 떠날 때 품었던 '회귀의 꿈'을 나는 지금 실현하고 있다. 광주시장 3년

6개월. 한시도 허투루 쓰지 않고 치열했던 타향살이 바다에서 얻은 경험과 인맥 그리고 전문성을 내 모천의 자갈밭에 풀어놓고 있다. 일 밖에 모르는 시장, '일용섭'이라는 원성을 들을 정도로 원없이 일했다. 강도 높은 혁신으로 궤도를 이탈했던 시정을 바로 잡았고, 의향 광주의 시장답게 원칙과 정도를 지키며 깨끗한 행정을 펼쳤다.

3년 6개월 전, 상상할 수 없었던 일들이 현실이 되고 있다.

모두가 어려울 것이라 생각했던 광주형 일자리를 성공시켜 캐스퍼가 생산되고 있고, 4차 산업혁명의 핵심인 인공지능 산업을 선점하여 대한민국의 100년을 책임질 성장동력을 만들어가고 있다. 전세계적인 화두가 된 기후위기 대응에 있어서도 우리 광주는 정부와 EU국가들보다 5년이나 앞선 2045년까지 탄소중립에너지 자립도시를 실현하겠다는 담대한 도전에 나섰다. 그리고 지난해 전국 광역자치단체 중 우리 광주만 유일하게 매달 출생아수가 계속 증가한 것도 또 하나의 광주다운 변화다.

이제 그 누구도 따라올 수 없는 '광주 대전환'을 준비해야 할 때다.

조금만 머뭇거리거나 시정의 중단이 있으면 언제든지 과거로 뒷걸음칠 수 있고, 국내외 도시들로부터 추월당할 수 있다. '정의롭고 풍요로운 광주'를 뛰어넘어 「더 크고 더 강한 광주시대」를 열어 미래 100년을 대비해야 한다. 획기적으로 도시경쟁력과 삶의 질을 높여 시민이 행복한 「그린 스마트 펀 시티(Green Smart Fun City)」를 만들어 우리 청년들이 광주를 떠나지 않고도 세계를, 최고를, 미래를 꿈꿀 수 있도록 해야 한다.

아쉬움도 적지 않다.

큰 시대적 화두나 시대정신 실현에 주력하다 보니 광주의 위상과 도시 경쟁력은 높아지고 있지만 우리 시민들이 일상에서 겪는 아픔과 어려움을 보다 가까이서 세심하게 살피지 못했다. '혁신과 청렴'을 강조하다보니 따뜻함과 인간미가 부족했다. 앞으로는 '더 크고 더 강한 광주' 시대를 열기 위한 큰 그림도 그리겠지만, 더 낮게, 더 깊이, 더 가까이 시민들의 일상 속으로 들어가 희로애락을 함께 나누는 '우리 시장'이 되고 싶다.

책을 쓰는 데에도 용기가 필요 했다.

우리 직원들이 수많은 날들을 고민하고 번뇌하며 열정을 쏟아 이룬 성과들을 시민들께 제대로 알리는 것이 고생해 온 우리 직원들에 대한 일종의 책무라고 생각했다. 또한 그동안 추진했던 정책과 사업들을 민선 7기에 대한 역사적 평가자료로 남기고 싶었다.

이 책이 완성되기까지 많은 분들이 함께 해주셨다.
그 분들의 노고에 깊이 감사드리며,
광주 대전환, 더 크고 더 강한 광주시대 개막으로 보답하겠다.

2022년 새해 아침

이용섭

Contents

1부

'꿈' 그리고 '만남'

성공한 사람들에게는 항상 가슴에 '꿈'이 있고 좋은 '만남'을 통해 그 꿈을 이뤄가는 공통점이 있다. 내가 꿈을 포기하지 않는 한 꿈은 결코 나를 포기하지 않는다. 꿈을 이루기 위해 부단히 혁신하면 좋은 만남이 결합되고 결국 그 꿈을 이루게 된다.

1부 '꿈' 그리고 '만남'

1. 인생도 역사도 만남이다
2. 어릴 적 꿈, 정의로운 공직자
3. 지독한 연고주의와의 만남, 정의롭고 공정한 사회
4. 김대중 대통령과의 만남, 연고주의 악몽에서 벗어나다
5. 노무현 대통령과의 만남, 송두리째 바뀐 인생행로
6. 문재인 대통령과의 만남, 광주시장의 꿈 실현
7. 왜 나는 광주광역시장이 되려고 했는가?

살면서 종종 "성공 비결이 무엇이냐"는 질문을 받곤 한다.

면 소재지 중·고등학교와 지방대학을 나온 '시골 촌놈'이 남들은 평생에 한 번 하기도 어려운 중요한 직책들을[1] 여러 번 맡다 보니 "개천에서 용 났다", "성공했다"는 격려성 얘기와 함께 그 비결을 궁금해하는 분들이 많다.

나는 이런 질문을 받을 때마다 '꿈'과 '좋은 만남' 덕분이라고 답한다. 어렸을 때부터 나는 늘 가슴에 '꿈'을 품고 살았다. 그리고 좋은 사람들, 좋은 환경을 만나 내 소중한 꿈을 이루었고, 또다시 새로운 꿈을 꾸는 일을 수없이 반복했다.

이러한 경험들이 쌓이면서 나만의 믿음이 생겼다. 즉, 성공한 사람들에게는 항상 가슴에 '꿈'이 있고 '좋은 만남'을 통해 그 꿈을 이뤄가는 공통점이 있다. 내가 꿈을 포기하지 않는 한, 꿈은 결코 나를 포기하지 않는다. 꿈을 이루기 위해 부단히 혁신하고 노력하면, 좋은 만남과 결합되고 결국 꿈을 이루게 된다.

꿈은 기도와 같은 의미가 있다.

> "구하라 그리하면 너희에게 주실 것이요. 찾으라 그리하면 찾아낼 것이요. 문을 두드리라 그리하면 너희에게 열릴 것이다." (마태복음 7장 7절)

성공은 꿈(뜻)을 이루는 것이므로 꿈이 없으면 진정한 성공도 없다. 물론 꿈이 있다고 저절로 이루어지는 것은 아니다. 먼저 본인 스스로가 부단히 혁신하고 여기에 좋은 만남이 결합되어야 비로소 꿈은 이루어진다. 이런 점에서 꿈은 성공을 위한 필요조건이고, 만남은 성공의 충분조건이라고 할 수 있다.

---

1 재정경제부 세제실장 → 관세청장 → 국세청장 → 노무현 정부 청와대 혁신관리수석비서관 → 행정자치부 장관 → 건설교통부 장관 → 18대 국회의원 → 19대 국회의원 → 문재인 정부 일자리위원회 부위원장 → 광주광역시장

1 인생도 역사도 만남이다

(1) 누구를 만나느냐에 따라 역사도 운명도 바뀐다.

사람은 세상에 태어나는 순간부터 만남의 연속이다. 산다는 것이 곧 만남을 의미하고, 새로운 만남이 관계를 형성해 인생에 새로운 전기를 만들어준다. 행복도, 불행도 결국은 '만남'에 의해 시작되고 결정된다고 해도 과언이 아니다.

누가 누구를 만나느냐에 따라 사람의 운명도 달라지고 국가나 지역의 역사도 달라진다. 작은 만남이 역사적 사건이 되는 경우도 있고, 어떤 만남은 삶을 통째로 바꾸는 계기가 되기도 한다. 그래서 우리는 늘 좋은 만남을 기대하고, 나 역시 상대방에게 그런 만남으로 기억되길 바란다.

속담에 "향 싼 종이에는 향내 나고 생선 싼 종이에는 비린내 난다", "썩은 사과는 옆에 있는 사과도 썩게 만든다"는 말이 있다. 또 蒼蠅附驥尾致千里(창승부기미치천리)라는 말도 있다. 쉬파리도 준마의 꼬리에 붙어가면 천 리의 먼 길도 도달할 수 있다는 뜻이다.[2] 이들 모두 한 평생을 살면서 누구를 만나느냐에 따라 삶이 바뀔 수 있다는 뜻을 내포하고 있다.

2 2천여 년 전에 편집된 사마천의 『사기』(史記 伯夷傳)에 나오는 글귀다.

만남이나 관계의 중요성은 꼭 사람과 사람 간에만 적용되는 것은 아니다. 소나무가 대저택을 짓는 대목수를 만나면 고급 주택의 목재가 되지만 동네 목수를 만나면 고작 오두막이나 축사를 짓는 데 쓰인다. 약초도, 보석도 그 가치를 알아보는 사람을 만나기 전까지는 한낱 잡초였고, 평범한 돌에 불과했다. 씨앗은 흙을 만나야 싹이 트고, 고기는 물을 만나야 숨을 쉰다. 지렁이는 흙이 있어야 살고 나무는 썩은 흙이 있어야 뿌리를 깊이 내릴 수 있다.

사람 역시 어떠한 시대정신, 어떤 국가나 조직, 어떤 환경과 만나느냐에 따라 그들의 운명이 바뀌고 역사도 바뀐다. 자기가 가진 자질이나 유전자(DNA)가 아무리 뛰어나더라도 시대정신과 맞아야 성공하고 그렇지 않으면 실패하기 쉽다. '시절인연'이 있어야 한다는 뜻이다.

요즘 20대 대통령 선거를 앞두고 사이다형이니 돌파형이니 후보들의 리더십이 자주 거론되고 있다. 세상에 완벽한 사람은 없다. 완전무결함은 신의 영역이다. 누구든 장단점을 가지고 있다. 자기가 가지고 있는 장점을 필요로 하는 시대정신과 만나면 선택을 받게 된다. 또한 국가나 지역 그리고 조직 역시 어떠한 리더를 만나느냐에 따라 흥망성쇠가 결정된다. 리더가 무능한 조직이 성공한 사례가 없다. 특히 조직의 장이 시대정신을 따라가지 못하고 과거의 가치에 머물러 있으면 조직은 고인 물, 썩은 물이 되어 발전을 기대하기 어렵다. 반면, 성공한 조직에는 변화를 추구하는 혁신적인 리더가 있다. 그래서 조직은 리더를 잘 만나야 한다.

또한 역사나 조직은 씨를 뿌리고 거름으로 살다간 사람이 많을수록 발전한다. 사람들 중에는 평생 씨를 뿌리고 거름을 주면서 살다 간 사람도 있는가 하면, 주로 열린 열매만 취하듯 자기 이익만 챙기다 간 사람도 있다. 나는 광주시장으로 재직하면서 광주발전의 밑거름이 되겠다는 일념으로 혁신의 씨를 뿌리고 기반을 구축하는 일에 전념했다.

(2) 위기를 낭비하지 마라!

나 역시 오늘이 있기까지 수많은 사람들을 만났고, 여러 상황에 직면했다. 좋은 만남도 많았지만 나를 힘들게 하고 고통을 주었던 사람들이나 사건들도 적지 않았다. 하지만 되돌아보면 나에게 어려움과 고통을 주었던 사람들과 사건들이 훗날 교훈이 되어, 나를 더욱 단단하게 만드는 계기가 되었다.

많은 분들이 나에게 나이에 비해 건강하다고 얘기한다. 중·고등학교 6년간 매일 12㎞를 걸어 다녔고 20대 중반까지 농사를 지으면서 기초체력이 단련된 덕분이다. 또한 나를 성실하고 청렴하며 실력 있다고 얘기하는 분들도 많이 계신다. 성실·청렴·실력은 연고주의가 팽배했던 젊은 공무원 시절에 전라도, 지방대학 출신의 시골 촌놈이 살아남기 위한 불가피한 선택이었다.

이처럼 그 당시에는 위기나 고통이었던 것들이 훗날 복이 되는 경우가 많다. 이처럼 인생은 새옹지마(塞翁之馬)이고 전화위복(轉禍爲福)의 연속이므로 모든 만남을 소중히 여기고 매사에 감사할 줄 아는 습관을 갖는 것이 중요하다. 그리해야 시련이 실패가 되지 않고, 어려울 때 위기를 극복할 수 있다. 좋은 위기를 낭비해서는 안 된다.[3]

(3) 공직자는 항상 역지사지(易地思之)를 가슴에 새겨야!

어려서부터 아버지께서 나에게 가장 많이 들려준 얘기가 역지사지(易地思之)였다. 어릴 적에는 무슨 뜻인지 깨닫지 못했다. 그러나 이 말씀은

3 Never waste a good crisis!(좋은 위기를 낭비하지 마라) 영국 총리였던 윈스턴 처칠의 말이다.

훗날 공직생활 내내 공직자로서 바른 길을 가는 이정표가 되었다. 돌이켜 생각해보면 상대방 입장에서, 수요자 입장에서, 국민 입장에서, 을(乙)의 입장에서 생각하고 행동하라는 뜻이었다.

특히 조직의 리더가 되고 나서는 나로 인해 조직이 조금 더 발전하고 구성원들이 조금 더 행복했으면 좋겠다는 바람으로 최선을 다해 열정을 쏟았다. 그 결과 내가 기관장으로 거쳐 온 기관(관세청, 국세청, 행정자치부, 건설교통부 등)들은 모두 혁신적 성과들을 창출했고 좋은 평가를 받았다.

2018년 7월, 광주시장이 되고 나서도 그런 생각은 변함이 없다. 우리 광주 시민들이 다른 어떤 시장을 만났을 때보다도 더 행복하고 광주공동체가 더 발전할 수 있도록 쉼 없이 일해왔다. 우리 직원들에게도 내가 곁에 있음으로 해서 한 사람이라도 더 행복할 수 있게 해주려고 노력해왔다.

그럼에도 지나치게 원칙과 선공후사(先公後私)만을 지키다 보니 인간적으로 서운함을 느꼈을 분도 없지는 않을 것이다. 또한 일부는 불이익을 받을 수밖에 없는 인사나 조직 운영의 특성상 내가 재임 중에 힘들었던 분들도 더러 있을 것이다. 그러나 분명한 것은 시장 입장보다는 직원들 입장에서, 시청입장보다는 시민입장에서, 힘 있는 사람들 입장보다는 어려운 사람 입장에서 정책을 만들고 시정을 펼치려고 노력해왔다. 이에 대한 모든 평가는 역사와 시민들께 맡긴다.

2 어릴 적 꿈, 정의로운 공직자

(1) 헌신적인 부모님 만나 바르게 성장하다.

나는 진짜 행운아다. 좋은 부모님을 만나 바르게 사랄 수 있었기 때문이다. 시골 가난한 집안의 8대 장손으로 태어난 나는 어려운 형편에도 부모님의 희생과 헌신 덕분에 대학까지 무사히 졸업할 수 있었다.

내가 성장했던 시골마을(전남 함평군 대동면 향교리)은 300호가 넘는 제법 큰 마을이었는데 당시 자식들을 대학까지 보낸 집은 다섯 집도 되지 않았다. 교육은커녕 입에 풀칠하기도 어려웠기 때문이다.

하지만 우리 아버지는 '교육만이 가난의 굴레에서 벗어나 사람답게 살 수 있는 유일한 수단'이라는 확고한 신념을 갖고 계셨다.

하루하루 먹고살기도 어려운 상황에서 4남매를 대학까지 보내주셨다. 그 과정에 얼마나 많은 눈물과 피땀이 서려 있었을지 생각만 해도 가슴이 몹시 아프다. 또한 고등학교 졸업 후 대학을 포기하고 곧바로 취업해서 부모님을 도와 동생들 뒷바라지 해주신 두 분 누님께는 나이가 들수록 미안하고 감사할 따름이다.

이런 성장환경이 나를 일찍 철들게 했다.

나는 중고시절 학교 수업이 끝나면 곧바로 집에 돌아와 농사일을 거들어야 했다. 반(半)농사꾼 생활은 대학에 가서도 이어졌고, 행정고시에 합격해서 사무관으로 지방에 근무할 때까지 계속되었다. 학교 수업이 없거나 주말이면 집에 가서 쟁기질도 하고 뙤약볕에서 농약을 치기도 했다. 당시에는 비료가 부족한 탓에 읍내 공중화장실에서 분뇨를 퍼 날라 밭에 뿌리기도 했다. 밤을 새워가며 천수답 논에 물을 대기 위해 두레질을 하고 나서 아침에 학교에 가기도 했다. 또래 친구들과 많이 어울려 놀지 못하고 농사일에만 전념하다보니 나는 말이 없고 내성적이고 부끄러움을 많이 탔다. 그러나 혼자 마음속으로는 나 자신과 참 많은 말을 하면서 꿈 많은 청년으로 커 갔다.

오직 자식들을 위해 조건 없이 헌신적 삶을 사셨던 부모님 덕분에 나는 바른 인성을 갖추게 되었고 그분들의 삶의 가치는 내가 공직 생활 내내 바르고 옳게 살아올 수 있었던 정신적 지주였다. 부모처럼 한 인간의 삶에 큰 영향을 미치는 분이 또 있을까? 자식은 자라면서 부모의 삶을 보고서 배우고 느끼기 때문에 부모가 바르게 사는 것이 중요하다. 가장 큰 교육은 학교교육이 아니라 가정교육이라는 얘기가 나오는 것도 이런 이유일 것이다.

(2) 어린 시절 아픈 경험, 정의로운 보안관

나의 어릴 적 꿈은 서부영화에 나오는 정의로운 보안관이었다. 어린 나이에 겪었던 일련의 아픈 경험 때문이다. 그중에도 내 꿈 형성에 지대한 역할을 한 잊히지 않는 기억 두 가지만 소개하고자 한다.

내가 어린 시절에는 농업이 기계화가 전혀 되지 않았던 때라서 모 심고 벼를 베는 큰 농사일에는 인부들이 많이 필요했다. 그리고 인부들에게 오전과 오후 새참 때, 점심과 저녁 식사 때 막걸리를 대접했다. 먹는 것이 시원찮은 가난한 시절이라서 '막걸리 힘'으로 일한다고 얘기할 정도로 술을 많이 먹을 수밖에 없었던 시절이었다.

그런데 막걸리 값에 대한 부담이 너무 컸다. 이 많은 막걸리를 주조장에서 사서 인부들에게 주고나면, 남는 것이 없을 만큼 농사 이윤이 박했다. 그래서 당시 모내기와 추수 등 큰 농사일이 있을 때는 의례 집에서 직접 막걸리를 담가 농주로 쓰곤 했고 우리 집도 예외는 아니었다.

우리 마을에는 막걸리를 제조하는 주조장이 한 곳 있었다. 주조장 사장이 제일 부자이고 마을의 지도자일 정도로 주조장이 당시 가장 큰 사업이었다. 주조장에서는 매일같이 하는 일이 동네 결혼식, 모내기 등 막걸리 수요가 있을 만한 큰 행사들을 파악하는 것이었다. 주조장에서는 집안에 이런 큰 행사가 있는데도 막걸리를 사가지 않으면 의심을 품고 세무서에 신고해 해당 집에 밀조주 조사를 나오도록 했다. 세무서 단속원들은 밀조주 찾는 데는 귀신들이라 숨긴 곳을 여지없이 찾아내고 만다. 그런 날이면 우리 집도 초상집을 방불케 할 정도로 처참한 상황이 되곤 했다. 막걸리 값을 아끼려다가 많은 벌금을 물어야 했기 때문이다.

또 다른 아픈 경험이 있다. 내가 어렸을 때인 1950~70년대 시골은 취사와 난방을 대부분 산과 들에서 해온 나무 등으로 불을 지펴 해결해야만 했다. 그래서 어느 집이라도 소나무 등의 땔감이 조금씩은 있었다. 그러나 당시 허가 없이 나무를 베는 행위는 불법이었다. 산감(山監)은 마음만 먹으면 산림법을 위반한 집을 쉽게 적발할 수 있었다. 우리 집도 예외는 아니었다. 산감에게 적발되어 당황하시던 부모님의 모습을 보면서 가슴 졸였던 기억이 지금도 생생하다.

시골에서 1970년대까지 어린 시절을 보낸 세대는 더러 세무서 직원이나 산감 때문에 아픔을 겪었던 기억이 있을 것이다. 지금은 농가에서 판매목적이 아니라 자가 소비 목적이라면 술을 담글 수 있도록 법이 개정되었고, 또 가스와 전기 등이 보편화되어 땔나무를 해야 될 필요도 없어졌다. 그래서 요즘 젊은이들은 그 시절 밀조주 단속원이나 산감 등에 대한 분노와 두려움을 실감하기 어려울 것이다.

나는 소년 시절 이러한 일들을 겪으면서 자연스럽게 "왜 공무원들은 선하게 살아가는 사람들에게 이렇게 고통을 주는 것일까", "나쁜 공무원들로부터 착한 이웃들을 구할 수 있는 방법은 무엇일까"라는 고민을 하기 시작했다.

이렇게 시골 초등학교 시절을 보내고 있을 때 우리 학교에서는 1년에 몇 번씩 단체로 함평읍내 극장에서 영화를 보여주었다. 그 당시 내 마음을 사로잡은 주인공이 '서부영화의 보안관'이었다. 그 때부터 꿈을 꾸기 시작했다. 영화에서처럼 용감한 보안관이나 정의로운 총잡이가 되어 나쁜 공무원들을 혼내주고 착한 사람들을 보호해야 되겠다는 생각을 갖게 되었다. 어릴 적 험난했던 농촌생활과의 만남이 내 인생의 갈 길을 열어준 셈이었다.

그런데 세무공무원을 혼내주고 싶어 보안관이 되려 했던 나는 행정고시 합격 후 세무서에서 공무원 생활을 시작했고 훗날 세무공무원의 수장인 국세청장까지 지냈다. 인생은 참으로 예측하기 어려운 여정이다.

(3) 청년시절의 좌절, 힘 있는 공무원

보안관이 되겠다는 어릴 적 꿈은 중·고등학교를 거쳐 대학에 진학하면서 자연스럽게 공무원이 되겠다는 꿈으로 바뀌어갔다. 나는 집안 농사일을 돌보면서 학교에 다녀야 했으므로 고향마을에서 걸어 다닐 수 있는 면 소재에 위치한 학다리중·고등학교를 다녔다. 그리고 광주에 있는 전남대학교에 진학했다.

나는 중·고등학교 시절은 물론이고 대학시절에도 내내 어려운 형편 때문에 농사일을 손에서 놓을 수 없었던 '학생 농사꾼'이었다. 따라서 내게는 대학캠퍼스에서의 낭만에 대한 기억이 거의 없고 학생 시위나 데모도 소극적으로 참여하는 정도였다. 물론 나보다 경제적으로 형편이 더 어려웠어도 사회문제에 적극적으로 참여했던 용기 있는 학생들도 많았다. 내가 그러지 못했던 이유는 대체로 두 가지였다. 하나는 부모님의 고통이 너무나 안타까워 그 분들을 더 아프게 할 수가 없었고, 다른 하나는 내가 책임 있는 자리에 가서 세상을 본질적으로 바꾸어보고 싶었다. 지금 생각해보면 한마디로 나는 너무 일찍 철이 들었고 청년치고는 앞날에 대해 너무 현실적인 설계를 하고 있었다.

정의로운 보안관처럼 나쁜 사람들로부터 선한 사람들을 보호하고 사회를 안전하게 지키는 길은 무엇일까? 대학에 들어가면서 본격적으로 고민하기 시작했다. 당시에는 공무원들이 주도적으로 국가를 운영하던 시절이었다. 자연스럽게 공무원이 되자고 결심했고 그것도 힘 있는 간부직 공무원이 돼야 뜻을 이룰 수 있다고 판단했다.

그러던 중 자취집이 있던 광주 동구 계림동 한 책방에서 우연히 『고시계』라는 책을 만났다. 공직자의 길을 가슴에 품고 있었기 때문에 『고시계』가 내 눈에 들어온 것이다. 고시계에 실려 있는 합격기를 읽으면서 행정고시를 합격해 중견 공직자가 되는 것이 내 꿈을 이룰 수 있는 길이라는 결론을 내렸다. 그리고 대학 2학년 여름방학 때부터 본격적으로 행정고시 준비를 시작했다. 여러 차례 좌절의 순간도 있었지만 부모님이 겪는 고통과 합격 후 미래의 역할을 생각하면서 열심히 공부한 끝에 대학 4학년이었던 1973년 10월, 제14회 행정고시에 합격했다. 그때 나는 만 22세의 젊은 나이였고, 전남대에서 재학생 중 행정고시를 합격한 것은 내가 처음이었다. 우리 집은 감동의 눈물바다가 되었고, 이웃들은 '이제 용섭이네 집은 고생 끝났다'라고들 이야기했다.

그러나 내가 1975년 만 24세의 나이에 세무서 과장으로 공무원 생활을 시작한 후에도 우리 집의 곤궁한 생활은 조금도 나아지지 않았다. 아버지는 내 동생들을 대학에 보내기 위해 여전히 고된 농사일을 계속해야 했고 우리 어머니의 함평읍내 채소 행상도 계속되었다. 나는 깨끗한 공직자이기는 했지만, 집안 형편에는 별로 도움이 안 되는 못난 자식일 뿐이었다. 나는 고향 근처 세무서 과장으로 재직하면서 주말에는 부모님의 농사일을 거들었다. 이런 농사꾼 생활은 내 나이 만 28세 되던 1979년 10월, 서울에 있는 재무부로 발령이 날 때까지 계속되었다.

여기서 한 가지 짚고 넘어가고 싶은 것은 나는 학교 다닐 때 뛰어나게 공부를 잘하는 수재형 학생이 아니었다는 점이다. 내가 행정고시에 합격할 수 있었던 것은 '정의로운 공직자'의 꿈을 이루겠다는 절실함과 집중력 덕분이었다.

3 지독한 연고주의와의 만남,
정의롭고 공정한 사회

나는 제14회 행정고시에 합격하고 고향 광주전남을 떠나 서울이란 망망대해로 나서게 되었다. 이때의 첫 기억은 슬프게도 광주사람이라는 이유로 하숙집을 얻는 데 어려움을 겪었던 경험이다. 1974년 청량리에 있는 중앙공무원교육원에서 교육을 받기 위해 하숙집을 구하러 다니면서 전라도 광주에서 왔다는 이유만으로 하숙집 주인으로부터 퇴짜를 맞았다. 그러나 이것은 훗날 전라도 출신이라는 이유로 겪어야 했던 많은 불이익들의 조그마한 예고편에 불과했다.

이후 고향 광주와 전남에서 실무수습을 끝내고 1975년 4월 국세청으로 발령받고 전남에 있는 세무서에서 공무원생활을 시작했다. 그러나 정책을 집행하는 외청의 공직자로서는 내 꿈을 실현할 수 없다고 판단해 1979년 10월 중앙부처인 재무부(현 기획재정부의 전신)로 옮겼다. 중앙부처에서 공직생활은 힘든 과정이었다. 1970~80년대는 학연 혈연 지연 등의 연결고리로 밀어주고 끌어주는 연고주의가 팽배한 때였다. 대한민국 최고의 엘리트 경제 관료들이 군웅할거(群雄割據)하는 재무부는 내가 살아온 세상과는 너무나 달랐다.

재무부는 학력이나 출신이 대단한 사람들이 모여 있는 조직이었다.

여기에서 나는, 태어나고 자란 출신 성분(호남출신, 면 소재 중·고등학교, 지방대학 졸업) 때문에 일종의 '희귀종' 취급을 받으면서 공직생활 전반 20여 년(1975년~1997년)을 어렵게 보내야 했다. 면단위 중·고등학교와 지방대학을 나온 전라도 출신은 재무부에서는 그야말로 비주류의 종합 세트였다. 당시에는 학연, 혈연, 지연 등 연고주의가 매우 심했던 시절이었다. 농경사회와 산업사회가 혼재된 때여서 사회가 투명하지 못해 비밀이 많았을 뿐만 아니라 변화도 느렸던 시절이었기 때문에 혁신적인 사람보다는 믿을 수 있는 사람이 필요했다. 그 믿음을 주는 3대 요소가 학연, 혈연, 지연이었다. 그런데 재무부를 통틀어 찾아봐도 나와 연고 있는 사람을 만나볼 수 없었으니 인사나 업무에서 소외받는 것이 당시로서는 당연한 결과였다.

에베레스트 산이 세계에서 가장 높은 것은 히말라야 산맥에 있기 때문이다. 히말라야 산맥에 있으면 돌덩이 하나도 높은 산이 된다. 그러나 나는 산맥은커녕 기댈 언덕조차 없었다. 성공은커녕 버텨내는 것조차도 녹록지 않았다.

출신성분을 감추거나 부정했더라면 더 쉽고 편하게 공직생활을 할 수도 있었겠지만 나는 결코 주류를 탐하지 않았다. 대단한 학력의 '엘리트' 공직자들과의 경쟁에서 비주류로 출발했던 나는 특히 전라도에 대한 편견이 틀렸다는 것을 증명하기 위해서라도 남들보다 두 배로 노력을 해야 했다. 이런 환경은 나에게 적어도 연고 때문에 차별받는 일이 없는 정의롭고 공정한 세상을 만들어야 한다는 사명감을 심어주었고, 이러한 가치가 내 삶의 지향점으로 자리 잡아 갔다.

앞서 얘기 했지만 인생사는 새옹지마(塞翁之馬)이고 전화위복(轉禍爲福)이다. 나의 성장 배경과 가정 형편 그리고 출신성분이 한 때는 내게 좌절과 아픔을 주기도 했지만 이러한 불리한 조건들이 오히려 나의 도전정신과 인내심을 키워주었고, 더욱 성실하고 열심히 노력하게 했고, 더욱 청렴하고 겸손하도록 나를 단련시켰다.

인생을 살다보면 화(禍)가 복(福)이 되는 경우가 많다. 힘든 기간이었지만 이와 같은 시간들이 지나가면서 나에 대해 주변으로부터 능력 있는 공직자라는 평가가 자연스럽게 쌓여갔고 결국 실력으로 연고주의를 뛰어넘는 롤 모델로 화제가 되기도 했다.

4 김대중 대통령과의 만남, 연고주의 악몽에서 벗어나다

쥐구멍에도 볕들 날 있다는 말처럼 나에게도 희망이 비쳤다. 1997년 12월 호남출신 김대중 후보가 대통령으로 당선되면서 적어도 '지연' 때문에 불이익을 보지 않을 수 있는 환경이 조성된 것이었다. 그 당시 재정경제부에서 국장급 이상 본부 간부 중 호남출신은 내가 유일했다.

무엇보다 차별받지 않고 공정하게 경쟁할 수 있는 기반이 마련되어 공직자로 꿈을 이룰 수 있는 전기가 마련된 것이다. 공직 후반 10여년(1998년~2008년)은 김대중 대통령이 발탁해주셨고, 노무현 대통령이 중용해주셔서 국가의 중요한 일들을 할 수 있었다.

김대중 정부 5년 동안에 나는 국장에서 1급(재정경제부 세제실장과 국세심판원장) 승진을 거쳐 차관급인 관세청장까지 역임할 수 있었다. 이처럼 '승승장구'할 수 있었던 것은 학연, 혈연, 지연의 끈질긴 연고주의에서 벗어나 능력을 중시하며 공평한 기회를 열어주신 김대중 대통령이 계셨기에 가능한 일이었다. 그 이면에는 최초로 진정한 민주정부로 정권교체를 이루어낸 훌륭한 우리 국민들 그리고 길고 고통스러웠던 인동(忍冬)의 세월을 견디어 내면서 김대중 정부를 탄생시킨 위대한 광주시민들이 계셨기에 가능한 일이었다.

물론 나는 김대중 정부가 들어서기 전에 김 대통령님과 일면식도 없었고 소위 동교동 출신 정치인들과도 어떤 인연이나 관계가 없었다.

노무현 정부가 들어서고도 김대중 대통령과의 인연은 계속되었다.

내가 행정자치부장관 시절이던 2006년 11월 3일 동교동 자택 옆 김대중도서관 내에 마련된 '김대중전시실' 개관식에 참석했다. 그 때 대통령님께서는 여러 참석자들 가운데 유독 나의 손을 꼭 잡으시고 덕담을 해주셨다. 내가 국민의 정부시절 관세청장을 지낸 사실을 기억하시면서 호남의 인재라고 극찬을 해주셨다. 대통령께서는 "행자부 장관에게 잘 보여야 김대중도서관이 제대로 자리 잡을 수 있다"는 마무리 말씀으로 주변 인사들의 부러움에 찬 시선을 웃음으로 유도하시는 재치를 발휘하셨다.

내가 18대 국회의원이 되었던 첫 해인 2008년 8월 18일 대통령님께서 돌아가셨다.

김대중 대통령께서는 노무현 대통령이 서거하셨을 때 "내 몸의 절반이 무너졌다"고 비통해 하셨다. 나는 존경하는 두 분을 불과 3개월여만에 하늘나라로 보내드리고 나니 내 몸 전부가 무너진 느낌이었다. 김대중 대통령 서거 다음날 대통령님을 그리워하면서 올렸던 글을 여기에 소개한다.

인동초(忍冬草)의 눈물...

김대중 전 대통령님께서 8월 18일 험난했던 인동초의 삶을 마감하셨습니다. 불과 80여일 전 고(故)노무현 대통령님의 서울역 앞 분향소에서 민주주의 후퇴에 분노하시던 그 모습이 눈에 선한데, 영결식장에서 권양숙 여사의 손을 잡고 쏟아내시던 그 눈물이 마르기도 전인데 이렇게 허망하게 가셨습니다. 대통령님께서는 임종 직전에도 눈물을 흘리셨다고 합니다. 왜 돌아가시는 순간까지 눈물을 흘리셨을까요? 꿈을 마저 이루지 못한 통한(痛恨) 때문일 것입니다.

대통령님께서는 55차례의 가택연금, 6년여의 옥고, 두 차례의 망명, 사형선고 등 다섯 차례의 죽을 고비를 넘기는 형언할 수 없는 갖은 고초를 겪으셨습니다.

그럼에도 결코 독재정권에 굴하지 않고 이 척박한 땅에 민주, 평화, 인권의 씨앗을 뿌리고 싹을 틔우는 놀라운 족적을 남기셨습니다. 4번의 도전 끝에 대통령에 당선되어 우리 역사상 처음으로 수평적 정권교체와 지역간 정권교체도 이루어 냈습니다. 재임 중에 IMF 외환위기를 조기에 극복하여 세계를 놀라게 했습니다. 최초로 남북정상회담을 실현시켜 불신과 긴장의 남북관계를 평화와 신뢰의 관계로 전환시켰습니다. 남의 나라 얘기로만 여겨졌던 노벨평화상을 수상하여 우리 국민들의 긍지를 드높이기도 하였습니다. 이처럼 많은 업적을 남기시고 향년 85세를 일기로 서거하셨으니 편히 보내드려도 될 터인데 왜 우리는 이리 안타까워하고 슬퍼하는 것일까요? 오늘의 우리 현실이 너무나 위중하기 때문일 것입니다.
지난 1년 6개월 만에 당신께서 평생을 바쳐 이룬 소중한 가치들이 산산이 부셔졌습니다. 민주주의가 일시에 무너지고 한반도 평화가 붕괴 직전으로 치닫는가 하면 계층간 지역간 통합이 깨져 온 나라가 분열과 갈등으로 치닫고 있는데도 이를 막지 못하는 현실이 너무나 서럽고 안타까웠을 것입니다. 이 난국을 극복하기 위해 함께 힘을 합쳐야 할 노무현 대통령님마저 억울하게 생을 마감하는 것을 보시면서 엄청난 자괴감을 느끼셨을 것입니다.

두 분 대통령의 서거, 통합의 계기가 되기를

우리는 3개월여 만에 우리 시대를 지탱해 온 두 거목을 잃었습니다. 역사는 2009년을 민주화의 두별이 진 잔인한 해로 기록할 것입니다. 노무현 대통령님께서는 "원망하지 마라"고 하셨지만 너무나 원망스럽습니다. 이명박 대통령이 경제위기로 국민들이 힘들어 할 때 한 번이라도 전직 대통령을 청와대로 초청하여 오찬이라도 하면서 국정을 논의했다면 오늘의 이런 비극은 피할 수 있었을 것입니다. 정치적 탄압과 비난을 일삼다가 누구 때문에 이 지경이 되었는데 돌아가시고 나서야 '장례를 적극 지원하라'고 사후무마용 지시나 하고 '고인의 뜻을 기려 화합을 도모'하자는 빈말을 해댄다고 역사적 책임을 면할 수는 없을 것입니다.
지금부터라도 민주주의를 발전시키고 계층간, 지역간, 남북간 통합을 위해 헌신하는 것이 두 분 대통령님의 유지를 받드는 것이고, 후에 반드시 올 역사적 심판을 지혜롭게 대비하는 것이라는 점을 여권은 명심해야 할 것입니다. 진정 두 분의 죽음을 애도한다면 수사에 그치지 말고 민주주의를 거스르는 국정기조부터 바꿔가야 합니다. 이명박 대통령부터 과거 두 민주정부를 좌파정권의 "잃어버린 10년"으로 적대시하는 사고에서 벗어나 통합의 정치를 실천해야 합니다.

민족의 영원한 어른 김대중 대통령님!
이제 통한의 눈물 그만 거두시고 편히 가십시오.
대통령님께서 그토록 이루고자 했던 “자유가 들꽃처럼 만발하고 정의가 강물처럼 흐르며 통일에의 희망이 무지개처럼 피어오르는” 국가를 만들기 위해 살아 있는 우리들이 더 용기 있고 지혜로워지겠습니다. 대통령님께서 뿌려놓으신 ‘민주 평화 인권’의 새싹들을 어떠한 외압에도 굴하지 않고 튼튼하게 키워가겠습니다. 후안무치한 집권세력이 그래도 반성하지 않고 국민과 역사를 외면하는 독재를 계속할 경우 저희가 행동하는 양심이 되겠습니다. “두렵지만 나서는 것이 참된 용기”라는 대통령님 말씀을 항상 가슴에 새기겠습니다.

2009년 8월 19일
국회의원 이 용 섭

나는 광주시장이 되어 2019년 8월 18일 김대중컨벤션센터에서 개최된 김대중 전 대통령 서거 10주기 추모사에서 ‘김대중 평화주간’ 지정을 제안했다. 그리하여 우리 광주에서는 2020년부터 매년 김대중 동경납치 생환일인 8월 13일(1973년)부터 서거일인 8월 18일(2008년)까지 6일간을 ‘김대중 평화주간’으로 지정해 대통령님을 기억하고 추모하며 ‘김대중 정신’을 계승 발전시켜 나가고 있다.

5 노무현 대통령과의 만남, 송두리째 바뀐 인생행로

(1) 관행을 깬 발탁인사

내 공직인생의 하이라이트는 노무현 정부 시절이었다. 노무현 대통령께서는 일면식도 없고 아무런 인연도 없는 나를 크게 중용해주셨다. 국세청장 → 청와대 혁신관리수석 → 행정자치부 장관 → 건설교통부 장관까지 내 공무원 생활의 최고 전성기였다. 이는 공평한 기회를 열어주신 노무현 대통령이 계셨기에 가능한 일이었다. 대통령께서는 우리의 만남을 혁신으로 맺은 인연이라고 말씀하셨다.[4]

---

4 2006년 3월 2일, 청와대는 4개 부처의 개각을 단행하면서 청와대 혁신관리 수석이었던 나를 행정자치부 장관 내정자로 발표했다. 공직생활 32년 만에 모든 공무원들의 꿈이라고 할 수 있는 국무위원이 된 것이다. 다음날 대통령과 오찬을 함께하게 되었다.

"행정자치부 장관으로 내정해주셔서 감사합니다."

"인연입니다."

오찬자리에서 전날 발표된 장관 내정에 대한 감사의 말씀을 드리자 대통령께서 빙긋이 특유의 미소를 지으시면서 던지신 첫마디이다. 오찬이 끝나고 헤어질 때 대통령의 마지막 당부말씀이 지금도 귀에 쟁쟁하다.

"혁신으로 맺은 우리의 인연이 국가발전에 기여할 수 있도록 좋은 성과를 내십시오."

소위 잘 나간 내 관운의 실체는 따지고 보면 혁신으로 맺어진 대통령과의 인연이 생각해보면 내 나이 오십이 될 때까지는 부모님이 내 인생에 가장 큰 영향을 미쳤고, 50세 이후에는 노무현 대통령이 가장 많은 영향을 미쳤다고 해도 과언이 아닐 것이다.

내가 노무현 대통령을 처음 뵌 것은 참여정부 첫 국세청장으로 임명장을 받을 때였다. 참여정부가 출범하던 때(2003년 2월 25일)에 나는 관세청장으로 재직 중이었다. 새 정부가 들어서면 통상 정무직은 그만두는 것이 관례였고 당시에도 모든 청장들이 바뀔 것이라는 얘기가 공공연히 돌고 있었다. 특히 나는 새 정부와 아무런 인연이나 연결고리가 없었으므로 1년 여의 관세청장직을 조용히 마무리 하고 있었다. 그런데 전혀 예상하지도 못했던 국세청장 자리가 운명처럼 나에게 다가왔다.

2003년 3월 3일, 이른 아침부터 TV 자막에는 참여정부 첫 국세청장 내정자로 내 이름이 나오고 있었고 이날 오전 10시에 공식 인사발표가 있었다. 나는 국세청장으로 가고 싶다고 의사표시를 한 적도 없었고 나에게 의사를 물어온 사람도 없었다. 그런데 어떻게 내가 발탁되었을까? 과거 기준으로 보면 국세청장자리는 대통령과 비밀을 공유할 수 있는 측근 중의 측근이 가는 자리였다.

당시 청와대는 나를 발탁한 이유로 세금에 대한 전문성과 관세청장 시절 보여준 개혁성을 꼽았다. 인사가 있기 이틀 전 노무현 대통령은 3·1절 기념사에서 "정권을 위해 봉사하던 권력기관은 국민의 기관으로 거듭나야 합니다. 참여정부는 더 이상 권력기관에 의존하지 않을 것입니다."라고 강조했다. 나는 대통령의 메시지에서 나를 발탁한 이유를 나름 찾았다. 권력기관으로 인식되던 국세청을 국민의 봉사기관으로 혁신하라는 뜻으로 받아들이고 임기 내내 혁신에 매진했다. 이에 앞서 대통령께서는 취임후 바로 4대 권력기관(국가정보원, 검찰청, 국세청, 경찰청)의

라고 할 수 있다.

장에 대해 대통령의 인사권을 제약하는 국회 인사청문회제도까지 도입하였다.

이렇게 대통령은 출신학교나 지역도 전혀 다르고, 일면식도 없는 나를 국세청장으로 발탁해주고, 이후에도 계속 중요한 자리에 인연이 없는 사람들을 중용했다. 나는 이런 인사를 보면서 정말로 지긋지긋한 연고주의를 깬 최초의 대통령을 만났다는 생각에 가슴이 뛰었고 대통령께 깊은 신뢰와 존경심을 갖게 되었다.

노무현 대통령이 학력보다 그 사람이 가지고 있는 혁신적 자세를 얼마나 중요시 했는지 잘 나타내주는 나와 관련된 노 대통령의 TV 강의 내용 일부를 소개한다.

> “지금 저도 인사를 해보지만 역시 서울대, 연대, 고대가 많은 것은 사실이지만 지방대학 출신들, 지금 쟁쟁한 자리에 다 있습니다. 지금 건설교통부 장관 하는 분은 국세청장 했는데, 국세청장 하고 청와대 혁신수석 하다가 거기서 또 일 잘해 가지고 행정자치부 장관 갔다가 거기서 또 일 잘해 가지고 자기 임기도 못 채우고 건설교통부로 또 발탁되지 않았습니까? 사람이 성실하게 하고 항상 창의적인 생각을 가지고 끊임없이 의문을 제기하고 끊임없이 불편을 해소해 나가려는 그런 창의적, 칭조직 자세, 도전적 자세를 가지고 있으면요, 설사 대학교 좀 이름 없는 데 가도요, 얼마든지 성공할 수 있어요. 저는 단언할 수 있습니다. 얼마든지 성공할 수 있습니다.”
>
> (2007. 4. 8. 노무현 대통령 EBS 특강 중에서)

(2) 혁신 전도사에서 정치인으로 변신

혁신으로 맺어진 노무현 대통령과의 인연은 결국 나를 공직자에서 정치인으로 거듭나게 했다.

김대중 대통령이 이끄는 국민의 정부가 노무현 대통령의 참여정부로 이어지면서 민주정부 10년 동안에 나는 속칭 '잘나가는 공직자'가 되었다. 비주류 중의 비주류였던 내가 두 번의 청장과 두 번의 장관 등을 지내면서 소위 '촌놈의 성공신화'를 만들어가며 정부의 중요한 일들을 수행했다. 대한민국 공직자 중 최초로 3번의 국회인사청문회를 거쳤으나 어려웠던 환경에서 절제된 생활을 한 덕분에 아무런 문제없이 통과할 수 있었다.[5] 첫 번째 인사청문회였던 2003년 국세청장 인사청문회에서는 털어도 먼지 한 톨 안 나오더라는 평가와 함께 "어떻게 그렇게 살았답니까?"라는 타박 아닌 타박을 받기도 했다.[6]

그러나 청장이 되고 장관이 되어도 내가 꿈꾸는 정의롭고 공정한 세상은 요원하기만 했다. 여전히 이곳저곳에서 선하고 착한 사람들이 차별받고 힘없이 쓰러져가고 있었다. 나는 청장과 장관 등을 하면서 인사나 업

---

5 2003년 국세청장 청문회, 2006년 행정자치부장관과 건설교통부장관 청문회

6 2003. 3. 20일 열린 국회 재정경제위원회 국세청장 청문회 때 당시 청문위원이었던 임종석 국회의원과 질의 답변한 내용 일부를 소개한다.

<임종석 위원>

"28년 동안 공직생활을 해 오셨는데 제가 저간의 평을 들어 보니까 털어서 먼지 안 나는 사람이라는 얘기들을 많이 합니다. 후보자 같은 공무원이 계시다는 데 대해서 진심으로 감사하게 생각합니다. 신상에 관련된 자료를 보니까 궁금한 게 있어서 간단히 질의하겠습니다.

출입국관리 기록을 보니까 후보자께서 28년 공직생활을 하시면서 공무 외의 일로는 해외여행을 한 기록이 없는 것 같고 또 가족도 미국에 유학 갈 때 한 번 같이 간 것 외에는 다른 외유성 외출이 없었던 것으로 기록에는 그런데 사실입니까?"

<국세청장후보자 이용섭>

"그렇습니다."

<임종석 위원>

"관리라면 아주 지독한 관리인데 그렇게까지 해 오신 이유가 있습니까?"

<국세청장후보자 이용섭>

"위원님, 그것은 과찬이십니다. 저뿐만 아니라 대부분의 공직자가 그렇게 살고 있습니다."

무를 처리함에 있어서 정의와 공정을 실천하려고 무진 애를 썼다. 내가 가는 곳마다 혁신으로 많은 변화를 일으켰다. 누구보다도 공직에서 중요한 일을 많이 하면서 수많은 좋은 정책들을 펼쳤지만 정의롭고 공정한 사회를 향한 내 꿈은 미완성이었다. 여전히 내 주변에는 억울한 사람들이 줄어들지 않았고 세상도 크게 바뀌지도 않았다. 공직자로서는 꿈을 이루는데 한계가 있다는 것을 깨닫기 시작했다.

그 즈음에 '내 꿈은 내가 무엇이 되겠다'는 차원을 뛰어넘어 '어떻게 해야 정의롭고 공정한 사회를 만들 수 있을까'로 바뀌었다. 내가 꿈꾸는 정의롭고 공정한 사회는 "권력으로도 안되는 일이 많은 사회, 돈으로도 안되는 일이 많은 사회, 돈과 권력이 없어도 차별받지 않는 사회"이다.

정의롭고 공정한 세상은 내가 오랜 기간 꿈꾸어온 "선하고 가슴 따뜻한 사람들이 강해지는 사회, 원칙과 정도를 지키는 사람들이 우대받는 사회, 변화하고 혁신하는 사람들이 성공하는 사회"의 또 다른 표현이다. 외관적으로 볼 때 나는 분명 성공한 공직자였다. 그러나 정작 나는 이러한 꿈을 이루지 못해 답답하기만 했다. 공무원으로서는 내 꿈을 실현할 수 없겠구나 하는 현실적 한계를 더욱 절실히 느껴가고 있었다.

이러한 때에 내 인생의 항로를 바꾸는 새로운 만남이 이루어졌다. 노무현 대통령을 만난 것이다. 노무현 대통령은 보잘 것 없는 나를 크게 발탁해주셨다. 이 중에서 가장 보람 있고 특히 내 인생에 직접적으로 영향을 많이 끼쳤던 때와 직책은 청와대에서 혁신관리수석으로 대통령님을 직접 모시던 시절이었다. 대한민국의 혁신을 총괄하면서 혁신의 관점에서 지나온 삶을 재 조명해보고 앞으로 인생을 설계할 수 있는 소중한 기회였다.

더욱 중요한 의미는 노무현 대통령을 만나면서 '정치인 이용섭'의 꿈이 시작됐다. 대통령께서는 직접 나에게 정치를 하라고 구체적으로 말씀하신 적은 없었다. 그러나 '세상의 큰 일은 정치를 통해 이룰 수 있고, 정치만이 세상을 바꿀 수 있다'면서 선거가 매우 중요하다는 말씀을 가끔 하셨다. 공무원으로서 역할의 한계를 느껴가는 시점에 노 대통령님을 만난 것이 내 인생의 전환점이 되었다. 혁신으로 맺어진 노무현 대통령과의 만남은 결국 나를 공직자에서 정치인으로 거듭나게 했다.

나는 2008년 4월에 있는 18대 총선을 마음에 두고 건설교통부 장관이던 1월 7일에 출판기념회를 가졌다. 출판기념회에 앞서 대통령께 '초일류국가를 향한 도전'이란 책을 미리 보내드렸다. 그런데 출판기념회 당일 전혀 기대하지 않았던 대통령의 '깜짝' 축하 글이 도착했다. 대통령께서는 아무런 사전 연락도 없이 김병준 정책실장에게 축하 글을 써주면서 출판기념회에 다녀오라고 지시한 것이다. 김병준 실장이 대독한 대통령의 글은 감동 그 자체였다. 지금 생각해보면 대통령께서는 정치에 도전하는 내 뜻을 감지하시고 당신의 방식으로 용기를 주려 하셨다는 생각이 든다.

이용섭 장관, 책 잘 받았습니다.

'초일류 국가를 향한 도전' 이라, 책 이름이 그저 그렇고 그런 흔한 이름이고, 그 분야라면 나도 알만큼은 알고 있는 내용일 것이라는 생각이 들어서 볼까 말까 망설였습니다. 그러나 이 장관이 쓴 책이라 혹시나 하는 기대가 있어서 하던 일을 젖혀놓고 책장을 열었습니다. 제목 먼저 훑어보고 몇 대목 볼 생각이었습니다. 그런데 그만 끝까지 다 읽고 말았습니다.

독후감은 "역시 이 장관이다." 가슴에서 뿌듯한 기쁨이 솟구쳐 오릅니다. 내가 사람을 잘 보았다는 은근한 자랑, 일을 잘해준 사람에 대한 고마움, 그런 기쁨만은 아니었습니다. 더한 기쁨이 있었습니다. 보석 같은 사람을 보고, 그 사람의 생각과 의지, 헌신적인 삶의 자세를 보면서, 대한민국의 미래를 낙관적으로 볼 수 있는 근거를 다시 확인할 수 있었기 때문입니다.

책 마무리를 보니 임기 전에 장관직을 물러나기로 결심한 모양입니다. 우선 축하합니다. 꼭 성공하시기 바랍니다. 반드시 성공할 것입니다. 책을 읽으면서 '정치는 마음에 없는 말을 할 때는 얼굴이 빨개지는 사람이 해야 한다'는 대목, 정치인과 공직자의 자세에 대한 이 장관의 이런 생각이야말로 그동안 이 장관이 일을 통하여 검증된 역량에 못지않게 중요한 자산이라고 생각합니다. 이 장관이 이런 생각과 자세로 정치를 하는 한, 개인적인 성공 여부를 떠나서 이 장관이 하는 일 자체만으로 나라와 우리 모두에게 큰 축복이 될 것입니다.

응원을 보냅니다. 열심히 하시고 큰 성공 이루시기 바랍니다.

2008년 1월 7일

대통령 **노무현**

결국 나는 2008년 4월 7일 치러지는 제18대 국회의원 선거에 출마하기 위해 노무현 대통령께 말씀드리고 그해 2월 1일 건설교통부 장관을 사직했다. 우리 사회의 큰 문제들은 정치를 통해 해결할 수밖에 없고 내 꿈을 이루기 위해서는 정치를 해야 한다고 생각했다. 우리 사회의 가장 큰 그릇이 정치이고 그 안에 경제도 사회도 문화도 모두 담겨 있기 때문에 정치가 흔들리면 모든 것이 송두리째 흔들린다는 결론을 내렸다.

또한 이 길이 노무현 대통령님께서 꿈꾸는 '사람 사는 세상, 반칙과 특권이 없는 세상, 원칙과 상식이 통하는 세상'을 만드는 데 기여하는 것이라고 판단했다.

당시 내 경력으로는 수도권에서 출마해도 승산이 있었지만 고향 광주에서 출마하기로 결정했다. 당선을 보장하는 민주당 텃밭이기 때문이 아니라 연어처럼 살고 싶다는 생각, 그것이 가장 주된 이유였다.

연어는 민물에서 태어나 한 살 내지 두 살이 되면 바다로 나가 산다. 그러다 짝짓기를 하고 알을 낳을 때가 되면 다시 먼 길을 헤엄쳐 자기가 태어난 모천에 돌아와 알을 낳고 죽는다. 내가 오랫동안 중앙무대에서 탈 없이 청렴한 공직자로서 큰일을 할 수 있었던 것은 사실 고향 분들의 성원이 있었기에 가능한 것이었다. 고향 발전에 조금이라도 보답하고 싶었다. 18대 총선에서 국회의원에 당선되면서 나는 그렇게 고향에서 다시 뿌리를 내렸고 고향 분들에게 또 한 번의 큰 빚을 지게 됐다.

6 문재인 대통령과의 만남, 광주시장의 꿈 실현

내가 노무현 정부에서 승승장구하고 이후 정치권에 진출할 수 있었던 것은 노무현 정부 초대 국세청장으로 발탁(2003. 3.)되었기 때문에 가능한 일이었다. 그런데 앞서 얘기했듯이 노무현 정부와 아무런 인연이 없었던 내가 어떻게 발탁되었는지 매우 궁금했지만 알 수가 없었다.

궁금증은 그로부터 8년이 지난 후에야 풀렸다. 18대 대선을 앞두고 대선 후보였던 문 대통령이 2011년에 발간한 『문재인의 운명』에서 이를 밝혔다.

> "이용섭 전 관세청장을 초대 국세청장에 발탁한 것은 내 아이디어였다. 그는 우리와 전혀 인연이 없었고, 나하고도 알지 못하는 사람이었다. (중략) 마침 호남출신인 이용섭 관세청장의 개인 업무평가와 부처 혁신평가가 대단히 좋았다. 비국세청 출신을 통해 국세청의 고질적 문제를 개혁해 보자는 취지도 있었다. 인사회의에서 그렇게 추천했는데 모두 찬성했고, 당선인도 좋아했다. 그는 나중에 자신은 우리 쪽과 인연과 연줄이 전혀 없는데도 발탁된 게 신기했고, 그 때문에 참여정부의 인사 철학을 높이 평가하게 됐다는 심정을 토로하곤 했다.
> 그는 국세청장 재임 시 박원순 변호사를 위원장으로 하는 세정개혁위원회를 둬 접대비 상한제, 골프와 유흥업소의 접대비 불인정 등 많은 세정개혁을 했다. 대통령도 그의 혁신능력을 높이 평가해, 이후 청와대 혁신

관리수석 행자부장관 건교부장관 등으로 계속 기용했다. 지금도 국회의원으로 전문성이 돋보이는 의정활동을 하고 있는 것을 보면 흐뭇하다."[7]

참여정부에서 나는 청장, 수석비서관, 장관을 했고, 문재인 대통령께서는 당시 수석비서관·비서실장 등을 역임해서 서로 이야기할 자리가 꽤 있었지만 단 한 번도 본인께서 나의 발탁을 도와주었다고 말한 적이 없었다. 그렇게 심지가 깊은 분이었다.

2017년 19대 대통령선거 때 나는 문재인 캠프 비상경제대책단 단장을 맡았고 2017년 5월 10일 출범한 문재인 정부에서는 일자리위원회(위원장 : 문재인 대통령) 초대 부위원장으로 일했다. 그리고 2018년 2월 7일 나는 일자리위원회 부위원장을 사직하고 2018년 2월 13일 광주광역시장 출마를 선언했다. 출마를 두고 많은 날들을 고민했다. 결국 험난한 길이지만 나를 키워주신 고향분들의 은혜에 결초보은하는 길을 선택하기로 결심했다. 내가 광주시장에 당선될 수 있었던 것은 문재인 대통령이 일자리위원회 부위원장으로 발탁해준 것이 크게 도움이 되었다.

나는 시장이 되고 나서도 몇 차례 문재인 대통령의 도움을 받았다. 특히 잘 알려지지 않은 세 가지 사연을 소개하고자 한다.

첫 번째는 2021년 2월 광주 국가인공지능 산업단지 착공식에 대통령의 참석을 청와대에 요청했으나 참모들의 반대에 부딪혔다. 우리 광주입장에서는 매우 중요한 행사이고 국가적으로도 의미 있는 행사인데 대통령께 직접 얘기할 기회가 없었다. 과거에 이용하던 전화번호로 연락을 드렸는데 사용하지 않아 연락이 되지 않았다. 그래서 김정숙 여사님의 카카오톡 메시지를 이용하기로 했다.

---

7 2011. 6. 출간된 『문재인의 운명』, 214~215쪽

<2021년 1월 13일 카카오톡 메시지>

존경하는 여사님!
광주광역시 이용섭 시장입니다.
새해에는 더욱 건강하시고 행복하시길 빕니다.
공식 경로를 거치지 않고 시급성과 중요성 때문에 직접 건의드리는 결례를 이해해 주십시오.
우리 광주에서 1월 또는 2월에 개최될 국가인공지능 산업단지 착공식에 대통령님께서 꼭 참석해주실 것을 간곡히 요청드립니다.
<이유>
첫째, 국내 유일이며 국가 최초인 국가인공지능 융복합단지가 국가사업으로 광주에 조성됩니다. 이제는 국가도, 도시도, 산업도 AI와 접목되지 않으면 경쟁력을 확보할 수 없는 인공지능시대가 도래하고 있어 의미가 매우 큰 사업입니다.
둘째, 이번에 광주에서 착공하는 국가AI데이터센터와 슈퍼컴퓨터는 성능과 규모면에서 국내 최고수준이며 세계 10위 안에 듭니다. 드디어 기업들은 광주에서 세계적인 AI연구개발 및 실증 테스트 베드를 실현할 수 있게 됩니다.
※ 현재 국내 최대 규모 및 성능은 한국과학기술연구원의 누리온 5호기로 25.7PF(세계 17위), 광주AI 데이터센터는 88.5PF(세계 10위 이내)로 5호기의 3배 수준
셋째, 훗날 문재인 정부가 'AI정부'로 평가 받을 수 있는 역사적 사업입니다. 광주AI 단지가 국가 데이터경제 기반 마련과 'AI 4대강국 대한민국'을 뒷받침할 수 있습니다.
넷째, 대통령님께서 19번의 경제투어와 뉴딜현장을 방문하셨으나, 광주는 한번도 방문하지 않으셨습니다.
시대의 변화를 이끌어온 광주가 광주형 일자리사업을 성공시킨데 이어 인공지능 중심의 디지털 뉴딜, 국내 최초로 2045년 탄소중립 에너지 자립도시 실현을 위한 AI-그린뉴딜을 선도하고 있습니다. 대통령님의 참석은 역사적 시대적으로 큰 의미가 있을 뿐만 아니라, 누군가가 선도해야 한국판 뉴딜이 동력을 확보할 수 있다는 점에서도 꼭 필요하다고 생각됩니다.
지금 상황이 코로나 등으로 매우 어렵고 연초라서 바쁘시다는 것을 저 역시 그간 국정경험을 통해 잘 알고 있습니다만, 이 사업 역시 대통령님의 관심이 필요한 역사에 남는 국가적 사업이라서 건의드렸습니다.
대통령님께 저의 절실한 건의가 전달될 수 있기를 빕니다.

이후 탁현민 의전비서관은 코로나19 등으로 대통령께서 직접 참석은 어렵고 동영상으로 회의에 직접 참석하겠다고 밝혀왔다. 그러나 광주 지역의 한 언론에 인공지능데이터센터가 들어갈 첨단3지구가 보상도 이루어지지 않았는데 착공식부터 한다는 등 문제를 지적하는 기사가 보도되자 이를 이유로 2021년 2월 4일 착수식 행사에 과기정보통신부장관이 참석하여 대통령축사를 대독했다.

두 번째는 달빛내륙철도가 정부의 국가철도망계획 1차안(2021. 4. 22. 발표)에 제외되자 최종 국가철도망계획에 반영해줄 것을 건의하기 위해 이번에도 김정숙 여사님의 카카오톡 메시지를 이용했다.

<2021년 4월 25일 카카오톡 메시지>

광주광역시장 이용섭입니다.
요즘 복잡한 일들이 많으신데 저까지 또 글을 드려 죄송합니다. 대통령님께서 4월 29일 광주형 자동차공장 준공식에 오시는데 사안이 중요하여 미리 말씀드리는 것이 옳다는 판단하에 글을 올립니다.

- 지금 광주는 광주－대구 간 달빛내륙철도가 제4차 국가철도망 구축계획(안)에 반영되지 않으면서 언론과 시민단체 그리고 시민들이 깊은 충격 속에서 연일 재검토를 요청하고 있습니다.
  저 역시 다음과 같은 이유로 꼭 4차계획에 포함시켜주실 것을 건의드립니다.
  첫째, 달빛내륙철도는 오랜 세월 정치적 이해관계로 갈라져 대립하고 갈등해야 했던 동서간 화합을 이루는 상징적 정책으로서 국민통합과 지역균형발전에 크게 기여할 수 있는 대표적 사업입니다.
  이 사업은 단순히 광주와 대구만을 잇는 철도가 아니라 전남(담양), 전북(순창 남원 장수), 경남(함양 거창 합천), 경북(고령) 등 6개 광역자치단체를 거쳐 가고 거주인구만 해도 980만에 이릅니다.
  둘째, 이런 이유로 대통령님께서도 달빛내륙철도를 영호남 상생공약으로 약속하셨고, 국정과제에도 포함하셨습니다. 그런데 대통령님 임기 중 수립하는 10년 계획에도 포함시켜주지 않는다면 지역 시도민들이 느낄 소외감과 좌절감은 이루 말할 수 없을 것입니다.

셋째, 정부는 이번 10년 중장기 계획에서 제외한 이유로 낮은 B/C(0.483)와 사업규모(4조850억)를 들고 있습니다. 지나친 탁상공론입니다. 호남고속철도와 인천국제공항 등도 건설 당시에는 경제성이 낮았습니다.

또한 내년 예산에 편성해달라는 것도 아니고 앞으로 10년 안에 검토될 수 있도록 장기계획에만 포함시켜달라는 것입니다. 그동안 10년 넘게 논의하고 기다려 왔는데 또 기약 없이 10년을 더 기다릴 수는 없지 않겠습니까?

넷째, 정부가 이번 4차 철도망구축계획에서 밝힌 '주요 거점도시간 2시간대 철도 연결'이라는 목표달성을 위해서도 국토 동서축을 횡단하는 이 사업은 꼭 포함돼야 합니다.

• 이처럼 대선공약이고, 국정과제이며, 명분과 실익도 충분하며, 지역에서도 간절히 원하고 있으므로 대통령님께서 역사적 결정을 해주시길 건의드립니다.
영호남이 오랜 갈등을 털어버리고 국민통합과 지역균형발전의 미래로 나아갈 수 있도록 물꼬를 열어주시면 감사하겠습니다.

달빛내륙철도 건설의 필요에 대해서는 대통령께서 2021년 4월 29일 광주글로벌모터스 자동차공장 준공식에 참석차 광주에 오셨을 때도 다시 한 번 말씀드렸다. 이후 유영민 비서실장이 '대통령님께서 지시하여 달빛내륙철도를 챙기고 있다'고 직접 전화를 주셨다. 이후 광주와 대구는 청와대뿐만 아니라 총리실, 국토부 등 중앙정부 그리고 정치권에 달빛내륙철도의 4차 국가철도망 계획에 꼭 들어가야 함을 설득했다. 결국 달빛내륙철도만 유일하게 4차 국가철도망구축계획에 추가적으로 반영되었다.[8] 영호남 지역의 20년 숙원사업이 큰 문턱을 통과하게 되었다.

세 번째는 광주형 일자리사업인 광주글로벌모터스의 첫 번째 자동차인 캐스퍼를 청와대가 구입해줄 것을 건의했으나 참모진의 검토 결과는 친환경차가 아니라는 이유로 곤란하다는 입장을 보내왔다. 그러나 내 생

8 국토교통부는 2021. 6. 29. 열린 철도산업위원회에서 제4차 국가철도망구축계획(2021 ~ 2030) 확정

각은 달랐다. 이 사업이 갖는 중요성과 상징성 그리고 대통령께서 그동안 적극 뒷받침해준 사업임을 감안할 때 대통령께서 구입해 주는 것이 바람직하다는 판단을 하고 이번에도 김정숙 여사님의 카카오톡 메시지를 통해 내 의견을 전달했다.

<2021년 8월 26일 카카오톡 메시지>

어려울 때마다 청을 드려 죄송합니다.
세계 유례없는 노사상생의 광주형일자리 사업인 GGM(광주글로벌모터스)이 9월 15일 완성차를 생산합니다. 기적 같은 일입니다.
이 사업은 '고비용 저효율'이라는 고질적인 한국경제 문제를 치유하는 대안이기 때문에 대통령님께서 협약식과 준공식에 참석해주셨습니다.
지역에서는 이 사업의 상징적 중요성을 고려할 때 청와대에서 1호차를 사주셨으면 하는 여론입니다. 그러나 청와대 참모진 검토에서는 이 차가 친환경차가 아니기 때문에 곤란하다는 입장입니다.
그러나 저는 생각이 다릅니다. 내연차가 전체 차량의 90% 이상인 것이 현실이고 필요하면 언제든지 전기차로 바로 전환 가능한 최첨단유연시스템을 가지고 있고, 정부가 지정한 제1호 노사상생 모범일자리인 점을 감안할 때 상징적으로 1호차 구입검토가 필요하다는 생각입니다.
전기차가 아니라서 문제라면 공약채택, 100대 국정과제 채택, 정부1호 상생 일자리 지정도 잘못됐다는 논리밖에 안됩니다. 저는 제 입장만 생각해서 말씀드리지 않습니다. (중략)
끝으로 한 가지 밝은 소식입니다. 통계청 발표에 따르면 우리 광주만 17개 지자체중 유일하게 1월부터 6월까지 매달 출생아 수가 증가하고 있습니다. 상반기에 무려 10%가 증가했습니다. 정책효과가 나타나고 있습니다.
감사합니다.

이후 대통령께서는 직접 인터넷을 통해 캐스퍼를 구입해주셨다. 캐스퍼 홍보 및 예약촉진에 크게 기여를 해 주셨다. 또한 대통령께서는 수석 등이 참석하는 내부회의에서 내가 보낸 문자를 언급하시면서 광주만 유일하게 금년 들어 매달 출생아 수가 증가한 이유를 분석하여 전국으로 확산시키는 방안을 검토해 보도록 지시하셨다고 한다. 이에 따라 청와대의 요청에 따라 우리 시 곽현미 여성가족국장이 9월 2일 청와대에 가서 보고한 바 있다.

또한 광주형 일자리모델의 첫 번째 사업인 광주글로벌모터스(GGM)의 성공적 캐스퍼 생산도 따지고 보면 문재인 대통령께서 대선공약과 당선 후 100대 국정과제 채택 그리고 현대자동차와의 협약식 체결 및 준공식 참석 등을 통해 힘을 보태주셨기 때문에 가능했다. 문재인 대통령과의 만남이 광주시장 당선과 시정 성과 달성에 크게 도움이 되었다.

4년전 대통령과의 약속을 지켰습니다<페이스북 2021. 12. 25.>

대통령직속 일자리위원회 초대부위원장직을 내려놓고 문재인 대통령께 인사드리면서 "광주에서 대한민국 미래의 성공모델을 만들겠다"고 말씀드렸습니다.

그로부터 4년 후,

◇ 캐스퍼를 본격 생산하고 있는 노사상생의 '광주형 일자리'는 한국경제의 새로운 희망이 됐습니다.
◇ 광주가 인공지능 4대강국 대한민국을 뒷받침하고 있습니다.
◇ 금년들어 매달 출생아 수가 증가하고 있는 광역지자체는 광주밖에 없습니다.
◇ 광주가 전국 최초로 365일 24시간 1대1 돌봄서비스를 제공하고 있는 '최중증발달장애인 융합돌봄센터'를 정부는 전국으로 확대 시행할 예정입니다.
◇ 광주의 2045 탄소중립 에너지 자립도시 추진은 정부와 EU 국가보다 5년이나 빠른 것입니다.

대통령과의 약속을 지켰습니다.
이제 시작입니다. 더 크고 더 강한 광주시대를 열어가겠습니다.

요약하자면 세 분 민주대통령의 발탁과 중용을 통해 나는 중요한 자리에서 국가와 지역사회를 위해 헌신할 수 있는 영광을 갖게 된 것이다. 나는 세 분 대통령의 기대에 부응하기 위해 가는 곳마다 혁신을 통해 많은 성과를 창출하려고 무척 애를 썼다.

7 왜 나는 광주광역시장이 되려고 했는가?[9]

지난 3년 6개월 동안 광주광역시장직을 수행하면서 내 스스로에게 수없이 자문자답했던 질문이다. 초심에서 벗어나지 않기 위해서였다. 나는 광주광역시장 도전 3번 만에 당선되었다. 그 과정에서 너무나 많은 아픔을 감내해야 했다. 그러면서까지 광주시장이 되려고 했던 것은 두 가지의 꿈 때문이었다. 내가 젊은 시절 꿈을 키웠던 광주에서만이라도 평생의 꿈(정의롭고 공정한 세상)을 실현하고 싶었고, 더 늦기 전에 광주의 꿈(정의롭고 풍요로운 광주)을 이루어드리고 싶었다.

(1) 연어가 민물로 돌아온 까닭은?

내가 광주와 본격적으로 만난 것은 1970년 전남대학교에 입학하면서부터다.

상과대학 무역학과에 입학하였지만 나에게는 대학생활의 낭만이 별로 없었다. 그러기에는 당시 목전의 현실이 너무 어렵고 힘들었다. 하루

9 이용섭, 『벽오동은 겨울에도 푸르다』, 세경사, 2016, 18~51쪽

라도 빨리 부모님을 비롯한 가족들의 고생을 끝내야 한다는 의무감이 나를 사로잡았다. 내가 아니면 가족들의 고통을 덜어줄 사람이 없었다. 또한 가난한 사람들도 어깨 펴고 살 수 있는 세상을 만들어보고 싶었다.

대학 2학년 여름방학 때부터 행정고시 준비에 들어갔고 절실함 하나로 공부에 매달린 끝에 마침내 제14회 행정고시에 합격했다. 그후 1974년부터 광주와 전남에서 공직생활을 했고 1979년에 서울 재무부로 옮기면서 오랜 기간 광주와 떨어져 있게 되었다. 광주와 전남은 내가 태어나서 자라며 청운의 꿈을 키웠던 곳이고, 40여년 공직의 긴 여정을 시작한 출발지였다. 공간적 물리적으로는 떨어져 있었지만 고향의 하늘과 산천을 한 시도 잊어 본적이 없다. 나에게는 유달리 광주전남 출신이라는 꼬리표가 항상 따라다녔다.

내가 다시 광주에 돌아온 것은 2008년 2월 건설교통부 장관을 끝으로 33년의 공직생활을 마무리하고 광주 광산구을 국회의원에 출마하기 위해서였다. 광주는 내가 어려운 여건 속에서 힘들어할 때마다 나를 지탱해준 정신적 지주였다. 나는 중앙에서 공직생활을 하면서도 연어처럼 다시 언젠가는 광주전남으로 내려갈 날을 기약하고 있었다.

봄에 모천(母川)을 떠난 새끼 연어는, 짧게는 3년 길게는 6년이 지나 단풍잎 곱게 물든 가을에 어머니 강으로 되돌아온다. 다시 말해 민물은 연어의 시작이자 끝이며, 바다는 그 과정이다. 9할에 이르는 시간을 바다에 살았다는 점을 감안하면 연어는 두말할 것도 없이 바다고기이다. 하지만 너무나 어려 생존이 삶의 전부일 때 그리고 마침내 바다에서 돌아와 지혜로 충만할 때 연어의 거처는 민물이다. 가장 치열했던 순간을 기준 삼는다면 연어는 민물고기일 수밖에 없다.

연어라는 말 속에는 바닷물 냄새가 아니라 강물 냄새가 난다. 몸을 눕히고 밥을 해먹는 곳이 어디이든, 이용섭이라는 내 이름과 몸짓, 말투 속에는 전라도 출신, 광주사람, 지방대생이라는 '지연'과 '학연'이 보릿국 냄새처럼 스며들어 있었다.

중앙에서 공직생활 중 내 몸 속에 출신성분 냄새를 지우거나 부정하면 많은 일들이 쉬울 수 있었다. 하지만 그러지 않았다. 고향의 냄새를 부끄러워하지 않았을 뿐더러 어느 때인가 광주로, 함평으로 돌아가는 것이 내 꿈이었다.[10]

공직생활 33년만에 광주로 되돌아왔다. 또 다시 광주시민의 성원으로 두 차례나 국회의원(18대, 19대)이 되어 고향발전을 위해 이리 뛰고 저리 뛰었다.

(2) 2010년 광주시장 선거에 1차 도전

이명박 정부가 2008년 2월 25일 들어서면서 나는 그해 4월 국회의원에 당선되었으나 야당 국회의원이었다. 18대 국회의원 4년은 야당 국회의원의 한계를 깨달은 기간이었다. 이명박 정부는 경제를 살린다는 명분하에 사회양극화를 부추기거나 환경을 파괴하는 정책들을 밀어붙였다. 이명박 정부의 핵심 정책인 4대강 사업(시작은 한반도대운하 사업)과 부자감세 정책을 저지하느라 나는 방송 등 각종 토론회 출연, 국정감사 등을 통해 누구보다도 치열하게 싸웠고 열심히 정부를 견제했다. 내가 직전 건설교통부 장관이었고 자타가 인정하는 조세 전문가였으니 내가 전면에 나설 수밖에 없었다.

하지만 야당 국회의원의 역할은 한계가 분명했다. 특히 소수 야당의 초선 국회의원은 정부여당의 정책에 제동을 걸 수는 있지만 세상을 바꿀 수는 없었다. 내가 꿈꾸는 세상을 이룰 수 있는 길은 없을까 또다시 고민

10 이용섭, 『언어기 민물로 돌아온 까닭은』, 푸른미디어, 2010, 5~6쪽

에 빠졌다.

나라를 바꿀 수 없다면 고향 광주라도 내가 꿈꾸는 세상을 만들어 보고 싶었다. 그러던 차에 2010년 지방선거가 다가왔다. 주변의 뜻있는 분들로부터 광주발전을 위해 시장에 출마하라는 권유도 많았다. 야당 국회의원으로서 한계를 느끼고 있던 터라 광주시장이 되어 고향 광주라도 정의롭고 풍요로운 도시로 만들어보자는 생각이 솟구쳤다. 그렇게 되면 다른 도시에서 광주를 벤치마킹할 것이고 비록 더디고 만족스럽지는 않더라도 내 오랜 꿈도 그러한 과정을 통해 어느 정도는 실현될 수도 있을 것이라고 생각했다.

또 다른 이유는 광주의 꿈을 이루어드리고 싶었다. 광주는 역사적으로 정의로운 도시이지만 오랜 차별과 소외로 경제적으로는 크게 낙후되어 있었다. 살기가 팍팍하고 일자리가 부족해 사람들은 광주를 떠나고 있었고, 광주는 한반도 남녘의 한낱 중소도시로 추락할 위기에 놓여 있었다. 정의로운 도시가 잘 살아야 역사가 교훈을 줄 수 있다는 것이 평소 나의 믿음이었다. 정의롭고 풍요로운 광주를 만들어 '정의가 풍요를 창조'한다는 믿음을 주고, 시민들의 자존심을 세워드리고 싶었다. 시민들의 삶의 질을 높이고 '떠나는 광주에서 돌아오는 광주'를 만들어 드리고 싶었다.

이러한 이유로 2010년 6월 2일 치러지는 광주시장 선거에 도전했다. 참신한 도전이라는 평가 속에 시민들의 여론도 호의적이었다. 그러나 민주당 후보경선에서 0.45%포인트 차이로 패배했다. 당시 민주당 경선은 불법 여론조사 등으로 상대 후보 참모들이 구속되어 실형을 살 정도로 탈법과 무질서가 난무했다. 한마디로 선거에는 이기고 결과에서는 진 선거였다. 의욕만 강했지 공정선거를 이끌어낼 역량과 전략이 부족했다.

이후 나는 2012년 4월 11일에 있었던 19대 총선에서 광산을 지역구에서 재선 국회의원으로 당선되었다. 2013년 2월 박근혜 정부가 출범했다. 여전히 나는 야당 국회의원이었고, 우리 사회는 내가 꿈꾸는 세상하고는 더욱 멀어져 가기만 했다. 2012년 12월 제18대 대통령선거에서 우리당 문재인 대통령후보의 패배로 정권교체가 무산되자 내가 꿈꾸는 세상을 만들기 위한 기회가 또 다시 사라졌다는 생각에 한동안 정신을 차릴 수 없었다. 특히 90%가 넘는 지지로 문재인 후보를 지지했던 광주 전남 시도민들에게는 참으로 견디기 어려운 시간이었다.

(3) 2014년 두 번째 도전, 전략공천과 탈당

세월은 무심하게 흘러 2014년 6월 4일 치러지는 지방선거가 다가오면서 2013년 하반기부터 지방 언론과 정가에서는 광주시장 유력후보로 내 이름이 꾸준히 거론되었다. 아울러 2013년 연말이 되어가면서 안철수 신당 창당이 기정사실화되어 갔다. 그 당시 안철수 신당에 대한 시민들의 기대는 매우 높았고 민주당의 위기의식 역시 또한 고조되어 갔다. 2014년 새해가 되면서 광주시장 선거는 안철수 신당 후보의 당선이 유력할 것이라는 여론조사와 소문들이 무성하게 퍼져나갔다. 이러다보니 시장출마에 대한 주변의 압력은 더욱 높아져 갔다.

그러던 중 2014년 1월 21일, 부안 변산 농협 수련원에서 민주당 호남지역 국회의원 워크숍이 열렸다. 지방선거에서 '안풍' 차단책 등을 논의하기 위해 마련된 자리였다. 간담회가 끝나고 나를 비롯해 광주지역 민주당 소속 국회의원 다섯 사람이 별도로 모였다. 모인 의원들은 내가 나서지 않으면 안철수 신당후보에게 광주시장 자리를 내주는 결과를 가져온다며 내게 출마를 권유했다.[11]

---

11 이용섭, 『벽오동은 겨울에도 푸르다』, 세경사, 2016, 31~49쪽

며칠 후 나는 당시 민주당 김한길 대표와 점심을 함께 했다. 김한길 대표와 2013년 당대표 선거에서 치열하게 경쟁했던 후유증 탓에 그는 나에 대해 매우 부정적이었다. 그럼에도 김한길 대표는 오히려 "경쟁력 있는 사람이 광주시장에 출마해 신당후보를 이겨준다면 당 대표입장에서는 그보다 더 고마울 수 없겠다"는 말로 사실상 나의 출마를 권유하였다.

당시 광주에서는 아직 출범하지도 않은 안철수 신당의 지지율이 민주당보다 훨씬 높았다. 때문에 이대로 가다가는 신당후보에게 광주시장 자리를 뺏길 수 있다는 위기감이 팽배했고, 그러한 상황을 타개하기 위한 현실적 필요성 때문에 김대표와 지역 국회의원들은 나의 출마를 권유했다. 지역구인 광산구을 선거구 주민들의 여론조사 결과 역시 광주시장에 출마해 광주를 바꾸고 정권교체에 기여하라는 주문이었다.[12] 이쯤 되니 시장출마는 운명이라는 생각이 들었다. 광주의 꿈, 그리고 내 꿈을 이루라는 사명으로 받아들이기로 하고, 결국 2014년 2월 5일, 광주 김대중컨벤션센터에서 출마 기자회견을 갖고 정의로운 민생시장이 되겠다는 포부를 밝혔다.

그러나 이후 예기치 못한 일들이 한 편의 막장 드라마처럼 펼쳐지기 시작했다. 그 계기는 민주당과 안철수 세력의 전격적인 통합이었다. 안철수 신당 창당이 무산되고 통합으로 새정치민주연합이 탄생하자 새정치민주연합 지도부와 광주지역 국회의원들은 다시 오만해지기 시작했다. 새정치민주연합 후보면 누구라도 광주시장으로 당선될 수 있다는 판단 하에 전혀 예상치 못한 음모정치의 시나리오가 시작된 것이다. 지방선거를 50여일 앞둔 4월 13일 오전 11시 30분에 돌연 광주지역 국회의원 다섯 명이 기자회견을 갖고 광주시장 경선에서 모 후보 지지 선언을 했다.

참으로 믿기지 않는 일이었다. 그들은 이전의 변산 모임에서 나에게

---

12 광주시장 선거 출마에 긍정적으로 생각한다는 답변이 60.7%, 부정적으로 생각한다는 답변 18.0%의 3.4배에 달했다(잘 모름, 21.3%).

출마를 권유했던 당사자들이었다. 이들은 지지선언 사전이나 사후에도 내게 협의는커녕 양해나 귀띔조차도 없었다. 배신감으로 온몸이 떨리고 정치가 싫어졌다. 시민들과 언론은 이들을 '신오적'으로 부르면서 이들의 비밀작전을 성토하고 비판했다.

이들을 포함한 당 지도부의 비밀작전은 계속되었다. 이후 당에서는 광주시장 문제에 대해 공천심사위원회 등 어느 곳에서도 단 한 번의 공식적 논의가 이루어지지 않았다. 그리고 갑자기 5월 2일 금요일 밤늦게 당 최고위원회가 열렸다. 김한길·안철수 두 대표는 광주시장 후보 전략공천을 강하게 주장했지만 대부분의 최고위원들의 반대로 결론을 내지 못했다. 하지만 두 대표는 밤 10시 45분경 당 대변인을 통해 전격적으로 광주시장 후보 전략공천을 발표했다. 나흘간의 연휴를 앞둔 심야에 여론조사 지지율에서 3위인 후보를 경선 없이 밀실 공천한 것이었다.

나는 전략공천 다음날인 5월 3일 보도자료를 통해 "일제강점기하에서 사랑하는 조국, 대한민국을 구하기 위해 만주로 떠나야 했던 독립군의 심정으로 사랑하는 새정치민주연합을 잠시 떠나려 한다"고 밝히고 탈당과 함께 국회의원직도 사퇴했다. 아무리 정치권에서 음모와 배신은 비일비재하다고 얘기하지만 광주시민을 모독하고 배신의 정치를 자행하는 이런 정치인들과 함께 하고 싶지 않았다.

일부에서는 내가 공천을 받지 못해 탈당했다고 오도하는 사람들이 있는데 결코 그렇지 않다. 경선 자체라도 있었으면 탈당할 일도 없었을 것이고, 전략공천할 수밖에 없는 당 형편이 있으니 이해해 달라는 사전 단 한마디의 양해라도 있었으면 탈당하지도 않았을 것이다.

탈당할 수밖에 없었던 이유는 첫째, 김한길 대표와 지역 국회의원들이 출마하도록 사실상 권유하였고, 합당 후에도 김한길 대표와 안철수 대표는 경선하겠다고 약속했으나 일언반구도 없이 이 약속을 깨트렸다.

둘째, 공천심사위원회 등 당 공식기구에서 단 한 번도 광주시장 문제에 대해 제대로 된 논의를 하지 않았다. 셋째, 여론조사 1위와 2위를 달리던 나와 강운태 후보와 단 한 번의 어떤 논의도 없이 군사작전하듯이 비밀리에 심야에 전략공천을 밀어붙였다. 넷째, 그것도 4일 연휴를 앞두고 한밤중에 개최된 최고위원회에서 대부분의 최고위원들이 반대해 최고위원회가 결론 없이 끝났는데도 두 대표가 대변인을 시켜 지지율이 가장 낮은 후보를 한 밤중에 일방적으로 전략공천한다고 발표하였다.

대명천지에 있을 수 없는 일이 제1야당 안에서 벌어진 것이다. 당시 나와 강운태 후보는 만약 당이 약속과 달리 경선하지 않고 전략공천을 강행하면 탈당하겠다는 뜻을 공식적으로 밝혔음에도 이들 두 대표는 한마디 상의 내지는 양해 그리고 어떤 통보도 없이 군사작전처럼 지지율 1위와 2위 후보를 제치고 3위 후보를 전략공천한 것이다.

자의에 의한 탈당이라기보다는 사실상 탈당을 강요당한 것이고 두 대표에 의해 출당 당했다고 표현하는 것이 더 적절할 것이다. 이들의 책략에 빠져 이후 약 2년 동안 나는 매우 힘든 시련의 시절을 보내야 했다.

이러한 두 대표의 잘못된 전략공천과 원칙 없는 당 운영으로 이후 새정치민주연합은 지방선거에서 패배했고 이어 2014년 7월 30일 재보궐선거에서도 참패하면서 7. 31. 김한길과 안철수 대표는 이에 대한 책임을 지고 결국 대표직을 사퇴했다.

(4) 20대 총선 앞두고 영입케이스로 민주당에 복당

나는 2016년 1월 17일 20대 총선을 앞두고 더불어민주당 지도부(문재인 대표와 김종인 비상대책위원장)의 복당 요청에 따라 영입케이스로 복당했다. 이날 오전 11시 10분 국회 당 대표실에서 이루어진 복당기자회견에는 도종환 대변인이 사회를 보고 문재인 대표와 김종인 비상대책위원장이 배석한 가운데 거당적으로 이루어졌다. 김종인 비대위원장의 환영 인사말씀에 이어 문재인 대표는 '이용섭 전 의원의 복당으로 정책경쟁에서도 민주당이 새누리당에 비해 우위에 서게 됐다'면서 '어려운 시기에 복당결단을 내려준 이용섭 전 의원께 감사드린다'는 인사말을 했다. 문대표의 인사말은 당 공보실에서 공식으로 보도자료로 배포 하였다.

문재인 대표, 이용섭 전 의원 복당 기자회견 인사말

□ 일시 : 2016년 1월 17일 오전 11시 10분
□ 장소 : 국회 대표회의실

■ 문재인 대표

우리당은 유능한 경제정당이 되기 위해 많은 노력을 기울여왔다. 당내에 유능한 경제정당위원회를 만들고, 민주정책연구원에서 많은 경제정책을 생산해왔다. 그리고 아주 훌륭한 새로운 경제전문가를 여러분 영입했다. 경제통일위원회도 출범시켰다. 그래도 구슬이 서 말이어도 꿰어야 보배라는 말이 있다. 총선을 앞두고 우리당의 모든 정책역량을 하나로 모아 국민들께 총선 정책으로 내놓는 작업이 필요하다. 그 일을 하실만한 분이 없어 고심했는데 이용섭 전 의원의 복당으로 그 문제가 해결됐다. 이번 총선에서 우리 당은 정책 경쟁에서도 새누리당에 비해서 우위에 서게 됐다고 확신한다. 우리 당은 앞으로 이념 대결이나 지역주의 대결이 아니라 정정당당하게 인물과 정책으로 승리할 것이다.
저는 이용섭 전 의원의 복당이 우리 당의 총선 승리와 정권 교체에 큰 힘이 될 것으로 기대하고 환영해 마지않는다. 어려운 시기에 어려운 결단 내려준 이용섭 전 의원께 다시 한 번 감사드린다.

2016년 1월 17일
더불어민주당 공보실

복당 기자회견 이후에 도종환 대변인은 "호남의 희망이 돌아왔다"고 당 공식입장을 언론에 브리핑까지 했다.

도종환 대변인, 오전 현안 브리핑

□ 일시 : 2016년 1월 17일 오전 11시 40분
□ 장소 : 국회 정론관

■ 호남의 희망이 돌아왔다

이용섭 전 국회의원의 더불어민주당 복당을 진심으로 희망한다.
광주지역 국회의원들의 탈당 행렬이 이어지는 어려운 시기에 광주 시민들의 신뢰와 대중적 지지를 받고 있는 이 전 의원 우리당에 호남의 희망으로 다시 돌아왔다.
지역의 여론이 좋지 않다고 자신의 정치적 연명의 길을 찾아 탈당하는 정치인들과 달리 민주시민들의 피와 땀과 눈물로 만들어진 60년 전통의 제1야당으로 복당을 결심한 이 전 의원의 용기에 박수를 보낸다.
이 전 의원은 국회 인사청문회를 대한민국 최초로 세 번이나 잡음 없이 통과한 도덕성, 청렴성과 업무 능력을 검증 받은 공직자의 표상이자, 국회의원이 되고 나서도 한 번도 도덕적 물의를 일으킨 적이 없는 깨끗한 정치인이다.
국세청장, 행정자치부 장관, 건설교통부 장관, 청와대 혁신관리수석비서관을 역임한 분이다. 지방대 출신이 공직사회의 성공신화가 되자 공무원들은 이용섭 전 의원을 담쟁이 청장, 담쟁이 장관으로 불렀다. 가는 곳마다 새로운 성과를 창출해 낸 혁신전문가로서, 당을 혁신하고 새로운 성과를 창출해 낸 혁신전문가로서, 당을 혁신하고 새로운 대안을 만드는데 크게 기여할 것이다.
궁해도 의를 잃지 않고, 잘 되어도 도를 벗어나지 않는다(窮不失義 達不離道)가 좌우명인 이용섭 의원, 특히 자타가 공인하는 대한민국 최고의 경제전문가로서, 선하고 가슴 따뜻한 사람들이 강해지는 사회, 성장과 행복이 동행하는 나라를 만드는 데 매우 큰 힘이 될 것이다.

앞으로 우리당이 2017년 정권교체를 이룰 수 있는 수권정당, 미래여당으로 우뚝 설 수 있도록 이 전 의원의 오랜 국정경험과 전문성이 그 희망이 되기를 기대한다.

2016년 1월 17일

더불어민주당 공보실

이후 나는 20대 총선과정에서 더불어민주당 비대위원 겸 총선정책공약단장을 맡아 활동했다. 그러면서 20대 총선에 민주당 광산구을 국회의원 후보로 출마했다. 그러나 광주 국회의원 8석을 국민의당 후보들이 모두 차지하는 광풍으로 낙선의 고배를 마셔야 했다.

그 후 나는 19대 대통령선거에서 문재인 캠프의 비상경제대책단장(경제특보 겸임)을 맡아 다시 정치권에 복귀했다. 추운 겨울 내내 촛불을 들었던 위대한 국민들의 승리로 2017년 대한민국은 새로운 대통령 문재인을 만났다.

(5) 문재인 정부 초대 일자리위원회 부위원장

2017년 5월 10일 문재인 정부가 출범했다. 문재인 대통령께서는 취임 첫날 일자리대통령을 천명하면서 첫 번째 업무지시로 대통령직속 일자리위원회 설치를 지시했다.

5월 16일, 대통령을 위원장으로 하는 일자리 위원회가 발족했고, 나는 부위원장으로 발령 받았다. 전혀 예상하지 못한 부름이었지만 온 국민의 관심사인 일자리창출 업무를 맡게 되어 가슴은 뛰었다. 마치 유능한 뱃사공이 거친 파도를 보면 가슴이 뛰는 것처럼.

나는 문재인 정부 초대 일자리위원회 부위원장으로서 소임 완수에 최선을 다했다. 국민들의 일자리 부족으로 인한 고통을 하루라도 빨리 덜어드려야 한다는 절박감과 문재인 정부의 성공은 일자리 정책에 달려 있다는 책임감을 가지고 '미치지 않으면 이룰 수 없다'는 불광불급(不狂不及)의 자세로 일자리만을 위해 살았던 소중한 기간이었다.

약 9개월 동안에 277회의 각종 회의와 간담회, 강연, 인터뷰 등의 활동을 하면서 일자리정책을 효율적으로 추진할 수 있는 행정체계를 완비했고, 국정운영체계를 일자리 중심으로 개편하였다. 또한 문재인 정부 일자리 정책의 나침반 역할을 할 5년 로드맵을 완성했고, 일자리정책의 1단계인 일자리 인프라(기반) 구축도 완성했다.

여기까지가 초대 일자리위원회 부위원장인 나의 역할이라 생각했다.

2018년 2월 7일, 나는 광주광역시장에 출마하기 위해 일자리위원회 부위원장을 사직하였다.

이용섭 일자리위 부위원장 사직관련 발표문<2018년 2월 7일>

— 일자리위원회를 떠나면서 —

저는 오늘 대통령 직속 일자리위원회 부위원장을 사직합니다. 지난 9개월여 동안 국민들의 일자리 고통을 하루라도 빨리 덜어드려야 한다는 절박감과 문재인 정부의 성공은 일자리 정책에 달려 있다는 책임감으로 쉼 없이 달려왔습니다. 막중한 책임감으로 부위원장을 맡아 아침 일찍부터 밤늦게까지 직원들과 동고동락하며 '미치지 않으면 이룰 수 없다'는 불광불급(不狂不及)의 자세로 좋은 일자리 창출만을 위해 살았던 소중한 기간이었습니다.

<일자리로드맵과 인프라를 구축하였습니다>

저는 그동안 집권 초기 일자리 100일 계획을 수립·시행하였으며, 고용영향평가와 각종 지원제도 및 평가시스템의 개편 등 국정운영체계를 일자리 중심으로 구축하는 일에 집중해 왔습니다. 또 무엇보다 일자리 정책의 나침반 역할을 할 "일자리정책 5년 로드맵"을 완성한 것도 큰 성과이자 보람이었습니다. 18년 만에 노사정이 일자리위원회에서 지혜를 함께 모으고 있는 것도 커다란 쾌거입니다. 이로써 인수위도 없이 시작한 새 정부의 일자리정책 제1단계인 '일자리 인프라(기반) 구축'은 완성되었음을 보고 드립니다. (중략)

<돌아보면 아쉬움도 남지만, 제 모든 것을 쏟아 부었습니다>

문재인 정부의 일자리정책에 더 큰 기여를 하고, 또 그 성과를 함께 공유하지 못해 개인적으로는 아쉽습니다. 그러나 새 정부의 일자리 5년 로드맵과 인프라를 완성한 것이 초대 부위원장인 저에게 주어진 소임이고 역할이었습니다. 현안이 되고 있는 청년 일자리 문제도 종합대책의 기본방향과 추진 계획을 마련하고 떠나기 때문에 앞으로 종합대책이 발표되면 점차 개선될 것입니다. (중략) 이제 저는 새 정부의 탄생과 국정 제1과제인 '일자리정책' 기반을 완성하고 한 발 더 앞으로 나아가고자 합니다.

<일자리 로드맵, 광주에서 성공모델을 만들어 전국으로 확산시키겠습니다>

저는 낙후된 고향 광주의 발전과 시민들의 꿈을 이루는 일에 저의 모든 것을 바치기 위해 부위원장직을 내려놓습니다. 일자리정책 1단계인 인프라 구축과 로드맵이 완성된 만큼, 제 고향 광주에서부터 일자리 로드맵과 정책들을 성공적으로 시행하여 그 성과를 전국적으로 확산시키겠습니다. 이 역시 새 정부의 일자리정책 성공을 위해 매우 중요한 일입니다. 아울러 이 길이 때로는 도닥거려주시고 때로는 질책해주시면서 저를 키워주신 고향 분들에게 결초보은하는 선택이라고 생각했습니다. 끝으로 일자리위원회 부위원장으로 일할 수 있는 기회를 주시고 떠나는 길을 격려해주신 문재인 대통령님 그리고 도움을 주신 모든 분들께 감사드립니다.

(6) 세 번째 도전만에 광주시장 당선

2018년 2월 13일, 광주광역시장 출마를 선언했다. 출마 여부를 두고 많은 날들을 고민해야 했다. 잠 못 이룬 밤도 많았다. 결국 험난한 길이지만 오늘의 이용섭을 키워주신 고향분들의 은혜에 결초보은하는 길을 선택하기로 했다.[13]

이번에도 당내 경선이 치열했다. 당시 더불어민주당 지도부는 이번 경선에서도 정의롭지 못한 결정을 했다. 나처럼 억울하게 탈당하거나 당이 필요해서 영입한 경우를 감안해 2018년 1월 당무회의에서 당의 요구로 복당하는 경우에는 경선 시 감산대상에서 제외하는 것으로 당헌 제108조 12항을 개정했다. 이 규정에 따라 당 공천관리위원회에서는 나를 감산대상에서 제외하는 것으로 결정하여 최고위원회에 통보했다. 그러나 최고위원회는 10% 감산결정을 한 것이다.

2016년 1월 18일 이루어진 나의 복당은 '당의 영입'에 해당됨은 너무나 분명하였다.

첫째, 복당이 문재인 당대표와 김종인 비대위원장의 요청으로 이루어졌고 둘째, 1월 17일 오전 11시 개최된 복당 기자회견은 당 주관하에 당대표실에서 도종환 대변인이 사회를 보고 내 왼쪽에는 문재인 당대표가, 오른쪽에는 김종인 비대위원장이 배석한 가운데 당 지도부가 참석하는 공식행사로 공개적으로 이루어졌고 셋째, 이 자리에서 김종인 비상대책위원장의 환영 인사말에 이어 문재인 당대표는 복당 환영 인사말을 했고 당 대변인실에서 이 내용을 공식으로 기자들에게 배포하였으며 넷째, 복당 기자회견 직후 도종환 대변인은 호남의 희망이 돌아왔다고 공식 언론브리핑까지 했다. 이보다 더 격식을 갖추어 당이 영입한 사례도 드물 것

---

13 이용섭, 『일자리경제』, 세경사, 2018, Prologue에서

이다. 다섯째, 이후 20대 총선과정에서 당 최고기구인 비상대책 위원 겸 총선정책공약단장 그리고 공동 선대위원을 맡아 당에 기여했고, 여섯째, 어떤 불이익도 없이 광주 광산구을 더불어민주당 국회의원 후보로 공천까지 받아 출마하면서 마무리된 사안을 소급적용해 당 최고위원회에서 10%의 탈당 감점 불이익 결정을 한 것은 법리적으로나 정치도의 측면에서도 명백히 잘못된 것이었다.

나는 2014년 민선 6기 지방선거 광주시장후보 공천시에 당대표(김한길, 안철수)의 명백히 잘못된 전략공천으로 쫓겨나듯이 탈당을 할 수 밖에 없었다. 그 후 2016년 복당은 제20대 총선을 앞두고 광주에서 더불어민주당 지지율이 폭락해 모두가 탈당할 때 위와 같은 당 지도부의 적극적인 영입케이스로 복당했는데도 당 최고위원회는 또다시 불이익을 주는 매우 편파적이고 정의롭지 못한 결정을 한 것이다.

복당발표문<2016. 1. 17.>

존경하는 국민 여러분, 항상 저를 믿고 용기를 주신 광주시민 여러분!

저는 오늘 정부·여당의 전횡을 막고 정권교체를 이루기 위해 '더불어민주당'에 복당합니다. 남들은 탈당하는 마당에 웬 복당이냐고 꾸짖고 말리신 분들이 참 많으셨습니다. 저 역시 더불어민주당에 대한 지역민들의 마음이 참담할 수준으로 싸늘하다는 것을 잘 알고 있습니다. 그러나 제1야당의 추락은 그들만의 불행으로 끝나지 않고 국가적 불행으로 이어집니다.

또한 더불어민주당은 민주시민들의 희생과 헌신으로 만들어진 60년의 정통성을 지닌 정당으로 특정세력의 정당이 아니고 민주·복지·통일을 추구하는 우리들의 정당입니다. 질곡의 역사 속에서 민주주의를 쟁취했고, 김대중·노무현 두 대통령을 당선시켜 민주정부 10년을 탄생시킨 자랑스러운 정당입니다.

그런데도 제1야당인 이 정당이 분열세력에 의해 힘없이 무너지는 것을 차마 두고 볼 수 없어, 지난 지방선거 과정에서 새정치민주연합은 저를 버렸지만, 저는 더불어민주당에 다시 돌아 왔습니다.

저는 지금 이 시간 3년 전 당대표 경선에 나서며 외쳤던 "민주당의 심장을 다시 뛰게 하겠습니다"란 각오를 되새겨 봅니다. 더불어민주당의 틀과 체질을 바꾸어 2017년에 정권교체를 이룰 수 있는 수권정당, 미래여당으로 우뚝 세워 보고 싶습니다. 국민들의 먹고사는 민생문제를 책임지는 경제정당, 각종 사건·사고와 외부 위협으로부터 국민의 생명과 재산을 지켜주는 안보정당으로 혁신해보고 싶습니다.

저의 복당 결정으로 상처받거나 실망하신 분들에게는 참으로 죄송하다는 말씀드립니다. 그러나 이해타산에 따라 이곳저곳 옮겨 다니는 철새 정치인이 아니라, 아무리 추워도 곁불을 쬐지 않는 선비의 곧은 정신으로 바른 정치를 하고 싶은 저의 심정을 널리 이해해주시기를 바랍니다.

제 오랜 국정경험과 전문성을 정권교체에 쏟아 위기에 처한 한국경제를 살려내고, 경제민주화와 복지국가를 실현하여 반드시 성원에 보답하겠습니다. 감사합니다.

많은 경우 정당의 결정은 사안의 옳고 그름보다는 당대표나 실세들의 이해관계에 좌지우지되는 경우가 참 많다. 너무나 안타까운 현실이다. '인사가 만사'라는 말이 있고 정당에서는 공천이 가장 중요한 인사인데 이토록 횡포를 부린 사람들이 공정을 부르짖고 당을 혁신하겠다고 얘기하는 것을 보면 참으로 기가 막힌다. 앞으로는 이런 불공정하고 불의한 결정이 없었으면 좋겠다.

이런 당의 매우 불공정한 결정과 상대 진영의 온갖 고발과 모함 속에서도 2018년 4월 20일에 치러진 더불어민주당 광주광역시 경선에서 시민들은 내손을 들어주었다. 당시, 경선방식은 권리당원 50%와 여론조사 50%(휴대전화 가상번호)를 합산해서 후보를 선출하는 방식이었다. 나는 3자 경선에서 10% 감점에도 불구하고 50% 이상의 득표를 하여 1차에서 더불어민주당 광주시장 후보가 되었다.[14]

우여곡절의 시련을 거치면서 세 번의 도전 끝에 2018년 6월 13일 치러진 지방선거에서 득표율 84.1%로 광주시장에 당선 됐다. 84.1%는 민선 7기 전국 광역자치단체장 중 가장 높은 득표율이었다. 이는 광주발전을 간절히 바라는 광주시민들의 또 다른 표현이었다.

'정의롭고 풍요로운 광주!'

평생 가슴에 품고 살았던 명제이다. 40여 년 간 공직자, 정치인으로, 그리고 경제전문가로서 경험과 전문성을 쌓으면서 고향에 돌아와 봉사할 그날만을 손꼽아 기다려왔다. 2010년, 2014년 도전에 이어 2018년 세 번의 도전 끝에 광주시민의 선택을 받아 민선 7기 광주시장에 당선되었다. 이렇게 해서 시장으로서 광주와의 만남이 본격적으로 시작되었다.

지금 나는 광주를 떠날 때 품었던 '회귀의 꿈'을 실현하고 있다. 지난 3년 6개월, 쉼 없이 광주 발전만을 보고 달려왔다. 힘들 때도 많았지만 고향 광주 발전을 위해 일할 수 있다는 것 자체가 영광이었고 가슴 벅찼다. 나는 광주 시민들이 다른 어떤 시장을 만난 것보다 더 발전할 수 있도록 바다에서 얻은 힘과 지혜를 내 모천의 자갈밭에 풀어놓고 있다.

---

14 나는 이해하기 어려운 당의 부당한 10% 감표 결정에도 불구하고 52.94%를 획득하며 K 전 국회의원(32.22%), Y 최고위원(14.85%)과의 경선에서 더불어민주당 민선 7기 광주광역시장 후보로 선출됐다.

(7) 당선 직후 광주혁신위원회 출범

2018년 6월 13일 광주시장 선거에서 당선되자 정의롭고 풍요로운 광주를 만들어 시민들의 은혜에 보답하겠다는 무거운 책임감을 가지고 당선 다음날 바로 광주광역시장직 인수 작업에 착수했다. 오랜 기간 시장직을 준비해온 만큼 내 머리 속에는 인수위원회 조직부터 운영방향까지 잘 준비되어 있었다.

광주의 변화와 혁신이 절실한 점을 감안하여 전통적인 인수위원회 방식에서 벗어나 광주시가 조속히 해결해야 할 현안과제의 해결방안 등을 모색하기 위해 명칭도 인수위원회가 아닌 '광주혁신위원회'로 정했다.

당선 4일 후인 6월 17일 '광주혁신위원회' 사무실을 광주도시공사 2층에 마련하고 '시대와 더불어 시민과 함께 새로운 광주시대를 열겠습니다'라는 기치를 내걸고 출범식을 가졌다. 얼마나 속도감 있게 진행되었는지 알 수 있는 대목이다. 광주혁신위원회는 7개 분과위원회(시민주권위원회, 일자리·경제위원회, 문화·관광·체육위원회, 복지·여성위원회, 환경·교통·안전위원회, 도시재생위원회, 민주·인권·평화 위원회)로 구성했다.

광주혁신위원장에는 대한민국 학술원 회원이고 전국 국공립대학교총장협의회 회장 등을 역임한 김윤수 전남대학교 전 총장님을 모셨다. 7개 분과위원회 위원장 및 위원들은 캠프 출신보다 혁신성·전문성·통합성을 인정받은 학계, 시민사회 등 각계각층의 전문가들로 인선했다.

특히, 광주혁신위원회는 '광주시민이 주인이 되고 시민 중심의 시정을 이끌겠다'는 내 의중을 반영해 시민주권분과위원회를 선임분과위원회로 배치하고 위원장에는 박재영 국민권익위원회 전 부위원장(현 광주전남연구원장)을 모셨다. 내가 행정자치부 장관으로 재임할 때 함께 일을 한 적이 있어 그분의 능력과 인품을 익히 알고 있었다.

또한 바로 온라인 플랫폼 '광주혁신위원회에 바란다'를 구축하고 광주시민 누구나 광주혁신위원회에 바라는 내용을 접수할 수 있도록 했고, 이를 민선 7기 광주시정 방향을 설정하는 데 적극 활용했다.

'광주혁신위원회'는 단순한 업무 인수인계 활동에서 벗어나 광주가 나아가야 할 그랜드 비전과 주요 현안 과제의 해결방안을 모색하는데 중점을 두고 운영됐다. 특히 도시철도 2호선, 군공항 이전 등 오랜 기간 해결되지 못하고 있던 현안 문제들에 대해 혁신위원들과 시청 공직자들 간에 깊은 논의와 협의를 통해 해결방안을 모색하는 일에 집중했다.

6월 21일부터 시장 임기 시작 전 날인 30일까지 매일 광주혁신위원회 브리핑룸에서 분과위원회별로 활동상황과 주요 추진내용 등을 발표하는 기자회견을 가졌다. 특히, 광주혁신위원회 출범 직후인 18일을 시작으로 19일, 20일, 24일, 26일에는 당선인 신분으로 도시철도 2호선 저심도 방식 건설반대 단체인 '사람중심 미래교통 시민모임'이 참석한 가운데 저심도 방식, BRT(bus rapid transit) 등의 노선방식과 예산 등을 놓고 끝장토론을 벌이는 등 도시철도 2호선 건립과 관련한 논의에 전력했다. 그러한 준비 덕분에 민선 7기 첫 성과로 2018년 11월 초 도시철도 2호선 건립을 공론화를 통해 확정할 수 있었고, 현재는 순조롭게 공사가 진행되고 있다.

김윤수 광주혁신위원장은 6월 29일 결산 브리핑을 갖고 2주일 동안의 활동과정과 성과를 발표했고 최종보고서를 내게 전달했다. 최종보고서에는 7개 분과가 연구한 14대 핵심공약 74개 실천과제(255개 세부과제) 등을 망라해 민선 7기 광주시정 현안과 공약실행 방향을 제시했다. 광주발전을 위해 헌신적으로 도와주신 김윤수 위원장님과 위원님들께 깊이 감사드린다.

(8) 태풍 쁘라삐룬과 함께 취임강의로 임기 시작

민선 7기 지자체장 임기는 2018년 7월 1일부터 시작되었다. 하지만 그날이 일요일이라서 취임식이 7월 2일로 늦춰졌다. 그런데 태풍 '쁘라삐룬'의 갑작스런 북상으로 나는 임기가 시작되는 첫날 일찍 민방위복을 입고 취임도 하기 전에 재난안전대책회의를 소집해 상황을 점검하고 대책을 지시하는 것으로 업무를 시작했다. 시민의 안전을 지키는 것보다 더 중요한 일은 없다는 것이 평소 내 확고한 신념이었다. 이러한 내 생각은 2020년 발생한 코로나19 방역 때에도 그대로 적용되었다.

7월 2일에는 통상 많은 분들을 모시고 개최하는 취임식을 전격 취소하고 나는 준비된 시장답게 20분 동안의 프리젠테이션 형식의 강의에서 광주시정 운영방향을 설명하고, 본격적인 혁신행보에 들어갔다. 민선 7기 광주시정의 비전과 목표 그리고 3대 시정가치를 담은 공식 취임사는 서면으로 발표하였다. 직원 대상 강의가 끝난 직후, 모든 일을 제쳐두고 바로 관내 상습 침수지역, 배수펌프장, 급경사지 등 재해위험시설을 찾아 시설물 안전관리실태를 직접 점검하였다.

지역의 지도자들, 시민들, 그리고 선거 과정에서 도와주신 분들을 모시고 취임식을 갖는 것도 나름 의미가 있지만 내가 기존 취임식 형식을 파괴한데는 나름 두 가지 이유가 있었다.

우선 첫째는 당시 광주에서 가장 필요한 것은 변화와 혁신이었고, 광주 시정이 지금까지 가보지 않은 새로운 길을 가야 발전이 있다고 판단했다. 조그마한 것이지만 시장인 나부터, 취임 첫날 취임식에서 부터 기존 형식을 탈피하고 발상을 전환하는 솔선수범을 실천하여 직원들에게 변화를 예고하고 싶었다. 또한 처음 만나는 자리에서 직원들과 격의 없이 소통하고 싶었다. 이런 뜻에서 나는 직원들에게 강의 현장에서 '시장에게 바란다'는 건의나 부탁을 쓰도록 하였다. 두꺼운 책으로 2권 분량이다. 지금도 가끔 꺼내 그 내용을 읽어보면서 초심을 다진다.

또 다른 이유는 태풍 쁘라삐룬에 대처하고 시민의 안전을 지키는 것이 첫날 예정되었던 취임식이나 다른 여러 행사보다 더 중요하다고 판단했다. 국가나 지방자치단체의 가장 본질적인 역할이 국민의 생명과 재산을 지키는 것이기 때문이다.

이 책의 지면을 빌려 당시 초청장이나 메시지를 받고 취임식 참석을 기대했던 시민들과 뜻깊은 행사를 준비하느라 애쓴 관계자들께 진심으로 송구하다는 말씀을 드린다.

2부

이용섭 號의 시정철학과 운영방향

어제의 광주는 정의로웠고 내일의 광주는 정의롭고 풍요로울 것이다. 정의로운 번영, 함께 나누는 풍요를 통해 광주를 대한민국의 미래로 우뚝 세울 것이다.

2부 이용섭 號의 시정철학과 운영방향

1. 민선 7기 광주시정 운영방향
2. 광주시정의 비전 : 광주, 대한민국 미래로!
3. 광주시정 목표 : 정의롭고 풍요로운 광주
4. 3대 정책수단 : 광주다움, 좋은 일자리, 인공지능(AI)
5. 3대 시정가치 : 혁신·소통·청렴
6. 광주시장 이용섭의 5계명

1 민선 7기 광주시정 운영방향

2 광주시정의 비전 : 광주, 대한민국 미래로!

사람에게 확실한 꿈이 있어야 성공하듯이 조직에도 확실한 비전이 있어야 발전한다. 비전이 없는 조직은 꿈이 없이 사는 인생, 정처 없이 망망대해를 떠도는 선박과 같다.

나는 광주시장 취임을 앞두고 시정 비전을 정하는 일에 많은 신경을 썼다. 비전은 단순한 구호가 아니다. 무엇보다 시정 비전에 대해 공직자들과 시민들이 한마음으로 '그래! 한 번 해 봅시다' 할 정도로 공감할 수 있어야 내가 추진하는 시정혁신에 동참을 이끌어 낼 수 있기 때문이다.

내가 광주시장에 당선됐던 2018년 6월 당시, 광주 상황은 매우 어려웠다. 1인당 국민소득, 고용률, 인구유출 등 모든 경제지표가 악화되고 있었다. 2012년부터 살기가 팍팍하고 일자리가 부족해서 광주를 떠나는 인구수가 유입되는 인구수를 초과하기 시작했다. 떠나는 사람의 60% 이상이 20~30대 청년이라는 사실이 위기감을 더했다. 이렇게 가다가는 광주가 한반도 남녘의 중소도시로 추락할 수 있다는 걱정이 매우 컸다.

광주가 가야할 길은 분명했다. 민주화의 성지, 정치1번지에서 한발 더 나아가, 경제1번지로 도약해 '대한민국의 중심', '대한민국의 미래'가 되는 것이다. 사람들이 떠나는 광주에서 돌아오는 광주, 찾아오는 광주를 만드는 것이었다. 우리 시민들이 경제전문가인 나를 광주시장으로 선택한 이유도 여기에 있다고 생각했다. 공직생활 내내 '전라도 출신'이라는 설움 속에 살아야 했던 나는, 우리 아이들만큼은 '나는 광주 출신이다', '나는 광주에 산다'고 자랑스럽게 얘기할 수 있는 당당한 광주를 만들고 싶었다.

이러한 이유 때문에 시장 선거 중에는 '광주, 대한민국 중심으로'를 선거 슬로건으로 제시했다. 이 슬로건을 그대로 시정 비전으로 사용할까도 생각했는데 시장 당선 후 인수위원회격인 광주혁신추진위원회 논의과정에서 김윤수 위원장이 '광주, 대한민국 미래로!'를 대안으로 제시하여 이를 채택했다.

민선 7기 광주가 지난 3년 6개월 동안 중점적으로 추진해왔던, 인공지능 중심도시 광주, 노사상생의 광주형 일자리, 2045 탄소중립 에너지 자립도시, 아이 낳아 키우기 좋은 맘(MOM) 편한 광주 만들기 등은 시대를 앞서온 광주가 대한민국의 미래를 선도하기 위해 시대화두에 대한 해법을 제시한 것이다.

3 광주시정 목표 : 정의롭고 풍요로운 광주

광주는 나라가 어려울 때마다 시대정신과 대의를 좇아 자기희생을 통해 역사의 물길을 바로 돌린 정의로운 도시 의향(義鄕)이다.

우리 광주는 '정의로운 도시라는 이유만으로도 잘 살아야 정의가 풍요를 창조한다'는 도덕적 가치를 역사의 교훈으로 남길 수 있다는 것이 나의 소신이다. 정의로움을 지켜내고, 애국의 길에 앞장 선 사람들이 합당한 예우를 받으며 잘 살아야 우리 후손들도 나라가 어려울 때 망설임 없이 앞장설 것 아닌가.

이런 이유로 시정 목표를 '정의롭고 풍요로운 광주'로 정했다. '정의로운 번영, 함께 나누는 풍요'를 통해 정신적으로는 정의롭고 물질적으로는 풍요로운 광주를 만들어 대한민국의 미래로 우뚝 세우는 것이 내게 주어진 소명이었다. 우리가 의향 광주의 정의로움에 풍요로움을 더해 정의롭고 풍요로운 광주의 꿈을 실현하면 다음 세대는 그 위에서 또 다른 꿈을 꿀 것이며 더 큰 새로운 내일을 열어갈 것이다.

정의롭고 풍요로운 광주는 어떤 모습일까?

내가 늘 꿈꾸었던 세상. '선하고 가슴 따뜻한 사람들이 강해지는 세상, 원칙과 정도를 지키는 사람들이 우대받는 세상, 변화하고 혁신하는 사람들이 성공하는 세상'이 광주에서 실현되는 것이다.

구체적으로는 일할 수 있는 분들에게는 일자리를 드리고 일할 수 없는 분들에게는 맞춤형 복지혜택을 드리는 도시이다. 권력과 돈으로도 안되는 일이 많은 도시, 돈과 권력이 없어도 차별받지 않는 공정한 도시이다. 강자들이 좌지우지 하는 세상이 아니라 약자도 기죽지 않고 사는, 강자와 약자가 공존하는 도시이다.

나는 정의롭고 풍요로운 광주의 모습을 6대 분야별로 제시했다. ① AI(인공지능) 중심의 경제(經濟)광주, ② 정의로운 의향(義鄕) 광주, ③ 따뜻한 복지(福祉)광주, ④ 친환경 안전(安全) 광주, ⑤ 품격 있는 문화(文化) 광주, ⑥ 변화하고 도전하는 혁신(革新)광주이다. 짧은 기간 동안에 각 분야별로 광주 역사와 시민의 삶을 바꾸는 많은 성과를 창출할 수 있었던 것은 우리 직원들의 헌신적 노력과 시민들의 적극적인 성원이 있었기에 가능했다.

4 3대 정책수단 : 광주다움, 좋은 일자리, 인공지능(AI)

나는 '정의롭고 풍요로운 광주'를 실현해 광주를 대한민국의 미래로 우뚝 세우기 위한 정책수단으로 3가지를 제시했다. 재임 중 '광주다움'의 상품화·브랜드화·산업화, '좋은 일자리' 창출, 그리고 '인공지능(AI)' 대표도시 광주 만드는 일에 열과 성을 다했다.

(1) 광주다움

접근성이나 산업기반 등 여러 면에서 유리하지 않는 여건에 있는 우리 광주가 치열한 국제경쟁에서 일등이 되려고 하는 'Number One' 전략으로는 다른 앞선 도시들을 따라 잡는데 한계가 있다. 따라서 나는 광주만의 고유함과 독특함을 발굴해 이를 상품화, 브랜드화, 산업화하는 'Only One' 전략을 첫 번째 정책수단으로 제시했다.

세상의 모든 것은 가장 자기다울 때 가장 아름답고 가장 경쟁력이 있다는 것이 내 생각이다. 광주 역시 가장 광주다울 때 가장 경쟁력이 있다. 우리 광주는 대한민국에서 유일한 삼향(三鄕)의 고장이다. 의향(義鄕) 광주의 정의로움, 예향(藝鄕) 광주의 멋스러움, 미향(味鄕) 광주의 맛깔스러움 등 광주만의 고유함과 독특함을 상품화·브랜드화·산업화해 광주만의 일거리와 먹거리, 보고 듣고 즐길 거리가 넘치는 매력적인 도시를 만들어야 한다. 이러한 광주다움에 2,000여 개의 섬을 지닌 전라남도의 천혜 자원을 더하면 세계인의 오감을 만족시킬 수 있고 세계인들이 찾아오는 국제관광도시 실현도 가능할 것이다.

이미 우리는 반나절 생활권에 접어들었다. 서울에서 오전에 고속열차를 타고 와서 점심으로 광주 대표음식을 먹고, 오후에 광주 브랜드 상설공연을 관람하고 저녁에 서울 집에 돌아가는 반나절 관광코스가 가능하다. 광주에 가야만 볼 수 있고, 들을 수 있고, 먹을 수 있는 것들을 끊임없이 개발하고 발전시키면 그 안에서 광주만의 경쟁력과 일자리가 만들어지는 것이다.

<의향(義鄕)>

광주시민들에겐 남다른 '정의로움'이 있다.

광주의 최고 자산은 뭐니 뭐니 해도 정의로운 역사이다. 광주시민들의 더 나은 세상을 꿈꾸는 강한 도전정신과 소명의식이 바로 정의로운 광주시민들의 타고난 유전자(DNA)다. 임진왜란을 비롯해 나라가 어려울 때 의병활동이 가장 왕성했던 곳이 광주를 비롯한 호남이었고, 일제 강점기하에서는 가장 많은 독립군을 배출했고, 독재정권하에서는 5·18민주화운동을 비롯해 민주화 운동이 가장 치열했던 곳이다.

2020년 3월 1일, 대구에서 코로나19 확진자가 급격하게 증가하여 병상 부족으로 집에서 대기하고 있는 상황에서 시장인 내가 대구 확진자들을 광주에서 치료하겠다고 제안했을 때 광주시민들은 불평은커녕 광주가 나서야할 때라며 내 결정을 크게 환영했다. 광주시민들의 몸속에 흐르는 정의로운 DNA, 그것이 나눔과 연대의 광주정신으로 발현된 것이다.

일본기업 '유니클로' 광고 패러디로 역사를 바로 잡은 광주청년, 어려운 이웃들에게 '천원 밥상'을 차려주는 어머니와 딸, 불길이 치솟는 일촉즉발 상황에 뛰어들어 사람을 살린 시민, 경북 문경에 휴가 갔다가 계곡에서 물에 빠진 사람을 구한 시민, 낙상한 할머니를 자신의 승용차로 병원까지 이송해 응급조치를 받도록 한 골프선수 등 우리 시민들의 의로운 이야기는 끊이지 않는다. 여전히 광주 시민들은 정의로운 정신을 이어가고 있다.

광주를 처음 방문하는 사람들의 상당수가 가장 먼저 찾는 곳이 국립 5·18민주묘지다. '민주의 문'을 지나 묘지로 향하는 길, 잔잔하게 흐르는 '임을 위한 행진곡'이 경건함과 엄숙함을 더한다. 영령들의 희생으로 지켜낸 민주·인권의 도시 광주를 보고 느끼면서 참배객들은 광주정신을 다시 생각하며 광주에 대한 인식을 새롭게 한다. 물론 광주의 정의로움을 기억하고 기릴 수 있는 곳은 국립5·18민주묘지뿐만 아니라 광주 이곳저곳에 산재해 있다. 다른 지자체가 아무리 노력해도 모방할 수 없는 정의로운 역사를 광주는 간직하고 있다.

수많은 의향 광주의 역사와 정신을 우선 더욱 견고히 하고 이를 시정에 잘 반영하고 계승·발전시키는 것이야말로 광주를 대한민국의 미래로 우뚝 세우는 또 하나의 큰 길이다. 그래서 시장인 나부터 의향 광주의 시장답게 공사생활의 모범을 보이고 더욱 바르고 공정하고 원칙 있는 행정을 통해 정의로움이 살아있음을 보여주고 있으며 다른 한편에서는 권선징악의 다양한 정책들과 조치들을 시행하고 있다.[1]

---

1 중앙부처나 다른 지자체는 새해가 되면 대체로 현충원이나 현충탑 1곳을 참배한다. 그러나 우리 광주는 새해가 되면 의향답게 6곳(현충탑, 광주독립운동기념탑, 학생독립운동기념탑, 4·19혁명기념탑, 국립5·18민주묘지, 망월동 구묘역)을 참배한다.

<미향(味鄕)>

① 광주 대표음식

'광주'하면 많은 사람들이 맛깔스러운 음식을 먼저 떠올린다. 이 또한 광주만의 독특한 경쟁력이다. 하지만 '광주의 대표음식이 무엇이냐'고 물어보면 다들 대답을 주저하면서 한참을 고민하다가 오리탕, 주먹밥, 한정식, 떡갈비, 상추튀김 등 각자의 입맛에 맞는 음식을 대답한다. 이것이 미향 광주의 현실이다.

다른 도시에는 춘천 막국수, 전주 비빔밥, 남원추어탕, 충무김밥 … 등 도시 이름과 연동되어 떠오르는 대표음식이 있는데 안타깝게도 광주에는 그런 대표음식이 없다. 왜냐고 물으면 모든 음식이 맛있기 때문이라고 얘기한다. 물론 그 말도 맞지만 그렇다보니 '미향의 자산'이 지역경제 활성화나 상품화·산업화를 통한 일자리 창출로 연결되지 못하고 있다.

그래서 나는 취임 직후부터 맛의 도시 광주의 자부심을 되찾기 위해 광주 대표음식 선정사업을 추진했다. 행정주도가 아닌 시민참여와 공감 속에 "그래! 이거야"라고 동의할 수 있는 음식을 찾았으면 했다. 그래서 관이 주도하지 말고 시민이 참여하여 광주만의 독특한 맛을 담은 광주대표음식을 직접 선정하는 절차를 거치도록 강조했다.

전문가와 시민 1,100명을 대상으로 광주음식에 대한 인식도 조사를 실시했고 이를 기반으로 2019년 1월~2월에 전 국민을 대상으로 광주음식 공모전을 실시하여 후보군을 결정하였다. 광주시민뿐 아니라 대한민국 전 국민을 대상으로 한 것이어서 타 지역 사람들의 입맛까지 아우를 수 있는 좋은 기획이었다.

이후 시민 누구나 공감할 수 있도록 시민이 중심이 된 '광주대표음식 선정위원회'를 구성하고 100인 시민토론단 등 다층적 시민여론을 수렴해 대표음식 후보를 정한 데 이어, 이를 광주시정자문회의에 상정해 또다시 논의하는 절차를 거쳐 최종 7가지 음식을 광주 대표음식으로 선정했다.

광주대표음식선정위원회에서는 광주상추튀김, 광주오리탕, 광주주먹밥, 광주송정리떡갈비, 광주한(정)식, 광주 팥칼국수, 광주육전, 무등산보리밥, 광주애호박찌개 등 9개 음식을 최종 후보로 선정했다. 9개 음식 모두 우열을 가리기 힘들 정도로 많은 사랑을 받고 즐겨 찾는 음식들이다. 각 음식마다 고유의 맛깔스러움과 그 음식만의 숨은 매력이 있다.

2019년 5월 10일 이렇게 선정된 9개 음식을 가지고 '광주가면 뭐먹지?'라는 물음에 대한 해답을 찾기 위해 시민들이 한 자리에 모여 '광주 대표음식 페스티벌'을 개최했다.

어떻게 평가하고 우선순위를 가려야 할까? 100인 평가단의 행복한 고민이 깊어졌고 나는 그럴수록 더욱 공정하고 객관적이고 투명하게 평가해 달라고 주문했다.

미향 광주답다. 결국 '대표적인 음식 하나'를 선택하기보다 나름의 이유와 특색을 가진 7가지 대표음식이 선정됐다. 우리 시 시정자문회의에서는 100인 평가단의 권고를 존중하여 광주 대표음식으로 광주주먹밥, 광주상추튀김, 무등산보리밥, 광주계절한식, 광주오리탕, 광주육전, 광주송정떡갈비 등 7가지 음식을 선정했다.

특히, 광주주먹밥은 상징성 분야에, 광주상추튀김은 차별성 분야에, 무등산보리밥은 대중성 분야에 미래전략 육성 음식으로 선정됐다. 우리 시는 7가지 대표음식 중 매년 1개를 '올해의 대표음식'으로 선정해 집중 육성하고 광주 대표음식에 대한 인지도를 높여가기로 했다.

특히 2019년 첫 '올해의 음식'으로 선정된 '주먹밥'은 나의 강력한 의지로 상품화·브랜드화에 더욱 속도를 냈다.

광주에서 주먹밥은 단순한 음식을 넘어선다. 1980년 5월, 광주의 어머니들이 자식과도 같은 시민군들의 주린 배를 채워주기 위해 주먹밥을 만들어서 먹였다. 대인시장, 양동시장, 서방시장 상인들이 양동이 가득 주먹밥을 만들어서 시민군들에게 나눠줬던 이야기는 유명한 일화다. 이후 주먹밥은 나눔과 연대의 또 다른 상징이 되었다.

지금도 광주에선 5·18민주화운동 기념행사나 광주공동체의 의미를 부여하는 행사에는 어김없이 주먹밥이 등장한다. 2019년 5·18역사왜곡에 대한 시민들의 분노가 극에 달하여 금남로에서 연일 규탄대회가 열렸을 때도, 시민들은 주먹밥을 나누며 연대의 뜻을 함께 했다. 또한 매년 5월 18일이 되면 광주 관내 초·중·고 학교에선 주먹밥이 급식으로 나올 정도다.

이처럼 주먹밥은 스토리텔링하기에 충분한 음식소재다. 아울러 광주만의 맛을 담고 있으면서도 누구나 즐겨먹을 수 있어 독특한 개성과 대중성을 하나의 주먹밥에 담아낼 수 있다. 바쁜 현대인의 생활방식과 입맛을 고려해서 원조주먹밥부터 묵은지불고기주먹밥, 깍두기볶음주먹밥, 떡갈비주먹밥, 매콤낙지주먹밥, 멸치주먹밥 등 다양한 레시피를 활용한다면 광주를 상징하는 훌륭한 퓨전음식이 될 수 있고, 함께 곁들일 수 있는 사이드 메뉴를 개발하면 사업의 영역을 더욱 확장할 수 있을 것이다.

광주의 관문인 광주송정역에 광주 주먹밥이 등장한 것도 내 아이디어였다. 종전에는 부산어묵을 팔던 집이었는데 기한만료가 되어 우리 시가 나서서 교섭하여 광주주먹밥 집을 열었다. 나도 서울 출장 다녀올 때면 광주 송정역사에 있는 주먹밥 가게에 들르곤 한다.

또한 우리 시는 2020년 8월 주먹밥 판매업소로 13개 업체를 지정했고, 이들은 '미향 광주'의 자존심을 걸고 그간 노하우와 경험을 바탕으로 광주만의 맛과 멋이 담긴 주먹밥 대중화에 앞장서고 있다.

우리 시는 레시피와 메뉴 개발에도 공을 들이고 있다. 강황을 넣어 만든 노란 주먹밥, 비트가 들어가 빨간 주먹밥, 호박잎이나 떡갈비로 싼 주먹밥도 있다. 무등산 수박처럼 생긴 주먹밥도 있다. 비트 가루 넣은 밥으로 수박의 빨간 속처럼 만들고 다진 부추 넣은 밥으로 수박 껍질을 표현했다. 광주주먹밥 모둠 세트와 다양한 종류의 주먹밥이 개발됐다. 최근에는 주먹밥 스낵과 냉동 주먹밥도 개발하여 온라인에서 판매 중이다.

우리 시는 광주 주먹밥을 비롯해 광주대표음식들이 광주만의 경쟁력을 가진 광주대표 브랜드 음식이 될 수 있도록 광주주먹밥 상품화·브랜드화 육성, 광주만의 독특한 레시피 표준화 및 다양화, 광주대표맛집 선정 육성·지원, 스토리텔링을 통한 홍보 마케팅, 광주대표음식 지원체계 구축 등 5대 사업을 중점적으로 추진해오고 있다.

2019년에 개최된 광주세계수영선수권대회도 광주만의 먹거리를 이슈화하고 '미향의 도시 광주'를 전국화·세계화하는 데에 큰 도움이 됐다.

② 기대에 못 미친 광주 김치산업

광주 대표음식 선정에 버금갈 만큼 내가 깊은 관심을 갖고 광주시의 경쟁력있는 식품으로 육성하기 위해 관심을 가진 것이 바로 '김치산업'이다. 그러나 지난 3년 6개월의 성과는 실망스럽다.

김치는 인류가 만든 음식 가운데 단연코 으뜸이다. 한민족의 얼이 담겨 있고, 수 천년의 역사가 담겨 있다. 나눔과 공동체의 상징인 김장문화는 2013년 유네스코 인류무형유산으로 등재되었다. 김치는 곧 우리나라의 품격이며, 우리의 자부심이다.

김치는 미향 광주의 가장 대표적인 음식이기도 하다. 남도에서 나오는 배추와 소금 등 양질의 재료와 솜씨 좋은 김치 명인 등 좋은 김치를 생산하기 위한 여건이 잘 갖춰져 있다. 우리나라를 대표하는 세계김치연구소가 광주에 있고, 28년째 광주에서 열리고 있는 세계김치축제도 빼

놓을 수 없는 좋은 여건이다.

그럼에도 불구하고 그간 광주김치를 세계화, 관광 상품화하기 위한 지역사회의 관심과 노력은 미흡했고 효과적이지 못했다. 광주의 김치 생산량과 수출량(2020년 기준)은 전국 17개 특·광역자치단체 중 각각 12위에 그치고 있다. 뿐만 아니라 광주의 김치 수입량은 수출량의 20배를 넘고 전국평균보다 2배나 많다.

많은 반성이 필요했다. 아무리 좋은 보석도 가꾸고 다듬지 않으면 제 빛을 낼 수 없다. 맛의 도시, 김치종주 도시 광주의 옛 명성을 되찾기 위해 광주 김치산업의 혁신이 필요했다. 김치축제에 차별화된 콘텐츠를 더하여 관광객들을 끌어 모으고, 김치제조업체들의 품질 좋은 상품개발 노력과 함께 효율적인 홍보 및 판로 확대 등 혁신적인 마케팅 정책이 도입돼야 했다.

나는 김치종주도시로서 위상을 되찾고 김치를 상품화·브랜드화·산업화하기 위해 2019년 5월 김치산업을 우리 시 11대 대표산업으로 선정하고 김치산업 활성화와 관광 자원화를 추진하는 등 많은 노력을 기울여 왔다. 그러나 성과는 기대에 크게 미치지 못했다.

우수기업 투자유치나 혁신적 마케팅 전략 수립 등 발상의 전환이 필요했고 하드웨어 중심의 노력으로는 성과를 낼 수 없음에도 이러한 한계를 벗어나지 못했다. 김치타운이 박물관 개념에서 벗어나 김치복합테마파크로서 기능 강화와 김치 홍보와 체험, 판매가 원스톱으로 이루어질 수 있도록 과감한 혁신을 요구했지만 실행되지 못했다. 더욱이 광주에 소재하는 국가기관인 세계김치연구소는 그동안 기관평가에서 미흡 판정을 받아 조직 효율성을 위해 한국식품연구원의 분원으로 흡수 통합이 검토될 정도로 제 역할을 하지 못했다.

그동안의 부족한 점에 대한 자성과 함께 어떻게 하면 맛있고 위생적이고 건강에 좋은 김치를 만들어 대중화할까? 어떻게 하면 광주김치의 우수성을 과학과 기술로 증명할 수 있을까? 어떻게 하면 김치타운을 1년내내 사람들로 북적이는 명소로 만들까? 여전히 그 질문에 대한 답을 찾고 있다. 가장 광주다운 것을 가장 경쟁력 있는 것으로 만들어 광주를 세계로 미래로 우뚝 세우는 첩경 중의 하나가 '광주김치'를 세계적인 상품과 브랜드 그리고 산업으로 키우는 것이다.

<예향(藝鄕)>

프랑스 몽마르뜨에 가면 130년 전통의 명소인 '물랭루즈'에서 매일 공연이 열린다. 오랜 전통과 역사를 자랑하는 문화예술의 고장 광주에서도 이런 대표공연 하나쯤은 있어야 하지 않을까. 나는 시장이 되기 전부터 예향 광주에 내표적인 상설공연장이 없는 것을 매우 안타까워했다.

비가 오나 눈이 오나 항상 우리 공연을 즐길 수 있는 상설 공연장이 적어도 하나쯤은 있어야 한다는 것이 평소 생각이었다.

국악상설공연의 역사는 이렇게 시작되었다.

시장으로 취임하고 바로 간부회의(2018. 7. 17.)에서 광주브랜드 상설공연이 최대한 빨리 열릴 수 있도록 차질 없이 추진하도록 지시했다. 우리 직원들의 적극적인 준비로 마침내 그 꿈이 실현됐다. 광엑스포 주제관을 172석 규모의 복합문화공간으로 리모델링하여 2019년 3월 드디어 상설공연장 '광주공연마루'가 문을 열었고, 광주시립창극단과 창작국악단 '도드리'의 시범공연이 무대에 올랐다.

시민들께 선보일 공연이라서 내가 직접 점검하는 마음으로 두 시범공연을 관람했다. 처음이라 부족한 점도 있었지만 성공가능성이 보였다. 조금 다듬고 보완하면 시민들과 외지인들에게 자신 있게 내보일 수 있다는 자신감도 생겼다.

번듯한 공연장 하나 없는 열악한 환경에서 광주대표공연을 만들자고 제안했을 때 공직자들도, 시의회도, 공연자들도 의아스러워 했다. 그럼에도 외국에는 서양 음악이 있고 우리에게는 국악이 있으며 우리 것이 훨씬 경쟁력 있다는 확신을 가지고 뚝심으로 밀어붙였다. 첫 술에 배부를 수는 없지만 조금씩 변화하고 발전해가고 있는 모습에 힘이 나고, 희망이 보였다.

우리 시민들은 광주에 산다는 이유만으로 고품격의 문화를 향유하고, 광주를 찾는 외지인들은 광주에서만 볼 수 있는 아주 특별한 공연을 보고, 나아가 국악을 전공하는 우리지역 젊은이들이 광주를 떠나지 않고 일자리를 가질 수 있는 인프라와 환경을 만드는 것이 나의 목적이었다.

가장 우리다운 것, 가장 광주다운 것이 가장 경쟁력 있고 가장 아름답다는 굳은 신념을 갖고 '광주대표공연'을 반드시 성공시켜야겠다는 결의를 다지고 계속 추진했다.

그 후 종종 국악상설공연장을 가보면 공연이 이어지는 동안 박수소리와 '얼씨구, 좋다'라는 추임새가 끊이지 않고 마지막에는 앙코르 요청까지 어느 인기 공연 못지않은 뜨거운 호응이 쏟아지고 있었다.

시장으로서 할 일이 태산처럼 쌓여 있는 와중에도 간간히 틈을 내어 10여 차례 이상 여러 국악공연을 관람하면서 더 좋은 작품이 공연될 수 있도록 사회자는 누가 좋을까, 부채춤이나 판소리 공연은 어느 작품이 좋을지, 비보이는 포함시킬지 말 것인지 등등을 수없이 고민할 정도로 많은 관심을 가졌다. 그러다 보니 지역문화 예술계에서는 시장이 너무 국악만 챙긴다는 불평이 나돈다는 얘기도 들었다. 그러나 내 생각은 조금 달랐다. 재정이 충분하지 못한 우리 시가 모든 장르의 문화예술 분야를 한꺼번에 지원해서 부흥시키는 것은 현실적으로 불가능하다. 그래서 국악부터 확실하게 일정한 반석위에 올려놓고 이러한 성공사례를 다른 장르에까지 확산시키려는 불균형정책을 선택한 것이다.

2019세계수영선수권대회 때 국악상설공연장에서 외국선수와 관람객들에게 우리 가락을 선보였으며 이들의 호응은 대단했다. 대회 개막과 함께 다양한 국악프로그램을 선보이며 연일 전석 매진을 기록했다. 특히 광주시티투어와 대회 관광투어 프로그램과 연계하여 공연을 관람토록 하면서 관심과 흥미가 더욱 커졌다.

그러나 국악상설공연도 코로나19의 충격을 피해갈 수는 없었다. 2020년에 들어 코로나19로 공연이 자주 중단되는 경우가 많았다. 코로나19와 한창 사투를 벌이고 있는 중에도 이따금씩 국악상설공연장을 찾았다. 관객들로 가득 찼던 객석은 한 칸씩 거리두기를 해야 하고, 마스크 때문에 마음껏 추임새도 넣을 수 없었지만 우리 시민들이 이렇게라도 국악공연을 즐길 수 있는 것 자체가 얼마나 다행인지 모른다는 생각을 했다.

코로나19의 어려움 중에도 헌신적 노력을 다하며 광주 대표공연의 명맥을 이어가고 있는 공연자들과 기획자들, 운영진들에게 감사할 따름이다. 공연시간은 변함없이 매주 화~토요일 오후 5시이다. 코로나19 장기화로 지쳐있는 시민들께 조금이라도 힐링의 시간이 되었으면 좋겠다.

광주의 또 다른 볼거리는 바로 '미디어아트'다.

광주는 유네스코가 지정한 미디어아트 도시이다. 2014년에 미디어아트 도시로 지정되었고, 2019년에는 부의장 도시로 선정되어 세계적인 미디어아트 도시로 위상을 공고히 다지고 있다. 우리 시는 미디어아트 인프라에 광주의 색을 입히고, 첨단기술의 가치를 더해 유네스코 미디어아트 도시로 리브랜딩하고 있다.

빛의 도시 광주에 위상에 걸맞게 2022년 봄에는 미디어아트 센터인 AMT(Art & Media Technology)를 개관할 예정이다. 이곳에서는 인공지능과 빛의 결합을 통해 각종 미디어아트 관련 기술과 작품을 체험하고 구경할 수 있다. 이를 계기로 앞으로 아시아문화전당 주변과 광주천 등도 빛과 미디어아트 기술을 활용해 꾸미고, 미디어파사드를 설치하는 등 재 공간화 할 계획이다. 그렇게 되면, 시민들과 관광객이 도시공간에서 직접 광주의 미디어아트를 느끼고 체험하게 될 것이다.

고속도로를 이용해 광주를 방문하는 분들에게 광수만의 녹특함을 보여드리기 위해 광주의 관문인 톨게이트에 광주폴리 '무등의 빛'을 설치했다. 이 작품은 이이남 작가와 김민국 건축사가 합작한 세계 최초의 비정형 미디어아트 작품으로 무등산 형상과 삼향을 미디어 작품으로 표현한 것이다. 자동차로 광주를 방문하는 분들은 도시의 관문에서 미디어아트 기술을 통해 무등산을 감상할 수 있다.

광주다움이 담긴 대표문화공간 등에 대해서는 이 책 「제3부 핵심성과 8」에서 자세히 설명하였다.

(2) 일자리 창출

나는 가끔 강의 등에서 "세상에서 가장 아름다운 자리, 가장 행복한 자리는 어떤 자리입니까?"라는 질문을 한다. 물론 내가 원하는 답은 '일자리'이다. 일자리가 행복한 삶의 시작이고, 최고의 복지이며, 우리 아이들의 미래이기 때문이다.

이런 이유로 나는 시민들의 삶을 바꾸는 '일자리 시장'이 되겠다고 약속했다. 좋은 일자리 창출만이 광주경제가 직면하고 있는 저성장, 인구유출, 삶의 질 저하라는 문제들을 해결할 수 있다고 믿기 때문이다.

취임과 함께 일자리경제실 신설, 일자리위원회 출범, 시정의 기획-집행-평가-보상 등 광주시의 운영체계를 일자리 중심으로 전면 개편하였다. 역점적으로 추진하고 있는 광주형 일자리 사업과 인공지능산업

융복합단지 조성사업 등도 모두 양질의 일자리를 만들기 위한 것이 첫 번째 목적이다. 좋은 일자리를 많이 만들어 지역경제를 살리는 것이 떠나는 광주에서 돌아오는 광주를 만드는 해법이다.

코로나19로 만남과 교류가 차단되면서 지역경제가 침체되어 많은 어려움이 있었지만 그래도 4년 연속 정부 일자리 정책평가 우수상을 받을 만큼 의미 있는 성과들을 거두었다.

일자리 관련 3대 투자 유치 성과를 꼽자면 먼저 광주형 일자리인 광주글로벌모터스 자동차공장 건설이다. 5,754억원이 투자(자기자본금 2,300억, 차입금 3,454억)되었고 직접 일자리만 1,000여 개가 새롭게 만들어졌다. 또 하나 대규모 투자의 주인공은 쿠팡이다. 평동 3차 산업단지에 투자액만 2,240억원, 2,000여 개가 넘는 직접고용일자리를 창출하는 대형 프로젝트이다. 마지막 주인공은 세방리튬배터리㈜이다. 평동 2차 산업단지에 1,150억원을 투자해 전기자동차 배터리팩 공장을 2021년 10월 준공했다. 250개의 일자리가 창출되었다.

그동안 구축한 일자리 인프라와 추진해온 광주발전 정책들이 시민들이 체감하는 성과로 이어지려면 시간이 좀 더 필요하다. 이것을 정책시차(policy lag)라고 한다. 도로와 차량에 비유하면 지금까지는 광주발전 고속도로 건설에 주력해왔다. 이제 고속도로가 구간별로 점차 완공되고 있으니 앞으로 시민들이 일자리 차량을 타고 고속도로를 쌩쌩 달리게 되면 일자리와 소득도 늘어나고 지역경제가 활성화되는 것을 느끼게 될 것이다.

(3) 인공지능(AI)

정의로운 도시이지만 경제적으로는 많이 뒤처져 있는 우리 광주가 어떻게 해야 앞선 도시들을 따라 잡을 수 있을까?

나는 경제적으로 낙후된 광주가 앞선 도시들을 따라 잡고 글로벌 선도도시로 도약하기 위한 유일한 돌파구가 4차산업혁명이고 그 핵심인 인공지능을 선점하는 것이라고 판단했다. 4차산업혁명은 기존의 가치와 시스템, 질서를 완전히 뒤바꿔 놓기 때문에 꼴찌가 일등이 될 수 있고 일등이 꼴찌 될 수 있는 대전환의 기회이기 때문이다.

마침내 우리에게 기회가 왔다. 2018년 가을에 정부가 균형발전과 경기회복을 위해 광역자치단체로 하여금 예비타당성조사 면제사업을 신청토록 했다. 다른 곳은 모두 도로, 철도, 건축물 건설 등 SOC사업을 신청할 때 우리 광주만 하드웨어가 아닌 인공지능 집적단지 조성사업을 신청하며 인공지능을 선점했다.

인공지능(Artificial Intelligence, AI)은 낙후된 광주가 대한민국의 미래로, 글로벌 선도도시로 도약하기 위해 꼭 필요한 전략이다. 이제 어떤 산업도 사업도 국가도 지역도 인공지능과 접목되지 않으면 경쟁력을 확보할 수 없는 시대이기 때문이다. 내가 시장이 될 때만 해도 인공지능 중심도시 광주는 상상할 수도 없었지만 지금은 현실이 되어가고 있다. 이런 점에서 우리의 선택은 절묘했다. 언론에서 우리의 선택을 신의 한 수였다고 평가하는 이유가 여기에 있다(※ 인공지능에 대한 상세한 내용은 「제3부 핵심성과 3」 참조).

5 3대 시정가치 : 혁신·소통·청렴

3대 시정가치(혁신·소통·청렴)는 광주시정의 비전과 목표를 달성하기 위해 우리 공직자들이 꼭 지켜야 될 지침이라고 할 수 있다. 광주시에서 좋은 공무원, 훌륭한 공무원, 능력 있는 공무원은 혁신하는 공무원·소통하는 공무원·청렴한 공무원이다.

나는 시장이 되고 나서 '혁신·소통·청렴'이 시정에 뿌리내리도록 하기 위해 바로 혁신정책관실과 시민소통기획관실을 신설하였다. 아울러 광주시정과 지역 사회 전반에 대한 강력한 혁신을 주도할 시장 직속 '광주혁신추진위원회'를 본격 출범시키고, 시민의 뜻이 시정에 반영되는 협치 모델을 구현할 '시민권익위원회'를 발족시켰다.

'逢山開道 遇水架橋(봉산개도 우수가교 : 산을 만나면 길을 내고, 물을 만나면 다리를 놓는다)'의 도전적이고 창의적 자세로 낡은 생각과 가치, 잘못된 관행을 과감히 타파하고 오직 역사와 광주발전만 보고 시민과 함께 새로운 광주시대를 여는 혁신의 길로 당당하게 나아가겠다는 것이 나의 구상이었다.

(1) 혁신행정

이용섭호의 4년을 관통하는 정신이나 가치가 무엇이냐고 물어오면 나는 망설임없이 혁신을 꼽는다. 혁신은 광주의 새로운 미래를 열기 위한 필수조건이다. 변화의 시대에 혁신하지 않으면 살아남을 수 없다. 세상이 급변하고 있는데도 선례를 답습하며 일하는 방식을 바꾸지 않으면 생존할 수 없을 뿐만 아니라 경쟁력 있는 정책들도 나올 수 없다. 공직자들이 변화를 두려워하지 말고 시대정신 실현과 시민권익 증진을 위해 혁신하고 또 혁신해야 광주의 미래가 있다.

> "우리는 아무리 강해도 약합니다. 두렵다고 겁이 난다고 주저앉아만 있으면 아무것도 변화 시킬 수 없습니다. 두렵지 않기 때문에 나서는 것이 아닙니다. 두렵지만 나서야 하기 때문에 나서는 것입니다. 그것이 참된 용기입니다." (김대중 전 대통령 말씀 중에서)

<혁신의 시작은?>

- 혁신은 파괴에서 시작된다. 혁신은 낡은 것을 파괴하고 새로운 것을 창조하는 창조적 파괴(creative destruction)의 과정이다. 이런 점에서 혁신은 비우고 버리는 폐기학습에서 출발한다.
- 혁신은 익숙한 것과의 결별에서 시작된다. 늘 다니던 길에서는 산삼을 캘 수 없다. 나무는 꽃을 버려야 열매를 맺고 강물은 강을 버려야 바다에 이를 수 있다. (화엄경)

혁신은 가보지 않은 새로운 길을 가는 것이라서 불편하고 힘들지만 반드시 가야될 길이다. 나는 시장에 당선되자마자 인수위원회 대신에 광주혁신위원회를 출범시켰다. 또한 서면 취임사에서 "가는 곳마다 혁신성과를 내었던 제 경험과 우리 공직자들의 전문성이 결합하면 놀라운 결과를 창출할 수 있을 것"이라며 혁신을 취임 첫날부터 강조했다.

혁신행정은 적극행정·도전행정·창의행정을 의미한다. 혁신은 리더의 열정에 의해 시작되지만 혁신의 성과는 직원들이 얼마나 동참해주느냐에 달려 있다. 따라서 광주발전을 위해 우리 직원들이 틀에 얽매이지 않는 창의성과 전문성을 갖고 적극적·도전적으로 일할 수 있는 환경을 만들기 위해 노력하였다.

때가 되면 승진하는 연공서열의 조직문화도 바꾸어나갔다. 혁신동력을 창출하기 위해 공정·투명한 성과관리제도를 도입했다. 성과평가결과를 인사와 성과급에 적극 반영하고 있다. 직원들이 공감할 수 있도록 평가방법을 더욱 과학적이고 공정 투명하게 발전시켜 나가고 있다. 혁신행성에 앞장서서 성과를 내는 직원들에 대해서는 인사와 보수 등에서 적극 우대하고, 반면 무사안일·복지부동·부작위나 직무태만 등은 쇠에 생기는 녹처럼 우리 조직을 서서히 죽이는 행위로써 결코 용납하지 않겠다고 밝히고 이를 실천해오고 있다. 광주발전과 시민행복을 위해 끊임없이 혁신하고 성과를 내는 공직자에 대해서는 반드시 상응하는 보상을 한다는 것을 보여주기 위해 '이달의 공무원'제도를 도입해 시행해 오고 있다.

특히 '인사가 만사'라는 판단하에 직원들이 업무에만 전념할 수 있는 인사혁신에 많은 노력을 기울였다. 조직을 변화시키는 것은 결국 사람이고, 사람을 움직이게 하는 것이 인사이기 때문이다. 조직혁신도 인사혁신에서 시작되고, 리더의 진정한 힘도 투명하고 공정한 인사에서 나온다. 공무원들에게 승진이나 전보 인사만큼 중요한 동기부여 수단은 없다. 따라서 나는 적재적소(適材適所) 인사를 원칙으로 하되 본인 희망을 최대한 반영하기 위한 인사혁신을 단행했다.

취임하자마자 직원들이 인사에 신경쓰지 않고 업무에만 전념할 수 있도록 업그레이드 된 '전자희망인사시스템'을 구축해, 시청 직원들은 누구나 온라인을 통해 희망하는 부서를 3순위까지 시장에게 직접 신청할 수 있도록 했다. 또 각종 건의와 애로사항을 바로 얘기할 수 있는 '시장 핫라인'도 함께 가동했다. 이처럼 인사권자에게 자기 뜻을 직접 알릴 수 있으니 인사청탁의 필요가 없어진 것이다. 매번 인사 때마다 본인이 희망한 곳으로 이동한 비율을 발표해오고 있다(통상 70% 이상 본인이 원하는 곳으로 이동). 이로 인해 직원들이 인사철이 되면 외부에 청탁하고 부탁하는 청탁문화를 확실하게 근절시켰다. 이러한 성과를 인정받아 3년 연속 인사혁신 우수기관으로 선정(2019년 최우수상, 2020년 대상, 2021년 최우수상)되기도 했다. 특히 2021년에는 지방인사혁신 경진대회 최우수상(행정안전부), 인사교류 우수기관(인사혁신처), 균형인사 우수기관(인사혁신처) 등 중앙정부 평가 3관왕의 영예를 안았다.

내가 희망인사를 강조하는 것은 본인이 하고 싶은 일을 하도록 해야 공직자들이 자기 업무를 '사랑'하고, 자기 업무에 '자긍심'을 갖고, 이를 토대로 자기 업무에 '열정'을 쏟기 때문이다.

취임 초기부터 이러한 인사혁신드라이브를 강화하기 위해 혁신정책관을 신설해 혁신과 인사업무를 묶어 독립시켰다.

또한 산하 공공기관 직원들을 시가 통합채용하여 채용에 따른 부조리를 확실하게 근절시켰다. 외부 부탁에 의해 직원들을 채용하던 관행들이 없어지다 보니 산하기관 직원들 수준이 전반적으로 향상되고 있다는 평가다.

그동안 우리 시가 창출한 수많은 성과들과 해결한 수많은 현안들, 예를 들면 광주형 일자리, 도시철도 2호선, 2019세계수영대회의 성공적 개최, 경제자유구역 지정, 인공지능 중심도시, 출산율 제고, 달빛내륙철도 국가 계획에 반영 등은 그냥 열심히 해서 이루어진 것이 아니라 혁신적 사고와 발상의 전환이 있었기에 가능한 것들이었다.

2018년 11월 27일 '광주를 혁신하라'라는 슬로건으로 광주시정과 지역 사회 전반에 대한 강력한 혁신을 주도하기 위해 시장 직속으로 '광주혁신추진위원회'를 본격 출범시켰다. '광주혁신추진위원회'는 광주의 변화를 선도해 나갈 혁신 추진 구심체로서, 경제계, 학계, 시민사회, 언론계, 법조계, 청년, 환경, 복지 등 다양한 분야를 아우르는 민간 혁신 전문가로 출범했으며 주정민 전남대 교수(당시 한국방송학회 회장)를 위원장으로 선출했다.[2]

위원회는 혁신정책 발굴, 시행, 평가 등 시정 전반의 혁신정책에 대해 자문, 제안, 심의하고 혁신정책이 현장에서 제대로 작동되도록 뒷받침하는 한편, 혁신에 따른 저항과 갈등을 관리 조정하는 역할까지 톡톡히 하고 있다. 지난 3년 동안 혁신추진위원회의만 195회[3] 개최했고, 19차례에 걸쳐 29건의 혁신 권고안을 우리 시에 공식 제안해주었다. 우리 시는 혁신추진위 제안을 대부분 시정에 반영했다. 주도적인 역할을 해주신 주정민 위원장님과 위원님들께 감사드린다.

(2) 소통행정

정책형성과 시행과정에서 수요자들과 소통하지 않으면 아무리 기획이 좋은 정책도 성공하기 어렵다. 조선시대 명의 허준은 동의보감에서 '통즉불통 불통즉통(通卽不痛 不通卽痛)'[4]이라 했다. 조직도 마찬가지로 소통이 원활하지 않으면 병이 든다.

---

2 혁신추진위원 : 1기 25명(2018. 11. 27. ~ 2020. 11. 26.), 2기 28명(2020. 11. 27. ~)

3 2021. 11. 29. 현재 전체회의 30회, 분과회의 118회, 특별위원회회의 39회, 포럼 등 8회

4 기와 혈이 통하면 아프지 아니하고 통하지 않으면 아프다.

송나라 유학자 육상산은 '불환빈 환불균(不患貧 患不均)', 백성은 배고픔보다 불공정한 것에 분노한다고 말했다. 공정한 행정을 펼치려면 반드시 소통이 필요하다. 자치단체의 소통은 시민들의 먹고사는 문제를 해결하고 서민들의 아픔을 어루만지는 민생시정에서 시작된다고 해도 과언이 아니다. 사무실에서는 어려웠던 문제들도 민생속으로 현장으로 더욱 깊숙이 들어가 시민들과 소통하다보면 답을 찾게 되는 경우가 많다.

1) 이런 점에서 소통행정은 현장행정과 맥을 같이 한다.

나는 취임 후 '현장에 해법이 있다'는 모토 아래 시민들 삶의 현장 곳곳을 찾아 불편사항을 듣고 해결책을 모색하는 현장행정을 강화해왔다. 이는 그간 오랜 공직생활을 통해 '현장에 답'이 있고 '백문불여일견(百聞不如一見, Seeing is believing, 백 번 듣는 것이 한 번 보는 것보다 못하다)이라는 경험에서 비롯된 것이다. 특히 코로나19로 인해 시민들의 고통이 날로 커지고 있어 '주먹구구식 탁상행정'이 되지 않도록 현장 중심의 소통행정을 강화해왔다. 그 대표적인 현장 중심 소통행정이 『현장경청의 날, 민생경제 현장정책투어[5], 코로나19 극복 특별주간[6]』 운영 등이다.

이처럼 소통행정은 작게는 시민들의 생활 불편 민원을 해소하는 일부터 크게는 일자리를 창출하고 광주의 자존심을 회복하는 일까지 시민이 중심되고 시민이 주인되는 시정을 펼치자는 것이다. 우리 시는 시민봉사

---

5 민생경제 현장투어는 기업현장을 직접 방문하여 애로사항 청취 등 소통과 공감을 통해 해법을 찾아 제시하고 있다. 2019년 4월 17일부터 시행해오고 있으며 2021년 10월 말 현재 2019년 15회, 2020년 12회, 2021년 15회 실시했다. 코로나19로 인해 방문이 줄어들어 안타깝다.

6 코로나19로 어려움을 겪고 있는 지역사회의 각 분야별로 직접 현장을 둘러보고 대책을 세우기 위해 '코로나19 극복 특별주간'을 운영하고 있다. 그간 소상공인, 문화예술, 청소년, 여성, 보육, 보훈, 어르신, 장애인, 민생경제, 운수, 건설 등의 분야별로 1주일간의 특별주간을 시행했다.

기관으로 거듭나기 위해 '바로소통광주' 등 다양한 경로를 통해 끊임없이 시민들과 호흡하고 소통하고 있다.

나는 광주가 발전하기 위해서는 소통과 화합을 통해 광주의 역량을 결집시키고 분열과 갈등을 차단하는 것이 가장 중요하다고 판단했다. 한정된 시간 속에서 시정과 관련된 많은 기관 및 사람들과 소통하기 위해 사적 스킨십은 줄이는 대신 업무관련 민원인, 중앙 정부, 단체 등과의 공적 스킨십은 늘리고 시정을 비판하는 사람들까지도 포용하는 열린 시장의 길을 걸어왔다.

우선 시민들과의 공적 스킨십을 강화하기 위해 먼저 취임 직후 단행한 조직 개편에서 시민소통기획관을 신설해 시민소통체계를 구축했다. 아울러 최영태 전남대교수를 위원장으로 하고 시민사회, 각 분야 전문가, 의회, 공식자 등 30여 명으로 시민권익위원회를 구성했다. 이후 시민권익위원회는 도시철도 2호선 공론화 및 광주민간공항 이전시기 등을 비롯해 많은 성과를 창출했다. 뛰어난 리더십을 발휘해주신 최영태 위원장님과 위원님들께 감사드린다. 특히 시민권익위원회가 주관하고 시장인 내가 직접 참석한 현장경청의 날은 2021년 10월 말 현재 27차례의 현장방문을 통해 시민들의 애로를 해결해드리는 데 크게 기여했다.

2) 소통행정의 또 하나의 이름은 협치행정이다.

나는 그동안 찬반이 첨예하게 엇갈려 장기표류하거나 정책 결정이 어려워 오랫동안 해결하지 못했던 지역 현안들을 역대 어느 때보다도 소통과 민관 협치를 통해 민주적으로 최적의 해법을 찾아 해결하면서 광주의 미래지도를 바꾸어나가고 있다.

나는 자타가 공인하는 행정 전문가다. 행정에 관한한 알만큼 알고 있어 얼마든지 내 방식으로 밀어붙일 수도 있었다. 그러나 지금은 융복합의 시대이자 변화의 시대이기 때문에 뛰어난 지도자(리더) 한 사람의 결단보다 다수 시민들의 의견을 수렴하여 지혜를 모아 결정해야 최적의 해법을 찾을 수 있는 집단지성의 시대이다. 내가 협치를 중시여긴 이유가 여기에 있다. 시간이 조금 더 걸리더라도 반대하는 목소리까지 수용할 수 있을 때 지역사회 분열과 갈등이 적어지고 합리적인 정책들을 만들 수 있다.

실제 그간 진정성 있는 협치 행정이 변화와 혁신을 이끌어내는 동력이 되었다. 민관협치를 통한 성과는 참으로 많다.

- 과거 16년 동안 지역사회를 갈등과 분열의 도가니로 빠트렸던 도시철도 2호선 문제를 시민공론화를 통해 해결해 차질 없이 건설 중에 있다.
- 세계 유례없는 지자체 주도 노사상생의 광주형 일자리사업을 노사민정의 대타협으로 성공시켜 완성차가 생산되고 있다.
- 민관거버넌스 운영을 통해 민간공원특례사업을 추진함으로써 전국에서 가장 많은 공원면적을 확보했고 사업자의 과다이익은 공원사업에 환원토록 했다.
- 개발과 보호 주장이 대립했던 황룡강 장록습지를 사회적 합의(공론화)를 통해 국내 최초 도심 국가습지로 지정했다.
- 무등산 신양파크호텔 부지도 무등산 난개발 방지 민·관·정·학 협의회를 통해 공유화를 결정했다.
- 기후위기에 대응한 '2045 탄소중립 에너지 자립도시'를 시민과 함께 실현하기 위해 RE100추진위원회 등 다양한 협치 기구를 구성해 논의를 진전시키며 실행해가고 있다.
- 코로나19 민관공동대책위원회 운영과 선제적 방역조치를 통해 광주 공동체의 안전을 지켜내고 K-방역의 성공을 견인했다. 특히, 전국에 울림을 준 대구에 병상제공(2020. 3. 1.)도 시민사회단체와의

연대를 통해 이루어졌다.

2021년 8월 미국의 저명한 과학자인 알리누리박사(미국 과학자연맹 전 회장, 바이든 정부 에너지부의 차관보 역임)가 자신의 트위터를 통해 광주시의 모범적 방역시스템과 조치들을 미국을 비롯한 세계각국들이 따라 배울 것을 촉구하는 글을 올려 세계의 이목을 집중시킨 바 있다.

- 3대 악재(턱 없이 부족한 예산, 북한불참, 스타선수 부재)에도 세계수영선수권대회를 역대 가장 성공적인 대회로 치룰 수 있었던 동력도 3천여 자원봉사자와 1만2천여 시민서포터즈가 있었기에 가능했다.

이외에도 복지협치위원회 운영 등 우리는 전국적인 협치 모범사례로 내세울 수 있는 뛰어난 성과들을 많이 이뤄냈다.

우리 시는 민관협치를 보다 체계적으로 뒷받침하기 위해 「민관협치 활성화 기본 조례」를 2020년 제정했으며 이를 근거로 2021년 4월에는 행정과 시민이 함께 시책을 마련하는 민관협치협의회를 구성해 살기 좋은 광주를 만들어 나가고 있다. '민관협치협의회'는 시장 및 업무관련 실국장, 시의회, 시민단체 및 직능연합단체 대표, 일반시민 등 9개분과장 등 49명의 위원으로 구성됐다. 그야말로 정책형성 과정부터 지역사회가 다양하게 참여하여 건강한 논의와 토론을 통해 시정현안 해결에 중요한 역할을 할 수 있는 협치 체계가 마련된 것이다.

사람마다 단체마다 광주를 사랑하는 가치와 방식이 다르고 이해관계 역시 다르기 때문에 각계각층의 의견과 요구가 갈수록 다양해지면서 현안에 대한 시각차이 역시 매우 복잡다기하다. 이를 해결하기 위해 서로가 다름을 인정하고 건강한 논의와 토론을 통해 합리적인 결론을 내고 그 결과에 승복하는 민관협치의 모델이야말로 광주가 추구하는 민주도시의 방향과도 일치한다.

그렇다고 민관협치가 자칫 행정이 민에 과도하게 의존하거나 끌려 다니는 결과를 가져와서는 안된다. 시가 중심을 잡고 흔들림 없이 나아갈 때 협치도 실효를 거둘 수가 있다. 나는 2021년 4월 6일 간부회의에서 우리 직원들에게 공직자들이 중심을 잡고 광주형 민관협치를 더욱 활성화시켜 민주적 정책결정의 모범 모델로 발전시켜줄 것을 당부했다.

> "끊임없이 변화하는 융복합의 시대에 한 사람의 리더가 모든 문제를 해결할 수는 없다. 민관이 함께 시정을 운영해야 최적의 결론이 도출되는 집단지성의 시대이다. 다만 시민들마다 광주를 사랑하는 방식과 가치가 다르고 이해관계가 다르기 때문에 공직자들이 중심을 잡고 흔들림 없이 원칙을 지켜가야 배가 산으로 가지 않고 순항할 수 있다는 점을 명심해 주기 바란다. 또한 민관협치의 제도적 장치가 마련된 만큼 시민사회단체들도 외부에서 비판하고 견제하던 방식에서 벗어나 이제는 협의체에 참여해 함께 좋은 정책을 만들어 가기를 기대한다."

(3) 청렴행정

공직자의 기본은 첫째도 청렴, 둘째도 청렴이다. 공직자가 갖추어야 할 자질이 여러 가지이지만, 그중에서도 가장 중요한 것은 청렴과 공정이다. 공직자의 청렴이 중요한 것은 단순히 도덕적인 이유 때문만은 아니다. 청렴하지 않으면 공정할 수 없고 국민들로부터 공권력이 신뢰를 받을 수 없기 때문이다.

공권력의 권위는 힘과 권력에서 나오는 것이 아니라 공정과 청렴에서 나온다. 공정하면 밝아지고 청렴하면 위엄이 생긴다(공생명 염생위, 公生明 廉生威).[7]

---

7 중국 명나라의 곽윤례(郭允禮)는 무극현(無極縣)의 원님이 되어 비석에 좌우명을 다음과 같이 새겼다. "아전은 나의 위엄을 두려워하는 것이 아니라 나의 청렴을 두

이런 점에서 청렴행정은 모든 행정의 기본이다. 혁신도 소통도 청렴이 뒷받침되지 않으면 의미가 크게 퇴색될 수밖에 없다. 청렴하지 않은 혁신은 사리사욕을 위한 탐욕으로 흐를 수 있고, 청렴하지 않은 소통은 사적 이익을 위한 담합이나 다를 바 없다.

세상이 바뀌어도 공직은 국가에 헌신하고 국민에 봉사하고 자신의 욕구를 절제하는 '헌신 봉사 절제'하는 자리다. 바꾸어 얘기하면 국가의 이익과 자기 이익이 상충될 때 국가의 이익을 따르는 것이 헌신이고, 국민의 이익과 자기의 이익이 상충될 때 국민의 이익을 따르는 것이 봉사이다. 그러기 위해 하고 싶은 것, 먹고 싶은 것, 가고 싶은 것, 갖고 싶은 것에 대한 자기 욕구를 참아내는 것이 절제이다.

시장의 역할은 우리 공직자들이 헌신, 봉사, 절제의 자세로 청렴하게 일할 수 있는 환경과 문화를 만들어 주는 것이다. 내가 우리 직원과 산하기관에 여러 차례 "광주발전을 위해 도전적이고 창의적으로 혁신하는 과정에서 발생한 실패에 대해서는 과감하게 관용하고 보호하겠지만, 부조리나 부패에 대해서는 용납하지 않고 엄정하게 책임을 묻겠다"고 밝힌 이유도 여기에 있다.

나는 우리 공직자들에게 주마가편(走馬加鞭)의 심정으로 채근담에 나오는 다음의 글귀를 항상 명심하도록 당부해왔다.

> "옳더라도 굳어지지 말며, 좋더라도 치우치지 말고, 맞더라도 낡아지지 말라. 새로움에 가볍지 말고, 이로움에 얕아지지 말며, 힘 앞에 작아지지 말라"

려워한다. 백성은 나의 능력에 복종하는 것이 아니라 나의 공정에 복종한다. 공정하면 백성이 감히 태만하지 못 하고 청렴하면 아전이 감히 속이지 못한다. 공정하면 밝아지고 청렴하면 위엄이 생긴다." [곽윤례의 <관잠(官箴)>에 나오는 내용임]

이 대목에서 국민권익위원회의 청렴도 평가에 대해 내 생각을 밝히고자 한다. 우리 시는 민선 7기 들어 광주형 일자리, AI중심도시, 출산율 증가 등 많은 성과를 창출했고, 2020년 말에는 청렴도가 반영된 정부혁신평가와 부패방지시책평가 등에서도 우수기관으로 평가받았다. 그런데도 국민권익위원회의 청렴도 평가에서만 최하위 등급인 5등급을 받아 우리 직원들의 노력이 크게 평가 절하되는 결과가 나타났다. 취임 이후 줄기차게 혁신과 청렴을 강조해온 나로서는 뼈아픈 대목으로 안타깝고 아쉬웠다.

다행히 지난해 2021년 말 공공기관 청렴도 측정에서는 2020년 5등급에서 두 단계 상승한 3등급을 받아 어느정도 명예회복을 한 셈이다.[8]

민선 7기 들어 그 어느 때보다 혁신적으로 기관운영을 하고 있는데도 이에 상응하는 평가를 받지 못한 것은 현행 기관청렴도 평가제도의 문제점도 크게 한 몫을 했다. 우리 시는 국민권익위원회가 평가하는 부패방지시책평가에서 줄곧 우수등급을 받았다. 특히 부패방지제도 운영분야에서는 2년 연속 만점을 받았다. 또 정부혁신평가에서는 최고등급(우수)를 받았다. 왜 똑같은 기관(국민권익위원회)에서 평가하는데 청렴도 평가가 다르고 기관 간에 서로 다른 평가결과가 나오는 것일까?

국민권익위원회의 기관 청렴도 평가제도는 과학적인 통계나 자료에 의해 평가하는 것이 아니고 외부 고객(민원인)과 내부 직원들에게 부패인식과 경험에 대한 생각을 묻는 설문조사 결과로 측정하다보니 객관성이 부족하다. 따라서 직원이나 이해관계자들에게 불이익이나 부담을 주는 혁신을 단행하는 경우 좋은 평가를 받기 어렵다. 기관의 혁신이나 인사에 불만이 있거나, 기관 또는 기관장과 정치적으로 이해관계가 다른 사람들은 기관의 실제 청렴수준과는 달리 부정적으로 답변하는 경향이 강하다. 그렇기에 실제 행정현장에서는 조직의 혁신을 가로막는 장애요인

---

8 2등급 상승은 광역자치단체중에서 우리 시가 유일하다.

으로 작용하기도 한다. 예를 들면 시장인 내가 인사혁신방안을 제시하자 간부들은 직원들이 변화를 싫어하기 때문에 청렴도 조사에서 나쁘게 답변할 수 있으므로 안하는 것이 좋겠다는 의견을 개진한 경우도 있었다.

이러한 설문방식의 기관청렴도 평가방식보다는 오히려 부패방지시책평가가 부패방지제도 운영과 각종 반부패정책 확산 노력 등 객관적 자료에 근거해 평가하기 때문에 보다 과학적이고 신빙성이 있다. 따라서 현행 청렴도 평가는 부패방지시책평가의 한 항목으로 들어가는 것이 바람직하다. 우리 시는 이러한 개선방안을 국민권익위원회에 건의했고 국민권익위원회도 이러한 건의에 적극 동의하고 2022년부터 이런 방향으로 제도를 개선하는 것으로 알고 있다.

6 광주시장 이용섭의 5계명

시장 취임과 함께 우리 직원들에게는 3대 시정가치(혁신, 소통, 청렴)를 제시하는 한편 내 스스로에게는 더 엄격하게 5계명을 가슴에 새겼다.

정의롭고 풍요로운 광주를 실현해 광주를 대한민국의 미래로 우뚝 세우기 위해서는 시장인 나부터 더욱 결연한 각오가 필요하다고 생각했다. 따라서 한시도 잊지 않고 먼저 지켜야 할 5대 시정원칙을 마련하고 이를 무겁게 가슴에 새기기 위해 스스로 '광주시장 5계명'으로 작명했다.

첫째, 시대정신을 실현하는 '혁신행정'

그간 우리 호남은 시대를 선도해왔다. 호남은 임진왜란 이후 의병활동이 가장 왕성했고, 일제 강점기하에서는 가장 많은 독립운동가를 배출했고, 독재정권시절에는 민주화운동을 가장 치열하게 했던 곳이다. 이것이 가능했던 것은 호남인(광주시민)의 타고난 DNA덕분이었다. 우리 광주시민들에게는 시대를 선도하는 소명의식, 사회 현상에 대한 강한 문제의식, 새로운 세상을 꿈꾸는 도전정신(창의정신)의 유전자가 각인되어 있다.

'약무호남 시무국가(若無湖南 是無國家)'는 충무공 이순신장군이 임진왜란 당시 남긴 글로써 '호남이 없었다면 나라도 없다'는 뜻이다.[9] 430년전 말씀이지만 여전히 유효한 광주의 명제라는 생각으로 내가 광주시장 재임 중 추진했던 중요한 결정이나 정책은 '약무광주 시무국가(若無光州 是無國家)'에서 시작되었다.

내가 중점적으로 추진했던 광주형일자리는 상생과 동반성장의 시대적 가치를 실현하기 위한 정책이란 점에서, 아이 낳아 키우기 좋은 광주 만들기는 저출산 문제 해결이라는 시대적 과제란 점에서, 인공지능은 대한민국의 미래를 결정한다는 점에서, 탄소중립 에너지 자립도시 실현을 위한 그린 뉴딜은 지구를 살리기 위한 시대정신이란 점에서 광주의 DNA를 품은 정책이다. 이러한 정책들이 성과를 낼 수 있었던 것은 광주시민들이 4차산업혁명(인공지능)시대가 요구하는 창의성, 상상력, 도전정신을 잘 갖추고 있었기 때문에 가능했다.

또한 인기 있는 일보다는 역사에 남는 일, 오늘 보다는 내일을 준비하는 일, 쉬운 일보다는 가치 있는 일에 주력했다. 그것이 시대를 선도해온 광주의 시장이 나아갈 길이라고 생각했다.

그간 내 경험에 비추어 보면 당장은 인기가 없더라도 시대정신에 부합하는 일을 하면 시간이 갈수록 정당성을 인정받고 지지를 받게 된다. 그러나 현재 인기 있는 일에 매료되어 시대정신과 반대되는 선택을 하게 되면 시간이 흐르면서 비난의 대상이 된다.

지난 3년 6개월 동안 어려운 현안들에 대한 수많은 선택과 결단을 해야 했다. 그 때마다 나는 ① 훗날 역사는 오늘의 결정을 어떻게 평가할 것인가? ② 무엇이 광주발전에 기여하는가? 이 두 가지를 판단기준으로 삼았다.

---

9 충무공이 1593년 7월 16일 친구 사헌부 지평 현덕승에게 쓴 편지에 나오는 말씀으로 알려져 있다.

둘째, 시민들과 함께 소통하는 민관 '협치행정'

행정에 관해서는 달인이라는 얘기를 들을 정도로 오랜 기간 공직자로 일해 왔고 많은 성과도 창출했다. '나를 따르라'는 강한 지시형 리더십으로 시정을 이끌 수도 있다. 그러나 지금은 집단지성의 시대이고 변화와 융복합의 시대이다. 리더 한사람의 뛰어난 능력보다 여러 사람의 생각을 모으고 함께 학습하는 것이 중요하다. 한사람의 영웅보다 다수가 더 현명한 시대이다.

또한 혁신은 기득권을 파괴하는 것이기 때문에 필연코 분열과 저항이 뒤따른다. 따라서 매사를 시민사회단체와 대립각을 세우고는 성공하기 어렵다는 현실적 고려와 함께 큰 틀에서 보면 진보적 시민사회단체들이 주장하는 변화, 환경, 상생, 동반성장 등은 시대가치이기 때문에 긴박한 협력관계를 유지하는 것이 옳은 길이라고 판단했다.

그래서 광주혁신추진위원회와 시민권익위원회 등 여러 조직에 역량 있는 시민사회단체 인사들을 많이 참여시키려고 노력했다. 이는 광주 미래를 책임질 후배들을 키워야 한다는 책무도 고려한 것이다.

셋째, 반칙과 특권이 통하지 않는 원칙 있는 '공정행정'

분명 역사적으로 보면 광주는 정의로운 도시 의향이다. 지금도 시민 다수는 정의롭지만 오늘의 광주를 움직이는 일부 여론주도층은 꼭 공정하거나 정의롭다고 얘기하기는 어렵다. 이기주의에 매몰되어 합리적인 대화와 소통보다는 집회와 시위 등 집단행동이나 비판과 모함을 통해 자신의 뜻을 관철시키려고 하기 때문이다.

나는 우리 광주가 '역사 속의 의향'에 머물러 있지 않고 현실에서도 반칙과 특권이 통하지 않는 공정한 사회의 대명사가 되기 위해서는 광주에 원칙과 공정이 정착되어야 한다고 생각했다. 정의로운 광주에서는 목소리를 크게 낸다고 해서 법과 원칙에 맞지 않는 일이 용인되거나 반대로 소수의 작은 목소리라고 해서 해야 할 일을 소홀히 하거나 외면해서는 안된다고 생각했다.

나는 임기 내내 이런 원칙과 정도를 지키기 위해 노력했다. 집단 시위나 집회를 한다고 해서 옳지 않거나 바람직하지 않은 건의를 수용하지 않았다. 조용한 건의더라도 옳은 얘기는 적극 경청하고 시정에 반영하였다.

그리해야 매사를 집단행동이나 외부 힘을 빌려 관철시키려는 일부의 잘못된 소통문화가 시정되고, 진정한 민주 인권 평화의 도시가 될 수 있다고 믿는다. 나는 우리 직원들에게도 광주가 '역사 속의 의향'이 아니라 현실에서도 반칙과 특권이 통하지 않는 공정한 사회의 대명사가 될 수 있도록 원칙과 정도의 시정을 펼쳐 줄 것을 당부하곤 했다.

지금 우리가 가장 경계해야 할 것은 분열과 갈등이고, 지켜내야 할 것은 나눔과 연대, 공정과 통합의 광주정신이다.

나는 역사와 시민만 보고 일해 왔다. 내가 가장 듣기 싫은 말 중의 하나가 이 부탁 안들어 주면 다음 선거에서 재미없다는 등등의 얘기이다. 다음 선거나 표를 의식해 일을 왜곡되게 한 적이 없다. 흔히들 선거에 이기려면 악마와도 손을 잡아야 한다고 얘기한다. 나는 그럴 생각이 없다. 원칙과 정도를 지키면서도 여기까지 왔다. 이곳저곳에서 정의로운 사람들이 성공해야 우리사회가 정의로워질 것 아닌가!

넷째, 외부의 부당한 청탁과 비리를 철저하게 배격하는 '청렴행정'

나는 취임 이후 줄곧 '시장자리를 이용해 인간관계나 재산을 늘리지 않고 왔던 그대로 떠나겠다'고 다짐하고 또 다짐했다. 청렴이 무너지면 모든 것이 무너지기 때문이다. 이 초심은 지난 3년 6월 내내 그대로 지켜졌다. 사업과 관련해 부당한 지시나 압력을 행사한 적이 없다. 법과 원칙에 따라 업무를 추진하도록 권한을 위임했고 결과에 대한 책임을 묻겠다고 했다. 인사 역시 외부 청탁을 배격하고 직원들이 전자희망인사시스템을 통해 보내준 본인들의 희망지를 고려하여 적재적소 인사를 했다.

그러다 보니 오해 살만한 사적 만남을 자제하려고 노력했다. 공적 스킨십은 누구보다 강했고 원활한 민관협지를 통해 많은 성과도 올리고 문제도 해결했다. 그러나 사적 스킨십이 적어지다 보니 '너무 원칙론자여서 인간미가 없다', '정치적이지 못하다', '일은 잘하지만 따뜻하지 못하다'라는 원성을 들어야 했다.

공직자는 과전불납리 이하부정관(瓜田不納履 李下不整冠)[10]을 생활화하여 오해 살 일이나 음해와 모함을 가져올 일을 사전에 차단해야 한다. 광주에서 시장은 거의 성직자 수준의 도덕성을 갖지 않으면 버티기 어렵다. 재임 중 사적모임이 적었던 요인은 코로나19로 인한 방역수칙 준수 때문이기도 하였지만 이런 주변 여건과 내 생각도 한 몫을 했다.

시장이 깨끗하고 청렴하면 많은 긍정적 효과가 나타난다. 우선 정책 결정과 일처리가 공정하게 이루어진다. 광주시에 대한 신뢰나 이미지가 제고된다. 그러나 시민들이 일 잘하는 시장보다 스킨십 잘하는 시장을 더 선호하거나, 공직자들이 혁신하는 시장보다 편한 시장을 더 선호한다면 광주의 미래는 어두울 수밖에 없을 것이다.

다섯째, 시민을 주인으로 섬기는 '봉사행정'

광주의 주인은 시민이고 시장을 포함한 공직자는 공복(公僕, public servant)이다. 이 명제는 아무리 세상이 바뀌고 사람들의 가치관이 변하더라도 바뀌지 않았으면 하는 바람이다. 시장이라는 직위는 시민들이 뽑

---

10 외밭에서 신발을 고쳐 신지 말고, 오얏나무 밑에서 머리에 쓴 갓을 고쳐 쓰지 말라. 외를 따거나 오얏을 따는 혐의를 받기 쉬우므로 조심하라는 뜻이다.

은 것이니 영광스러운 자리이지만, 다른 한편에서는 '헌신·봉사·절제' 해야 하는 자리이다.

헌신은 광주 이익과 내 개인의 이익이 상충되면 광주의 이익을 따른다는 의미이다. 봉사는 시민의 이익과 내 이익이 상충되는 경우에는 과감하게 시민의 이익을 따른다는 의미이다. 절제는 헌신과 봉사를 위해 먹고 싶고, 보고 싶고, 하고 싶고, 가고 싶은 곳이 있어도 자제해야 한다는 의미이다. 공직자의 사전에는 직위를 이용한 갑질 행위란 단어는 없어야 한다.

공직자는 단순한 월급쟁이가 아니고 시대적 소명의식과 사명감을 가져야 한다. 인생을 살면서 자신의 이익을 위해서 일하는 것이 아니고 시민을 위해 봉사할 수 있는 기회를 갖는 것은 축복이다. 공무원이 불편해야 시민이 편하다. 누구보다도 고생하고 있는 우리 직원들을 안타깝게 생각하는 사람이지만, 내가 시민들에게 불편을 가져올 수 있는 민원실 직원들의 점심시간 휴무제 시행을 동의하지 않는 이유도 여기에 있다.

3부

이용섭 號의 20대 핵심성과

광주의 대변화가 시작되었다. 불과 3년여 짧은 기간 동안에 일자리가 부족하고 살기가 팍팍해서 떠나는 도시에서 사람과 기업이 찾아오는 도시로, 정치1번지를 뛰어넘어 경제1번지로 탈바꿈하고 있다.

민주인권도시 광주가 인공지능 대표도시, 친환경 자동차 중심도시, 기후위기 대응 선도도시, 아이 낳아 키우기 좋은 맘(mom) 편한 도시, 노동이 존중받고 기업하기 좋은 노사상생도시로 도약하고 있다.

3부 이용섭 號의 20대 핵심성과

핵심성과 1

'찾아오는' 광주가 실현되고, '글로벌 선도도시'로 도약

요 약

- 시대의 변화를 이끌어 온 광주의 동력은 광주시민들의 독특한 DNA
- 산업불모지였던 광주가 인공지능 대표도시, 친환경자동차 선도도시, 노사상생도시로 탈바꿈하면서 떠나는 광주에서 사람과 기업이 찾아오는 광주로 대변화
- 시대가치인 기후위기와 코로나19 그리고 저출산문제를 앞장서 해결하는 글로벌 선도도시로 도약
- 이런 성과들을 바탕으로 그린–스마트–펀시티를 만들어 「더 크고 더 강한 광주시대」 개막

(1) 시대의 변화를 이끄는 것은 광주에 주어진 소명

광주는 시대를 선도해온 의향(義鄕)이다. 광주를 중심으로 한 호남은 나라가 어려울 때마다 시대정신과 대의를 쫒아 자기희생을 통해 역사의 물꼬를 바로 돌렸다. 임진왜란을 비롯해 나라가 어려울 때마다 가장 의병활동이 왕성했고, 일제 강점기 36년 동안에는 가장 많은 독립운동가를 배출했고, 해방 이후 독재정권하에서는 민주화 운동이 가장 치열했다. 그렇게 광주는 나라를 지켜왔고 민주주의를 이루어냈다.

나는 광주가 역사 속에서 이런 소명을 해온 것은 광주시민들이 가지고 있는 독특한 유전자(DNA)가 특별한 역할을 했다고 생각한다. 즉, 시대발

전을 선도하는 소명의식, 강한 도전정신과 문제의식, 새로운 세상을 꿈꾸는 창의성과 상상력이 의향 광주시민들의 유전자이다.

충무공께서 말씀하신 약무호남 시무국가(若無湖南 是無國家, 호남이 없었다면 나라도 없었을 것이다)는 지금도 여전히 광주에 유효한 명제이다. 다만 세상이 바뀌면서 광주에 주어진 시대적 소명 또한 달라지고 있다. 과거에는 불의에 맞서는 정의로움으로 나라를 구했지만, 4차 산업혁명이라는 세계사적 위기와 도전 앞에서는 발상의 전환을 통해 경제전쟁에서 이기는 것으로 우리 광주는 시대적 소명을 감당하고 있다. 우리 광주가 시대가치인 노사상생, 인공지능, 출산율 제고, 기후위기 대응에 앞장서 해법을 제시하고 있는 것도 따지고 보면 이러한 역사적 맥락에서 비롯된 것이다.

세계 유례없는 광주형 일자리모델을 성공시켰고, 미래 100년을 책임질 '광주형 인공지능 비즈니스모델'을 성공시켜 'AI 4대 강국 대한민국'을 만드는 일에 허브역할을 하고 있다. 미래 지속가능성을 확보를 위한 저출산 문제해결과 기후위기를 선제적으로 대응하는 글로벌 선도도시로 도약하고 있다. 지금 우리는 약무'광주' 시무국가(若無光州 是無國家)의 길을 가고 있다.

유능한 뱃사공은 거친 파도를 보면 가슴이 뛰듯, 위기에 강한 우리 광주는 지금의 위기를 기회로 삼아 지난 3년 6개월 정의롭고 풍요로운 광주 건설을 위해 수없는 혁신의 씨앗을 뿌렸다. 이제 이곳저곳에서 싹이 돋아나 일자리 창출과 지역경제 활성화로 이어지는 등 하나 둘씩 시민들이 체감하는 값진 결실을 맺어가고 있다.

도로에 비유하자면 그동안은 고속도로를 건설하는 과정이었다. 앞으로 고속도로가 완공되어 우리 시민들이 일자리 고속도로, 인공지능 고속도로를 달리다 보면 일자리가 늘어나고 시민들의 삶의 질이 향상되는 성과를 몸으로 체감하게 될 것이며 이는 또 다른 고속도로 건설의 동력으로 작용할 것이다.

<왜 若無湖南 是無國家인가?>[1]

'만약 호남이 없었다면, 나라도 없었을 것이다'

1593년 임진왜란 중 충무공 이순신 장군께서 사헌부 현덕승에게 보낸 편지 중에 남기신 멋진 글귀로, 호남인에게 자긍심을 심어준 명언이다. 고향이 충청도인 충무공께서 왜 호남을 극찬한 이런 글을 남겼을까?

우선 임진왜란 당시의 사정을 분석해 보면 각 지방의 의병장들은 주로 향토 수비를 담당했었는데, 유독 전라도의 의병장들은 향토 지역에 국한하지 않고, 김천일(나주출신) 의병장이 진주성을 사수한 것을 비롯해서, 김덕령 장군, 고경명 장군 등이 전 국토방위에 앞장 선데서 그 이유를 찾을 수 있다.

임진왜란 당시 부산이 점령 당한지 20여일 만에 한성이 점령당하자 전라도 의병장 김천일 장군은 지역 의병들을 모집해 진주성을 사수하고, 전라도 관찰사가 권율 장군의 의병지원 요청을 받아 들여 전라도 관군과 의병들이 중심이 되어 행주대첩의 대승을 거두는 혁혁한 공을 세웠다.

또한 知, 德, 勇을 갖춘 이순신 장군이 23전 23승이라고 하는 불패의 신화를 남긴 이면에는, 거북선을 만든 나대용 군관(나주 출신)을 비롯하여, 남해안 일대의 물때와 물살의 흐름, 지형지세를 꿰뚫고 있었던 전라도 출신 수병(어부 출신)들의 맹활약에 크게 힘입은바 있었기 때문에 충무공으로서는 호남인의 충절과 애국정신에 깊은 신뢰감을 보냈을 것이다.

1 광주시청 시장실을 들어서면 우리지역 대표 서예가이신 故이돈흥 선생의 휘필인 '若無湖南 是無國家' 글귀가 방문객들을 맞이한다. 나는 이 글귀를 매일 보면서 광주 시장인 내게 주어진 시대적 소명과 역할을 되새기곤 한다.

아울러 임란 개전 초 20여일 만에 한양이 점령당하여 임금은 의주, 평양, 신의주까지 몽진하는 참담한 상황에서 전라도만은 軍·官·民이 혼신을 다해 호남평야를 지켜낼 수 있었고, 그로 인해 전쟁의 필수적 요소인 軍糧米의 조달이 가능했었기 때문에 若無湖南 是無國家란 말이 저절로 충무공 마음에서 우러나왔을 것이다.

(2) 광주형 3대 뉴딜은 시대변화를 읽은 선제적 대응

최근 세계는 일찍이 경험해보지 못한 새로운 위기와 거대한 도전에 직면해 있다. 4차 산업혁명이 시작되는 시점에 코로나19가 전 세계를 흔들면서 세계 경제 사회시스템과 인류의 일상을 송두리째 바꿔놓을 뿐만 아니라 산업생태계도 뒤흔들고 있다. 다른 한편에는 인공지능 중심의 4차 산업혁명과 비대면 디지털 사회를 가속화시키고 있고 탈탄소사회 실현을 위한 그린뉴딜을 본격적으로 추진하게 되는 전기가 되고 있다.

2020년 7월 14일 문재인 대통령이 디지털 뉴딜과 그린뉴딜을 양대 축으로 하는 한국판 뉴딜 종합계획을 발표했던 것도 이러한 시대적 배경에서다. 여기에는 추격형 경제에서 선도형 경제로, 탄소의존 경제에서 저탄소 경제로, 불평등 사회에서 포용 사회로 대한민국을 근본적으로 바꾸겠다는 정부의 강력한 의지와 새로운 100년의 설계가 담겼다.

'기회는 위기의 옷을 입고 온다'는 말이 있다.

우리 광주는 이 같은 정부 발표에 훨씬 앞서 시대를 선도해온 도시답게 이미 선제적이고 능동적으로 세계사적 변화와 대전환의 시대에 대응해왔다. ▲ 인공지능 중심의 디지털 뉴딜 ▲ 국내 최초로 2045년까지 탄소중립 에너지자립도시 실현을 위한 광주형 AI - 그린뉴딜 ▲ 세계 유례없는 지자체 주도의 노사 상생의 광주형 일자리 사업과 아이 낳아 키우기 좋은 광주 만들기를 바탕으로 하는 상생과 안전의 사람중심 휴먼뉴딜 등 소위 광주형 3대 뉴딜을 속도감 있게 추진해오고 있다. 이를 통해 떠나는 광주에서 찾아오는 광주, 4차 산업혁명을 선도하는 글로벌 선도도시로 도약 하고 있다.

우선 우리 광주는 사회 양극화 해법으로 세계 유례없는 광주형 일자리 사업을 성공시켰다. 모두가 어려울 것이라고 예상했던 지자체 주도의 노사상생형 광주형 일자리 자동차공장을 건설했다. 국내에 자동차공장이 들어선 것은 23년만의 일이다. 2021년 9월부터 양산되고 있는 '캐스퍼' 자동차는 없어서 못 팔 정도로 대박을 터뜨렸다. 청년들의 많은 일자리 창출은 물론 '고비용 저효율'이라는 한국경제의 고질적 문제 해결의 대안을 제시했다는 점에서 더욱 의미가 크다. 아울러 국내 유일의 친환경자동차 부품클러스터와 국가부품인증센터가 들어서고 무인저속특장차 규제자유특구로 지정되면서 '친환경 자율주행차 메카도시'로 도약하고 있다.

광주가 인공지능(AI)을 선택한 것은 '신의 한 수'라고 평가받고 있다. 지능형 경제전쟁으로 일컬어지는 4차 산업혁명의 핵심인 AI를 우리 광주가 선점한 것이다. 불과 3년 전만 해도 AI대표도시 광주는 상상할 수 없던 일이었지만 현실이 되었다. 나는 경제적으로 크게 뒤쳐진 광주가 앞선 도시들을 추월할 수 있는 유일한 돌파구가 4차 산업혁명이고 인공지능을 선점하는 것이라고 판단했다. 2018년 11월 예타면제사업으로 모든 광역자치단체가 SOC사업을 제출할 때 우리만 유일하게 AI를 선택했다. 그 결과 국내 유일의 국가AI융복합집적단지가 광주에 조성되고 있다. 이곳에는 세계 10안에 드는 국가AI데이터센터가 건설되고 있고, AI기업과 인재들의 광주행 러시도 이어지고 있다. 최근에는 국내 최초로 AI기반의 메타버스 융복합도시 청사진을 제시하고, SKT, CJ, 네이버 등 국내 굴지의 대기업들과 손을 잡았다. 민주 인권의 도시가 인공지능 중심의 경제도시로 바뀌고 있는 것이다.

아울러 우리 시는 2019년 5월에 지역산업의 신성장동력을 확보하기 위해 11대 대표산업*을 선정하고 중점 육성해 오고 있다. 2년 동안(2019~2020년)에 386개 사업 1,107개 기업에 6,047억원을 집중지원하여 2017년 대비 수혜기업의 고용인원은 87% 증가하고, 매출액은 74%나 증가했다.

* 11대 대표산업 : ▲친환경 자동차산업 ▲에너지 및 수소산업 ▲인공지능 및 드론산업 ▲에어가전 및 공기산업 ▲광융합산업 ▲의료 및 헬스케어산업 ▲스마트 뿌리산업 ▲5G 기반 정보통신기술(ICT)산업 ▲문화콘텐츠산업 ▲관광산업 ▲김치 및 음식산업

또한 2020년 6월 미래형 자동차, 인공지능, 스마트 에너지 등에 특화된 주력산업단지 4개 지구(빛그린산단, 첨단3지구, 에너지밸리 일반산단과 국가산단)가 경제자유구역으로 공식 지정되면서 국내·외 투자유치 및 광주발전의 획기적인 전기가 마련됐다. 여기에 연구개발특구·규제자유특구 지정 등으로 광주 산업지형이 완전히 바뀌고 있다.

시대적 화두인 저출산문제 해결에도 우리 광주가 새로운 희망을 쏘아올렸다. 지구상에서 가장 먼저 사라질 나라로 대한민국이 꼽힐 정도로 저출산 문제가 심각하다. 2021년 들어 매월 출생아수가 증가하고 있는 광역자치단체는 광주가 유일하다. 2021년 1~10월 사이 전국 출생아수는 작년 대비 3.5% 감소한 반면, 광주 출생아수는 11.2%나 증가했다. 3년 전부터 추진해왔던 만남-결혼-임신-출생-육아돌봄-일생활균형 등 6단계에 걸친 생애주기별 지원정책이 시민들의 삶 속에 뿌리를 내리면서 성과를 내고 있다. '아이 낳아 키우려면 광주 가야 한다'는 말까지 생겨나고 있다. 또 하나의 큰 변화의 물결이다.

지금 지구촌의 최대 화두는 기후위기 대응이다. 코로나19와 집중호우

등이 인간에게는 재난이고 재해이지만 자연 입장에선 살아남기 위한 몸부림의 표현이고 인간에게 보내는 강력한 경고이다. 시대를 앞서 온 우리 광주는 기후위기 대응에 있어서도 정부와 EU국가들보다도 5년이나 빠른 2045년까지 탄소중립 에너지자립도시를 실현하겠다는 담대한 도전에 나섰다. 핵심 키워드는 150만 시민들이 '내가 필요로 하는 전기는 내가 만들어 쓰는' 시민주도의 녹색전환도시를 만드는 것이다.

(3) 산업불모지였던 광주가 인공지능 대표 도시, 친환경 자동차 선도도시, 노사상생도시로 탈바꿈

2018년, 민선 7기가 시작될 즈음만 해도 광주는 기업과 인재들이 찾지 않는 강성 이미지의 산업불모지였다.

그간 5·18 민주화 운동 등을 통해 대한민국의 민주화를 이끌어낸 '정치1번지'이지만 오히려 그런 이유 때문에 오랜 기간 소외와 차별을 받아왔고 경제적으로 크게 낙후되어 있었다. 김대중, 노무현, 문재인 대통령까지 세 분의 민주대통령을 탄생시킨 근원지였지만, 저항과 투쟁의 이미지가 강해 기업들이 투자를 꺼려해서 경제성장은 더욱 더디기만 했다.

결국 일자리 부족과 지역경제 침체라는 악순환으로 이어지면서 젊은이들이 고향을 떠나기 시작했다. 2012년부터 인구 순유출이 본격화됐고, 2017년에는 8천명 이상이 광주를 떠났고, 이 중 60% 이상이 20~30대 젊은이들이었다.

그랬던 광주가 짧은 기간 동안에 놀라보게 달라지고 있다.

불과 3년 6개월 전만 해도 수도권에 있는 경쟁력 있는 기업들이 광주로 오는 것은 생각조차 할 수 없는 일이었다. 인재들도 광주에서 수도권으로 일방적으로 떠났지, 수도권의 유능한 인재들이 광주로 오는 일은 거의 없었다.

그러나 바야흐로 광주의 대전환이 시작되었다. '민주·인권도시' 광주가 이제 인공지능 대표도시, 노사상생 도시, 기후위기대응 선도도시, 아이 낳아 키우기 좋은 맘(MOM) 편한 도시로 불리고 있다. 정치가 강한 도시에서 경제도 강한 도시로 바뀌고 있다. 강성 이미지로 기업과 투자가들이 기피하던 광주는 이제 옛날 얘기이다.

내가 시장이 되고 나서 의욕적으로 추진해온 광주형 3대 뉴딜을 비롯한 각종 정책들이 성과를 내기 시작하면서다. 특히 광주형 일자리와 인공지능을 양 날개 삼아 정치1번지를 뛰어넘어 경제1번지로 새롭게 도약하면서 떠나는 광주에서 사람과 기업이 찾아오는 광주로 탈바꿈하고 있다.

이러한 성과들을 바탕으로 「더 크고 더 강한 광주시대」를 열어가기 위해 또 한번 새로운 도약의 날개짓을 해야 한다. 청소년들이 광주를 떠나지 않고도 세계를, 최고를, 미래를 꿈꿀 수 있는 '그린 - 스마트 - 펀 시티(Green-Smart-Fun City)'를 만들어 가야 한다. 광주이기 때문에 가능한 일이다.

(4) 더 크고 더 강한 광주시대 열어 미래 100년 대비

그간 우리가 이룬 성과들에 만족해서 머뭇거릴 시간이 없다. 시정의 중단이 있어서도 안 된다. 우리가 이룬 성과들은 지속성과 추진력이 확보되지 않으면 언제든지 과거로 뒷걸음칠 수 있고, 국내외 도시들로부터 추월당할 수 있는 상황이기 때문이다.

지금까지의 성과를 바탕으로 누구도 따라올 수 없도록 광주의 대전환을 이끌어내야 한다. 이제 '정의롭고 풍요로운 광주'를 뛰어넘어 「더 크고 더 강한 광주시대」를 열어 미래 100년을 대비해야 한다. 획기적으로 도시경쟁력과 삶의 질을 높여 시민이 행복한 「그린 스마트 펀 시티(Green-Smart-Fun City)」를 만들어야 한다.

이를 위해

첫째, '더 크고 더 강한 광주시대'를 열기 위한 메가시티 조성을 본격적으로 추진 할 것이다.

우선 광주와 인접한 5개 시·군(나주, 화순, 담양, 함평, 장성)을 단일경제권으로 묶어 인공지능 기반의 '빛고을 스마트 메가시티'로 조성할 것이다.

또한, 광주천 시대에서 영산강 시대로 대전환의 물꼬를 틀 것이다. 이를 바탕으로 민선 8기에서는 광주·전남이 상생하고 동반성장할 수 있는 방향에서 광주전남 통합의 가시적인 성과를 내야 한다. 또한 다음 정부에서 광주군공항 이전 사업이 국가 주도로 추진되고, 광주와 대구를 잇는 달빛고속철도가 조기에 착공되도록 적극 노력해야 한다.

둘째, 「그린 스마트 펀 시티」 만드는 일에 속도를 낼 것이다.

'그린시티'는 기후위기 대응을 선도하여 우리 광주가 가장 먼저 미세먼지 걱정 없는 친환경 청정 녹색도시, 기후재난으로부터 안전한 기후안심도시, 친환경 일자리와 소득이 늘어나는 녹색산업도시를 만드는 것이다.

'스마트시티'는 향후 50년, 100년을 책임질 인공지능 기반의 최첨단 도시를 만드는 것이다.

'펀시티'는 노잼도시에서 탈피해 재미있는 테마 도시를 만드는 것이다.

셋째, 청년들이 찾아오는 꿈의 도시 광주를 실현할 것이다.

우리 청년들이 광주를 떠나지 않고도 세계를, 최고를, 미래를 꿈꿀 수 있는 도시를 만들 것이다. 이를 위해 무엇보다 좋은 일자리 창출에 더욱 매진할 것이다. 광주글로벌모터스(GGM)에 이어 제2의 대규모 광주형 일자리 투자사업을 유치하고 자동차, 가전, 의료, 에너지 등 주력산업에 인공지능을 입혀 미래산업 메카 광주를 실현할 것이다. 아울러 상상력과 창의력이 뛰어난 청년들이 배낭 하나 메고 광주에 오면 사업화하고 성공할 수 있는 창업생태계를 만들어 나갈 것이다.

핵심성과 2

세계 유례없는 광주형 일자리 모델 GGM 자동차공장 완공

요 약

- 세계 유례없는 지자체 주도의 사회대통합형 노사상생의 광주형 일자리 모델의 첫 사업인 GGM 자동차공장 완공
- 무려 23년 만에 처음으로 건설된 국내 자동차공장에서 캐스퍼 생산
- 2019년 1월 31일 현대자동차와 투자협약체결 → 2019년 9월 20일 ㈜광주글로벌모터스(GGM) 설립 → 2019년 12월 26일 GGM공장 기공식 → 2021년 4월 29일 준공식 → 2021년 9월 14일 온라인 예약 시작, 9월 15일 본격 양산 시작
- 4대 원칙(적정 임금, 적정 노동시간, 원하청 관계 개선, 노사 간 공동책임 경영)을 지키는 광주형 일자리 사업은 고비용저효율의 구조적 문제를 해결하는 한국경제의 희망
- 직접 일자리 1,000개 간접 일자리 포함 12,000개 일자리 창출 효과
- 산업통상자원부로부터 제1호 정부 상생형 지역 일자리로 선정, 더불어민주당이 뽑은 2020년 경진대회에서 대상 수상, 2021년 상생형 지역 일자리 기관 표창 수상
- 친환경자동차 선도도시로 도약 : 친환경 자동차부품 클러스터 준공, 국내유일의 친환경 자동차 부품인증센터 건설 중, 인공지능과 연계한 미래차 실증기반 조성

(1) 광주가 한국경제의 새로운 역사를 썼다.

무려 23년 만에 국내자동차공장이 들어섰다. 2021년 9월, 광주글로벌모터스(GGM) 자동차공장이 완성차를 양산하기 시작했다. 완성차 사업 투자협약을 체결한 지 2년 8개월, 광주글로벌모터스(GGM) 자동차공

장을 착공한 지 1년 9개월 만에 자동차공장이 완공되어 자동차 본격 양산이라는 '기적' 같은 일이 현실이 됐다.

아울러 광주형 일자리사업의 첫 결실인 경형SUV 자동차 '캐스퍼'는 온라인 판매 하루만에 1만 8,940대 예약이라는 기록을 세웠다. 현대차의 내연자동차 역사상 최고의 기록이기도 하다. 광주형 일자리모델의 첫 사업이 대박을 터트린 것이다.

3년 6개월 전, 내가 광주시장에 취임할 당시만 해도 광주형 일자리의 성공을 확신하는 사람은 거의 없었다. 시장 재임 기간 중 가장 힘들었던 일이 무엇이냐고 물으면 광주형 일자리 사업을 꼽을 정도로 힘든 사업이었다.

우리나라에서 처음일 뿐만 아니라 세계적으로도 유례를 찾아보기 어려운 지자체 주도의 노사상생 모델이라서 예기치 못한 난관들이 참 많았다. 특히 이해관계가 서로 다른 勞와 使가 한 마음이 되어 하나가 된다는 것은 현실적으로 매우 어려운 일이었다. 처음 시도되는 만큼 노동계는 '임금의 하향평준화, 낮은 질의 일자리'라는 이유로 반발했고, 경영계도 실현가능성에 의문을 제기하면서 양측의 상생방안 마련이 어려울 것이라는 전망이 우세했다.

한국노총 광주본부와 현대자동차의 서로 다른 입장차 조정, 거액의 자본금(2,300억원)과 차입금(3,454억원) 모집과정에서 겪은 어려움, 끊임없이 제기하는 일부의 의혹제기나 가짜 뉴스에 대응하는 것은 참으로 힘든 일이었다.

노사 간 이견을 조정하는 과정에서 아무리 전화를 걸어도 받지도 않고, 몇 시간씩 기다리고도 만나지 못하고 돌아서야 할 때도 있었다. 광주형 일자리에 대한 오해로 현대차노조의 반발이 극심할 때 울산까지 찾아가 진정성을 호소하기도 했다. 옛말에 사랑을 따르자니 부모가 울고, 부모를 따르자니 사랑이 운다는 말이 있듯이 노와 사를 모두 만족시키는 해법을 찾기는 정말 어려웠다.

개인 일 같았으면 아마 중도에 그만두었을 것이다.

하지만 주저앉고 싶을 때마다 일자리가 없어 고통받고 있는 우리 청년들의 간절한 눈빛을 떠올렸다. 한국경제의 고질적 문제인 '고비용 저효율' 문제를 해소하고, 새로운 희망을 만들어야 한다는 절박한 시대적 소명을 가슴에 새겼다. 자존심이나 체면을 모두 내려놓고 가장 낮은 자세로 사정하고 호소하면서 하나씩 난관을 극복했다.

그 결과 150만 광주시민과 온 국민의 뜨거운 성원, 문재인 대통령과 정치권의 적극적인 지원, 그리고 노사의 상생결단 등에 힘입어 마침내 2019년 1월 31일 광주시와 현대자동차 투자협약체결 → 2019. 9. 20. ㈜광주글로벌모터스 설립 → 2019. 12. 26. 자동차 공장 기공식 → 2021. 4. 29. 준공 → 2021. 9. 15. 첫 자동차 양산이 본격적으로 시작됐다. 캐스퍼 1호차 첫 시동이 걸리는 순간, 감개무량하다는 말로는 부족할 만큼 가슴이 벅차올랐다.

특히 GGM공장이 들어선 빛그린산단은 2007년 건설교통부 장관 때 산업단지 건설을 추진했던 터라 나에겐 그 의미가 더욱 특별했다.

(2) '광주형 일자리'는 일자리 창출과 한국경제의 구조적 문제 해법

1) 광주형 일자리사업의 4대 원칙

'광주형 일자리'란 광주에서 시작된 일자리 모델로서 사회적 대타협을 기반으로 한 노사상생의 일자리를 말한다. ▲ 적정임금 ▲ 적정노동시간 ▲ 원하청 관계 개선 ▲ 노사 간 공동책임 경영 등 4대 원칙을 기본으로 한다. 광주형 일자리는 당초 광주청년들의 일자리 창출을 위해 시작되었지만, 이러한 4대 원칙이 갖는 중요한 역할로 인해 대한민국의 미래가 달린 중차대한 과제로 부각되었다.

날로 심각해지고 있는 제조업의 위기, 대기업들의 해외 공장이전, 취업자 급감, 심화되고 있는 양극화 문제들을 그 누구도 외면할 수 없는 엄중한 상황에서 광주형 일자리 사업은 광주 청년들의 일자리 문제 해결을 뛰어넘어 한국 경제의 구조적 문제인 '고비용 저효율' 문제를 해소하여 경제체질을 강화하고 경쟁력을 높이는 노사상생과 사회대통합의 혁신적 대안으로 평가받았다.

광주형 일자리 모델의 첫 번째 사업이 광주에서 완성차를 생산해 지역 일자리를 창출하는 것이어서 통상 광주형 일자리사업이라 하면 ㈜광주글로벌모터스(GGM) 자동차공장 건설사업으로 일컬어지고 있다.

광주글로벌모디스 자동차공장 건설은 광주시 주도하에 지역 노·사·민·정(한국노총 광주지역본부, 현대자동차, 시민사회단체, 광주시)이 소통과 대타협을 통해 추진하는 노사상생의 일자리 사업이다. 국내는 물론 전 세계적으로도 유례가 없는 최초의 지자체 주도의 사회대통합형 노사상생 모델이다.

광주형 일자리모델의 4대 원칙이 2019. 1. 31. 광주시와 현대자동차 간에 체결된 투자협약서에서는 '적정임금, 적정노동시간, 동반성장과 상생협력, 소통투명경영'으로 구체화되어 있다.

'적정임금'의 경우 GGM은 평균 초임 연봉을 기존 완성차업체 임금의 절반 수준인 3,500만원 수준으로 맞추어 원가 경쟁력을 높이고 대신 상대적으로 낮은 임금은 광주시가 정부와 협력하여 주거·문화·복지·보육시설 등의 지원을 통해 보전하는 방식이다. 그리하여 근로자들의 삶의 질을 기존 자동차공장 근무자와 비슷한 수준으로 끌어 올린다는 구상이다.

'적정 노동시간'의 경우 1일 8시간 주 40시간 근무를 원칙으로 하고 있다.

'동반성장과 상생협력'의 경우 현대자동차와 GGM은 지역 일자리 창출과 지역경제 활성화를 위해 자동차 생산에 필요한 부품과 자재 조달에 최대한 지역기업들이 참여할 수 있도록 하고, 이로 인해 원하청 격차가 해소될 수 있도록 노력하는 것으로 합의했다.

'소통 투명경영'의 경우 GGM 내에 노사 동수로 상생노사발전협의회를 구성 운영하여 노동이 존중받는 상생의 일자리를 만들기로 했다.

이렇게 되면 노동자에게는 안정된 일자리가 생기며, 기업은 임금이 적정화되고 노사분규에 시달리지 않아 경쟁력이 생기고, 지역사회와 광주시는 지역일자리 창출과 시민들의 소득증대 나아가 지역경제 활성화를 꾀할 수 있다. 이런 이유로 사회대통합형 노사상생의 일자리모델이라고 일컫는 것이다.

세계 유례가 없고, 지자체가 주도해서 대립적 노사관계 개선에 나선다는 점에서 기존의 일자리와 출발부터 달랐다.

광주형 일자리는 독일 아우토 5000과 다르다

- 흔히들 광주형 일자리는 독일 '아우토 5000'이나 미국 GM의 '새턴 프로젝트'를 벤치마킹했다고 얘기한다. 그러나 본질은 크게 다르다. 이들 나라 모델의 공통된 특징은 기업이 제안해서 시작되었다. 따라서 노동계만 설득하면 성공할 수 있었다. 그러나 광주형 일자리는 지자체인 광주시가 주도했고 따라서 이해관계가 첨예하게 대립되는 기업과 노동계를 모두 설득해서 합의를 이끌어내야 하는 어려운 과제를 안고 출발했다.
- 예를 들면, 독일 '아우토 5000'은 경영난에 빠진 폭스바겐이 1999년말 새 공장을 지어 기존 임금의 80% 수준(월 5000마르크)에 주당 근로시간 최대

48시간에 일자리 5,000개를 만들겠다고 노동계에 제안하였다. 당시 독일 금속노조가 '주 35시간 근로'를 요구하며 반발했지만 슈뢰더 당시 독일 총리가 나서 '주당 최대 42시간 근로'로 중재하면서 합의에 이르렀다. 우여곡절 끝에 2002년 볼프스부르크에 아우토 5000이라는 유한회사가 설립되었다.

- 이처럼 독일 '아우토 5000'은 폭스바겐이 제안하여 노동계를 설득하는 과정에서 총리 등 연방정부가 지원을 했지만, 광주형 일자리는 지자체인 광주시가 이해관계가 첨예하게 대립되는 현대차와 지역 노동계를 설득하는 것이라서 이들 모델과 비교할 수 없을 정도로 힘든 일이었다.

2) 광주글로벌모터스(GGM)의 일자리 창출 효과

무엇보다도 광주형 일자리는 청년들의 일자리 문제를 해결할 돌파구였다.

광주글로벌모터스(GGM) 자동차공장은 직접 일자리 1천개, 협력사 등 간접고용까지 합하면 1만2천개의 일자리가 창출될 예정이다. 광주 순유출 인구 중 청년 비중이 60%를 넘는 상황에서 GGM 자동차공장은 착공 때부터 청년들의 큰 관심사였다.

직원 채용은 철저하게 공정하고 투명한 절차에 따라 이루어 졌다.

GGM은 착공식(2019. 12. 26.) 이후 경력직 직원부터 채용하기 시작했다. 2020년 3월 2일 1차 경력직 21명 채용, 7월 20일 2차 경력직 39명 채용, 10월 19일 3차 경력직 19명을 채용했다.

이후 2021년 1월 GGM 1차 기술직 신입사원 186명 모집에 1만 2,603명이 지원해 67.8 : 1의 경쟁률을 기록했다. 또 2월 중 신입사원 43명 공채에 3,274명이 지원하며 76대 1의 높은 경쟁률을 기록했다. 이처럼 높은 경쟁률은 그만큼 지역 청년들의 일자리가 부족하다는 것을 반증하는 것이라 마냥 기뻐할 수가 없었다. 시장으로서 청년들의 일자리 창출에 더욱 노력해야겠다는 다짐을 하는 계기가 되었다.

현재까지 채용된 직원 중(600명) 광주·전남 지역민이 93%(광주 82.9%·전남 10.1%)를 차지하고 있다. 학력별로는 고등학교 졸업자가 21.3%에 달하고, 전문대 졸업 49.3%, 대학 졸업자는 29.4%였다. 앞으로 자동차 생산규모가 늘어나고 1교대에서 2·3교대로 근무체제를 전환하면서 1,000명까지 직접 고용할 계획이다.

또한 GGM은 전국 최초의 지역상생형 일자리 기업으로서 공장 건설 과정에서부터 지역상생을 적극 실천하는 등 지역경제 활성화와 지역일자리 창출에 크게 기여했다.[2] 공장 신축과정에서 하도급 대상 공사금액(직접공사비)의 62.3% 이상을 지역업체가 참여할 수 있도록 시공사와 적극 협력했다. 건설공사 인력과 장비도 지역근로자와 지역업체가 최대한 참여토록 했다. 직원채용 시에는 지역출신을 우대했다.

광주형 일자리 사업 추진에 따른 광주의 이미지 제고 효과도 컸다. 정치도시나 투자하기 어려운 강성도시로 인식되던 광주가 경제도시로 인식되는 계기가 되었다. 2019년 7월 7일 매일경제는 대기업 50곳과 중소기업 50곳 등 모두 100개 기업을 대상으로 기업하기 좋은 환경을 위해 가장 많은 노력을 기울이는 민선 7기 광역자치단체장을 선정하는 설문조사 결과를 발표했다. 순위를 보면 재계는 놀랍게도 이재명 경기도지사에 이어 광주시장인 나를 '기업 프렌들리' 단체장으로 평가한 것이다. 기업 100곳 중 24곳이 광주시장을 기업친화적인 광역단체장으로 평가했다.[3]

---

2 공장 건설에 따른 건설·설비 인력만 해도 4,500여 명의 직·간접 일자리가 창출된 것으로 집계됐다.

3 매일경제 기사내용 : "이용섭 시장은 광주형 일자리를 바탕으로 지역경제 활성화에 이바지해 주목을 받았다. 2019년 6월 28일 1대와 2대 주주인 광주시와 현대차를 비롯해 투자기관 32곳이 모여 '광주형일자리 자동차공장 합작법인 투자협약식'을 진행했다. 자본금 2,300억원이 충족됐다. 다음달 법인 설립을 마치면 연말 공장을 착공하고 2021년 하반기에 차량을 생산하게 된다. 이용섭 시장은 특히 광

3) 광주형 일자리사업의 큰 의미는 한국경제 재도약의 마중물 역할

GGM 자동차공장의 성공은 그 자체 효과도 크지만 다른 지역, 다른 업종의 성공을 불러오는 마중물로써 더 큰 의미가 있다. 자동차에서 시작된 광주형 일자리 모델이 전국으로, 다른 업종으로 확산되면 한국경제는 체질이 강화되고 경쟁력이 제고되는 효과를 기대할 수 있게 된다. 이런 점에서 광주형 일자리는 광주에서의 고용창출 효과뿐만 아니라 고비용 저효율 구조와 대립적 노사관계 등 한국경제의 고질적인 문제들을 극복하기 위한 혁신적 대안으로 평가받고 있다. 청년들의 일자리 부족과 좌절, 제조업의 위기, 공장해외이전, 사회 양극화 등의 한국경제문제의 해결책이 될 수 있어 온 국민과 정부 및 정치권이 전폭적으로 지지해준 것이다.

'광주형 일자리' 사업이 전국으로 확산되고 있다.

실제로 광주형 일자리는 상생모델의 전국적 확산을 이끈 기폭제 역할을 했다. 광주형 일자리 투자협약 체결이후 7개 지역(밀양, 대구, 구미, 횡성, 군산, 부산, 신안)으로 상생협약이 확산되었다. 정부 발표에 의하면 광주와 이 지역들을 모두 합하면 직접고용이 1만2천명(간접 포함 시 13만명), 그리고 51조원 이상의 투자가 기대된다. 그러나 광주형 일자리 4대 원칙을 온전하게 간직한 사업은 광주가 유일하다. 다른 지역의 사업은 기업투자형 사업이라고 할 수 있다.[4]

주형 일자리 성공을 위해 '노사상생도시'를 선언했다. 전국 지자체 중 처음이다. 그는 "자원이 없고 입지와 접근성이 불리한 광주가 기업을 유치하고 일자리를 만들기 위해서는 노사상생도시로 다시 태어나야 한다"며 "'광주에 투자하면 수익이 난다'는 공식을 만들겠다"고 말했다. 그가 밝힌 노사상생도시는 노동자에게는 안정된 일자리를, 기업에는 적정한 수익을 보장하는 도시를 의미한다. 노사상생도시의 필수조건인 노동계와의 협력 강화를 위해 노동협력관과 사회연대일자리특보를 임명했다."

4 광주형 일자리의 전국적 확산을 통해 침체된 각 산업분야의 재도약 계기가 마련될

정부는 광주형 일자리 타결 이후 상생형 일자리 대책을 수립하고, 상생형 지역일자리 지원센터를 설치했다. 또 국가균형발전특별법 개정 등 지원시스템을 제도화하여 정책의 안정성과 지속성 확보에 노력하고 있다.

산업통상자원부(장관 성윤모)는 2020년 6월 15일 「국가균형발전 특별법」 제11조의2에 의거하여 광주형 일자리 자동차공장을 '제1호 정부 상생형 지역일자리'로 최종 의결했다. 광주형 일자리는 △ 노사민정 사회대타협의 상생일자리 △ 청년들이 다시 돌아오는 일자리 △ 23년 만에 국내 완성차 생산의 전환점을 만든 일자리라는 점에서 높은 평가를 받았다.

이로 인해 GGM 자동차공장에는 지방투자촉진보조금, 투자세액 공제 우대 등의 정부지원이 이뤄지게 되었다. 또한 △ 노사동반성장지원센터 건립 △ 거점형 공공직장어린이집 건립 △ 빛그린산단 개방형체육관 건립, 진입도로 개설, 산학융합지구 조성 △ 친환경자동차 부품클러스터 조성 △ 친환경자동차 부품인증센터 구축 △ 경형SUV 부품 사업화 지원에 5,035억원(국비 2,944억원)을 지원하기로 결정됐다.

이후 광주형 일자리 자동차 공장 건설 사업은 더불어민주당이 뽑은 2020년 우수정책으로도 뽑혔다. 더불어민주당 참좋은지방정부위원회가 '2020 지방정부 우수정책·지방의회 우수조례 경진대회'를 개최, '광주형 일자리'를 대상인 광역단체장 우수정책으로 선정했다. 사회적 대타협에 바탕을 둔 지속가능한 양질의 지역일자리 창출사업으로 제안되어 정부 국정과제로도 선정될 만큼 사업내용 및 성과, 기대효과와 창의성 등에서 높은 점수를 받았다. 또한 2021년 12월 8일 대통령직속 일자리위원회, 고용노동부, 산업통상자원부, 노사발전재단이 공동 주최·주관

것으로 전망된다. 다만, 상생형 지역일자리 사업이 전기차 등 미래형 자동차 산업 분야에 주로 집중되면서 지자체 간 경쟁과 중복 사업 투자 등이 우려되고 있다.

한 '2021 상생형 지역일자리 포럼'에서 상생형 지역일자리 유공으로 '일자리위원회 기관 표창'을 수상했다.

(3) "윤종해 의장님, 우리가 하는 일은 역사에 남는 일입니다"

광주형 일자리를 추진하면서 가장 어려운 일 중의 하나가 노동계를 설득하는 과정이었다. 2018년 6월 광주시장 선거가 끝나고 당선인 첫 일정으로 민주노총과 한국노총 광주지역본부를 찾아가 광주형 일자리 성공을 위해 함께 해달라고 호소했다. 전임 시장 때 광주형 일자리 사업을 추진하면서 노동계와 충분히 소통을 하지 못했던 탓에 신뢰 회복까지 많은 시간과 노력이 필요했다.

참으로 힘들 때도 많았지만 절실함과 진정성, 은근과 끈기로 노동계 설득을 이어갔다. 흔들리지 않고 피는 꽃이 없듯이 여기까지 오는 과정에서 노동계와도 수없는 흔들림이 있었다. 처음가보는 길이라 많은 난관에 봉착했지만 우리는 '봉산개도 우수가교(逢山開道 遇水架橋)'의 고사를 가슴에 새기면서 노동이 존중받고 기업하기 좋은 노사상생도시 광주를 만들자는 일념으로 함께 달려왔다.

나는 특히 노동계의 대표 파트너였던 한국노총 광주지역본부 윤종해 의장에게 이런 얘기를 자주했다.

> "윤 의장, 우리가 하는 일은 역사에 남는 일입니다. 훗날 우리 아이들이 배우는 교과서에 나올 일을 하고 있습니다. 노사상생의 일자리를 광주가 만들어내지 못하면 우리 청년들의 일자리문제를 해결하지 못할 뿐만 아니라 한국 경제의 미래도 없습니다. 우리가 독립운동하는 마음으로 이 어려움을 극복해 갑시다."

윤 의장도 노동계 내부의 합의를 이끌어내는 과정에서 수많은 고뇌와 어려움이 있었을 것이다. 그럼에도 대한민국의 미래와 우리 청년들의 일자리 창출을 위해 큰 결단을 해주신 윤종해 의장님과 한국노총 관계자분들께 깊은 감사를 드린다.[5]

(4) 문재인 대통령의 애정과 관심이 없었다면 이 사업은 성공하기 어려웠을 것이다.

2021년 9월 15일 캐스퍼 본격 생산을 앞두고 '캐스퍼 1호차 주인공'은 누가 될 것인지 세간의 관심이 집중됐다. 그동안 나는 공공연하게 시장이 '1호차'를 사겠다고 말해왔지만, 광주형 일자리가 한국경제의 체질을 바꾸고 제조업의 경쟁력을 높이는 매우 중요한 정책인만큼 청와대에서 1호차를 구매하면 좋겠다는 바람을 전했다.

하지만 정작 1호차의 주인은 전혀 예상치 못했던 인물이 됐다. 캐스퍼는 온라인 판매 전용 차량이라 9월 14일 온라인 예약 시작과 동시에 가장 먼저 클릭한 사람이 1호차의 주인공이 된 것이다.

그런데 놀랍게도 9월 14일 아침 수많은 예약자 중 한 분이 문재인 대통령이었다. 청와대는 서면 브리핑을 통해 "문 대통령이 직접 인터넷을 통해 차량을 예약했다"며 "차량은 대통령이 개인적으로 사용하기 위해 구매하는 것으로 퇴임 후에도 계속 사용할 예정"이라고 밝혔다.

이처럼 광주형 일자리에 대한 문재인 대통령의 애정과 관심은 남달랐다. 광주형 일자리 사업이 많은 고비를 극복할 수 있었던 데는 문재인 대통령의 뒷받침이 컸다. 대통령 공약이자 100대 국정과제로 선정해 정부

5 윤종해 의장은 광주형 일자리 모델의 성공적 안착에 기여한 공로를 인정받아 2020년 12월 18일 고용노동부로부터 은탑 산업훈장을 받았다.

차원의 전폭적인 지원을 아끼지 않았다. 2019년 1월 31일 사회적 대타협을 이루며 광주형 일자리 협약을 체결한 날, 그리고 2021년 4월 29일 GGM 자동차공장이 준공한 날 문재인 대통령이 역사적 현장에 함께 하며 그 의미를 더했다. 9월 15일 GGM자동차공장의 캐스퍼 양산 1호차 생산기념 행사에도 양서정 일자리수석을 통해 서면 축사를 보냈다. 특히 대통령의 이러한 뜻에 따라 노사 간 협상과정에서 정태호 일자리수석(지금은 국회의원)의 중재 역할이 컸다.

<문재인 대통령 "광주형 일자리는 기다려 주어야 합니다">

- 가장 힘들었던 일화 하나가 있다. 2019년 1월 31일 광주형 일자리 협약을 체결하기 전, 노사 간 협상이 타결 직전까지 갔다가 결렬된 것만 세 번이었다. 그중에서도 2018년 12월 6일 협약식을 하루도 채 남겨두지 않고 노사 간 입장 차를 좁히지 못하면서 행사가 전격 취소된 것은 크나큰 충격이었다.
- 2018년 12월 4일과 5일에는 우리 시와 현대자동차 그리고 한국노총 광주본부 간에 12월 6일 오후 2시 문재인 대통령 참석 하에 현대자동차와 광주형 일자리 사업 투자협약식을 체결하기로 잠정합의가 이루어진 상태였다. 하루 전날(5일) 저녁, 행사장소인 광주시청 1층 시민홀에는 청와대 경호실과 의전실 관계자들이 직접 행사 준비를 챙기고 있었고 우리 시 직원들은 리허설 중이었다. 그런데 그날 밤 8시경 노사 간 이견으로 협약식 행사가 취소되고 말았다. 나는 충격과 아쉬움, 허탈함에 그날 밤 잠을 이룰 수가 없었다.
- 당시 청와대에서는 정태호 일자리 수석이 무거운 마음으로 문재인 대통령께 협상결렬과 광주행 일정 취소 보고를 드렸다. 그런데 대통령은 실망이나 안타까움을 표시하지 않으시고 "인내심을 가져야 합니다", "기다려 주어야 합니다"라며 오히려 참모진들을 다독였다고 한다. 이 일화는 3년이 지나 캐스퍼 자동차가 양산되기 시작한 후에야 박수현 청와대 국민소통수석의 페이스

북(2021. 9. 18.)을 통해 전해졌다.
- 대통령이 그날 서운함을 표시하며, 광주형 일자리를 포기했다면 GGM 자동차공장이 성공할 수 있었을까? 캐스퍼는 나올 수 있었을까?

(5) 친환경 자동차산업 선도도시로 도약

광주는 자동차 도시이다. 1965년 국내최초 자동차공장인 아시아자동차공장이 광주에 건립되었다. 지금은 울산에 이어 제2의 자동차생산도시이다. 그간 자동차산업은 광주의 최대 주력산업 중 하나였다. 2019년 통계청 광업제조업 조사(10인 이상 사업장)에 따르면 광주 제조업 매출액의 43.1%, 전체 수출액의 34.9%, GRDP의 43%가 자동차산업에서 나오고 있다. 광주 자동차생산액 14.5조, 관련 사업체수 161개, 종사자수 15천명(제조업 근로자의 23.3%)에 이르고 있다.

이런 상황에서 광주는 기아차에 이어 현대차 브랜드의 차를 위탁생산하고 있어 한 도시에서 두 브랜드의 승용차를 생산하는 국내 최초의 도시가 됐다. 자동차 중심도시로 불러도 과언이 아닐 것이다.

또한 친환경자동차 부품클러스터 조성사업이 2016년부터 2022년까지 3,030억원(국비1,431억원, 시비1,405억원, 민자194억원)을 투입해 빛그린국가산업단지에 조성되고 있다. 지난 2021년 12월 1일 부품클러스터 조성사업의 기반시설인 선도기술지원센터와 글로벌비즈니스센터가 준공되었다.

선도기술지원센터(지하1층, 지상2층)에는 친환경·미래차 부품 설계·시제품 제작 및 환경신뢰성 및 전자기적합성(EMC) 등의 시험·인증 장비 181종과 함께 인공지능 중심 산업융합 집적단지 조성사업을 통해 구축되는 AI기반 차량 시뮬레이션, 5G커넥티드카 실증 시스템 등 25종의 최첨단 장비가 집적돼 미래차 전환의 허브 역할을 수행하게 된다.

특히, 선도기술센터에는 전자기적합성(EMC) 분야를 시험하는 국내 최대규모의 최첨단 인증장비가 구축된다. 전자기적합성(EMC)은 자동차 전자시스템이 내외부의 전자파에 의해 영향을 받거나 주지 않도록 전자파간섭과 전자파내성을 측정·확인하는 것으로 전기차·자율주행차의 개발과 오동작 방지를 위해서는 필수적인 시험장비이다.

글로벌비즈니스센터(지하1층, 지상5층)는 기업에 창업보육, 마케팅, 인력양성, 네트워크 구축 등의 기능과 공간을 제공해 친환경·미래차 생태계 구축을 위한 교류와 소통의 역할을 수행한다.

우리 시는 이날 친환경자동차 부품클러스터센터 준공식과 동시에 미래차 전환에 참여하는 자동차 부품기업 100개 사(조양정밀, 현성오토텍, 캠스, 월드플러스전자, 에스오에스랩 등)의 서명식과 미래차 전환 종합지원센터 현판식도 개최했다.

'미래차 전환 종합지원센터'는 선도기술지원센터에 구축되며, 산업부·광주시·자동차연구원 광주본부·㈜광주그린카진흥원 등이 공동으로 구성·운영하며, 미래차 전환 기업에 대한 컨설팅과 R&D 기술지원 등 미래차 전환 컨트롤 타워 역할을 수행한다.

또한 빛그린산단에 국내 유일의 친환경자동차 부품인증센터를 건설 중에 있다. 센터와 장비구축에 약 390억원이 투입된다.

또 우리 시는 인공지능과 연계한 미래차 실증기반 조성을 본격화하고 있다.

첨단3지구 내 인공지능산업융합 집적단지에 국내 최대 규모의 '인공지능형 자율주행 대형 드라이빙 시뮬레이터'를 구축한다. 이는 운전자가 차량에 탑승한 상태로 다양한 실제 주행상황을 가상에서 구현하고 이를 통해 자율주행 기능을 개발하고 검증할 수 있는 환경을 제공하는 첨단장비로 2023년 상반기에 준공할 예정이다.

이와 함께 중소벤처기업부로부터 무인 저속 특장차 규제자유특구로 지정됐고, 국토교통부의 자율주행차 시범운행 지구 지정(2020. 12. 8.)을 통해 빛그린산단, 수완지구, 평동산단 등 실제 도로환경에서 자율주행 자동차를 실증하는 일도 속도를 내고 있다.

특히 우리 시는 지난해 6월 3일 빛그린산단을 비롯한 4개 산단 및 지구(빛그린산단, 첨단3지구, 에너지밸리일반산단, 도시첨단국가산단) 132만4천평(4,371㎢)이 경제자유구역으로 지정되었고, 지난 1월 컨트롤타워인 광주경제자유구역청이 개청했다.

지금까지 설명한 이러한 사업들이 완료되면 우리 시는 명실상부한 미래 친환경자동차 선도 및 거점도시로 위상을 확고히 할 전망이다.

(6) 궁금증에 대한 일문 일답

Q1. 캐스퍼가 생산되기 까지 많은 어려움이 있었다. 성공요인을 3가지만 꼽는다면?

첫째, 청년들의 일자리 문제 해결을 바라는 광주시민들의 간절한 염원과 성원, 둘째, 한국노총 광주본부와 현대자동차의 미래를 내다본 상생 결단, 셋째, 문재인 대통령의 대선공약과 당선 후 100대 국정과제 채택 및 이에 따른 중앙정부 지원과 정치권의 초당적 지원이다.

또한 이병훈 전 문화경제부시장, 손경종 인공지능산업국장을 비롯한 우리 직원들 고생이 참 많았다. 노동계와 협력과정에서 박병규 전 일자리특보의 역할도 컸다.

GGM 자동차공장 착공이후에는 박광태 대표를 비롯한 GGM 직원들의 헌신적인 노력이 최첨단 공장 건설과 뛰어난 성능의 캐스퍼 자동차 생산에 크게 기여하였다.

Q2. 광주 일자리 창출인데 왜 온 국민, 청와대를 비롯한 중앙정부 그리고 정치권이 한뜻으로 광주형 자동차공장을 성원해주었다고 생각하나?

날로 심각해지고 있는 제조업의 위기, 대기업들의 해외 공장이전, 취업자 급감, 심화되고 있는 양극화 문제들은 그 누구도 외면할 수 없는 엄중한 상황이다. 광주형 일자리 사업은 광주에서 많은 일자리를 창출하는 차원을 뛰어넘어 한국경제의 고질적인 문제인 '고비용 저효율' 구조를 해소하여 한국경제의 체질을 강화하고 경쟁력을 높일 수 있는 대안이라고 생각했기 때문이다. 노사 상생과 원하청 기업 간 동반성장을 통해 양극화를 해소하고 국민통합을 이룰 수 있는 해법이기 때문이다.

이런 이유 때문에 정부는 물론 여야 정치권이 모두 광주형일자리 성공을 위해 초당적으로 지원해 주어 참으로 큰 힘이 되었다. 2018년 11월 15일 문재인 대통령과 여야 5당 원내대표는 '여야정 국정상설협의체' 첫 회의를 열고 "광주형 일자리의 성공적 정착을 위해 초당적으로 지원"하기로 합의했다.

Q3. 향후 GGM의 최대관건은 경쟁력과 지속가능성을 확보하는 것이다. 대책은?

첫째, 무엇보다 노사상생 기업문화가 확실하게 정착되어야 한다. GGM 종사자들은 대표부터 신입사원까지 모두가 노동자이고 모두가 사용자라는 인식을 가져야 한다. 앞으로도 꾸준하게 노사민정 대타협을 바탕으로 상생형 노사관계를 이뤄나가는 것이 무엇보다 중요한 과제다.

둘째, GGM에서 첫 생산된 캐스퍼가 성능과 안전을 확실하게 인정받아 판로를 확보해야 한다. GGM에서 첫 생산된 캐스퍼에 대한 판매 호조가 이어질 경우 생산 물량을 지속적으로 확보하면서 수익을 낼 수 있고, GGM의 기술력 또한 입증할 수 있기 때문이다.

셋째, 적정 시점에 친환경 자율주행차로 전환하는 것이 관건이다.

다행히도 GGM 공장은 현재의 라인에서 전기차 등 친환경 자율주행차를 생산 할 수 있는 최첨단 유연 생산 시스템을 가지고 있다. 장기적으로는 GGM이 세계 다양한 브랜드의 차종을 위탁 생산할 수 있는 인지도와 기술력을 갖춰야 한다.

Q4. 내연차에서 친환경차로 전환은 언제쯤?

일부에선 왜 전기차나 수소차로 시작하지 않았느냐는 걱정과 지적도 있다. 지금 국내 자동차 시장에서 수소차, 전기차 비중이 매우 낮기 때문에 수익성과 대중성을 고려해서 내연 SUV차를 생산하고 있으나 향후 자동차 시장 변화 추이를 예의주시하면서 친환경 자동차 생산 공장으로 바로 전환할 것이다. 또한 좋은 내연차를 만든 경험이 있어야 좋은 전기차를 만드는데 도움이 된다는 점에서 GGM이 내연차로 시작한 것은 강점이다.

* 2020년 신규등록 191만대 중 전기차 수소차는 53천대(2.7%) / 하이브리드 포함 226천대(11.8%) : 국토교통부 보도자료(2021. 1. 20.)

GGM 자동차공장은 '친환경화, 디지털화, 유연화'라는 3대 콘셉트로 건립됐으며, GGM은 다품종 혼류 생산이 가능한 '선천후 설비'가 최대 강점이다. 현재의 라인에서 3,000cc급 중형 가솔린 차량부터 전기차와 수소차 등을 라인 변경 없이 생산 가능하도록 최첨단 유연생산 시스템을 갖추고 있다. 미래 자동차 시장이 전기차와 수소차로 양분될 것으로 전망되는 가운데 어떤 차량이든 주문 위탁생산이 가능하다. 또한 위탁생산하는 회사인 점을 감안할 때 어떤 차량이든, 어떤 브랜드든, 어떤 등급의 주문이든 생산할 수 있는 시설을 갖췄다는 것이 가장 큰 경쟁력이다.

Q5. GGM 성격에 대해 많은 분들이 궁금해한다. 시민사회단체는 공기업이므로 투명하게 경영을 공개해야 한다고 주장한다. 공기업인가 민간기업인가?

GGM은 상법상 주식회사다. 시장에서 경쟁력과 지속가능성을 확보하는 것이 최우선 과제이므로 경영진이 독립적인 입장에서 창의와 혁신을 바탕으로 빠르게 변화하는 시장환경에 유연하고 신속하게 대응하도록 경영은 경영진에게 맡기는 것이 바람직하다. 당초 설립 때부터 노사민정이 공감한 내용이다. 그래서 광주시의 직접 출자 공기업으로 설립하지 않고 주식회사로 설립하였다. 지역사회가 이런 설립배경을 충분히 이해하고 GGM의 독립적 경영을 존중해주어야 한다.

그러나 GGM은 상법상 주식회사 형태로 설립되었지만, 그 설립목적이 일반영리법인과는 확연하게 다르다는 점을 명심해야 한다. GGM의 설립배경을 보면 광주 노·사·민·정의 대타협에 의해 탄생하였고, 광주시가 사실상 1대 주주로서 참가하고 자기자본과 타인자본 모집 등 GGM 탄생과 운영의 중대한 지원역할을 수행하고 있으며, 광주시민은 시민기업으로 생각하고 있다.

GGM은 고수익이나 돈벌려고 만들어진 이익추구형 기업이 아니라 지역 일자리 창출과 노사상생 및 동반성장을 통해 지역경제를 살리고 한국경제의 경쟁력을 높이기 위한 공익적 목적을 위해 국민의 세금과 공공재원이 투입되고 정부·지자체·정치권의 전폭적인 지원을 받아 설립된 기업이다. 주주들 역시 정부와 지자체가 추구하는 이런 공익적 목적에 공감하고 출자하였다.

산업통상자원부 장관은 지난 6월 전국 제1호 정부 상생형 지역일자리로 지정하여 다양한 지원을 하고 있다.

또한 지난 2019년 1월 31일 현대자동차와 체결한 투자협약서와 부속서인 노사상생발전협정서에서도 '노사상생, 적정임금, 적정노동시간, 동반성장과 상생협력, 소통투명경영 실현'을 위해 광주시 노사민정협의회가 적극 역할을 하도록 규정하고 있다.

따라서 GGM은 어떤 공기업보다도 더 공공성이 강한 국민기업 내지는 시민기업의 성격을 가지고 있다. 경영진은 직원을 지역 청년들 위주로 채용하고 지역업체들의 사업참여를 확대하는 등 지역경제 활성화와 한국경제의 현안인 상생 및 동반성장에 기여하는 방향으로 경영해야 하는 책무를 안고 있다. 아울러 GGM 경영진은 지역의 관심과 성원 속에 GGM이 세계적 기업으로 발전할 수 있도록 지역사회와 소통을 더욱 긴밀히 해야 할 책무가 있다.

(7) 광주형 일자리 주요 일지

1) 2014년 7월 윤장현 전 시장 광주형 일자리 모델 선정, 2017년 3월 문재인 대통령 후보가 '광주형일자리 전국 확산'을 공약으로 제시하면서 구체화

광주형 일자리 사업은 민선 6기 윤장현 시장때 처음 추진되었다. 아이디어 자체가 참신하고 한국 경제의 고질적 문제인 '고비용 저효율' 문제를 해소할 대안이어서 많은 주목을 받으며 문재인 대통령 후보는 공약으로 채택하였다.

2) 2018년 3월 광주 노사민정협의회가 공동결의문을 채택했고, 이를 바탕으로 2018년 6월 1일 현대자동차로부터 투자의향서를 이끌어내는 성과를 거두었다.

광주시는 민선 6기에서 성과를 내기 위해 2018년 6월 19일 현대자동차와 협약체결을 추진했으나, 노동계와 충분히 소통하지 못해 결국 한국노총 광주지역본부는 2018년 6월 12일 투자협약식 불참을 통보했고 투자협약식은 기약 없이 무산되었다.

3) 2018년 6월 13일 광주시장 당선과 함께 중점사업으로 추진

나는 광주시장에 출마하기 전에 문재인 대통령후보의 비상경제대책단장과 문재인 정부 초대일자리위원회 부위원장을 맡아 광주형 일자리를 대선공약과 국정과제로 채택하는 데에 이미 뜻을 같이 했기 때문에 전임 시장이 추진했지만 광주형 일자리 사업을 반드시 성공시켜야 한다는 확고한 입장을 가지고 있었다.

특히 광주는 일자리가 부족하고 살기가 팍팍해서 시민들이 일자리를 찾아 다른 지역으로 떠나는 상황이었다. 따라서 나는 선거기간 때부터 줄곧 광주시정의 중심을 '좋은 일자리 창출'에 두겠다고 약속드렸고 '시민의 삶을 바꾸는 일자리 시장이 되겠다'고 공언했다.

나는 2018년 6월 13일 광주시장에 당선되고 나서 6월 18일 광주시장 당선인 첫 일정으로 한국노총과 민주노총 광주지역본부를 찾아가 노동자들의 권익향상을 위해 시장인 나부터 앞장서겠다는 뜻을 전하고 광주형일자리 사업의 성공을 위해 적극 도와줄 것을 요청했다. 광주형일자리 성공을 위해서는 노동계 동참이 관건이라고 판단했기 때문이다.

2018년 7월 1일 취임 이후에도 모든 기득권을 내려놓고 여러 경로를 통해 시장을 믿고 함께 해줄 것을 노동계에 끊임없이 요청했다. 그러나 전임시장 시절 광주시와 노동계가 신뢰를 구축해 왔지만 실제 현대차와의 협상안을 마련할 때는 노동계와 소통하지 않아 노동계 내에서는 이에 대한 실망이 매우 큰 상황이었다.

그래서 나는 시장에 취임하자마자 노동계와의 신뢰형성을 위해 광주형 일자리 4대 원칙에 입각해 투자협상을 진행하겠다고 공개적으로 약속했다. 이러한 노력에 부응하여 2018년 8월 8일 한국노총 광주지역본부는 ▲ 현대자동차와 협상내용 공개 ▲ 투자협상 과정 노동계참여 보장 ▲ 광주형일자리 사업원칙을 투자협약에 포함 등의 새로운 제안을 제시했다. 8월 14일 나는 이를 모두 수용하겠다고 발표했다.

그리고 8월 15일 나와 당시 이병훈 문화경제부시장은 한국노총 광주본부 윤종해 의장과 만나 설득에 설득을 거듭하며 노동계의 의견을 듣고 요구사항을 충분히 수용하겠다고 했지만 그동안 갈등의 골이 깊었던 탓일까 아쉬움만 남는 만남이었다.

4) 2018년 9월 19일 한국노총 광주형일자리 불참선언 → 10월 24일 노동계 참여

나는 9월 14일 기자회견을 갖고 노동계가 우리 아들·딸들과 광주의 미래를 위해 결단하고 책임감과 시대적 소명의식을 갖고 광주형 일자리 사업에 함께 해줄 것을 간곡히 호소했다. 이후에도 노동계를 참여시키기 위해 현대자동차와 협상과정에 노동계 참여 보장과 전임 시장 시절인 3월 노사민정 합의사항을 그대로 이행하겠다는 약속을 여러 차례 했다.

이런 간절한 호소에도 불구하고 9월 19일 한국노총 광주본부는 협상 과정의 노동계 배제, 연봉 2,100만원 책정 등 사실이 아닌 이유들을 들어 협상과정에 참여하지 않겠다며 광주형일자리 불참을 선언하기에 이르렀다.

참으로 유감스럽고 안타까운 순간이었다. 이후 광주시뿐만 아니라 시민단체를 비롯해 광주상공회의소, 직업계고 교장단 및 학부모, 지역 대학생 등 각계각층에서 광주형일자리 성공을 위해 한마음 한뜻으로 성명서를 발표하는 등 지역 노동계의 동참을 호소했다. 이후에도 진심을 다해 공식·비공식적으로 노동계와 수도 없는 만남을 가졌다.

지성이면 감천이라 했다. 10월 20일 한국노총 광주지역본부 노사한 마음 체육대회에 참여했는데 이 자리에서 한국노총 광주본부 윤종해 의장은 인사말을 통해 '시민의 바람이자 노동계의 염원인 광주형 일자리를 반드시 성공시키겠다'고 밝혔고 나도 바로 노동계의 모든 요구를 수용하겠다고 화답했다.

10월 24일 나와 광주시 그리고 지역사회의 간절한 호소에 노동계가 응답하면서 광주형일자리 사업이 다시 탄력을 받기 시작했다.

5) 2018년 10월 25일부터 현대차 투자유치 성공을 위한 원탁회의 진행

10월 31일까지 노동계와 3차례 원탁회의를 거쳐 현대차 완성차공장 투자협상에 대한 잠정 합의를 이뤄냈다. 원탁회의의 가장 큰 성과는 광주시와 노동계가 신뢰를 회복한 것이다. 시민들의 절실함, 광주시의 진정성 그리고 노동계의 대승적 결단이 상호 신뢰 회복으로 이어지면서, 마침내 광주공동체가 합의를 이끌어 냈다.

이제 노동계와 전문가들로 구성된 투자유치추진단의 논의결과를 바탕으로 현대차와 지속가능한 사업 협약을 합의하고 체결하는 일이 남았다. 이 또한 매우 중요한 또 하나의 고비였다.

이렇게 어렵게 노조와 노력하고 있는 중에 지역사회 일부에서는 계속 억측과 문제만을 제기하면서 협상을 힘들게 했다. 나는 11월 26일 페이스북에 <광주형일자리, 조금만 더 지켜봐 주십시오>라는 글을 올려 답답한 심경과 함께 도와줄 것을 호소했다.[6]

---

6 「정말 힘을 모으고 협력해도 성공여부가 불확실한데 일부에서 광주형 일자리에 대한 왜곡된 주장과 억측들을 제기하고 있어 안타깝습니다. 이는 광주형 일자리 사업의 성공에 결코 도움이 되지 않을 뿐 아니라 우리 사회에 또 다른 갈등과 분열을 야기할 수 있기 때문입니다. 진행 과정이 생각보다 더디고 답답하겠지만 광주시와 지역 노동계 그리고 현대자동차 모두 소명의식을 갖고 혼신의 노력을 다하고 있습니다.」

더욱 고삐를 죄기 위해 11월 27일 광주시 투자유치추진단은 현대차 투자협상에 관한 전권을 협상팀(단장 : 이병훈 부시장)에 포괄적으로 위임하기로 결정했다. 광주형 일자리 사업의 성공을 위해 지역의 모든 역량이 결집된 만큼, 협상팀은 긴장감을 놓지 않고 진정성과 절실함으로 조속한 협상 타결을 위해 모든 노력을 다했다.

6) 2018년 11월 30일 울산 현대차노조 방문

다른 한편에서는 현대차 노조의 반대가 더욱 거세지고 있었다.

현대차 노조는 광주형 일자리가 기존의 일자리를 위협하고 처우를 악화시킬 것이라는 주장을 계속했다. 11월 30일, 나는 진정성 하나 갖고 무작정 현대차 노조와 만나기 위해 울산으로 향했다. 나의 갑작스런 울산방문 소식에 언론과 많은 분들이 노조와의 면담이 불발되지 않을까, 자칫 갈등과 대립이 커지지 않을까 걱정하였지만, 양측은 진정성을 갖고 차분히 만나 서로의 입장을 충분히 공유했다.

광주형 일자리야말로 현재 있는 일자리의 지속성을 높이고 노동자들의 삶의 질을 제고할 수 있다는 설명과 함께 노와 사가 함께 잘 사는 노사상생형 모델이고, 국민들이 모두 함께 잘 사는 사회통합형 모델이라는 점을 거듭 강조하며 협조를 호소했다. 또한, 앞으로 울산에서 지역특성에 맞는 울산형 일자리 모델을 추진하면 광주가 적극적으로 협조하고 중앙정부의 지원도 건의하겠다고 말씀드렸다.

그날의 만남이 서로의 상황을 조금 더 이해하는 계기가 되었고 각각의 입장 차이는 있지만 다 같이 잘 사는 길, 지속가능한 일자리를 만들어야 한다는 최종 목표가 같다는 것을 확인했다. 광주형일자리 성공의 희망이 보이는 순간이었다.

7) 2018년 12월 6일 투자협약 체결식 무산

이병훈 문화경제부시장을 단장으로 한 투자협상팀은 노사가 상생하는 일자리모델을 실현시키기 위해 열과 성을 다했다. 특히 이해관계가 첨예하게 대립되는 현대자동차와 노동계를 각각 20여 차례 이상 만나 입장 차이를 좁히는데 안간힘을 썼다.

그 결과 광주시 투자협상팀은 2018년 12월 4일 현대차와 최종 협약안에 대해 잠정 합의에 이르렀고, 이 합의안에 대해 현대차는 이사회를, 광주시는 노사민정협의회를 통과시키는 마지막 절차만 남겨두고 있었다.

당시 언론과 국민들은 협상팀의 일거수 일투족에 관심이 많았다. 외부적으로는 철저한 보안을 유지했으나 내부적으로는 이틀 후인 12월 6일 오후 2시에 문재인 대통령 참석 하에 협약식을 체결키로 합의하였다. 그런데 예기치 못한 상황이 발생했다

현대차와의 잠정합의안 중 '상생협의회 결정사항의 유효기간을 생산목표대수 35만대 달성 시까지로 한다'는 규정에 대해 지역노동계가 법령 위반소지가 있고 노사문제에 나쁜 영향을 줄 수 있다는 이유로 수용할 수 없다는 입장을 밝혔다.

절박한 심정으로 해법을 모색하기 위해 12월 5일 광주시 노사민정협의회를 개최해 한국노총 광주지부 윤종해 의장으로부터 동의를 받아 대안을 마련해 현대차에 제시했다. 그러나 이번에는 현대차가 대안을 수용할 수 없다는 입장을 저녁 8시쯤 통보해와 결국 최종합의에 이르지 못했다.

당시 청와대 경호실과 의전실 관계자들은 대통령참석행사가 다음날로 다가옴에 따라 현장에서 마지막 점검을 끝마쳤고, 우리 시 행사관계자들은 광주시청 1층 시민홀에서 행사를 위한 무대 점검과 리허설이 한창이었다.

현대자동차와 투자협약 체결이 직전에 무산되다보니 충격과 안타까운 마음이 너무나 컸다. 12월 5일은 아쉬움과 허탈함에 잠 못 이룬 밤이

었다. 당시에는 자신들의 입장만을 과도하게 주장한 협상파트너들이 너무나 야속하기만 했다.

이로 인해 광주형 일자리 사업의 첫 성공사례가 될 것으로 기대를 모았던 광주시와 현대차 간의 투자협약은 기약 없이 미뤄졌다. 다른 중요한 쟁점들이 모두 합의되었는데도 불구하고 오직 '상생협의회 결정사항의 유효기간' 하나 때문에 협약체결이 무산되어 아쉬움은 더욱 컸다.[7]

나는 '유효기간'에 대한 현대차와의 잠정합의안과 노사민정협의회의 대안이 본질적으로 크게 다르지 않음에도 최종 합의에 이르지 못하게 된 것은 협상 당사자 간에 신뢰가 깨진 것이 가장 큰 원인이라고 생각했다.

2018년 12월 6일 투자협약 체결식이 무산된 이후 만감이 교차했다.

외줄타기 곡예사의 심정으로 조심조심 한발 한발 나아가다 보면 '협상타결'이라는 종착점에 도달할 수 있을 것이라고 자위하면서 다시 뛰기로 했다. 광주형 일자리 사업을 반드시 성공시켜 달라'는 국민들의 준엄한 명령을 가슴에 새기고 더욱 분발해야 했다. 광주시와 시민이 똘똘 뭉쳐 '노동이 존중받고 사업하기 좋은 환경'을 만들어 국민들의 기대와 성원에 보답하기 위해 또 다시 노동계와 현대차 설득에 나섰다.

다양한 이해관계가 크게 갈렸음에도 '상생협의회 결정사항 유효기간'을 제외하고는 모든 쟁점에 대해 합의를 이끌어 낸 것은 그래도 큰 성과였다.

---

7 2018. 12. 4. 현대차와 협약안 잠정합의 → 12. 5. 법령에 위배 또는 노사문제에 악용 우려가 있다는 한국노총 의견을 받아들여 노사민정 수정안 의결(상생협의회 결정사항의 유효기간을 '생산목표대수 35만대에 달성시까지 한다'를 다음 중 하나로 한다는 대안 마련) → 현대차, 노사민정협의회 수정의결안 불수용 입장 표명
① 상생협의회는 근로자참여 및 협력증진에 관한 법률(근참법)에 근거하여 운영
② 상생협의회 결정사항 유효기간은 조기 경영안정과 지속가능성을 고려하여 결정
③ 결정사항 효력은 특별한 사정 없는한 지속 유지

8) 2018년 12월 9일 시장인 내가 직접 협상단장 맡아 지휘

12월 6일 협약체결이 무산되자 현대차와 노동계를 설득해 나가는데 우선 새로운 전기가 필요했다. 광주시의 강한 입장과 신뢰를 주기 위해 시장인 내가 직접 협상단장을 맡겠다고 발표(12월 9일)하고 전면에 나섰다. 더 나아가 광주형 일자리 사업의 영역 확대와 지속성 담보를 위해 '완성차공장 투자협상팀'을 '광주형 일자리 추진T/F'로 확대 개편했다. 이어 4급 상당의 노동협력관과 '사회연대일자리특보'(2급상당 전문임기제)를 임명하고 광주형 일자리 사업 성공과 노사상생도시 광주를 만드는 일에 주력하도록 했다. 이 밖에도 노사민정협의회의 기능과 구성을 강화해 투자유치를 추진 중인 완성차 공장의 노사문제뿐만 아니라 광주지역에서 발생하는 노사갈등 전반에 대해 예방활동 및 조정·중재하고 해결하는 역할을 하도록 했다.

아울러 광주형 일자리를 지속가능한 사업으로 산업전반에 확산시켜 노사상생도시를 만들기 위한 프로젝트를 준비했다.

9) 2019년 1월 14일 노사상생도시 광주선언

나는 노사상생의 문제를 보다 큰 틀에서 접근하지 않고는 이 협상을 성공시키기 어렵겠다는 판단 하에 2019년 1월 14일 대한민국 최초로 '노사상생도시 광주'를 선언했다. 노동자에게는 안정된 일자리를 드리고 투자가에게는 적정 수익을 드리는, 노동이 존중받고 기업하기 좋은 광주를 만들자는 것이다. 노사분쟁과 갈등이 일상화되고 있는 현실에서 노사상생도시를 만드는 것은 참으로 어려운 일이지만 나는 광주이기 때문에 가능하다고 강조했다. 그러면서 노사상생도시 실현의 첫 걸음이 광주형 일자리이니 반드시 성공시켜야 한다고 배수진을 쳤다.

실제로 자원이 없고 입지와 접근성에서도 불리한 광주가 기업을 유치하고 일자리를 만들기 위해서는 노사상생도시로 다시 태어나야 한다. 광주에 투자하면 수익이 난다는 새로운 공식을 만들어 '정의로운 도시가 기업하기도 좋은 도시'라는 대명제를 실현해 나가야 한다.

10) 2019년 1월 31일 광주시 – 현대자동차 완성차공장 투자협약 체결

지성이면 감천이라 했다. 우리 시는 2019년 1월 30일 노사민정협의회를 개최해 현대자동차와 합의한 협약안을 통과시키고 그 다음날인 1월 31일 현대자동차와 투자협약을 체결했다. 협약체결의 무산을 가져왔던 상생협의회 결정사항의 유효기간은 35만대 규정을 유지하되 가시적 경영성과 창출 등의 경우 유효기간을 변경 가능하도록 합의했다.

일자리 창출과 한국 경제의 미래만을 생각하며 각고의 노력 끝에 세계적으로 유례가 없는 사회 대통합형 노사상생 일자리 모델을 성공시켜 우리 광주는 또 하나의 새로운 역사를 쓴 것이다.

온 국민이 도와주셔서 이룬 성과지만 특히 문재인 대통령께서 대선공약과 100대 국정과제로 채택해주시고 전폭적으로 지원해주신 것이 큰 힘이 됐다. 이울러 더불어민주당을 비롯한 정치권의 초당적 지원도 큰 도움이 됐고 무엇보다도 현대자동차와 지역노동계가 시대적 소명의식과 한국경제의 새로운 미래를 위해 뜻을 함께 해주었기에 가능했다.

문재인 대통령, 현대자동차 이원희 대표, 한국노총 김주영 위원장과 윤종해 광주지역본부 의장 그리고 노, 사, 민, 정 관계자와 시민 여러분께 지면을 빌려 다시 한번 감사의 말씀드린다.

<2019년 1월 31일 현대자동차와 투자협약 요지>

- 광주시와 현대차는 1대와 2대 주주로서 2021년 하반기 차량양산을 목표로 합작법인 설립을 추진.
- 현대차는 1,000cc미만의 경형SUV 차종(가솔린)을 개발하고 신설법인에 생산을 위탁하며, 공장 건설·운영·생산·품질관리 등을 위한 기술지원과 판매를 책임.
- 신설법인의 전체근로자 평균 초임연봉은 주 44시간 기준 3,500만원 수준으로 함.
- 임금인상은 소비자 물가상승률을 고려해 노사민정협의회가 객관적 합리적 기준을 제시하고 신설법인은 이를 준수해 인상률을 결정.

11) 2019년 9월 20일 ㈜광주글로벌모터스 설립

현대자동차와 투자협약체결 이후 2월 한 달 동안 광주시는 현대차와 투자자 모집을 위한 기본계획과 일정 등을 논의했다. 우선 삼일회계법인을 투자유치 주간사로 선정했고, 서울에 투자유치사무소를 마련했다.

광주시 산하기관인 (재)그린카진흥원 내에 자동차공장 합작법인 업무 지원단을 신설하는 한편, 노사상생 지원방안을 심의결정하기 위해 노사민정협의회를 확대개편하고, 그 산하에 노정위원회를 설치했다.

3개월에 걸쳐 광주시와 현대차, 투자 주관사인 삼일회계법인 간의 깊은 논의 끝에 합작법인이 운영할 자동차공장의 투자방향이 사실상 확정됐다.

3대 비전은 지속가능성, 수익성, 확장성으로, 완성차공장의 3대 컨셉은 유연화, 디지털화, 친환경화로 확정했다. 고용인원(직접 일자리 1,000명)과 생산능력(연간 10만대) 그리고 지속 및 확장 가능성에 영향을 미치지 않는 수준에서 사업규모를 최적화하였다. 사업비 규모를 당초 약 7,000억원에서 5,754억원으로 조정하는 등 투자규모를 최적화해 신설법인이 조기에 안정될 수 있도록 했고 대신 고용규모나 생산규모는 그대로 유지했다는 점에서 투자가들은 높게 평가했다.[8]

이후 우리의 노력과 중앙정부의 협조로 자동차공장 설립의 최대 걸림돌이었던 정부의 중앙투자심사가 면제로 확정되고, 법령의 근거가 마련됨에 따라 6월 28일 광주시와 현대자동차 그리고 투자의사를 밝힌 산업은행, 완성차 협력차, 지역 중견 기업 등 32명의 재무적 투자자들이 참여한 가운데 '자동차공장 합작법인 투자협약식'을 체결했다. 예상치 못한 어려움에 어찌해야 하나 막막할 때도 있었지만 투자자 32분이 협약서에 서명하는 내내 이를 지켜보는 내 심정은 만감이 교차했다.

이날 현대자동차 공영운 사장과 한국노총 윤종해 광주지역본부 의장, 성윤모 산업통상자원부 장관, 이목희 일자리위원회 부위원장, 정태호 청

---

8 공장부지 : 당초 19만평 → 18.3만평으로 축소 / 사업규모 : 당초 6,758억(자기자본 2,810 + 타인자본 3,948억) → 5,754억(자기자본 2,300억 + 타인자본 3,454억)

와대 일자리수석께서도 자리를 빛내주셨다.

아무도 가보지 않은 길이라, 노심초사하며 손에 땀을 쥐는 경우가 한 두 번이 아니었다. 투자자 모집에도 많은 어려움이 있었다. 당초 산업은행이 3대 주주로 참여하기로 되어 있었으나 산업은행이 난색을 표명함에 따라 광주은행이 3대 주주로 참여해주었다. 광주은행은 이후 차입금 조달에도 많은 도움을 주었다. 송종욱 행장님과 임직원들에게 감사를 드린다.

합작법인 설립에 광주시(광주그린카진흥원)가 1대 주주(483억원, 21%), 현대차가 2대 주주(437억원, 19%), 광주은행이 3대 주주(260억원, 11%)로 참여했다. 광주형 일자리 사업의 미래를 보고 투자의 큰 결단을 내려주신 32개 기업 대표들께 진심으로 감사와 존경의 마음을 전한다.

한국경제의 새로운 희망을 만들어야 한다는 시대적 사명을 안고 150만 광주시민이 한마음 한뜻이 되었고, 지역기업과 자동차 부품사, 금융권 등 투자가들이 '명견만리(明見萬里)'의 혜안으로 2,300억원이라는 적지 않은 자본금을 마련해 준 것이다.

이후 8월 20일 자동차공장 합작법인이 발기인 총회와 출범식을 갖고 역사적 첫발을 내디뎠다. 합작법인 출범으로 여러 논란과 염려가 해소되고, 광주형 일자리 사업이 정상궤도에 진입했다. 합작법인 명칭은 전국 공모를 통해 ㈜광주글로벌모터스(GGM)로 최종 결정됐고 9월 20일 ㈜광주글로벌모터스 법인 설립 등기가 마무됐다. 광주형 일자리 논의가 시작된 지 5년 여 만이다.

㈜광주글로벌모터스 자동차공장을 지속가능성, 수익성, 확장성을 담보한 글로벌 기업으로 성장시켜, '광주에 투자하면 수익이 난다'는 공식을 만들어 투자가들에게 보답하겠다고 마음속으로 다짐하고 또 다짐했다.

12) 2019년 9월 ㈜광주글로벌모터스 초대 대표에 박광태 전 광주시장 선임

㈜광주글로벌모터스 초대 대표를 모시는 과정에도 우여곡절이 많았다. 누구를 모셔야 노사관계를 원만하게 이끌고 현대차와 긴밀한 협력관계를 유지할 수 있을 것인가에 대해 깊은 고민을 해야 했다. 산업통상자원부 고위직 출신 인사, 자동차 산업계 CEO출신, 지역사정을 잘 아는 인사 등 여러 후보를 놓고 현대차를 비롯한 주요 주주 등과 논의한 결과 최종적으로는 박광태 전 광주시장을 인선했고, 발기인들도 만장일치로 동의했다.

박광태 초대 대표를 선정하기까지 많은 고민을 해야 했다. 광주글로벌모터스 대표자리는 혜택을 누리는 영광의 자리가 아니라 공장건설, 중앙정부 지원, 주주 간 협력, 노사상생 등 풀어가야 할 일이 산적해 있는 헌신하고 봉사해야하는 무거운 책임감을 갖는 자리다. 따라서 다양한 경륜과 폭 넓은 인적 네트워크, 무게감 있는 인사가 맡는 것이 조기에 조직을 안정시킬 수 있다는 점을 감안하여 결정했다. 지역사회에서 여러 우려의 목소리를 제기했지만 박광태 대표는 노사상생 문화 정착 그리고 공장 건설과 완성차 생산까지 소임을 잘 완수해주셨다.

13) 2020년 12월 광주글로벌모터스 차입금 확보

GGM이 설립된 이후 차입금(3,454억원) 확보에 많은 애를 먹었다. 은행장들을 비롯해 많은 관계자들을 찾아다니면서 광주시를 믿고 대출해 줄 것을 간곡히 요청했다. 그러나 금융기관들은 지방자치단체가 추진하는 불확실한 사업에 투자하는 것에 대해 매우 신중했다. 글로벌 기업인 현대자동차가 적극적인 역할을 해주었다면 좀 더 쉬웠을지도 모르나 차입문제는 광주시와 GGM의 몫이라는 것이 현대자동차의 입장이었다.

우여곡절을 겪으면서 2020년 12월에야 3,000여 억원(시설자금 2,800

억원, 운영자금 200억원)을 확보했다.[9] 한국산업은행(이동걸 회장)이 주선은행으로서 신디케이션을 주도하는 등 주요한 역할을 해주었고 광주은행의 협조도 큰 힘이 되었다. 감사드린다.

14) 2019년 12월 26일 GGM 기공식 개최, 노동계 불참

㈜광주글로벌모터스 자동차공장이 2019년 12월 26일 기공식을 갖고, 2021년 하반기 완공을 목표로 본격적인 공사에 들어갔다. 우리 광주가 한국경제사에 있어 또 하나의 이정표를 세운 역사적인 순간이었다. 다만 기공식을 함께 기뻐하고 축하해야할 노동계가 불참하여 참으로 안타까웠다.

<광주글로벌모터스 자동차공장 기공식 환영사 요지(광주시장)>

2019년 한해를 마무리하는 끝자락에 우리 광주는 한국경제사에 있어 또 하나의 이정표를 세웠습니다. 드디어 23년 만에 국내에 자동차공장이 들어섭니다.

우리 모두가 시대적 소명의식을 갖고 혁신으로 뿌린 씨앗이 값진 결실을 맺는 역사적인 순간입니다.

세계적으로 유례가 없는 지자체 주도의 광주형 일자리 사업이 여기까지 올 수 있었던 것은 현대자동차와 지역 노·사·민·정이 적극적으로 도와주셨기 때문입니다. 광주를 믿고 2,300억원의 자본금을 투자한 주주들이 계셨기에 가능한 일이었습니다. 문재인 대통령님과 중앙부처, 정치권의 전폭적인 지원, 그리고 온 국민의 뜨거운 성원 또한 큰 힘이 되었습니다.

---

9 은행별 대출현황(총 3,000억) : 산업은행 1,500억원(이중 100억은 후순위), 광주은행 485억(시설자금 285억 + 운영자금 200억), 국민은행 260억, 하나은행·신한은행·우리은행 각 175억, 수협 130억, KDB캐피탈 100억(후순위).
※ 나머지 부족액은 보조금 400억원, 현대차 기술지원료 200억원을 이연 지급하기로 했다.

다만 오늘 기공식을 함께 기뻐하고 축하해야할 노동계가 불참하여 참으로 안타깝습니다. 앞으로 보다 낮은 자세로 지역 노동계의 목소리에 귀 기울이고 더욱 진정성 있는 협력과 연대를 통해 노사상생의 일자리 사업을 반드시 성공시키겠습니다.

우리 광주시는 광주형 일자리 사업을 추진해온 주체로서 또한 최대주주로서 ㈜광주글로벌모터스가 경쟁력 있는 자동차 공장을 계획대로 건설하여 2021년 하반기부터 양산체제에 들어갈 수 있도록 적극 지원할 것입니다.

광주형 일자리 사업은 처음에는 광주 청년들의 일자리 창출을 위해 시작되었지만, 이제 한국경제의 미래가 달린 대한민국의 희망이 되었습니다. 이 사업이 성공하면 직·간접 일자리가 약 1만2천개 창출될 뿐만 아니라 한국 경제의 체질을 바꾸고 제조업의 경쟁력을 높이는 전기가 마련될 것입니다. 광주형 일자리 사업이 마중물이 되어 구미형, 밀양형, 강원형, 군산형 등 상생형 지역일자리 사업이 전국으로 확산되고 있어 참으로 보람을 느낍니다.

우리 광주는 이제 정치 1번지를 뛰어넘어 경제 1번지로 도약하고 있습니다. 광주형 일자리사업의 성공에 이어 4차 산업혁명을 선도할 인공지능 집적단지가 이곳에 조성되면 일자리가 없어 떠나는 광주에서 돌아오는 광주, 찾아오는 광주가 될 것입니다.

앞으로도 ㈜광주글로벌모터스에게는 넘어야 할 산과 건너야 할 강이 많습니다.

쉽고 편한 길, 누구나 갈 수 있는 길이었다면 우리 광주는 이 길을 선택하지 않았을 것입니다. 아무도 가보지 않은 길, 그럼에도 반드시 가야할 길이기에 시대적 소명의식을 갖고 앞장서 가고 있습니다. 지금까지처럼 노·사·민·정이 합심하여 우리 청년들의 일자리 창출과 경제활성화를 위해 '봉산개도 우수가교(逢山開道 遇水架橋)'의 각오로 담대하게 나아가겠습니다.

지난 1월 31일 광주시와 현대자동차간 투자협약 체결로 시작하여, 오늘 ㈜광주글로벌모터스 자동차 공장 착공까지, 2019년은 오롯이 광주형 일자리 사업 성공의 해로 기억될 것입니다. 이 안에 담긴 수많은 땀과 노력, 헌신과 결단은 훗날 역사가 평가할 것입니다.

벅찬 감동과 기쁨이 가득한 오늘, 광주와 함께 해주신 존경하는 성윤모 산업통상자원부 장관님, 이재갑 고용노동부 장관님, 이목희 일자리위원회 부위원장님, 문성현 경제사회노동위원회 위원장님, 황덕순 청와대 일자리수석님께 감사드립니다.

15) 2020년 4월 2일 한국노총 광주형 일자리 협약 파기 선언 : 또 다시 위기

외형적으로는 자동차공장 건설이 순조롭게 추진되고 있지만, 추진 주체 간 갈등과 반목으로 큰 난관에 직면했다. 한국노총 광주본부는 2020년 4월 2일 원하청격차해소, 임원임금, 노동이사제 등을 요구하면서 또 다시 광주형 일자리 협약 파기를 선언했다. 오랜 기간 광주형 일자리 사업을 성공시키기 위해 혼신의 힘을 다해왔고, 노동계와 수많은 물밑 소통으로 대화의 물꼬를 트기 위해 노력해온 우리로서는 참으로 당황스럽고 안타깝고 허탈하기까지 했다. 더구나 당시는 코로나19로 인해 그 어느 때보다도 지역경제를 살리는데 노사민정이 힘을 합하여 할 절박한 때인데, 그럼에도 협약체결을 파기하고 불참 결정을 한 지역노동계가 진정으로 바라는 뜻이 무엇인지를 정확히 파악하며 대처해야 했다.

이렇게 된 외형적 이유는 광주시가 추진주체로서 그리고 사실상 최대주주로서 통합의 리더십을 발휘하지 못한 데에 기인했다 할 것이다. 그러나 더 본질적인 이유는 사업 참여주체들 간의 신뢰부족에 있었고, 노와 사가 광주형 일자리 사업의 기본정신인 노사상생과 원하청 동반성장에 대한 철학과 의지가 부족한 데서 기인했다.

우리 시는 그동안 노동계에서 요구한 사항들에 대해 2019년 1월 31일 체결한 투자협약 내용에 본질적으로 위배되지 않는다면 모두 수용하겠다는 뜻을 여러 차례 전달했고, 한 번도 그 입장에는 변함이 없었다. 또한 합의한 투자협약서의 4대 원칙하에서 노동계와 함께 광주형 일자리 사업을 성공시키겠다는 우리 시의 진정성 또한 한 치의 흔들림이 없었다.

상생정신을 최우선적 가치로 지켜내며 노동계의 조기복귀를 위해 더욱 낮은 자세로 △상호존중과 신뢰 △소명의식과 책임감을 바탕으로 △대화와 타협을 통해 문제 해결에 나섰다.

엎친 데 덮친 격으로 4월 8일에는 GGM 주주들이 임시주주총회를 개최하여 노동계의 상생발전협약서 파기 선언에 대해 깊은 유감을 표명하며 4월 29일까지 노사상생발전협정서 이행 및 정상화가 되지 않으면 사업진행 여부 등의 조치를 주주총회를 소집해 결정하기로 의결하면서 압박을 가해왔다. 하루 하루 긴박한 상황이 전개되었다.

2020년 4월 9일에도 많은 일들이 일어났다. 우리 시는 현대차와의 협의를 통해 노동계 요구사항인 현대자동차와 체결한 '완성차 투자협약서'(2019. 1. 31. 체결)를 언론을 통해 전격 공개했다. 이와 함께 광주형 일자리 4대 의제인 △적정임금 △적정노동시간 △동반성장과 상생협력 △소통·투명 경영에 대해 노사민정협의회가 의결한 노사상생발전협정서도 함께 공개했다.

광주형 일자리 사업을 반드시 성공시키려는 우리의 진정성과 절실함을 노동계에도 그대로 전달했다. 4월 9일 한국노총 불참 하에 2020년도 첫번째 노사민정회의를 개최하고 '광주형 일자리 성공을 위한 공동 결의문'을 발표했다. "어떤 난관에도 흔들리지 않고 노사상생의 광주형 일자리 사업이 성공할 수 있도록 최선을 다할 것이다"며 이를 위해 "지역노동계가 하루빨리 노사민정협의회에 복귀할 것을 요청한다"고 밝혔다.

나는 4월 27일 윤종해 한국노총 광주지역본부 의장을 만나 광주형 일자리 사업의 성공을 바라는 지역민들의 간절한 염원을 안고, 노사상생도시 광주 실현을 위한 새로운 거버넌스 구축을 위해 '광주상생일자리재단(가칭) 설립'을 제안했다.

윤종해 의장도 재단 설립의 필요성에 공감했고 드디어 노동계가 4월 29일 광주형 일자리 사업에 다시 복귀하며 우리 시와 ㈜광주글로벌모터스(박광태 대표), 한국노총 광주지역본부(윤종해 의장)는 <광주형 노사상생의 완성차공장 성공을 위한 합의서>를 발표했다.[10]

16) 2020년 6월 15일 광주형 자동차공장이 '제1호 정부 상생형 지역일자리'로 선정

산업통상자원부(장관 성윤모)는 2020년 6월 15일 「국가균형발전 특별법」 제11조의2에 의거하여 광주형 일자리 자동차공장을 '제1호 정부 상생형 지역일자리'로 최종 의결했다.

광주형 일자리는 상생모델의 전국적 확산을 이끈 기폭제 역할을 했다. 광주를 포함하여 8개 지역(밀양, 대구, 구미, 횡성, 군산, 부산, 신안) 9개 상생협약으로 확산되었다.

---

10 **<광주형 노사상생의 완성차공장 성공 위한 합의서>**

1. 광주광역시는 노동이 존중받고 기업하기 좋은 광주를 만들기 위해 노사상생도시 선언(2019. 1. 14)과 노사민정협의회 운영 등 광주의 노동정책 전반의 실효성 확보를 뒷받침하고 광주시 노동정책 수행역량과 노동관련 시설의 운영효율을 제고하기 위해'광주상생일자리재단'(가칭)을 설립하여 운영하기로 한다.
2. ㈜광주글로벌모터스는 노사상생발전협정서의 성실한 이행을 포함한 노동존중 상생경영의 실천 및 지역사회와의 원활한 소통을 위해, 노사 및 전문가가 참여하는 독립적이고 자율적인 자문기구인'상생위원회'를 ㈜광주글로벌모터스에 설치하여 책임 있게 운영키로 한다.
3. 한국노총광주지역본부는 2019년 1월 31일 광주광역시와 현대자동차가 체결한 투자협약서와 2019년 1월 30일 광주광역시 노사민정협의회에서 의결하여 투자협약서에 첨부된 노사상생발전협정서(부속협정서 포함)를 이행한다.

17) 2021년 4월 29일 준공식 개최

마침내 광주형 일자리사업인 ㈜광주글로벌모터스 완성차공장이 2019년 1월 노·사·민·정 간 상생협약을 체결한 이후, 코로나19 확산 등 여러 어려움에도 불구하고 2년 3개월 만에 공장 준공이라는 성공적인 성과를 거두었다.

이는 사회적 합의를 통한 상생형 성공모델을 제시했다는 점에서도 큰 의의가 있다. 노·사 대화와 양보 등 노·사·민·정 대타협을 통해 적정임금을 유지하면서 더 많은 일자리를 만들 수 있다는 것을 증명해냈다.

광주형 일자리 프로젝트는 아무도 가보지 않은 새로운 길이었기에 우리나라의 노사 문화에선 어려울 것이라는 우려도 있었으나, 이번 광주형 일자리 공장 준공으로 노·사·민·정이 함께 힘을 모으면 사회적 합의를 실제 현실로 이루어낼 수 있다는 성공모델을 보여주었다고 할 수 있다.

광주시 광산구 빛그린국가산업단지 내 18만평 규모의 부지에 들어선 완성차공장은 연생산 10만대 규모로 차체공장·도장공장·조립공장 등 3개의 공장으로 구성되어 있다. 여기에서 생산되는 자동차는 경형SUV 1천 cc급이다.

공장의 차체설비와 조립설비를 100% 국산화하여 장비 경쟁력을 확보하였고, 인공지능(AI)에 의한 스마트공장 운영관리 및 공정 최적화로 원가 경쟁력을 확보하고 있다.

※ 설비국산화율 : 차체설비 100%, 도장설비 36%, 조립설비 100%

또한, 국내 최고의 첨단시설을 갖추고 친환경성과 유연성이 탁월한 시스템을 보유하고 있어 변화하는 자동차 시장에 발빠르게 대응할 수 있다는 점이 최대 장점이다. 다양한 차종의 생산 전환이 가능한 유연한 생산체계를 구축하고 있어 미래 자동차시장 변화에도 충분히 대응할 수 있으며, 향후 증산 필요시 공장 증설이 가능한 공간도 확보하고 있다.

지금은 경형SUV를 생산하지만 시장의 수요와 요구가 있으면 전기차나 수소차 등 친환경 자동차를 생산할 수 있는 시스템을 갖췄다. 또한 경형SUV뿐만 아니라 다른 차종까지도 현재의 라인에서 생산할 수 있도록 건설되었다.

문 대통령은 '2019년 1월 '광주형 일자리 투자협약식' 참석 이후 2년 3개월여 만에 광주형 일자리 준공현장을 재방문함으로써 광주에서 첫걸음을 내딛었던 지역상생형 일자리 창출 모델의 성공과 확산에 대한 각별한 관심과 격려의 메시지를 전달하였다.

간담회 형식으로 개최된 준공식에서 사회자는 광주형 일자리사업의 성공요인에 대해 물었다. 나는 다음과 같이 답변했다.

> "2~3년 전만해도 성공을 확신하는 사람들이 거의 없을 정도로 어려웠던 이 사업이 여기가지 올수 있었던 동력은 3가지다. 무엇보다 청년들의 일자리 창출과 낙후된 지역경제 활성화를 바라는 광주시민들의 간절한 염원이 있었기에 가능했다. 다음으로는 노사상생을 위한 한국노총 광주지역본부와 현대자동차의 미래를 내다보는 통 큰 결단이 있었기 때문에 시작할 수 있었다. 아울러 GGM임직원들의 헌신적인 노력도 조기 완공에 큰 역할을 해주었다. 결정적으로 추진 동력을 얻었던 것은 문재인 대통령께서 공약으로 채택하고 100대 국정과제 포함시켜 주셨고, 이에 따라 중앙정부에서 적극적으로 지원해주었기에 성공할 수 있었다."

문재인 대통령은 GGM 공장 준공식에 참석해 "대한민국 제1호 상생형 지역 일자리 모델 광주형 일자리는 우리 경제의 새로운 균형을 찾기 위한 도전입니다", "사람과 노동의 가치를 존중하며 노사협력을 통해 새로운 일자리를 창출하고 노동자와 기업이 함께 성장하는 경제를 만드는 시도"라고 의미를 밝혔다. 아울러 광주형 일자리의 성공과 상생형 일자리의 전국적인 확산을 위해 총력 지원하겠다고 강조하였다.[11] 그간 정부는 2019년 광주형 일자리 타결 이후 상생형 일자리 대책 수립(2019. 2.), 상생형 지역일자리 지원센터 설치(2019. 9.), 균형발전특별법 개정(2020. 4.) 등 지원시스템을 제도화하여 정책의 안정성과 지속성을 확보한 바 있다. 또한 균형발전특별법에 따라 선정된 지역일자리에 대해 중앙정부와 지자체가 재정·세제·금융·인프라 등 종합적인 지원을 하고 있다.

23년만의 국내 완성차 공장 성공은 지역경제 회복과 우리 기업 유턴에 긍정적 영향도 기대된다. 1998년 삼성자동차 부산공장 준공식 이후 23년 만에 처음으로 국내 완성차 공장을 준공한 것은 국내에서도 안정적인 노사관계를 바탕으로 가격 경쟁력을 갖춘 제조업 생산설비를 운영하는 것이 가능하다는 것을 보여준 것이다.

또한 기업들의 해외투자를 국내로 전환하는 계기가 되고 나아가 고임금과 노사갈등으로 국내투자를 꺼리던 기업들의 발길을 국내로 돌리고 해외로 나가있는 제조업체들이 국내로 돌아오는 리쇼어링 효과도 나타날 것이다.

국내 유턴을 유도하고 있는 정부의 정책에도 힘을 실어줄 것으로 기대된다.

또한 이번 완성차 공장 준공은 일자리를 찾아 고향을 떠날 수밖에 없었던 청년들에게 지역의 좋은 일자리를 제공함으로써 우리 청년들이 광주 지역경제를 지키는 버팀목이 될 것으로 기대된다.

특히, 지역의 자동차 관련 연구개발 활성화와 원하청 상생문화 확산으로 광주시 제조업 매출액의 40% 이상(2019년, 43.1%)을 차지하는 자동차 산업

---

11 문재인 대통령은 2021년 12월 8일 개최된 '2021 상생형 지역일자리 포럼' 인사말에서 '광주형 일자리에서 시작된 상생형 지역일자리는 대한민국의 미래성장전략이며 우리가 가장 잘할 수 있는 전략'이라고 밝혔다.

의 경쟁력 제고와 함께 지역경제 활성화에도 크게 기여할 것으로 전망된다.

18) 2021년 9월 1일 캐스퍼(CASPER) 공개→9월 14일 온라인 예약 시작→9월 15일 본격 양산 시작

전국 최초 지자체 주도의 사회통합형 '노사 상생' 모델인 광주형일자리 사업의 성과물이 첫 선을 보였다. 광주형일자리 사업으로 탄생한 광주글로벌모터스(GGM)에서 만들어진 차량이 2021. 9. 1. 외관 공개 발표를 시작으로, 9월 15일부터 시판용 차량이 본격 양산되고 있다.

광주형일자리의 첫 성과물은 현대자동차의 1,000cc급 경형 스포츠 유틸리티차량(SUV)으로 차량 이름은 '캐스퍼(CASPER)'다. '캐스퍼'는 온라인 판매 하루만에 1만 8,940대 예약이라는 기록을 세웠다.[12] 현대차의 내연자동차 역사상 최고의 기록이기도 하다. 광주형 일자리모델의 첫 사업이 대박을 터트린 것이다.

연간 10만대 생산 능력을 갖춘 GGM은 국내에서 23년 만에 신설된 완성차 공장이다. 현재는 1,000cc급 SUV만 생산되고 있지만, 다양한 차종을 생산할 수 있는 최첨단 혼류 생산 시스템을 갖췄다. 현재의 라인에서 시설 일부 조정을 통해 전기차와 수소차 등 친환경 자동차 생산도 가능하다. 따라서 기아자동차 광주공장을 품고 있는 광주가 향후 미래 자동차산업을 이끌어갈 선도도시로 부상할 것이라는 기대감이 커지고 있다.

19) 캐스퍼에 대한 취득세와 유류세 혜택 확대·연장

2021년 12월 ㈜광주글로벌모터스(GGM)가 양산하고 있는 캐스퍼에 적용되는 취득세와 유류세 경차 혜택을 확대·연장하는 내용의 조세특례제한법과 지방세특례제한법 개정안이 국회를 통과했다. 이에 따라 2022

12 2021. 9. 14. 오전 8시 30분부터 24시까지 예약실적

년부터 캐스퍼 구매자들이 받을 수 있는 혜택이 크게 늘어나게 됐다.

경차 유류세 환급(연간 20만원 한도) 혜택은 2023년까지 2년 연장되며, 경차 취득세 감면 혜택은 50만원에서 2024년까지 75만원으로 기존보다 25만원 상향된다. 2021년부터 ㈜광주글로벌모터스(GGM)의 경차 캐스퍼를 구매할 경우 연간 20만원의 유류세 환급과 최대 75만원의 취득세 감면 혜택을 받을 수 있게 된다.

일부 최상위급 캐스퍼를 구입하여 취득세가 75만원을 초과하여 납부하는 경우 광주시민이나 광주소재 법인에 대해서는 광주시가 이를 전액 지원한다. 이에 따라 지난해 말 현재 '캐스퍼'를 구입한 광주시민 73명에게 보조금 1,312만원이 지급됐다.

핵심성과 3 인공지능 광주시대 개막

요 약

- 광주의 인공지능산업 선점에 대해 신의 한수로 평가
- 2019년 1월 광주인공지능 산업융합집적단지 조성사업 예타면제 국가사업으로 결정 → 2019년 12월 19일 중앙도시계획위원회에서 첨단 3지구 그린벨트 해제안 극적 통과 → 2020년 1월 광주AI 비전과 추진전략 발표 → 2020년 6월 첨단3지구 연구개발특구 개발계획 승인 및 경제자유구역으로 지정 → 2020년 12월 첨단3지구 실시계획 승인 → 2021년 11월 22일 국가인공지능 집적단지 착공
- AI집적단지 성공 요건 : 세계 10위 안에 드는 국내 최대 슈퍼컴퓨팅 시스템을 갖춘 인공지능 데이터센터 착공, AI인재양성 및 원활한 공급, 세계적 수준의 AI생태계 조성
- AI인재 양성 위해 GIST에 인공지능대학원 설립, 전남대·조선대 등 지역 대학교에 AI융합대학 또는 학과신설, 인공지능 사관학교 운영
- 133개 AI기업과 업무협약 체결, 이중 90여개 기업이 광주에 법인·사무소·연구소 설립

불과 3년 6개월 전 시장에 취임할 때만해도 인공지능 중심도시 광주(AI Hub City)는 상상조차 할 수 없었던 일이었다. 그러나 지금 현실이 되고 있다. '인공지능(AI) 4대 강국 대한민국'을 견인할 '인공지능 대표도시'로 도약하고 있다. 4차 산업혁명시대의 핵심 동력이자 모든 주력 산업의 기반인 AI기술을 바탕으로 '의향' 광주를 넘어서 '인공지능 광주시대'를 열어가고 있다.

기회는 위기의 옷을 입고 온다는 말이 있다. 코로나19 위기는 비대면 디지털 사회를 가속화시켜 인공지능(AI) 광주시대를 준비해온 우리에게 새로운 기회가 되고 있다. 우리 시는 광주 시민들의 특별한 DNA, 소위 「시대발전을 선도하는 소명의식, 강한 문제의식과 도전정신, 새로운 세상을 꿈꾸는 창의성과 상상력」을 세계적 수준의 AI집적단지와 결합시켜 누구도 따라올 수 없는 AI광주시대를 열어 가고 있다. 전국 최대 규모의 국가AI데이터센터 구축과 함께 경쟁력 있는 AI기업과 인재들이 광주를 찾고 있다. 우리 광주가 AI창업생태계 구축으로 한국의 실리콘밸리로 부상하고 있다. 여기까지 올 수 있었던 것은 손경종 인공지능산업국장, 안신걸 인공지능정책과장을 비롯한 우리 직원들의 열정과 노력이 있었기에 가능했다.

(1) 왜 광주는 '인공지능'을 선택했는가?

우리 광주는 나라가 어려울 때마다 시대정신과 대의를 좇아 역사의 물꼬를 바로 돌린 정의로운 도시 의향이지만 그동안 오랜 차별과 소외 그리고 지역민들의 경제에 대한 관심 저조로 인해 경제적으로는 많이 낙후되어 있었다. 그렇다면, 뒤처진 광주가 어떻게 해야 앞선 도시들을 추월할 수 있을까?

인류 역사상 3번의 산업혁명이 있었고, 매 산업혁명 때마다 국가와 도시의 운명이 바뀌었다. 1차 산업혁명은 영국이 주도했고, 2차·3차 산업혁명은 미국이 주도하면서 그 시대의 주역으로 등장했다.

나는 오래 전부터 우리 광주가 선진 도시들을 추월해 세계적인 도시로 도약할 수 있는 유일한 돌파구가 4차 산업혁명이고 그 핵심이 인공지능이라고 생각해왔다.

혁명이 아닌 상황에서 앞선 도시들을 따라잡기 위해서는 차선을 바꾸고 속도를 내야하는데 사실상 차선이 단선인 산업사회 상황에서 이는 매우 어려운 일이다.

그러나 시대정신과 경제시스템이 완전히 뒤바뀌는 산업혁명 때에는 차선이 필요 없고 우리가 어떻게 하느냐에 따라 꼴찌가 일등이 되고 일등이 꼴찌가 될 수도 있다. 내가 인공지능 중심도시(AI Hub City) 광주를 꿈꾸기 시작한 이유이다.

(2) 혁신적 발상이 광주의 운명을 바꾸는 시작점이 됐다 : 국가 인공지능산업 융합집적단지 조성

우리가 꿈을 포기하지 않는 한 꿈은 우리를 버리지 않는다는 것이 평소 내 믿음이다. 마침내 우리에게 기회가 찾아왔다. 2018년 11월, 정부가 국가균형발전과 경제 살리기 차원에서 광역자치단체로 하여금 예비타당성조사 면제사업을 신청토록 했다. 다른 광역자치단체들은 모두 기존 방식대로 예산 규모가 큰 철도, 도로, 항만 등 SOC 건설사업을 신청했지만, 우리 시만 발상을 전환해서 전국에서 유일하게 R&D사업인 '인공지능산업 융합집적단지 조성사업'을 신청했다. 4차 산업혁명시대 성장 동력과 일자리 창출의 보고가 될 것이라는 판단에서였다.

결국 2019년 1월 광주 인공지능 산업융합집적단지 조성사업이 예타가 면제되는 국가사업으로 확정됐다. 혁신적 발상이 광주의 운명을 바꾸는 시작점이 됐다. 지역발전 전략을 SOC 중심에서 벗어나 미래혁신 성장산업으로 방향 전환하는 새로운 계기를 마련했다는 점에서 의미가 컸다.

SOC 건설 사업과 비교할 때 지금 예산규모는 적지만, 광주의 미래를 책임질 산업으로 여기에서 나올 일자리와 산업 유발 효과는 비교할 수 없을 정도로 크다. 이 사업예산은 '빙산의 일각'처럼 5년간 4,116억원으로 작아 보이지만, 바다 밑에는 수십조 수백조가 깔려있다는 것을 당시 대부분 눈치 채지 못했다. 지금은 많은 분들이 광주가 인공지능을 선택한 것은 신의 한 수였다고 평가한다.[13] 이제 어떤 도시도, 산업도, 상품과 서비스도 인공지능과 결합되지 않으면 성공할 수 없는 세상이 도래했다는 것을 알게 되면서다.

이후 문재인 대통령께서는 2019년 10월 28일 'Deview 2019 개발자 회의'에서 "문재인 정부는 인공지능정부가 되겠다"고 천명했고, 12월 17일 '인공지능 국가전략'을 발표했다.

"이런 열정을 가진 광역단체장은 처음입니다."

2019년 12월 19일 중앙도시계획위원회에서 광주 첨단3지구 그린벨트(개발제한구역) 해제안이 극적으로 통과되면서 AI클러스터 조성사업이 본격화될 여건을 마련했다.[14] 첨단3지구 110만평 중 그린벨트지역은 85.6%에 해당하는 93만 여 평, 이처럼 대규모 부지가 심의 한번 만에 통과한 것은 매우 이례적인 일이라 관계자들도 모두 깜짝 놀랐다. 4차 산업혁명시대에 인공지능을 통해 광주가 대한민국을 뒷받침해야 한다는 중앙도시계획위원들의 혜안, 그리고 우리 직원들이 오랜 기간 밤잠 줄여가며 준비해준 열정과 노력, 시민들의 성원이 결집된 결과다.

---

13 2년 전 이용섭 시장의 선택은 마치 이세돌 9단이 알파고가 예상하지 못한 단 한 수를 내놓았던 장면을 오버랩하며 코로나19가 가지고 온 위기를 기회로 바꾸고 있다(프라임경제 "이용섭 시장은 어떻게 '신의 한 수'를 내놓았나" 기사에서 2020. 7. 29.).

14 이날 나는 한국공공자치연구원으로부터 '2019 올해의 지방자치 CEO'상을 수상했다.

나는 이날 모든 일정을 뒤로 미루고 중앙도시계획위원회에 배석해 간절하고 절박한 심정으로 필요성과 당위성을 전달했고 심의 마지막 순간까지 손에 땀을 쥐고 자리를 지켰다. 허재완 중앙도시계획위원회 위원장 표현에 의하면 '이런 열정을 가진 광역단체장은 처음'이라는 덕담과 함께 또 하나의 벽을 뚫어 무척 기뻤다.

그린벨트 해제안이 통과되면서 광주의 인공지능 집적단지 사업은 더욱 속도를 내게 되었다.

우리 시는 2020년 1월 29일 광주인공지능 집적단지 비전과 추진전략을 발표하고 과학기술정보통신부와 함께 광주 인공지능 집적단지 조성사업의 컨트롤타워 역할을 할 '인공지능 산업융합사업단'도 발족시켰다.

여기에 오는 2024년까지 5년간 4,116억원(국비 2,798억원, 시비 910억원, 민자 408억원)을 투입해 첨단3지구(4만 7,256㎡)에 국내 유일의 '국가 인공지능 산업융합집적단지'를 조성하고 있다. 집적단지는 인공지능 데이터 댐, 국내 최고 수준의 컴퓨팅 자원, 창업연구 인재양성 인프라를 집약한 곳으로 대한민국의 AI핵심거점으로 육성될 예정이다. 주요시설은 대지 4만 7,256㎡ 규모로 지하 1층, 지상 7층의 실증동 및 창업동, 지상 2층의 데이터센터 등 총 3개동으로 구성되며 오는 2023년 완공된다. 사업내용은 국가AI데이터센터와 실증기반 등 AI인프라 구축(2,549억원), AI융합 연구개발(508억원), 창업 및 기업 성장 지원(550억원), 융합인재양성(332억원) 등이다.

2020년 6월 3일에는 첨단3지구를 포함한 4개 지구가 경제자유구역으로 지정되었다. 이어 20년 6월 18일 과학기술정보통신부는 첨단3지구 일대 미개발지 약 110만평(361만 6,853㎡)에 이르는 대규모 부지를 인공지능 기반 과학기술 창업단지 중심의 연구산업 복합단지로 조성하는 개발계획을 확정했다.

2021년 2월 4일 세계적 수준의 국내 유일 국가AI데이터센터가 착수식을 갖고 현재 건설 중에 있다. 2021년 11월 22일에는 임혜숙 과학기술정보통신부 장관이 참석하여 AI산업융합집적단지 착공식을 갖고 본격적인 조성에 들어갔다. 글로벌 경쟁력을 가진 인공지능 기업들이 광주에 둥지를 틀고 있고 인공지능 인재들이 광주에서 양성되고 있다. 우리 광주가 인공지능 대표도시로서 AI 4대 강국 대한민국을 뒷받침하고 있는 것이다.

(3) 광주 AI산업융합집적단지의 3대 성공조건

나는 우리 광주에 조성되는 인공지능 산업융합집적단지가 성공하기 위해서는 세 가지 조건을 갖춰야 한다고 판단하고 여기에 중점을 두어 추진하고 있다.

첫째는 슈퍼컴퓨팅 시스템을 갖춘 AI특화 데이터센터가 구축돼야 하고, 둘째는 인공지능 인재를 원활하게 공급할 수 있어야 한다. 셋째는 기술과 아이디어만 있으면 누구나 창업하고 성공할 수 있는 AI생태계 조성이 필요하다. 이렇게 되면 광주AI집적단지는 거대한 데이터댐과 세계적 수준의 컴퓨팅 자원, 창업·연구·인재양성 인프라를 한곳에 집약한 대한민국의 인공지능 심장이 될 것이다.

1) 슈퍼컴퓨팅 데이터센터 구축

산업사회 발전의 핵심동력이 '전기'였다면 AI시대의 전기는 '데이터'이다. 광주에 들어서는 국가AI데이터센터는 국내 최대 규모이자 세계적 수준이다. 국가가 예산을 지원하는 국내 유일의 AI 특화데이터센터이기도 하다.

광주 국가AI데이터센터는 컴퓨팅 연산능력 88.5PF(페타플롭스), 저장 용량 107PB(페타바이트)로 현 수준 세계 10위(독일 슈퍼컴퓨터위원회 기준 세계 7위) 안에 드는 구축 규모다. 우리나라 최대 규모인 한국과학기술정보연구원의 '누리온 5호기(25.7PF, 세계 17위 수준)'보다 3배 이상 큰 규모와 성능을 자랑한다.

우리 시는 과학기술정보통신부와 협의하여 데이터센터 용량 88.5PF 중 20PF는 HPC(High Performance Computing, 고성능 컴퓨팅) 전용으로 구축해 국가나 공공목적의 연구에 활용토록 했고, 나머지 68.5PF는 민간부문에서 새로운 기술, 상품, 서비스 등을 개발하는데 활용하여 기업유치와 일자리 창출에 기여할 수 있도록 혼용방식으로 설계했다.

광주에 구축되는 AI데이터센터에 모아지는 각종 데이디는 누구나 공유할 수 있도록 완전히 개방되어 각종 연구개발을 지원하고 다양한 산업들을 육성할 수 있는 최적의 클라우드 플랫폼 역할을 할 것이다.

또한 중소기업·연구기관·대학들은 자기들이 개발한 기술, 상품, 서비스의 성능과 효과를 이곳 데이터 실증센터에서 테스트하고 검증할 수 있다. 특히 우리 광주는 주력산업인 자동차, 에너지, 헬스케어, 문화콘텐츠 분야를 인공지능과 융복합시켜 광주만의 글로벌 경쟁력을 확보해 나갈 것이다.

2020년 12월 31일 인공지능산업융합사업단은 공모를 통해 인공지능 핵심시설인 데이터센터 구축·운영 사업자로 국내 3대 클라우드 사업자인 NHN을 선정하였다.

이어 우리 시는 2021년 2월 4일 국가 인공지능데이터센터 착수식을 갖고 NHN과 데이터센터 구축·운영을 위한 업무협약을 체결했다. NHN은 이날 광주 인공지능 산업생태계 조성을 위해 2,100억원을 추가로 투자하겠다고 공식 발표했다.

이로써 2023년까지 건설되는 국가AI데이터센터에는 사업비 900억원에 NHN㈜의 추가 투자액 2,100억원 등 총 3천억원이 투입돼 첨단3지구에 조성된다.

아울러 NHN은 지역사회를 위한 상생협력사업으로 2022년 6월 SW전문인력 양성기관인 'NHN 아카데미'를 설립해 매년 60여 명의 IT전문인력을 양성할 예정이다. 또한 NHN은 IT일자리 창출 및 인재확보를 위한 'NHN R&D센터'를 2023년 설립해 2029년까지 매년 30여 명씩 총 180여 명의 지역 인재를 채용할 계획이다.

또 NHN은 2023년 AI데이터센터 개통 전까지 자체 보유하고 있는 클라우드를 활용해 기업들에게 2021년 4월부터 데이터 서비스를 제공하고 있다. NHN의 참여로 인해 인공지능 관련 기업들의 광주행은 더욱 탄력을 받고 있으며 지역 일자리 창출에도 크게 기여할 것으로 전망된다. AI허브 광주를 실현하는 데 NHN은 든든한 협력파트너가 될 것이다.

문재인 대통령은 2021년 2월 4일 광주 김대중컨벤션센터에서 열린 광주인공지능데이터센터 투자협약 및 착수식에 영상 축사를 보내 "광주 '국가인공지능 융복합단지'는 대한민국 인공지능의 핵심거점으로, 정보통신강국을 넘어 인공지능 강국으로 도약하고자 하는 대한민국의 꿈을 실현할 전진기지가 될 것이다. 광주에서 양성된 청년 인공지능 인재들이 세계시장에 도전해 광주를 세계적인 인공지능 창업도시로 발전시킬 것"이라고 말했다. 대통령의 축사를 보면 인공지능 중심도시 광주의 역할이 잘 정리되어 있다.

<문재인 대통령 축사 요지>

- 광주 첨단3지구에 자리 잡을 국가 인공지능 융복합단지에는 창업, 연구, 인재양성 인프라와 세계 최고수준의 인공지능 데이터센터가 들어섭니다. 대한민국 인공지능의 핵심거점으로 포스트 코로나시대 정보통신 강국을 넘어 인공지능 강국으로 도약하고자 하는 대한민국의 꿈을 실현시켜줄 전진기지가 될 것입니다.
- 광주는 민주주의와 오월정신으로 노사화합의 지역상생형 일자리를 최초로 만들어 냈습니다. 광주가 시작한 지역상생형 일자리는 전국 곳곳으로 확산 중이며 이제 광주는 인공지능으로 다시 앞서가고 있습니다. 국가 인공지능 융복합단지를 위해 앞으로 4년간 6,200억원을 투자하고 1,200개의 일자리를 만들 것입니다.
- NHN이 2,100억원을 투자하고 직접 운영하는 국가 인공시능 데이터센터는 국내 최고의 슈퍼컴퓨터보다 3배 이상 빠른 속도로 데이터를 처리하고 1억 편 이상의 영화를 저장할 것입니다.
- 이미 광주과학기술원을 비롯한 광주전남의 대학들은 인공지능 인재양성의 산실이 되고 있습니다. 광주에서 양성된 청년 인공지능 인재들이 세계시장에 도전하여 광주를 세계적인 인공지능 창업도시로 발전시킬 것입니다.
- 경제자유구역으로 지정된 광주산업단지는 글로벌 기업을 유치할 여건도 갖추었습니다. LED, 센서 같은 광산업을 토대로 자동차, 에너지, 헬스케어 산업을 인공지능으로 혁신할 역량이 충분합니다. 광주가 인공지능 대표기업들과 함께 인공지능 1등 국가 대한민국을 선도해 나갈 것입니다.
- 정부는 지역상생형 일자리처럼 광주의 꿈이 더 많은 지역, 더 많은 청년들에게 전달되도록 인공지능의 열기를 지역과 민간으로 확산하겠습니다. 지역별 대표산업과 인공지능을 결합한 인공지능 지역거점화를 추진하고 인공지능 기술로 지역균형 뉴딜을 적극 뒷받침하여 수도권과 지역 간, 도시와 농어촌 간 격차를 줄여나가겠습니다. 데이터 기본법 제정을 비롯한 인공지

능 관련법과 규제 개선에 속도를 내고, 데이터댐과 데이터 고속도로를 활용한 창업지원을 통해 누구나 인공지능 기술을 활용할 수 있게 하겠습니다.

- 오늘 국가 인공지능 데이터센터 착수식이 국민 모두를 위한 인공지능 시대로 가는 노둣돌이 되길 바랍니다.

<광주 AI데이터센터, 오해와 진실>

누구도 상상하기 어려웠던 인공지능산업 융합집적단지가 광주에서 본격적으로 조성되고 있다. 그러자 처음에는 될 수 있을까 의문을 제기하며 애써 무시하던 일부 집단과 사람들이 또 다시 각종 의혹과 문제를 제기하기 시작했다. 인공지능 집적단지 추진경위와 부지선정, 토지보상 절차, AI데이터센터 구축·운영 주체인 NHN의 기술력 등에 대해 사실이 아닌 의혹들을 제기하면서 폄하하고 심지어는 사업추진을 저지하려는 움직임을 보였다.

인공지능 산업을 선점하기 위해 국가 간, 지역 간, 기업 간 경쟁이 치열하게 펼쳐지고 있는데 다른 지역보다 앞서 새롭게 시작하는 인공지능 사안에 대해 격려나 응원보다는 비판부터 하고 나서는 이들이 야속하기만 했다. 함께 노력해도 성공하기 어려운데 지역 내부에서 자꾸 분열하고 갈등이 조장된다면 기업들의 투자유치도 어렵고 이 거대한 인공지능 프로젝트를 성공시킬 수 없다는 판단 하에 SNS 등을 통해 사실관계를 정확하게 알리는 노력을 했다. 인공지능 집적단지 조성에만 전념하기에도 힘든 상황인데 이런 일에 역량을 분산해야 하는 현실이 너무나 안타까웠다.

광주 AI데이터센터, 오해와 진실 (2021. 4. 24. 카카오 채널에 게재)

— '인공지능 광주'는 시민이 이루어낸 놀라운 성과입니다 —

• 광주 인공지능 집적단지와 광주형 자동차공장 등은 광주 밖에서는 모두 성공 사례로 평가하고 부러워한다. 그런데 정작 우리 내부에서는 제대로 평가받지 못하고 있어 참으로 안타깝고 유감스럽다. 소통 부족에서 생긴 오해라고 생각되어 오늘은 AI데이터센터의 실상을 설명한다.

첫째, 광주 AI데이터센터는 '세계 TOP 10' 안에 드는 규모인가?

광주 AI데이터센터는 국가가 예산을 지원하는 국내 유일의 AI데이터센터이다. 그 규모(용량)는 88.5PF(페타플롭스)로 세계 10위 안에 드는 수준(※ 독일 슈퍼컴퓨터위원회 기준 세계 7위)이다. 현재 우리나라 최대 규모인 한국과학기술정보연구원 '누리온5호기'(25.7PF) 보다 3배 이상 큰 규모이다.

둘째, 왜 광주데이터센터를 누리온 5호기처럼 고성능컴퓨팅(HPC) 전용 대신 HPC와 GPU 클라우드 혼용방식을 채택했는가?

구축 목적이 다르다. 누리온5호기는 국가기관과 연구소 등에서 공공목적으로 활용하기 위해 HPC 전용으로 구축하였다. 그 결과 이 데이터센터가 위치한 대전은 기업유치 등 지역경제 활성화의 혜택을 보지 못하고 있다.

반면, 우리 시는 AI생태계 조성과 클라우드·플랫폼 제공 등을 통해 기업유치, 산업육성, 일자리 창출, 지역경제 활성화를 도모하기 위한 목적이 크다.

데이터센터 88.5PF 중 20PF는 HPC전용으로 구축해 국가나 공공목적의 연구에 활용토록 했고, 나머지 68.5PF는 민간부문에서 새로운 기술, 상품, 서비스 등을 개발하는데 활용하여 기업유치와 일자리 창출에 기여할 수 있도록 혼용방식으로 설계하였다.

따라서 고성능 20PF의 실측성능만 놓고 세계 10위 기준에 들지 못한다고 주장하는 것은 데이터센터 운용목적과 구성방식을 전혀 감안하지 않은 것이다.

이러한 결정은 과학기술정통부 주관 하에 사업운영위원회, 전문위원회, 정보화전략계획(ISP) 수립용역 등의 심도 있는 논의를 거쳐 이루어졌다. 정책적 측면(공공성, AI, 클라우드생태계, 지역경제활성화), 기술·산업적 측면(서비스 품질과 지속성, 자원활용 유연성, 신기술도입), 경제적 측면(사업기간 및 사업종료 이후 국가 재정투입 비용) 등을 종합적으로 감안하였다.

셋째, 왜 데이터센터를 국가가 직접 운영하지 않고 민간사업자(NHN)를 선정해 맡겼는가?

두가지 이유다.

첫째는 민간부문의 창의성, 유연성, 경쟁력을 활용해 실시간 진보하고 있는 AI기술에 신속하고 선제적으로 대응하기 위해 글로벌 경쟁력을 가진 민간기업에 위탁 했다. 지속가능성과 효율성을 확보하기 위한 것이다.

둘째는 구축중인 데이터센터는 연간 백억원 단위의 전기세와 운영비 등이 들어가는데 국가나 우리 광주시가 계속 부담하는 데에는 어려움이 있기 때문이다.

이에 따라 인공지능산업융합사업단이 공모를 통해 ㈜NHN를 운영사업자로 선정했고, 이를 계기로 더욱 많은 AI기업들이 광주에 둥지를 틀고 있다. 또한 AI데이터센터 구축예산이 당초 국가 예산 900억원에서 크게 늘어났다(✻ NHN이 2,100억원 추가 투자).

일부에서는 데이터센터 운영을 민간에 위탁한 것을 그동안 마치 비밀리에 추진한 것처럼 흠을 잡는데 이는 전혀 사실이 아니다. 모두 공개된 절차와 과정 하에서 민간사업자 선정이 이루어졌다.

※ 민간사업자 선정 공고 : 2020. 10. 21. ~ 11. 11. / 사업자 선정 : 2020. 12. 31. / 착수식 및 NHN과 투자협약 체결 : 2021. 2. 4.

- **국내 AI전문가들은 정부와 광주의 이러한 선택에 대해 AI산업 유치 목적에 부합한 최적의 결정이라고 평가하고 있다.**

지역사회 일부에서 자기들 주장이 반영되지 않거나 정치적 이해관계 때문에 계속 문제를 제기한다는데 그럴 일이 아니다. '산업불모지'라는 척박한 환경에서, 코로나19의 엄중한 상황을 뚫고 어렵게 하나 둘 이루어가고 있는 값진 성과들을 있는 그대로 인정하고, 힘을 합쳐주었으면 좋겠다. 그리해야 공직자들의 새로운 혁신과 도전이 계속되고 광주미래도 열릴 것이다. AI중심도시는 공직자들과 함께 언론, 시민사회단체 그리고 시민들이 함께 만들어가야 한다.

2) AI인재양성 및 공급

인공지능 경쟁은 곧 인재 경쟁이라고 할 정도로 인재 확보가 성공의 관건이다. AI사업의 성공여부는 인재확보 및 인재의 원활한 공급에 달려 있다. 광주에 AI기업들을 유치할 때 부딪히는 첫 번째 문제가 원활한 인재공급이다. 기업들은 "수도권에 있어도 AI인재 구하기가 어려운데 광주에 가면 인재를 확보할 수 있을까요?"라고 묻는다. 여기에 답을 제시하지 못하면 광주가 인공지능도시로 도약하는 데에 한계가 있다.

초창기에 실리콘밸리와 판교테크노밸리 등에 있는 국내외 전문기관 및 전문가들을 찾아다니면서 협력체계를 구축한 것도 필요한 인재 확보 및 인재 양성에 도움을 받기 위한 것이었다. 그러나 인재를 빌려 쓰는 데에는 한계가 있다는 판단 하에 광주가 인공지능 인재를 직접 육성하기로 했다.

먼저 우리 광주를 인공지능 인재양성의 산실로 만들기 위해서는 유치원부터 대학원에 이르기까지 인재 양성 사다리를 구축하는 것이 필요하다고 판단하고 광주시와 광주시교육청, 국립광주과학관, 5개 대학(원)이 손을 잡았다. 유치원, 초·중·고, 일반 모두를 아우르는 인재 양성 사다리를 구축해 기초 소양 교육부터 전문·실무교육에 이르는 모든 과정을 체계화·현실화하여 운영하는 등 인재양성에 나섰다.

광주과학기술원(GIST)에 인공지능대학원을 설립해 2020년 3월부터 석·박사급 인재양성에 들어갔다. 또 전남대와 조선대 등 지역대학에서는 인공지능 관련 대학과 학과를 운영하면서 인재를 키우고 있다.

<프랑스 파리에 '에꼴42'가 있다면 대한민국 광주에는 'AI사관학교'가 있다.>

그러나 이들 학교를 통해 인력들이 배출되는 데에는 시간이 걸려 바로 실무현장에서 필요한 인력 수요를 충족시키는 것이 절실한 과제였다. 그래서 취업·창업과 연계한 AI실무전문가를 양성하는 전국 최초의 AI전문교육기관인 '광주인공지능사관학교'를 2020년 7월 개관했다.

AI사관학교는 수업료가 없다. 과학기술정보통신부로부터 '2020년 지역거점 인공지능 교육 운영 사업'에 선정되어 국비 15억원을 확보함으로써 인공지능 특화인재 육성에 탄력을 받았다.

국내 최고 수준의 코딩교육기관인 ㈜멋쟁이사자처럼(대표 이두희)과 컨소시엄을 구성해 사업을 준비해 왔던 우리 시는 2020년 5월에 곧바로 교육생을 모집하고 7월부터 본격적인 교육에 들어갔다. 1기 교육생 180명 모집에 전국의 내로라하는 젊은 인재 1,405명이 지원하여 그 인기를 실감케 했다. 수도권이 아닌 광주에서 진행하는 인재양성 교육에 전국적으로 우수한 인재들이 몰린 것 자체가 이슈가 됐다.

인공지능사관학교는 코로나19로 인해 개교식부터 비대면 온라인학습프로그램(LMS)으로 전환돼 진행됐지만 하루 8시간의 이론과정 등 총 960시간의 교육수료, 창의적인 아이디어를 기반으로 동료들과의 문제를 해결하는 해커톤 대회, 인공지능 기업 협력 프로젝트 실무과정에 이르는 6개월 과정을 차질 없이 진행했다.

이 중 기업프로젝트로 교육생 33개팀과 멘토 및 11개 인공지능 기업이 협업해 과제를 수행하였고, 특히 앵커밸류 주관 '핀테크 인공지능 해커톤 대회', 한국언론진흥재단 주관 '뉴스 빅데이터 해커톤 대회'에 출전해 우승하고, 과학기술정보통신부 주최 '예술데이터가 바꾸는 세상 해커톤 대회'에 출전해 우수상, 제 7회 SW융합 해커톤 대회에서 Dasrim팀이 대상을 수상하는 등 인공지능 사관학교의 뛰어난 실력을 입증해 왔다. 1기는 최종 155명이 졸업했다.

2021년 6월 15일 광주인공지능사관학교가 제2기 교육생 입교식을 개최하고 본격적인 교육에 들어갔다. 2기부터는 교육기간을 6개월에서 7개월로 늘리는 등 1기에서 지적된 일부 미비점을 보완하였다. 전국에서 3.38대 1이라는 높은 경쟁률을 뚫고 선정된 180명의 교육생 중에서 최종 157명이 수료했다. 교육생들은 빡빡한 교육일정에도 사관학교에서 배운 머신러닝과 딥러닝 및 웹개발을 기반으로 뉴스빅데이터 해커톤 전국인공지능 문제해결 아이디어 공모전 등에 출전해 대상을 수상하는 등 광주인공지능 사관학교의 뛰어난 실력을 입증했다.

우리 시는 전국 각지에서 교육을 받기 위해 온 교육생을 위해 무료 기숙사와 점심을 제공하고 해커톤, 성과보고회에서 우수한 성적을 거둔 교육생에게는 시상금 및 국내 연수 등의 기회를 제공하는 한편 취업지원위원회를 통해 교육 수료 이후에도 창·취업으로 이어지도록 적극 지원하고 있다.

광주인공지능사관학교는 국내 최고 AI전문교육기관으로 자리매김하며, 우리 광주에 둥지를 트는 AI기업들에게 유능한 AI인재들을 원활하게 공급하는 역할을 수행하고 있다.

3) 세계적 수준의 AI 생태계 조성

내가 AI 중심도시 광주건설과 관련하여 가장 역점을 둔 것은 누구나 좋은 기술과 아이디어만 있으면 광주에서 쉽게 창업해 성공할 수 있는 AI 창업생태계를 구축하는 것이다.

이를 위해 이들을 우선 체계적이고 종합적으로 원스톱 지원하고 관리하기 위해 2020년 7월 30일 광주테크노파크에 광주 AI종합지원센터를 열었다.[15] 이 센터는 멘토지원, AI기업 입주공간 제공, 투자유치 및 자금지원, 기술개발, 인력수급, 법률·특허·금융·경영 컨설팅·국제회의 등 원스톱서비스를 지원한다.

먼저 AI종합지원센터에서는 기술력과 상상력을 어떻게 사업화할지 막막해하는 청년 창업가들에게 AI 창업 멘토를 지원한다.[16] 2020년 9월 25일 AI종합지원 멘토단 발대식을 갖고 본격적인 지원에 들어갔다. 다음 단계로 AI창업펀드를 조성(2021. 12. 현재 1,100억원)해 창업자금을 지원하고 있다. 펀드규모는 계속 늘려갈 계획이다.

이렇게 해서 창업한 AI기업들에게는 창업공간을 제공한다. 창업가들이 상상력과 창의력을 최대한 발휘할 수 있도록 의료, 교육, 주거, 문화 환경이 잘 갖춰진 도심에 AI창업캠프 문을 열어 사무실 공간을 제공하고 있다. 우리 시는 AI인재들과 AI기업들이 광주로 몰려오면서 이들을 위한 사무실 마련에 고심해야 하는 행복한 고민에 빠졌다. 초창기에는 광주 동명동에 위치한 '아이플렉스광주'를 제공했는데 얼마가지 않아 포화상태가 되어 비상이 걸렸다. 우리 시는 2020년 11월 11일 과학기술정보통신부(인공지능산업융합사업단)와 함께 'AI창업캠프 1호'를 개관했다. 개관하는 날 35개 기업 모두 100% 입주 완료했다.

'AI창업캠프 1호' 개관식에 참석한 대통령 직속 정책기획위원회 조대

15 2021년 11월 1일 AI종합지원센터 주관부서를 광주테크노파크에서 인공지능산업융합사업단으로 변경 조정했다.

16 2019년 10월, 실리콘밸리 방문 중 인상 깊었던 것 중 하나가 스탠포드 대학 스타트X 프로그램이었다. 각 분야 창업전문가 1,800여 명이 '초보' 창업가들에게 멘토역할을 하고 있었다. 상상력과 기술을 지닌 젊은이들의 사업화를 뒷받침하고 경험과 지식을 공유하며 창업가들이 데스밸리를 넘어설 수 있도록 지원하고 있었다. 실리콘밸리에서 창업 성공률이 높은 비결이기도 하다.

엽 위원장은 한국판 뉴딜을 선도해가고 있는 광주의 역동적인 모습을 '혁신의 전진기지'라 표현했다. 우리 AI스타트업들에게 이보다 더 힘나는 말이 또 있을까?

2021년 9월 15일에는 옛 광주전남중소기업청사가 창업자와 투자자 그리고 창업지원기관이 집적된 광주AI스타트업캠프로 문을 열고 권칠승 중소벤처기업부 장관 참석하에 개소식을 가졌다. 2021년 11월 11일에는 우리 시가 주관하는 'AI창업캠프 2호'가 개관했다.

이렇게 출발한 스타트업들이 죽음의 계곡으로 불려지는 데스밸리(Death Valley)의 위기를 넘어 스케일업과 유니콘기업으로 성장할 수 있도록 AI종합지원센터에서 맞춤형 문제해결 서비스를 제공하고 있다. 여기에 AI데이터센터까지 완성되면 광주는 그야말로 세계적 수준의 AI 생태계를 갖추게 되는 것이다.

(4) AI산업 광주집적화가 정답인 이유

2021년 7월 말, 과학기술정보통신부가 갑작스럽게 인공지능산업을 전국으로 분산하는 '지역거점 중심 인공지능 확산계획(안)'을 발표했다. 인프라는 호남권, 연구개발은 충청권, 데이터활용은 강원권, 민간주도 글로벌화는 수도권 등 인공지능 정책과 산업을 쪼개고 분산시키겠다는 것이다. 우리 시로서는 도저히 받아들일 수 없는 청천벽력과 같은 믿기지 않는 소식이었고, 국가적으로도 매우 위험한 발상이었다.

나는 여름 휴가 중에 이 소식을 듣고 바로 임혜숙 과학기술정보통신부 장관을 만나 인공지능 분산화 정책은 불가함을 설명했다. 임장관은 오해에서 비롯된 것이라면서 광주 인공지능 산업융합집적단지를 AI혁신거점으로 육성하고, 이를 바탕으로 전국으로 AI산업을 확산시켜 나가겠다고 밝혔다. 또한 임혜숙 장관은 2021년 11월 22일 광주첨단3지구에서 개최된 국가 인공지능산업융합집적단지 착공식에서 "광주인공지능 집적단지가 대한민국의 국가인공지능 핵심 거점으로 도약해 나갈 수 있도록 적극적으로 지원하겠다"고 밝혔다.

<AI산업 광주집적화가 정답인 이유>

첫째, 인공지능 전국거점화는 불과 2년 만에 정부 스스로 인공지능 정책을 집적화에서 분산화로 뒤집는 것이자, 명백한 약속 위반이다.

정부는 2019년 광주에 AI산업융합집적단지를 조성하겠다고 밝히고, 국가AI데이터센터 구축과 함께 AI실증사업 추진, 인재양성과 기업유치, 인공지능 생태계 조성 등 AI집적화 정책을 추진해왔다. 그런데 갑자기 집적화를 포기하고 이와 반대되는 분산화로 전환하려는 것은 국민과의 약속위반이고 정책의 일관성과 신뢰성을 깨뜨리는 것이다.

둘째, 지역균형발전 정책과도 상충된다.

국가균형발전위원회는 2018년 11월 지역균형발전을 목적으로 전국 광역자치단체로 하여금 예타면제사업을 신청토록 하였고, 광주는 조 단위의 SOC사업을 포기하고 4천억 규모의 R&D사업인 인공지능 집적단지 조성사업을 신청했다.

광주가 대한민국 인공지능 산업을 견인하면서, 수도권의 블랙홀을 막고 인공지능 4대 강국 대한민국을 뒷받침하겠다는 결단이었다. 정부도 이러한 광주의 결단에 크게 박수를 보내며 집적단지 조성사업을 예타면제사업으로 최종 선정했다. 그런데 갑자기 분산화로 전환하면 인공지능산업마저 수도권 블랙홀을 막아낼 수 없고 수도권 집중화는 더욱 심화된다.

셋째, 인공지능 산업의 분산은 결국 대한민국 인공지능 경쟁력을 추락시킬 것이다.

우리나라는 인공지능 후발주자다. 앞서가고 있는 국가나 도시를 따라잡기 위해서는 선택과 집중, 소위 집적화 전략이 답이다. 하지만 너도나도 인공지능을 원한다고 해서 이를 지역별로 분산시킨다면, 우리나라 인공지능 산업은 꽃도 피우지 못하고 시들어버릴 것이다. 코끼리가 크다고 두 개로 나누어 두 마리를 만들겠다는 매우 잘못된 발상이다. 결국 지역 경쟁력도, 국가 경쟁력도 모두 잃게 될 것이다.

2019년 7월 4일 세계적인 혁신 기업가 손정의 소프트뱅크 회장이 문재인 대통령을 접견한 자리에서 "앞으로 한국이 집중해야 할 것은 첫째도, 둘째도, 셋째도 '인공지능(AI)'이다"고 말했다. 이후 국내에서 인공지능에 대한 관심은 크게 증가했다. 각 지자체들은 국가 인공지능 인프라의 분산배치를 요구하기 시작했다. 이런 때 일수록 과학기술정보통신부가 무엇이 인공지능 일등국가 대한민국을 만드는 길인지 중심잡고 흔들림 없이 가야될 것이다.

(5) 기대효과 : 앞으로 우리 광주는 어떻게 바뀔까?

광주는 대한민국의 대표적인 인공지능 대표도시로 변모할 것이다. 떠나는 도시에서 기업과 사람이 찾아오는 도시로 확실하게 바뀔 것이다. 정치도시란 이미지를 뛰어넘어 최첨단 경제도시로 도약할 것이다. 과학기술정보통신부는 국가인공지능집적단지 조성으로 AI창업 1,000건, 일자리창출 7,000개, 융복합 AI인재 5,150명이 양성되어 우리 광주가 AI 일등국가를 뒷받침할 것으로 전망했다.[17]

우리 노력 여하에 따라 달라지겠지만 5년 안에 시민이 직접 참여하고

17 과학기술정보통신부, 인공지능집적단지 조성사업 사업기획 보고서(2018. 12.)

활용하는 사람 중심의 AI 글로벌 선도도시로 완전히 자리매김할 것이다. 시민들은 의료·에너지·금융 등 생활밀착형 My Data를 데이터 센터에 기증하고, 시민들이 직접 참여하는 AI플랫폼을 통해 생활문제들을 해결할 것이다. 광주시정은 AI기반으로 전면 혁신되어 시민들의 삶의 질은 크게 향상될 것이다.

또한 우리 시는 인공지능 생태계 조성 기간으로 정한 오는 2024년까지 자동차, 에너지, 헬스, 문화 등의 분야에서 인공지능 선도기업 총 310개를 유치해 관련 일자리 1,000개 이상을 창출한다는 계획이다.

<133개 AI기업과 업무협약을 체결, 92개 기업 광주에 법인 등 설립>

국가 인공지능 집적단지 조성을 본격적으로 시작한지 얼마 되지 않았는데도 그리고 코로나19와 치열하게 싸우는 중에도 잠재력 있는 AI전문기업들의 광주행이 계속되고 있다. 국내외 인공지능 관련 133개 기업·기관(2021. 12. 17. 현재)과 광주형 인공지능 비즈니스 업무협약(MOU)을 체결했다. 내가 2019년 10월 실리콘밸리 방문당시 에너지 빅데이터 플랫폼 기업인 인코어드 P&P와 제1호 투자협약[18]을 체결한 이래 2년여 만에 이룬 성과이다. 투자협약을 분야별로 분류해 보면 빅데이터(26%), 헬스케어(20%), 에너지 관련(12%), 콘텐츠(7%), 플랫폼(7%), 보안(7%), 자동차(6%), 로봇 / 드론(4%) 등이다. 이들 기업 중 92개 기업은 이미 광주에 법인, 연구소 및 사무소를 열었다. 이 가운데 92개사가 광주에 법인·사무소 또는 연구소를 개소했다.

이들 가운데 한국지능정보산업협회가 발표한 AI유망 100대 기업 중 미소정보기술, 스프링클라우드, 이스트소프트, 아크릴, 솔트룩스, 애자일소다, 크라우드웍스, 클로봇, 슈퍼브에이아이 등 9개가 포함돼 있다.

18 인코어드 P&P는 투자협약 체결한지 5개월 여 만인 2020년 3월 9일에 광주에 에너지인공지능연구소를 설립했다. 통상 구속력이 없어 투자협약이 실투자로 이어

아울러 세계적인 인공지능데이터센터를 우리 광주가 경쟁력을 갖고 있는 자동차, 에너지, 헬스케어, 문화콘텐츠산업과 결합시켜 광주만의 경쟁력을 확보할 것이다. 특히 인공지능을 활용한 친환경 에너지의 수요와 공급의 양방향 관리 등을 통해 국내 최초로 2045년 탄소중립 에너지 자립도시를 실현할 것이다. 뿐만 아니라 노사상생의 광주형 자동차공장에서는 인공지능과 결합하여 친환경자율주행차로 빠르게 전환해 미래 자동차시장을 주도해 나갈 것이다.

(6) 인공지능 대표도시가 되기까지의 추진 경과

우리 시는 2019. 1. 국가 AI산업 융합집적단지를 유치한 이후 광주를 세계적인 인공지능 도시로 만들기 위해 많은 노력을 해왔다.

1) '인공지능대표도시 광주만들기 추진위원회' 출범(2019. 9. 23.)

실리콘밸리 발명왕 김문주 박사를 비롯해 내로라하는 국내외 인공지능 전문가 20여 명을 추진위원으로 위촉했다. 위원들은 초반에 경험이 없는 우리에게 광주를 인공지능 중심도시로 만드는데 필요한 전문성, 경험, 지혜를 모아주셨다.

2) 실리콘밸리 방문(2019. 10. 6.)

백문이 불여일견, 외국의 앞선 인공지능도시 현장을 직접 보기 위해 나는 2019년 10월 6일부터 11일까지 3박 6일 일정으로 미국 캘리포니아주 실리콘밸리를 다녀왔다. 광주와 실리콘밸리의 만남을 또 하나의 새

지는 비율이 매우 낮고 실투자로 이어지더라도 자금조달 등 제반절차 이행에 보통 몇 년이 소요되는 점을 고려하면 상당히 이례적이었다.

로운 역사로 만들기 위해 분주하게 보냈다. 정말로 짧은 방문이었지만 이 때 보고 들은 것이 훗날 우리 광주를 인공지능 중심도시로 설계하는 데 크게 도움이 되었다. 김문주 박사가 많은 도움을 주었다.

내가 본 실리콘밸리의 경쟁력은 '절실함과 치열함, 협업체계, 혁신생태계'에서 나왔다. 세계 각국에서 수많은 사람들이 저마다의 꿈을 꼭 실현시키겠다는 절실함을 안고 이곳으로 와 치열하게 연구하고 노력하고 있었다. 기술개발, 자금모집, 멘토링 등에 있어 협업체계(collaboration)와 기술혁신에만 집중할 수 있는 혁신생태계가 잘 갖춰져 있었다. 또한 '구글' 등 성공한 글로벌 기업들의 공통점은 '사람'에게 투자한다는 것이었다. 광주시가 추진하고 있는 광주형 일자리모델, 광주형 인공지능 비즈니스 모델 또한 핵심은 '사람'이고 '인재'이다.

우리는 팔로알토연구소, 다보스포럼으로 유명한 세계경제포럼 4차 산업혁명센터, 스타트업들을 위해 1,800명의 멘토를 확보해 운영하고 있는 스탠포드대학 StartX, 공군 출신과 MIT공학도가 의기투합해서 만든 ASW-인공지능드론 스타트업 현장, 무인자율주행차와 인공지능을 결합해 배달로봇을 개발한 기트켄로보틱(Cartken Robotic Company, 구글에서 분사한 기업) 등 많은 곳을 방문했고 이들은 우리 '광주'를 따뜻하게 맞이하여 주었다.

심지어 인공지능 전문가들인 제임스 랜디 물릭(James Randy Moulic) 뉴욕주립대학 학장, 헌터 웹(Hunter Webb) IBM 전속 특허로펌 변호사, 올리버 킹스미스(Oliver King-Smith) 인공지능 알고리즘 전문가는 나를 만나기 위해 다른 지역에서 비행기 타고 오는 수고도 마다하지 않았다. '인공지능'이란 화두를 들고 실리콘밸리를 찾은 광주의 행보 자체가 이들에겐 '혁신'으로 비춰졌다.

나는 실리콘밸리를 다녀와서 2019. 10. 23. 간부회의에서 우리 직원들에게 다음과 같이 당부했다.

• 실리콘밸리와의 협력과 연대의 틀이 가시적인 성과로 이어질 수 있도록 후속조치를 강구해주기 바랍니다.

- 인공지능의 핵심은 인재경쟁입니다. 인공지능 전문가를 찾기 어려운 현실을 극복하기 위해 세계적인 AI전문가 및 기업들과 네트워크를 구축하고 성공사례를 벤치마킹하기 위해 실리콘밸리를 방문하였습니다. 백문불여일견은 이번에도 적중했습니다.
- 세계적인 AI연구소, 벤처캐피탈, 스타트업, 구글, 인공지능 전문가 등과 전방위 협력체제를 구축하는 의미 있는 성과들을 거뒀습니다. 이번 실리콘밸리와의 협력체제가 일회성 또는 MOU로만 끝나지 않고 하루 빨리 광주에서 구체적인 성과가 실현될 수 있도록 해당 부서에서는 최선을 다해주기 바랍니다.

① 레이저 프린터, 마우스, 이더넷을 개발하여 우리에게는 '제록스'라는 이름으로 익숙한 팔로알토연구소(Palo Alto Research Center, PARC)와 기술협력 MOU를 체결했습니다. 팔로알토연구소(PARC)는 앞으로 광주 인공지능 중심 산업융합 집적단지 조성사업과 관련해 광주지역 중소기업 및 스타트업에 상용화 프로그램을 제공하고, 지역 기업들의 특성과 장점을 활용한 새로운 기술과 제품 개발연구도 지원합니다. 또 팔로알토연구소(PARC) 광주 분원 설치와 헬스케어 분야 등의 공동 연구방안도 모색하기로 했습니다.

② 인공지능 기반 에너지 빅데이터 플랫폼 전문회사인 주식회사 인코어드(ENCORED)와 업무제휴 MOU를 체결했습니다. 인코어드는 현재 실리콘밸리와 일본에 연구법인을 운영 중인데, 이번 협약을 계기로 광주에 에너지인공지능연구소와 독립법인을 추가 설립해 에너지분야 인공지능 연구개발 및 글로벌 시장 개척을 위해 협력하기로 했습니다.

③ 창업투자회사(VC, Venture Capital)인 빌더스 벤처캐피탈(Builders VC)과 MOU를 체결했습니다. 이날 협약식에는 저와 동행한 지역 기업 3곳의 피칭(Pitching, 투자를 이끌어내기 위한 발표)도 이어졌습니다. 실리콘밸리에는 기술성만 인정받으면 누구나 창업할 수 있는 건강한 창업 생태계가 조성되어 있습니다. 빌더스 벤처캐피탈 역시 좋은 기술과 잠재력을 가진 스타트업을 발굴해 집중 투자하는 기업인데, 광주지역 스타트업들에게 투자가 이루어질 수 있도록 뒷받침 해주기 바랍니다.

- **광주형 AI비즈니스모델을 성공시키기 위해서는 직원여러분의 절실함과 집중력 그리고 강한 도전정신이 필요합니다.**

- 시대를 앞서가는 것은 광주의 숙명입니다. '인공지능 4대 강국'이라는 국가적 과제를 달성하는데 우리 광주가 중심역할을 해야 합니다. 기반도 전혀 없는 지자체가 인공지능산업을 선도하겠다고 하는 것 자체가 무리일 수 있지만 광주이기 때문에 가능한 일입니다.
- 우리 광주시민들은 특별한 DNA를 가지고 있습니다. 시대발전을 선도하는 사명감, 다른 지역에서는 찾아보기 어려운 강한 도전정신과 문제의식, 문화를 기반으로 한 창의성과 상상력이 항상 시대를 선도해온 광주정신의 DNA입니다. 지금은 4차 산업혁명이라는 경제전쟁에서 이기는 것이 若無湖南 是無國家(약무호남 시무국가)를 실천하는 길입니다. 우리는 자랑스러운 광주시민이고 광주시 공직자라는 자긍심을 가지고 최선을 다해주기 바랍니다.
- 그러려면 "왜 벤처기업인들은 실리콘밸리로 모이는가"에 대한 성찰이 필요합니다. 실리콘밸리의 경쟁력은 '기술혁신에 대한 절실함과 치열함, 실패를 두려워하지 않는 도전정신, 혁신적 협업생태계'에서 나온다는 것이 제 판단입니다. 실리콘밸리에는 기술개발, 자금모집, 멘토링 등 사업화를 위한 협업체계(collaboration)와 기술혁신에만 집중할 수 있는 혁신생태계가 갖춰져 있어 세계 각국에서 수많은 사람들이 저마다의 꿈을 꼭 실현

시키겠다는 절실함을 안고 이곳에 모여 새로운 기술개발을 위해 中石沒鏃(중석몰촉)의 집념으로 치열하게 연구하고 노력합니다. 여기에서는 기술성만 인정받으면 투자를 받아 성공할 수 있는 창업생태계와 전문중소기업 상호 간에 세분화된 분업체계와 긴밀한 생산네트워크가 구축되어 있습니다. 이곳은 정치나 사회적 이슈에 별 관심이 없습니다. 오직 기술혁신을 통해 사업을 성공시키고 인류의 삶을 변화 발전시키기 위해 도전하고 또 도전합니다.

3) 경기도 이재명 지사와 업무협약 체결(2019. 10. 23.)

실리콘밸리를 다녀온 이후 나는 '인공지능'에 더욱 푹 빠졌다.

2019년 10월 23일 경기도 이재명 지사와 '인공지능 산업육성을 위한 업무협약'을 체결하고 대한민국 인공지능(AI) 산업 육성 및 관련 생태계 구축을 위해 함께 힘을 모아 나가기로 했다. 경기도는 2005년부터 '대한민국의 실리콘밸리'라 불리는 판교 테크노밸리를 중심으로 정보통신기술, 생명공학기술, 콘텐츠기술 등 기술 집적화를 이루어고 있었다.

작은 나라에서 지자체들 간에 이슈를 선점하려고 치열하게 경쟁하고 각자도생하다 보면 그 끝은 공멸일 뿐이다. 서로의 강점들을 극대화시킬 수 있는 공통분모를 찾아 협력하는 것이 상생의 길이고, 지속가능한 경쟁력을 확보할 수 있는 길이다. 광주와 경기도가 그 성공모델을 만들기 위해 손을 잡은 것이다.

4) '제1회 대한민국 AI클러스터 포럼' 개최(2019. 10. 23.)

우리 광주가 전국 최초로 개최한 '제1회 대한민국 AI클러스터 포럼'에 국내외 AI전문가들이 광주로 집결했다. AI의 핵심인 '혁신'에 관해 광주의 의지와 실행력을 앞지를 도시는 없었다. 포럼에 모인 국내외 AI전문가들 또한 혁신으로 시작해서 혁신으로 성공하려는 AI중심도시 광주에 대한 기대가 무척이나 컸다.

이날 기조연설에는 이세돌 - 알파고의 바둑대결보다 20년 앞선 1996년, 슈퍼컴퓨터 '딥블루'를 개발해 체스 챔피언 게리 카스파로프와의 경기에서 이겨 화제가 됐던 제임스 랜디 물릭(James Randy Moulic) 뉴욕주립대학 학장이 기조연설을 하였다.

포럼에서 '인간, AI, 산업이 함께 하는 혁신사회'를 논하기 위해 광주에 모인 사람만 해도 1천여 명. 나와 제임스 랜디 물릭 학장의 기조연설에 이어 △ 박영수 ㈔유엔미래포럼 대표 △ 박정일 한양대 겸임교수 △ 박외진 ㈜아크릴 대표의 주제발표가 이어졌다. 또 송세경 포럼 산업혁신위원장을 좌장으로 △ 정송 KAIST AI대학원장 △ 이용훈 KAIST교수 △ 곽재원 가천대 교수 △ 임혁 GIST AI연구소장이 패널로 참여해 종합토론을 펼쳤다.

문승현 GIST 전 총장이 포럼 의장을 맡았고, △ 고영하 한국엔젤투자협회 회장 △ 이용훈 KAIST교수 △ 곽재원 가천대 교수가 포럼 공동위원장, 그리고 △ 조환익 전 한국전력 사장(녹현리서치 대표) △ 김문주 인공지능중심도시 광주만들기 추진위원회 공동위원장 △ 이창한 한국기계학회 부회장 △ 제임스 랜디 물릭 뉴욕대학 학장 △ 김병기 광주전남과학기술단체총연합회장이 포럼 고문을 맡아주셨다.

전공과 활동 영역이 다른 이들이 광주에 모인 이유는 하나! 'AI중심도시 광주'를 만들어 대한민국을 AI 4대 강국으로 만들겠다는 집념 때문이다. 이것이 4차 산업혁명을 선도하기 위한 유일한 돌파구라는 데 이의를 제기하는 사람은 아무도 없었다.

5) 전국 최초로 인공지능산업국 신설(2020. 1.)

'인공지능중심 산업융합집적단지 조성사업'이 국가사업으로 확정되면서 나는 광주를 인공지능 중심도시로 본격 조성해 나갈 전담조직인 인공지능산업국과 인공지능정책과를 신설했다. 지방자치단체의 局과 課의 명칭에 인공지능이란 이름이 들어간 것은 우리가 처음이었다. 손경종 국장을 초대 국장, 안신걸 과장을 초대과장에 임명했고 이들은 놀랄만한 성과를 창출했다. 인공지능 중심도시 광주는 이들이 있었기에 가능한 일이었다.

나는 「초예측」, 「AI 슈퍼파워」, 「인공지능 비즈니스 트렌드」 등 인공지능 관련 서적들을 탐독하고 우리 직원들에게 '인공지능 공부모임'을 제안하여 운영했다. 직급, 직렬 상관 없이 인공지능에 관심 있는 70여 명의 공직자들이 사내대학에 참여해줬다. 처음 AI를 언급했을때 "AI? 조류독감인가?"라는 웃지 못 할 에피소드에 잘해낼 수 있을까하는 걱정도 앞섰지만 기우였다. 지금 생각해보면 전문가 초청 강의와 공직자 주제발표 등 횟수를 거듭해 갈수록 시대적 흐름을 놓치지 않으려는 우리 공직자들의 노력과 관심이 인공지능 대표도시 조성의 소중한 밑거름이 됐다. 그러나 코로나19로 인해 대면회의가 제한되면서 이후 활성화되지 못해 안타까웠다.

2020년 들어서는 시민들이 체감할 수 있도록 각 부서별로 인공지능을 활용한 대표정책들을 내도록 했고 각 구청에도 인공지능을 이용한 정책이나 행정에 우선적으로 예산지원을 했다. 2020년과 2021년 광주는 코로나19에도 불구하고 인공지능에 올인 했다 해도 과언이 아닐 정도로 열정을 쏟았다.

6) 인공지능 중심도시 광주 비전·전략 선포식 개최(2020.1.29.)

2020년 1월 29일 김대중컨벤션센터에서 '인공지능 광주시대를 여는 인공지능 중심도시 광주 비전 선포식'을 개최했다.

나는 제4차 산업혁명 시대의 핵심인 인공지능 광주시대를 열기 위한 비전과 목표, 4대 추진전략과 20대 중점과제를 직접 발표하고 '인공지능 중심도시 광주'를 대내외에 공식 선언했다.

'의향 광주를 넘어 AI 광주시대로!'를 비전으로, 'AI 중심도시 광주(AI Hub City Gwangju)'라는 목표를 이루기 위하여 ▲사람중심 ▲공유와 개방 ▲광주형 AI 비즈니스모델 구축의 3대 가치를 제시했다.

그리고 4대 추진전략으로 ▲AI 클러스터 조성(5대 중점과제) ▲광주형 AI비즈니스 생태계 조성(6대 중점과제) ▲AI인재 양성사다리 구축(5대 중점과제) ▲시민참여형 AI 도시 만들기(4대 중점과제)를 제시하고 이를 실현하기 위한 20대 중점과제를 구체화하였다.

2020년은 광주가 정치1번지를 뛰어넘어 경제1번지로, 떠나는 광주에서 돌아오는 광주로 자리매김하는 변곡점이자 인공지능 광주시대를 여는 원년으로서 광주역사에 매우 뜻깊은 해였다.

이날 최기영 과학기술정보통신부장관은 "과기정통부와 광주광역시는 서로 지혜를 모으고 적극적으로 소통하여 '인공지능 1등 국가, 대한민국 실현이라는 공동목표를 향해 함께 나아가자"고 말했다.

7) 전국 지자체 최초 인공지능 공공의료서비스 본격 시동(2021. 9. 21.)

우리 시는 전국 지자체 최초로 인공지능기술을 활용한 의료서비스를 제공하기 위해 시민체감형 'AI공공의료서비스' 사업을 기획하고 추진하고 있다.

AI공공의료서비스 사업은 광주시민 대상 AI시민의료앱 보급과 5개

보건소 및 지역 2,200여 개 병·의원 대상 AI의료지원플랫폼 지원, 빛고을노인건강타운 이용 고령자 대상 AI헬스케어실증센터 구축 등으로 구성돼 있다.

'AI시민의료앱'은 본인의 진단·검진·처방기록, X-ray, MRI 등의 의료정보 열람이 가능하고 촬영한 의료영상을 CD 등에 저장하지 않고도 AI시민의료앱을 통해 대학병원 등에서 온라인으로 판독과 협진이 가능해진다.

또한, 건강보험심사평가원 등의 의료정보시스템과 연동되어 본인의 과거 병원 등의 진료·처방 기록의 열람이 가능하고 향후 병원 방문, 응급치료시 의사에게 제공해 보다 정확한 진료·검진을 할 수 있도록 지원하게 된다.

AI시민의료앱은 여기서 생성된 이용자 본인 기초검진·재활 데이터와 병원 및 약국 진료·처방 데이터 등을 평생 관리하고 응급시 담당의사에게 즉시 제공하여 신속 정확한 검사를 할 수 있는 'AI주치의' 역할을 할 것으로 예상된다.

광주시민이면 누구나 가입해 활용할 수 있는 자기주도형 건강관리 의료앱으로 진료를 받기 위한 병원 간 왕래 시간 단축, 저장매체(CD) 불필요 등 많은 시민들이 AI의료서비스를 누릴 것으로 예상된다.

'AI의료지원플랫폼'은 K-FDA(식품의약품안전처) 인증을 획득한 흉부진단, 뇌동맥·뇌경색, 전립선암 진단, 골연령 분석 등 AI진단지원서비스 12종을 탑재해 담당의사의 진료와 판독시간 단축과 검진 정확도 향상 등을 위해 무상으로 지원 된다. 2021년에 관내 보건소 및 전남대 병원 등 지역 병·의원 15개를 선정했다.

'AI헬스케어실증센터'는 하루 3,000명 이상 이용하는 빛고을노인건강타운(2021. 12. 7. 개소) AI헬스케어실증장비를 구축해 고령자 대상으

로 기초검진·재활 등을 위한 평생 건강관리 서비스를 제공한다.[19]

이처럼 'AI공공의료서비스' 사업은 시민들에게 AI시민의료앱을 통해 맞춤형 AI의료서비스를 제공하고 지역 병·의원은 인공지능 기술을 결합한 AI의료지원플랫폼을 구축해 지역 의료산업의 경쟁력을 강화하기 위해 기획한 광주 시민체감 제1호 사업이다.

8) 초연결 인공지능 헬스케어 플랫폼 구축 결성식 개최(2020. 12. 19.)

우리 시와 경기도, 부산광역시가 손잡고 국가균형발전위원회의 초광역 협력 프로젝트로 선정된 '초연결 인공지능 헬스케어 플랫폼 구축'에 본격 나섰다. 2020년 12월 19일 우리 시에서 김사열 국가균형발전위위원장, 이재명 경기도지사, 김윤일 부산시 일자리경제실장과 연구기관 등이 참석한 가운데 '초연결 인공지능 헬스케어 플랫폼 구축' 결성식을 개최했다.

이 사업은 초광역권이 연결된 인공지능 헬스케어 플랫폼을 통한 데이터 공동활용, 제품개발, 시장진출까지 일괄(One-Stop) 솔루션을 제공하고 인공지능 헬스케어 유니콘 기업을 공동 육성해 글로벌 수준의 AI헬스케어 산업생태계를 조성하는 것이다.

우리 시는 AI 집적단지의 슈퍼컴퓨팅, 데이터센터 등을 연계해 세계 최대의 AI헬스케어 데이터댐 구축을 위한 데이터 거점 역할을, 부산시는

19 우리가 과학기술정보통신부와 함께 '인공지능 집적단지 조성사업'의 하나로 추진되고 있는 '인공지능특화산업 실증센터'는 빛고을노인건강타운, 광주그린카진흥원, 한국광기술원 등 3곳에 문을 열었다. 이들 센터에는 광주지역 특화산업인 헬스케어, 자동차, 에너지 분야에 2023년까지 645억원을 투입해 산업생태계 조성에 필요한 실증장비(77종)를 단계(분야)별로 구축하게 된다. 기관별로는 광주TP(테크노파크)는 빛고을노인건강타운에 헬스케어 분야 장비를, 광주그린카진흥원은 빛그린산단에 자동차 분야 장비를, 한국광기술원은 첨단산단에 에너지 분야 장비를 구축해 운영한다.

풍부한 의료산업 인프라 및 서부산 스마트헬스케어 클러스터를 중심으로 한 실증 거점 역할을, 경기도는 판교테크노밸리 성공모델을 활용한 연구개발 거점 역할로서 삼각구도 형태로 사업을 수행한다.

9) 스마트가전용 AI SoC 기술개발 사업과 AI반도체 실증지원사업이 정부 공모사업 선정(2021. 5.)

우리 시는 2021년 5월에 산업통상자원부 산하 한국산업기술평가관리원(KEIT)이 주관하는 '스마트가전용 AI SoC 기술개발 사업' 공모에 ㈶광주테크노파크 컨소시엄이 선정된데 이어, 과학기술정보통신부 산하 정보통신산업진흥원(NIPA)이 주관하는 'AI반도체 실증지원사업'에서 NHN컨소시엄이 최종 선정됐다.

'스마트가전용 AI SoC 기술개발 사업'은 인공지능 기술을 접목해 지역 가전산업의 스마트가전 제품 기술개발 촉진 및 산업 경쟁력 강화를 지원하기 위한 목적으로 추진된다. 2024년까지 총사업비 77억원(국비 45억원, 지방비 10억원, 민자 22억원)을 투입해 진행한다. 사업에는 국내외 35개의 특허를 보유한 영상처리 기반 반도체 팹리스 ㈜아이닉스, 인공지능 플랫폼 개발 전문기업 ㈜솔빛시스템, 광주에 본사를 두고 있는 종합 가전제품 기업 ㈜위니아딤채, 지역 인공지능 전문기업 ㈜넷온과 ㈶광주테크노파크 등 전문 기업·기관이 참여한다.

'AI반도체 실증지원사업'은 국비 22억원을 지원 받아 2년간 인공지능·데이터 생태계의 핵심기반인 AI반도체 산업 육성을 위해 국내 기술로 개발한 AI반도체 활용 및 확산을 위한 기술 실증 지원을 수행한다.

AI반도체는 인공지능 서비스 구현에 필요한 대규모 연산을 초고속, 저전력으로 실행하는 지능형 비메모리 반도체로서 다수의 국내 기업과 연구소에서 기술은 확보하고 있지만, 다양한 AI 응용 서비스에 필요한 레퍼런스 확보 및 실증에 어려움이 있어 적극적인 지원이 필요한 실정이다.

10) AI 기술을 접목한 스마트 하수관리 시스템 구축사업이 환경부 공모사업에 선정(2021. 7.)

환경부에서 생활밀착형 스마트기술을 도입하고 시민 생활 편의 도모를 위해 추진하고 있는 스마트 하수도 관리체계 구축 선도사업(도시침수 대응분야와 하수악취 관리 사업분야)에 우리 시가 선정되었다. 이번 선정으로 광주시는 국비 484억원을 확보하게 됐으며, 2021년 하반기부터 2023년까지 692억원을 투입해 3개 사업을 시행한다.

특히 매년 침수피해가 잦은 극락천과 서방천 수계의 도시침수 대응 시스템을 구축하고, 동구와 남구 구도심 지역 하수악취 관리 시스템을 구축할 예정이다.

이번 사업 선정으로 시민 생활과 밀접한 하수도 분야에 스마트기술을 활용한 ICT 등 4차산업 기술을 도입해 도시의 집중호우 대응능력을 강화하고 하수악취를 효율적으로 관리할 수 있게 됐다.

11) 광주 인공지능 산학연 출범(2021. 7. 22.)

광주지역 인공지능 분야 산·학·연이 인공지능산업 생태계 조성을 위해 손을 잡았다. 2021년 7월22일 '인공지능 산학연협회'가 광주 김대중컨벤션센터에서 출범식을 열고 본격 활동에 들어갔다.

인공지능 산학연협회에는 대신정보통신㈜, ㈜조인트리, 광주과학기술원(GIST) 인공지능연구소, 조선대 AI융합연구원, 한국전자통신연구원(ETRI) 호남권연구센터, 광주과학기술진흥원 등 지역 65개 인공지능 기술 기업·기관·단체가 참여했다.

앞으로 '인공지능산업을 선도하는 글로벌 협력플랫폼'이라는 비전으로 인공지능산업 실태조사와 생태계 분석, 인공지능산업 발전방향 수립 등 정책 연구를 수행하고 인공지능 관련 산업 전주기 인재양성 로드맵 수립, 인공지능산업 인재양성 실태조사 등 전문인력 양성에 협력하게 된다. 이와 함께, 공동협력사업을 발굴·추진하고 인공지능산업 전시회, 세미나, 컨퍼런스 등을 개최할 예정이다.

12) 과기부, 광주AI집적단지를 '국가 인공지능 혁신거점'으로 육성하는 '인공지능 지역확산 추진방향' 확정발표(2021. 10. 28.)

과학기술정보통신부는 2021년 10월 28일 4차 산업혁명위원회 전체 회의를 열고 지역 경제 대도약과 디지털 대전환 가속화를 위한 '인공지능(AI) 지역 확산 추진 방향'을 확정·발표했다.

이 중 핵심내용이 광주 인공지능 집적단지를 국가 인공지능 혁신거점으로 육성하겠다는 계획이다. 주요 내용을 보면 ▲데이터센터 컴퓨팅자원 확대 및 실증환경 지속 고도화 ▲국가 데이터 댐과 클라우드 개발환경을 연계해 혁신기술 서비스의 원스톱 개발 거점 구축 ▲인공지능 및 데이터산업 정책·연구 지원역량 강화를 위한 인공지능산업융합사업단 확대 개편 ▲인공지능사관학교 확대 및 스타트업 맞춤형 인큐베이팅 지원으로 기업·인재 유치 ▲해외 기업·연구자와 공동연구 등 글로벌역량 제고를 추진한다.

이번 계획에 따르면 광주를 포함한 호남권은 디지털 인프라를 바탕으로 데이터댐·AI·클라우드를 집적·연계하고 그 동안의 중점 성과를 토대로 전지역·전산업의 디지털 대전환을 가속화하기 위해 지원한다. 이에 따라 광주 인공지능 집적단지는 디지털 인프라 조성을 넘어 글로벌 수준의 '국가 인공지능 혁신 거점'으로 육성될 것이다.

<국가 AI집적단지 조성사업 2단계 전략 본격 수립, 글로벌 인공지능 융복합 중심지로 도약>

우리 시는 '인공지능 혁신 생태계' 구축이라는 국가 인공지능 집적단지 조성사업 1단계(2020 ~ 2024)에 이어 글로벌 인공지능 혁신거점으로 도약하기 위해 21년 7월부터 2단계 고도화 사업(2025 ~ 2029) 전략을 수립해오고 있다. 특히 '광주 AI집적단지를 국가 인공지능 혁신거점으로 고도화하겠다'는 정부 정책발표에 힘입어 2단계 전략 수립을 본격적으로 추진하고 있다.

13) 'AI-메타버스 융합도시 광주' 비전 보고회 개최(2021. 11. 16.)

메타버스(Metaverse)는 가상, 추상을 뜻하는 '메타'(Meta)와 현실 세계를 의미하는 '유니버스'(Universe)의 합성어로 현실세계와 같은 활동이 이루어지는 3차원 초현실 세상으로, 인터넷과 모바일을 대체할 '인류의 플랫폼 혁명'으로 급부상하고 있다. 특히 코로나19로 인한 비대면 수요 증가와 가상 융합기술의 발전으로 그 영향력이 커지고 있다.

우리 시는 이러한 시대적 흐름에 발맞춰 2021년 11월 16일 김대중컨벤션센터에서 'AI-메타버스 융합도시 광주' 비전을 제시하고, 광주의 인공지능 산업을 기반으로 지능형 메타버스로의 기술 전환을 이뤄 메타버스 융합신사업 창출이라는 새로운 도약을 위한 4대 추진전략과 16대 중점과제를 발표했다.

4대 추진전략은 ▲ AI 중심 메타버스 인프라 조성 ▲ 메타버스 선도형 기술 개발 및 실증 ▲ 메타경제 생태계 구축 ▲ 시민과 기업 중심의 융합신산업 확산 등이다.

전국의 24개 메타버스관련 기관·기업들과 광주시 메타버스 융합신산업 생태계 조성에 상호 협력한다는 내용의 업무협약도 체결했다.

<24개 협약체결 기업>

△네이버 △SKT △NHN △CJ올리브네트웍스 △유니티 △버넥트 △이노뎁 △씨이랩 △딜로이트안진 △플레이스비 △어반에이핏 △로커스 △게티이미지코리아 △유오케이 △글로벌창업개발원협동조합 △전남대학교 △조선대학교 △호남대학교 △광주과학기술원 △한국전자기술연구원 △한국전자통신연구원 △광주테크노파크 △광주정보문화산업진흥원 △인공지능산업융합사업단

14) 글로벌AI컨퍼런스 'AICON 광주 2021' 개최(2021. 12. 16.)

인공지능(AI) 기술의 현재와 미래를 확인할 수 있는 'AICON 광주 2021' 컨퍼런스[20]가 지난해 12월 16일 광주 김대중컨벤션센터에서 개막식을 갖고 사흘간의 일정에 들어갔다.

지난해 처음 개최된 'AICON 광주 2021'은 과학기술정보통신부, 정보통신산업진흥원, 광주광역시가 주최하고 인공지능산업융합사업단이 주관하는 행사로 '세상의 AI, 빛나는 이곳에서'라는 슬로건 아래 AI 기술동향을 살펴보고 산업융합 과정에서 인공지능의 역할에 대한 방향을 제시했다.

이번 행사는 인공지능 도시 광주의 위상을 강화하는 한편 인공지능의 세계적인 기술 트렌드를 공유하고 인공지능 기반의 융합산업 발전방향을 모색하는 계기가 되었다.

20 ※ AICON : Artificial Intelligence Congress

핵심성과 4 도시철도 2호선 건설 등 해묵은 숙원사업 민관협치로 속속 해결

요 약

- 16년간이나 찬반 양론으로 지역사회에 분열과 갈등을 가져왔던 도시철도 2호선 건설 문제를 시민공론화를 통해 해결
- 2019년 9월 5일, 논의된 지 17년 만에 도시철도 2호선 착공
- 2020년 12월 1일, 백운고가차도가 31년 만에 철거되고 왕복 11차선 도로 개통
- 2호선 건설공사에 지역건설업체 참여 확대, 대부분 지역민 고용, 지역생산 건설 자재와 장비사용을 통해 지역경제 활성화 도모
- '광주를 잇는 희망 동그라미' 2호선이 완공되면 광주 어느 곳이든 대중교통을 이용해 30분 안에 이동이 가능한 대중교통시대 개막
- 전국에서 광주형 민관협치를 혁신적 협치 성공모델로 벤치마킹

(1) 도시철도 2호선 착공

1) 시장 취임 후 첫 번째 시험대 : 도시철도 2호선 건설

도시철도 2호선 건설문제는 내가 시장이 되고 나서 리더십을 평가받는 첫번째 현안 사업이었다. 과거 16년 동안이나 광주 지역사회는 도시철도 건설을 놓고 찬반 양론으로 분열과 갈등을 해왔기 때문이다.

나는 시장에 당선되기 전부터 기본적으로 도시철도 2호선이 필요하다는 입장이었다. 150만 도시에서 빠르게 많은 시민을 수송할 수 있고 친환경 교통수단인 도시철도가 대중교통의 중추적인 역할을 해주어야 한다고

생각했다. 이런 결정에는 건설교통부 장관의 경험도 한 몫을 했다.[21]

전임 윤장현 시장 때 저심도 방식으로 도시철도 2호선을 건설하기로 잠정 결론이 난 상태였다. 그래서 저심도 건설을 밀어 붙여도 크게 문제될 것이 없었고 많은 시민들은 그렇게 밀어붙일 것으로 전망했다.

그러나 내 생각은 조금 달랐다. 조금 시간이 걸리더라도 협치행정의 성공모델을 만들어 보고 싶었다. 협치행정의 성공모델을 만들어 새로운 생활민주주의를 정착시켜 보고 싶었다. 그렇지 않고서는 임기 4년 동안 발생되는 중요 사안마다 한편에서는 반대하고 다른 한편에서는 찬성하면 지역이 분열되어 성과를 내기 어렵다고 판단했기 때문이다. 2호선 논란을 공론화의 협치로 풀어내면 앞으로 직면하게 될 현안들도 투쟁과 논쟁을 뛰어넘어 대화와 합리로 풀어갈 수 있을 것으로 판단했다.

또한 저심도 방식의 도시철도에 대해서는 여전히 안전성, 재정적자, 기술적 문제 등에 대한 다양한 의견이 존재하고 있어 공론화과정을 거쳐 부작용을 최소화하고 지역사회가 함께 최적의 방안을 도출하는 것도 큰 성과라고 판단했다.

공론화 과정을 거치겠다고 결정한 또 하나의 이유는 협치를 통한 의사결정 모델을 만들어 도시 이미지를 바꾸어 놓고 싶었다. 외지에서 보는 광주는 반대만하는 시민단체, 강성노조, 조정 능력 없는 지방정부로 평가받고 있었고 사업하기 어려운 지역으로 인식되어 기업들이 투자를 기피하고 있었기 때문이다.

이러한 강성 도시 이미지를 바꾸지 않으면 풍요로운 광주 실현이 어렵다고 생각했다. 따라서 토론과정을 거쳐 시간이 조금 더 걸리더라도 소

---

21 민선 7기 당선인 신분으로 취임 전 광주혁신위원회에서 총 다섯 차례에 걸쳐 노선방식과 예산 등을 놓고 열린 토론을 진행했다. 이 자리에는 도시철도 2호선 원안인 저심도 방식을 반대하는 '사람중심 미래교통 시민모임' 관계자들도 참여했고 나도 세 차례 논의과정에 직접 참여하여 의견을 수렴했다.

수 의견까지 모아 시민이 원하는 결론을 도출하는 새로운 의사결정의 문화를 정착시켜야 진정한 민주인권도시 '의향'이고 '기업하기 좋은 도시'가 될 수 있다고 판단했다.

그래서 다수 시민의 뜻을 잘 반영하면서 지역사회 갈등과 분열을 최소화할 수 있으며 광주시민의 교통편의와 광주시의 지속 가능한 발전에 기여할 수 있는 공론화방식을 선택한 것이다.

나는 취임직후인 2018년 8월, 여러 가능성을 열어놓고 시민들의 의견을 충분히 수렴하고, 시민편의와 광주발전 그리고 광주시의 재정건전성 등을 종합적으로 판단하여 찬바람 불기 전에 가급적 빨리 결단을 내리겠다고 공개적으로 발표했다.

그랬더니만 지지자들까지도 비판하기에 이르렀다. 시장이 공무원출신이라 '결단력이 부족하다, 책임회피다, 16년이나 논의했는데 또 무슨 공론화냐'면서 많은 비판을 했다. 지지율은 떨어지고 비판은 거세지는 등 무척 힘든 과정이었지만 소신껏 진행했다. 2호선 건설을 밀어붙이면 진행은 빨라지겠지만 광주공동체가 함께 갈 수 없고 멀리 갈 수 없다는 판단에서다.

다만 도시철도 2호선 건설문제는 16년이나 질질 끌어온 문제이므로 또 다시 이것을 장기간 논의하게 되면 시정에 대한 시민불신과 지역 내 갈등만 심화시킬 수 있었다. 따라서 나는 공론과 합리의 틀을 잘 조화시켜서 조기에 결론을 내기로 마음먹었다.

<도시철도 2호선 논의부터 착공까지>

• 도시철도 2호선이 지금까지 진행되어오는 과정엔 참으로 우여곡절이 많았다. 2002년 최초의 기본계획이 수립된 이후 2010년 예비타당성조사까지 마쳤

지만 지역 내에서는 도시철도 2호선 건립의 찬반을 둘러 싼 원론적인 문제에서부터 다양한 문제들로 대립하고 논쟁했다. 갈등의 주요 원인으로는 막대한 공사비와 유지관리비가 소요되는 도시철도를 꼭 건립해야 하는지, 건설한다면 건설공법을 어떤 방식으로 할 건지, 효율성 등 검토를 위한 시간이 더 필요하다는 주장들이었다. 각 주장별 갈등으로 인해 민선 4기부터 6기에 이르는 동안 '시행계획 발표, 취소, 원점 재검토'를 반복하며 마치 폭탄 돌리기 하듯 다음 시장에게로 계속 공이 넘겨졌다.

• 내가 시장이 되고 나서도 도시철도 2호선은 뜨거운 감자 중 하나였다. 그동안 도시철도 2호선 저심도 방식 건설을 반대해온 '사람중심 미래교통 시민모임' 등은 노면 전차인 트램이나 간선급행버스체계 BRT(Bus Rapid Transit) 방식의 새로운 건설방식을 요구했다.

나는 2018년 9월 공론화위원회를 구성하여 최대한 공정하고 객관적으로 그리고 빨리 진행되도록 뒷받침했다. 그 결과 시민 여론조사, 종합 토론회, 설문조사 등을 거쳐 지하 저심도 방식의 도시철도 2호선 건설에 찬성한다는 시민 의견이 78.6%로 나타나 그동안의 논란과 갈등에 종지부를 찍고 도시철도 2호선 건립을 재개한다는 결정(2018년 11월)을 하게 되었다. 시장 취임 4개월만이다.

• 마침내 2019년 9월 5일 기공식을 개최함으로써 마침내 2002년 최초 기본계획 수립 이후 17년 만에 본격적인 공사에 들어가 지금은 속도감 있게 건설 중에 있다. 이런 우여곡절을 거쳐 시작된 사업이다 보니 도시철도 2호선에 대한 광주 시민들의 마음도 남다르고 그 기대감도 크다.

• 건설공사에 따른 많은 불편과 힘든 여건을 묵묵히 감수하고 응원해주시는 시민들께 감사드린다. 우리 시는 시공과정에서 안전과 최상의 품질 확보를 위해 노력하는 것은 물론 시민들이 겪어야 하는 교통 불편을 조금이라도 줄이기 위해 교통처리TF를 구성해 공사 구간마다 문제점들을 점검해 보완하고 있으며, 공사 진행과정을 정기적으로 홈페이지에 올려 많은 분들이 확인할 수 있도록 하고 있다.

2) 광주에서 처음으로 숙의형 공론화 진행

공론화 과정에서 신뢰와 공정성을 확보하기 위해 시민권익위원회(위원장 : 최영태 교수)로 하여금 공론화를 주관하도록 했으며, 공론화 결과가 나올 때까지 도시철도건설본부로 하여금 2호선 건설과 관련한 새로운 행정행위를 중단하도록 했다.

나의 이러한 뜻을 도시철도 2호선 건설을 반대하던 '사람중심 미래교통 시민모임' 등에 전달했다. 2018년 7월 16일 반대 측 모임에서 공론화 방식으로 시민 참여형 숙의조사 방식을 제안해 왔고 나는 시민모임에서 제안한 공론화 방식을 존중하겠다는 뜻을 밝혔다.

일부 단체의 반대로 한 달 이상 공론화위원회가 구성조차 못하는 우여곡절도 있었지만 이 또한 협치행정으로 가기 위한 성장통이라고 여기며 믿음을 잃지 않고 인내하였다.

이들은 2018년 8월 7일부터 9월 10일까지 광주광역시 시민권익위원회 최영태 위원장 주재로 총 7차례의 회의를 진행하면서 공론화 의제를 비롯해 공론화 방식, 절차, 설계주체 등에 대해 난상토론을 벌였으나 의견이 서로 달라 합의점을 찾지 못했다.

이후에도 도시철도 2호선 공론화위원회 위원 구성과 관련해 광주시는 '중립적 외부 인사로만 구성해야 한다'는 입장이었고 시민모임측은 7명의 중립적인 인사와 시민모임 측 2명, 시측 2명을 추가로 하자는 안을 제시하고 팽팽히 맞서 진전이 없었다.

9월 12일 찬·반 양측의 합의안이 무산되고 공론화가 좌초 위기에 빠지자 최영태 시민권익위원장은 기자간담회를 통해 첫째, 공론화위원은 7인으로 한다. 둘째, 공론화 방식은 숙의형조사로 한다. 셋째, 도시철도 건설에 따른 결론을 2018년 11월 10일까지 광주광역시장에게 권고한다. 넷째, 공론화를 거쳐 도출된 결과에 대해서는 양측이 조건없이 수용한다는 중재안을 제시하고 찬반양측이 9월 13일까지 수용하지 않거나 위 4가지 제안의 어느 하나라도 지켜지지 않을 경우 시민권익위원회 차원의 공론화를 중단하겠다고 선언하기까지에 이르렀다.

결국 9월 17일 광주시와 21개 시민사회단체가 참여하고 있는 광주시민단체협의회(이하 '시민협') 양측의 합의로 '광주도시철도 2호선 공론화위원회'가 출범했다.

나는 2018년 9월 27일 기자회견을 통해 2018년 11월 10일까지 공론화를 종료하고 도시철도 2호선 건설의 최종결론을 내겠다고 발표하고 시민들께 기다려 달라고 호소했다. 이미 오랜 논쟁으로 시민들의 피로감이 크고, 논의가 장기화될 경우 지역사회의 분열과 혼란이 더욱 가중될 것을 우려해 속도감 있게 공론화 절차를 진행하겠다며 공론화 종료기한을 시민들께 직접 약속했다. 배수진을 친 것이다. 만약 공론화 결과 도시철도 건설 반대가 많이 나올 경우 혼란을 감내하기 어렵다는 생각도 들었지만 시민을 믿기로 했다. 공론화위원회가 아주 공정하고 투명하게 잘 진행되면 다수 시민의 뜻이 반영된 결론이 도출될 것이고 그것이 가장 합리적인 방안이라고 생각하고 공정투명한 관리에 최선을 다했다.

공론화위원회는 약 3주간 9차례의 회의를 갖고 공론화는 숙의형 공론화 방식, 의제는 도시철도 2호선 건설 찬·반으로 결정, 표본조사 2,500명은 유무선 50% 비율로 결정, 시민참여단 250명은 찬반유보 비율로 선정 등을 결정했다.

공론화는 그 무엇보다 공정하고 투명하게 진행됐다. 공론화의 대원칙은 신뢰 속 소통과 협치였다. 나는 시장이 되면서 중요한 현안을 결정함에 있어 ▲ 광주의 지속가능한 발전 ▲ 광주시민의 삶의 질 제고 ▲ 훗날 역사적 평가, 이 세 가지를 판단기준으로 삼았다. 이번 공론화 또한 이러한 차원에서 진행되었다.

<저심도 도시철도 점검하기 위한 유럽출장 후 안전성과 효율성 확신>

광주 도시철도 2호선 공론화 논의를 둘러싼 저심도 방식 찬·반 양측의 갈등이 깊어지고 있는 가운데 나는 실제 경전선 운영 상황을 직접 점검하기 위해 2018년 9월 15일 ~ 19일까지 3박 5일 일정으로 경전선에 관한 한 선진교통도시인 독일 뮌헨과 헝가리 부다페스트 등의 경량전철 운영 시찰에 나섰다. 백문이 불여일견이고 현장에 답이 있다는 것이 내 평소 지론이다.

유럽의 선진 교통도시에서 저심도 도시철도와 트램 등 다양한 대중교통을 직접 이용하면서 시설의 안전성과 유지관리, 환승 동선 체계 등을 살펴봤다. 대중교통 관련 기관도 방문해 건설과정, 사후 운영 및 관리과정을 살펴보고 그간 우려되었던 부분을 집중적으로 살펴봤다. 3박 5일의 살인적인 일정으로 다녀왔지만 현지 출장은 경전철 건설의 안전성과 필요성에 확신을 갖게 된 유익한 출장이었다.

경량전철은 차량 규모나 수송인원이 기존 지하철보다는 작으나 버스보다 큰 새로운 개념의 도시철도다. 우리 시찰단이 둘러본 헝가리 부다페스트 경량전철의 경우 1896년 저심도 공법으로 개통한 노선이 120년간 대대적 보수 없이 운행 중이었다.

3) 공론화위원회의 저심도 건설 권고안을 그대로 수용

나는 공론화위원회로부터 2018년 11월 12일 도시철도 2호선 건설을 당초 계획대로 재개하라는 최종 권고안을 전달받았다.[22] 11월 10일 시

22 **<광주도시철도 2호선 공론화 과정>**
- 광주혁신위원회, 시민단체 및 전문가 등과 5차례 토론 : 2018. 6.
- 사람중심미래교통시민모임 시민참여형 숙의조사 제안 : 2018. 7. 16.
- 시민권익위원회에서 공론화 방식결정 : 2018. 8. 2.

민참여단 243명이 참여한 설문조사에서 도시철도 2호선을 당초 계획대로 건설하자는 찬성의 비율은 78.6%로, 건설 반대를 선택한 21.4%보다 월등하게 높았다. 공론화 과정이 전국에 알려지면서 서울시 등은 참관인을 파견해 공론화 과정을 벤치마킹하기도 했다.

마침내 당초 건설을 반대했던 시민단체들까지도 모두 공론화 결과를 대승적으로 수용함으로써 대화와 합리로 현안문제를 해결하는 혁신의 길을 열었다는 평가를 받았다. 광주에서 처음으로 협치행정이 빛을 보게 된 모범 사례이다. 다른 어떤 지역의 공론화보다도 가장 공정하고 투명한 공론화를 통해 협치 행정의 성공 모델을 만들었고, 생활 민주주의의 새로운 장을 열었다. 공론화를 거치지 않고 일방적으로 건설을 밀어붙였을 때 예상되는 지역사회 갈등 심화와 반대시위 등의 소지를 없애고, 광주공동체가 분열 없이 함께 가고 멀리갈 수 있는 소중한 기반을 다졌다. 또한, 소수 의견까지 충분히 담아내며 토론과정을 거쳐 다수의 시민들이 원하는 결론을 도출하는 새로운 의사결정 문화를 만들어냈으며, 시민들과 함께 협치 행정의 성공모델을 실현시켰다.

공론화가 성공적으로 수행될 수 있었던 데는 최영태 권익위원장의 열정과 리더십이 크게 기여했고, 당시 김준영 교통건설국장과 직원들이 뒷받침을 잘해주었다. 감사를 드린다.

나는 공론과정이 공정하고 투명하게 진행된 만큼 공론화위원회 권고

- 최영태 시민권익위원회 위원장이 공론화 의제방식 등 논의 : 2018. 8. 7. ~ 14.
- 공론화위원회(1차) 구성해 구체적인 공론화 절차 돌입 : 2018. 8. 20.
- '광주도시철도 2호선 공론화위원회' 공식 출범 : 2018. 9. 17.
- 유럽 경량전철 점검 출장 : 2018. 9. 15. ~ 19.
- 시장, 기자회견 통해 11. 10.까지 공론화 종료하고 결론내겠다고 발표 : 2018. 9. 27.
- 공론화 위원회 활동(출범, 여론조사, 종합토론회 등) : 2018. 9. 17. ~ 11. 10.
- 공론화위원회, 당초대로 저심도 건설 권고 : 2018. 11. 12.

안을 그대로 수용했다. 당초 계획대로 도시철도 2호선을 저심도 방식으로 차질 없이 건설할 것임을 150만 시민에게 약속드렸다. 특히 건설 반대 측에서 제기하였던 경제성, 안전성, 미래교통체계 등에 대해서도 꼼꼼히 챙겨 재정 부담을 최소화하고 안전한 지하철, 시민의 부담이 덜한 지하철을 건설하고 도시철도 건설 전 과정에 대한 철저한 감독을 통해 시민들에게 사랑 받는 '안전·신속·친환경 명품도시철도'를 만들어 내겠다고 약속드렸다.

4) 협치행정의 혁신모델로 인정받아 한국정책대상 수상

'도시철도 2호선 공론화 과정'은 학술적인 가치를 인정받으면서 전국 협치 행정의 혁신 모델로 자리 잡았다. 우리 시는 (사)한국정책학회[23] 주관으로 2018년 12월 7일 '제7회 한국정책대상' 시상식에서 지방자치단체 광역단체부문 '정책대상'을 수상했다. 심사위원들은 과거 어떤 공론화보다도 가장 공정하고 투명하게 진행된 점을 높게 평가했다.

특히 16년간 건설 여부를 놓고 계속되어온 지역 사회의 갈등과 분열을 해소하기 위해 ① 건설 찬성과 반대 측 시민참여단 각 125명씩 250여명이 1박 2일 숙의 프로그램을 통해 도시철도 2호선 건설 여부를 결정하는 방식으로 진행된 점, ② 광주시는 공론화의 공정성을 기하기 위해 찬·반 양측에 편향되지 않은 7인의 인사로 공론화위원회를 구성하고 공론화를 위한 설계부터 홍보, 여론조사, 배심원단 추출 등 공론화 전 과정을 일임한 점, ③ 이용섭 시장은 공정성과 중립성을 보장하기 위해 공론화위원회에 한 번도 참석하지 않았으며 반대 측의 건의를 받아들여 주

23 (사)한국정책학회는 전국 주요 대학의 행정학·정책학 분야 교수들이 참여하는 학회로서 지방자치단체의 우수한 정책사례와 이를 성공적으로 이끈 기관장의 리더십을 공유하고 전파하고자 2010년부터 한국정책대상을 시행하고 있다.

관부서를 교통건설국에서 이해관계가 없는 시민소통기획관실로 이관하고, 공론화위원회 구성 전에 도시철도 2호선 관련 행정 절차들을 모두 중단시킨 점, 그리고 ④ 공론화의 가장 중요한 과정이었던 1박 2일의 숙의프로그램에 광주시 공직자들을 발제와 토론 등에 일절 참가하지 못하도록 한 점을 높이 평가한 것으로 전해졌다.

나는 수상 소감으로 "우리 광주는 대화와 합리로 현안문제를 해결하는 혁신의 길을 열었고 '정의로운 도시가 사업하기 좋은 도시'라는 명제를 실현하는 큰 발자국을 내디뎠다. 앞으로도 초심을 잃지 않고 항상 시민들께 길을 묻고 지혜를 구하는 '경청 시장'이 되겠다"고 밝혔다.

5) 드디어 17년 만에 도시철도 2호선 착공

2019년 6월 13일 국토교통부의 사업계획 승인이 완료되고 기획재정부와 협의 결과 총사업비가 2조1,761억원(국비 1조3,057억원, 시비 8,704억원)으로 확정됨에 따라 도시철도 2호선 건설을 위한 행정절차가 모두 마무리됐다.

드디어 2019년 9월 5일 우리 시민들이 17년을 기다렸던 도시철도 2호선 기공식을 가졌다. 도시철도 2호선 건설 찬·반을 놓고 16년 동안 끌어왔던 논쟁을 '공론화'라는 대화와 합리로 해결한지 7개월만이다.

급경사로 인한 교통사고 위험과 미관을 해치는 시설물로 수년간 철거 요구가 이어져 왔던 백운고가차도가 도시철도와 지하차도 건설을 위해 31년만에 철거되고 지난 2020년 12월 1일 왕복 11차선도로가 개통되었다. 백운광장이 새로운 활력이 넘치는 도심공간으로 되살아나고 있다.

2호선 건설공사에 지역전문건설업체의 하도급 참여 확대, 대부분 지역민 고용, 지역생산 건설자재와 장비사용 등을 통해 코로나19로 위축된 지역경제에 훈풍을 불어넣고 있다. 2019년 9월 첫 삽을 뜬 도시철도

2호선 공사가 일정대로 차질 없이 순항하고 있다. 착공 후 현재(2021년 11월 말 기준)까지 고용된 연인원 11만 4,129명 가운데 지역 인력은 8만 2,956명, 지역 장비 사용도 3만 4,107건으로 지역 인력·장비를 79% 이상 활용해 지역경제에 활력을 불어넣고 있다.

도시철도건설본부에서는 지역업체 참여를 확대하기 위해 지역의무 공동도급으로 시공능력 우수업체 참여를 적극 유도하고 있다.

6) 도시철도 2호선 총 사업비 규모 증가

2010년 KDI 예비타당성 조사결과 총사업비(지상고가 기본설계 기준)는 1조 7,394억원이었다. 이후 2016년 기획재정부 승인 총사업비(지하저심도 기본설계 기준)는 2조 579억원이었다. 도시철도 2호선을 1~3단계로 나누어 단계별로 시공하기로 하면서 2019년 6월, 1단계 구간 착공 전 기획재정부로부터 1단계 구간 실시설계 및 물가 변동 등이 반영된 총사업비 2조 1,761억원을 승인 받았다. 그리고 2021년 12월 현재 2단계 구간 실시설계 결과를 반영한 총사업비가 크게 증가됨에 따라 기획재정부와 총사업비를 최종 협의 중에 있다. 그동안 물가 및 임금상승, 법령 제·개정으로 안전기준 강화, 2단계 일부 지상구간 지하화 등 측량 및 지반조사 결과 반영에 따른 불가피한 사유로 인해 안전하고 편리한 도시철도 건설을 위해서는 증액이 불가피한 실정이다.

일부에서는 사업비가 증가되면서 2호선 건설계획이 변경되는 것 아니냐는 우려를 하고 있다. 그러나 도시철도 2호선은 친환경 대중교통 수송 분담률을 높여 기후위기에 대응하고 원활한 교통환경 조성과 쾌적하고 편리한 도시를 만들기 위해 당초 계획대로 건설할 것이다. 따라서 우리 시는 안전하고 편리한 도시철도 건설을 추가 타당성 재조사 없이 추진하기 위해 기획재정부와 총사업비 규모와 관련하여 심도 있는 논의를 진행하고 있다. 우리 시 입장은 사업비의 60%를 국가로 부터 지원받기 때문에 필요한 사업비를 모두 망라하여 안전하고 편리한 첨단 도시철도를 건설하고 지역경제 활성화를 도모하자는 것이다.

7) 도시철도 2호선이 완공되면?

광주도시철도 2호선은 지방도시 최초로 건설되는 순환선으로 시청 - 월드컵경기장 - 백운광장 - 광주역 - 첨단 - 수완 - 시청 등 도심 주요지역을 관통하게 된다. 총 길이는 41.843㎞, 44개의 정류장으로 만들어지는 지하 저심도 방식이다.

1단계는 시청 - 월드컵경기장 - 백운광장 - 조선대 - 광주역을 경유하는 연장 17㎞구간이고, 이후 총 연장 약 42㎞의 2호선이 완성되면 우리 광주는 5개 구청과 18개 택지지구, 4개 대학, 16개 고등학교가 하나의 길로 연결되고, 광주지역 어느 곳이든 대중교통을 이용해 30분 안에 이동이 가능하게 된다.

2호선이 건설되면 1일 수송능력은 23만 명이상으로 예상되며, 특히 상무역과 남광주역은 1호선과의 환승역으로 1만 명 이상의 이용을 기대하고 있다. 주요대학 및 택지지역을 통과함에 따라 도시철도 수혜 주민이 대폭 늘어날 뿐만 아니라 전 구간이 직선인 1호선과는 달리 지방 최초 순환선으로 역세권 중심 주거단지 개발, 상권 형성 등으로 구도심과 신도심 간의 균형발전에도 크게 기여할 것으로 기대된다.

현재 운영 중인 1호선과의 차이점을 살펴보면 첫째, 소형화(중량 → 경량) 되고 소음과 진동이 경미(철제차륜 → 고무차륜)하며, 자동 무인운전(유인 → 무인)으로 운행된다. 둘째, 이동 동선이 단축되고 탑승이 용이 (지하1층 대합실을 경유 지하 2층 탑승 → 지하1층 승강장 탑승) 하다. 셋째, 1호선은 총 운행시간이 38분 (왕복 76분)인 반면 2호선은 62분으로 도심은 30

분 이내에 이동이 가능할 것이다. 아울러 승객들의 이동 동선이 단축되고 탑승이 쉬워진다.

앞으로 1, 2호선을 중심으로 시내버스와 마을버스를 연계하면 도시철도 중심의 양질의 대중교통 서비스 제공이 가능할 뿐만 아니라 친환경 교통수단으로 자리 잡아 미세먼지가 줄어들고 기후 온난화로 인한 도심 열섬현상의 완화, 온실가스 배출감소 등 친환경적 측면에서도 크게 기여할 것으로 전망되며 사계절 항상 쾌적하게 이용할 수 있을 것이다. 이처럼 2023년부터 순차적으로 완공되면 광주 어느 곳이든 대중교통을 이용해 30분안에 이동이 가능한 대중교통시대가 열리게 될 것이다. 이 노선을 '광주를 잇는 희망 동그라미'라고 부르는 이유가 여기에 있다.

광주는 승용차 중심의 도시에서 대중교통 중심의 친환경도시로 거듭날 것이다. 온실가스, 미세먼지, 도심 열섬현상을 줄여 지속가능한 미래의 기반을 다지고, 인공지능과 친환경기술을 결합한 선진교통시스템 구축으로 4차 산업혁명 선도도시 실현을 앞당길 것이다.

또한 도시 전체가 하나의 생활권이 되면서, 역세권마다 주거단지와 상권이 발달하여 지역 경제도 새로운 활력을 얻게 될 것이다.

(2) 민관 협치행정의 성공모델 정착

1) 왜 협치행정인가?

나는 좀처럼 풀기 어려운 지역 현안을 시민의 뜻에 따라 시민들과 함께 해결하는 민관 협치행정을 펼쳤다.

행정에 관한 한 누구보다도 오랜 경험과 전문성을 가지고 있는 내가 민관협치를 시정에 적극 도입한 것은 이유가 있다. 지금은 집단지성의 시대이자 시민주권의 시대이기 때문이다. 끊임없이 변화하는 융복합의 시대에는 뛰어난 리더 한 사람의 결정보다 어려운 문제일수록 시민과 함께 결정하는 것이 민주적일뿐만 아니라 합리적이고 설득력 있는 최적의 결론을 이끌어 낼 수 있기 때문이다. 광주시의 협치행정은 주요 정책을 결정하는 효율적이고 민주적인 모델로 자리 잡아가고 있다.

민관 협치는 어려운 난제일수록 시민의 뜻에 따라 결정한다는 점에서 가장 민주적인 의사결정 방식인데다, 정책표류에 따른 사업 지연, 지역 갈등 및 분열 등의 문제를 일거에 해소하고 후유증을 최소화할 수 있다.

다만 시민들마다 광주를 사랑하는 방식과 가치가 다르고 이해관계가 다르기 때문에 다양한 의견들을 정제 없이 받아들이다 보면 바람직하지 못한 결론이 도출되거나 일을 진행할 수 없는 경우도 발생하게 된다. 따라서 사공이 많아 배가 산으로 가지 않고 순항할 수 있도록 시장인 나를 필두로 우리 공직자들이 중심을 잡고 흔들림 없이 기본과 원칙을 지키면서 추진해 오고 있다.

내가 민선 7기 들어 찬반이 첨예하게 엇갈려 장기 표류하고 있거나 정책 결정이 쉽지 않은 핵심 현안에 대해 공론화 등 시민사회와의 협치나 시민 뜻을 묻는 방식의 정공법을 택해 다수의 현안을 해결해온 성과는 수없이 많다.

광주시 협치행정의 신호탄은 앞서 설명한 도시철도 2호선 건설 여부에 대한 공론화였다. 이 사업은 미래 교통수단으로 조속히 건설해야 한다는 쪽과 광주에서는 지하철이 필요하지 않다는 반대론자들이 맞서면서 무려 16년을 허송세월했던 지역의 대표적 갈등 사업이었다.

나는 2018년 7월 취임하자마자 시민 주도의 공론화 방식이란 승부수를 던졌다. 다양한 방식의 토론과 학습을 거쳐 시민의 뜻을 물은 결과 다수가 찬성해 16년 동안 얽힌 실타래를 풀어냈다. 대화와 합리로 해결한 도시철도 2호선 공론화 방식은 협치행정의 성공 모델로 전국에서 벤치마킹의 대상이 됐고, 이후 많은 현안들이 이 방식을 준용해 속속 정상화됐다.

도시철도 2호선 사업을 시작으로 민관협치로 해결한 현안들은 수도 없이 많다.

▲노사민정 대타협을 통한 광주형일자리 ▲민간공원 특례사업 민관거버넌스 운영 ▲대구 코로나19 환자에게 병상 제공 ▲장록습지를 국내 1호 도심 국가습지로 지정 ▲코로나19 민관공동대책위원회 운영 ▲무등산 난개발 방지를 위한 민·관·정·학 협의회 ▲2045 탄소중립 에너지 자립도시 실현을 위한 탄소중립도시추진위원회 ▲복지협치위원회 운영 등이다.

특히 세계 최초로 시도된 지자체 주도의 노사민정 대타협의 광주형 일자리는 이해 충돌과 입장 차이로 숱한 위기를 맞았지만 각계 대표와 시민이 함께 한 노사민정협의회 등 다양한 틀에서 인내심을 갖고 논의를 이어가며 이견을 좁혔고 마침내 23년 만에 처음으로 국내에서 완성차 공장을 건설하는 성과를 일궈냈다.

도시공원 일몰제를 앞두고 민관거버넌스 운영을 통해 24개 도시공원(광주 전체 근린공원의 67.9%)을 지켜냈고, 민간공원 특례사업의 경우 공원면적비율이 90.4%로 전국(평균 81%)에서 가장 높고 건설업체 과다 이익을 환수토록 하는 등 전국에서 가장 모범적인 사례로 평가받고 있다.

2020년 2월 대구에서 코로나19가 대유행하며 많은 확진자들이 병상 부족으로 제때에 치료받지 못하고 있을 당시 다른 지자체들이 바이러스 확산을 우려해 주저하고 있을 때도 나는 지자체, 시민사회단체, 종교계, 5·18단체 등과 함께 "대구지역 확진자를 광주에서 치료하겠다"는 이른바 '병상연대'를 제안해 신선한 충격을 주기도 했다.

황룡강 장록습지의 국내 최초 도심 국가습지 지정도 사회적 합의를 통해 갈등을 해결한 모범 사례로 꼽힌다. 개발과 보호 주장이 첨예하게 대립해 갈등의 골이 깊어지자 2019년 지역주민, 시·구의회, 시민사회단체, 전문가, 중앙·지방정부 관계자 등이 실무위원회를 꾸려 총 19차례의 토론·간담회 등을 거친 뒤 시민 여론조사를 통해 추진의사를 확인했고, 2020년 12월 최종 지정이라는 결론을 이끌어냈다.

무등산 신양파크호텔 부지의 개발과 관련해서도 우리 시는 무등산 난개발 방지 민·관·정·학 협의회를 통해 '공유화'란 결론을 도출해냈다. 또한 '2045 탄소중립 에너지 자립도시'라는 무겁고 쉽지 않은 거대한 목표를 시민들과 함께 실현시킨다는 방침 아래 탄소중립도시 추진위원회 등 다양한 협치 기구들을 구성해 논의를 진전시키며 실행해가고 있다.

이외에도 지역현안을 해결한 괄목할만한 사업들이 많다. 전국 지자체 중 유일하게 국·공립 수목원이 없었던 불명예를 벗고 남구 양과동에 명품수목원을 조성 중이고, 2021년 4월에는 서구 치평동에 광주노인회관이 새로운 모습으로 문을 열었다. 지역 문화계의 오랜 숙원사업이었던 광주문학관은 2022년 12월 개관을 목표로 건립공사가 한창 진행 중이고, 2021년 6월에는 대구~광주 달빛고속철도 건설 노력이 시작된 지 20여 년 만에 국가계획 반영이라는 중요한 관문을 통과하는 쾌거를 이뤘다.

2) '바로소통광주' 시민 공론장 역할 톡톡

시민 누구나 생활 속에서 느끼는 아이디어를 직접 제안하고, 정책화를 지원하기 위해 2019년 3월 개통한 '바로소통광주'가 온라인 민주주의 소통공간으로서의 역할을 톡톡히 하고 있다. 문재인 정부 청와대의 국민청원과 같은 역할을 하고 있다.

'바로소통광주'는 시민들이 제안한 아이디어를 시민권익위원회와 광주시가 토론과 숙의를 통해 정책화하기 위해 마련됐으며, 2019년 3월 문을 연 이후 지금까지 총 1,816건의 시민제안이 접수됐다. 연도별로는

2019년 390건(43건/월), 2020년 629건(52건/월), 2021년 상반기 797건(66건/월) 등 시민들의 관심이 꾸준히 높아지고 있는 것으로 나타났다. 시민제안 내용으로는 지역현안 이슈, 시민들이 일상생활에서 느낀 불합리한 제도나 불편사항, 고충민원 등 다양하다.

바로소통 광주는 이처럼 시민 제안이 이뤄지고 공감수가 30일 동안 50명이 되면 다음 단계인 '토론'으로 이어지며, 시민권익위원회에서 광주시 관련부서에 검토를 요청하게 된다. 또 '토론'에 참여한 시민이 30일 동안에 100명 이상일 경우 5개 분과위원회(일반행정, 도시재생교통건설, 문화관광체육, 복지교육환경, 일자리경제)와 관련된 부서가 참여한 가운데 토론과 숙의를 통해 실행방안을 논의한다.

마지막으로 시민권익위원회 전원위원회 회의에서 '정책 채택'으로 의견이 모아지면 광주시에 권고해 시민제안이 정책으로 실행되도록 실행계획을 세우고, 잘 이행되고 있는지 주기별로 모니터링해 '바로소통광주'에 게시한다.

이를 통해 시민권익위원회는 2019년 6건, 2020년 10건, 2021년 25건 등 총 41건의 정책을 광주시에 권고했다.

'바로소통 광주' 운영에 따른 성과도 톡톡히 나타나고 있다.

2020년 10월 24일 제안된 '운암3단지 재건축 지역내 경양초 이전부지 활용방안'의 경우 시민권익위 주관으로 현장간담회와 분과위를 개최해 학생과 주민이 함께 이용할 수 있는 생활복합화시설로 구축되도록 교육청과 자치구, 주민들이 머리를 맞댔다. 그 결과 2021년 4월 교육청과 북구가 광주 경양초 휴교 부지에 생활복합화시설 건립을 추진하기로 업무협약을 체결했다.

2020년 12월 12일에는 시민권익위 주관으로 시민토론과 여론조사 결과를 토대로 '2021년 예정돼 있는 광주 민간공항 이전계획을 유보하고, 군공항 이전부지에 대한 명확한 합의 이후에 시기를 결정해야 한다'고 정책권고했다.

2021년 8월에는 '전남·일신방직 재개발과 관련해 시민들의 의견 경청이 필요하다'는 제안에 대해 시민권익위 주관으로 현장간담회와 분과위를 개최해 주민 참여 방안을 주문하기도 했다.

이처럼 '바로소통광주'는 시민들이 현안에 대해 관심을 갖고 사회적 이슈로 부상시키는 것은 물론 시민 의견이 직접 정책에 반영돼 실현되도록 하는 등 공론의 장으로서 자리매김하고 있다.

3) 민관협치 조례 제정 및 민관협치협의회 구성·운영

민관협치가 지속적으로 활성화되기 위해서는 이를 제도화할 필요성이 있었다. 이를 위해 '광주광역시 민관협치 활성화 기본조례'가 2020년 7월 시의회에서 제정되었다. 이 조례에 근거하여 2021년 4월 15일 '민관협치협의회'가 정식으로 출범하였다. 시민과 함께 정책을 발굴하고 집행·평가하는 협의회가 만들어짐으로써 정책형성 과정부터 지역사회가 다양하게 참여할 수 있는 협치 체계가 마련된 것이다.

협의회가 건강한 논의와 토론을 통한 모범적인 민관협치의 장이 되어 다양한 시정 현안 해결에 중추적 역할을 할 수 있도록 내실 있게 뒷받침하고 있다. 이처럼 민관협치의 제도적 장치가 마련된 만큼 시민사회단체들이 외부에서 비판하고 견제하던 방식에서 벗어나 이제는 협의체에 참여해 함께 좋은 정책을 만들 수 있는 확실한 기반이 마련되었다.

민관협치협의회는 시장과 시민대표 1명의 공동의장 체제로 운영된다. 자치소통, 환경, 복지, 사회적경제, 자치·마을공동체, 여성, 청년, 청소년, 문화, 인권교육 등 10개 분과를 구성해 운영하고 있다. 위원은 민관협치 업무에 관심과 경험이 풍부한 시민과 단체를 대상으로 선정하며 위촉일로부터 2년 동안 활동하게 된다.

시정 현안문제 해결을 위해 시민 참여를 통한 협치를 활성화하고, 행정 - 시민 - 시민사회가 함께 시책을 마련하는 광주형 민관협치는 혁신적 협치성공모델로 자리잡아 가고 있다. 전국에서 벤치마킹의 대상이 되고 있다. 각계의 의견과 요구가 갈수록 다양해지면서 현안에 대한 시각 차이는 불가피한 현상이다. 하지만 서로가 다름을 인정하고 건강한 논의와 토론을 통해 합리적으로 결론을 내고 그 결과에 승복하는 민관협치의 모델이야말로 광주가 추구하는 민주도시의 방향과도 일치한다.

핵심성과 5 아이 낳아 키우기 좋은 맘(MOM) 편한 광주 실현

요 약

- 17개 광역자치단체 중 유일하게 광주시만 2021년에 한달도 빠짐없이 출생아수 증가
- 6단계 생애주기(만남 – 결혼 – 임신 – 출생 – 육아돌봄 – 일생활균형)별로 맞춤형 지원정책 시행
- 전국적으로 성과를 인정받아 2021년 하반기에 트리플 수상
- 출생축하금, 육아수당지급, 24시간 긴급아이 돌봄서비스와 입원 아동 돌봄서비스 시행, 난임 부부시술비 지원, 산후관리 공공서비스 시행, 아이키움 통합 플랫폼 개통 등

(1) 광주에서 아이 울음 소리가 많아지고 있다.

우리 시만 17개 광역자치단체 중 유일하게 10개월 연속 출생아 수가 증가하고 있다. 통계청이 발표한 인구동향에 따르면 우리 시의 10월까지 누계 출생아 수는 6,846명으로 지난해 같은 기간 6,214명에 비해 10.2%(632명) 증가 했다.[24] 각고의 노력 끝에 출생아 수가 6년 만에 큰 폭의 증가세로 돌아섰다.

이는 우연한 일도 반짝 효과도 아니다. 우리 시가 저출산 극복을 위해 2019년부터 3년간 6단계 생애주기별(만남 - 결혼 - 임신 - 출생 - 육아돌봄

24 전국의 2021년 1월 ~ 10월 출생아 수는 22만 4,216명으로 2020년 같은 기간 23만 2,642명에 비해 3.6%(8,426명) 감소했다.

- 일생활균형)로 지원체계를 마련하여 지속 추진해 온 '아이 낳아 키우기 좋은 맘(MOM) 편한 광주 만들기' 정책들이 현장에 녹아들면서 가시적인 성과들이 나타나고 있는 것이다.

청와대에서도 '아이 낳아 키우기 좋은 맘(MOM) 편한 정책'을 주목했다. 광주만 전국에서 유일하게 출생아 수가 계속 증가하자, 문재인 대통령이 직접 그 배경을 알아보라고 지시했고 청와대 관련 비서관이 나에게 직접 연락을 해와 설명을 요청했다. 2021년 9월 2일 곽현미 여성가족국장을 비롯한 간부 3명이 청와대를 방문해 '광주형 출산장려 정책'을 상세하게 소개했다.

또 우리 시 '아이 낳아 키우기 좋은 광주 만들기 정책'은 2021년 8월 (사)한국공공정책평가협회와 한국거버넌스학회로부터 2021 상반기 '우수행정 광역단체 최우수상'을 수상했다. 이어 2021년 9월에는 (사)한국정책학회로부터 광역지자체 중 유일하게 제10회 한국정책대상(정책상)을 수상했다. 또한, 2021년 11월에는 더불어민주당(참좋은지방정부위원회)가 주관한 2021년 지방정부 우수정책 경진대회에서 '2급 포상'을 수상하는 등 전국적으로 그 성과를 인정받아 트리플 수상을 달성하는 쾌거를 이뤘다.

(2) 광주에 내려진 특명 "저출산 문제를 해결하라"

우리 사회의 가장 심각한 문제 중의 하나가 저출산이다. 저출산은 지속가능성을 위협하는 심각한 국가적 문제이다. 영국 옥스퍼드 대학교 인구문제연구소 데이빗 콜먼(David Coleman) 교수는 2006년 유엔인구포럼에서 지구상에서 제일 먼저 인구가 사라질 나라로 대한민국을 언급했다. 또한 국회 입법조사처는 현재와 같은 저출산 기조가 지속될 경우 2750년에 대한민국이 소멸할 것이라는 전망을 내놓고 있으니 보통 심각한 문제가 아니다.

실제로 최근 혼인건수가 크게 감소하고 있고 출산율 감소로 출생아 수도 크게 줄어들고 있다.[25] 또한 우리 시는 사망자수가 출생아수를 초과하는 이른바 '데드크로스'(dead cross)가 현실화되어 2020년 인구수가 465명 자연감소(출생 - 사망)했다. 이는 관련 통계 작성이 시작된 1997년 이래 처음이다. 우려했던 일이 현실이 되고 있다.

이대로 두면 인구의 자연감소는 더욱 심화될 것으로 전망되며, 이는 생산가능인구 감소로 이어져 노동생산성 감소와 내수 시장침체를 가져와 지역 성장잠재력 둔화를 가져올 가능성이 높다.

아이가 곧 지역의 미래이자 국가의 희망이다. 아이의 울음소리가 끊기고, 이곳저곳에서 아이들이 뛰어놀지 않는 도시는 미래가 없다. 초저출산에 따른 인구절벽을 극복하지 못하면 도시의 지속가능성도 확보할 수 없다. 시대를 선도해온 우리 광주가 나서야 할 때라고 판단했다. 과거 의병활동, 독립운동, 민주화운동으로 국가를 지켜냈다면, 이제 초저출산 문제 해결로 나라를 지켜내야 한다. 그것이 우리 광주에 주어진 시대적 책무라는 인식하에 아이를 낳으면 광주공동체가 책임지는 저출산대책을 민선 7기 들어 꾸준히 추진해오고 있다.

한편에서는 일자리 창출과 지역경제활성화를 위해 광주형 3대 뉴딜로 대표되는 미래 산업을 집중 육성하여 시민들에게 희망을 주고 다른 한편에서는 아이 낳아 키우기 좋은 환경을 만드는 데 행정력을 집중해 광주시의 지속가능한 발전을 견인해나가고 있다.

---

25 출처 : 통계청, 인구동향(2021. 2. 24. 발표)

<통계로 본 저출산문제의 심각성>

우리 시 인구 자연증가는 2003년까지만 해도 1만 명을 넘겼으나 이후 급속도로 감소하였다. 2018년에는 1천명대(1,324명)로 급추락하고, 2019년에는 1천명대가 붕괴돼 2020년에는 인구 자연감소로 이어졌다.

혼인건수를 보면 2015년에 전국은 30만 2,828건(광주 7,945건)이었으나, 2020년에는 21만 3,502건(광주 5,560건)으로 5년 만에 8만 9,326건(광주 2,385건)이 감소하였다. 더욱이 평균결혼연령은 높아지고 있다.

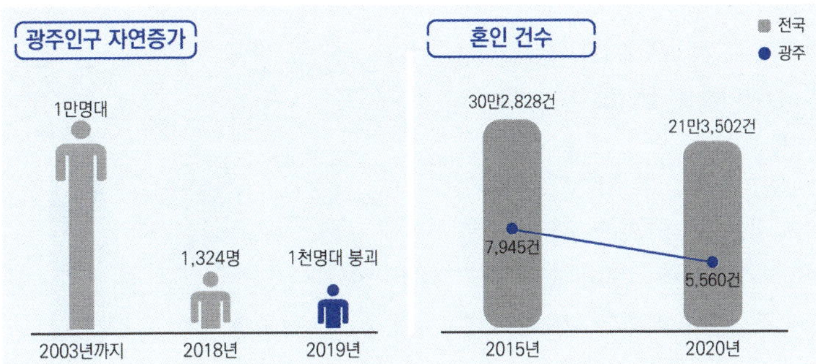

여성 1명이 평생 동안 낳을 수 있는 평균 자녀수인 합계출산율은 2015년에 전국은 1.24명(광주 1.21명)이었으나 2020년에는 0.84명(광주0.81명)으로 5년 만에 0.4명(광주 0.4명)이나 감소하였다. 이에 따라 출생아 수도 2015년에 전국은 438,420명(광주 12,441명)이었으나 2020년에는 272,337명(광주 7,318명)으로 5년 만에 166,083명(광주 5,123명)이 감소하였다.

우리나라는 OECD 36개 회원국 중 합계출산율이 1명도 안되는 유일한 국가가 됐다. 국가에서 저출산고령사회위원회까지 만들어서 운영하고 있지만, 출산율은 회복될 기미를 보이지 않고 있다. 우리 광주는 합계출산율이 2015년 1.21→2016년 1.17→2017년 1.05→2018년 0.97명→2019년 0.91명→2020년 0.81명으로 2015년 이후 5년 연속 가파른 감소세고 2020년에는 최저치를 기록했다. 우리 광주의 출산율은 전국 평균보다 대체로 낮은 수준을 유지해왔다.

이로 인해 2020년 광주지역 출생아 수는 전년 대비 12.5%(1천46명) 감소한 7천318명으로 집계돼 사상 처음으로 8천명을 밑돌았다.

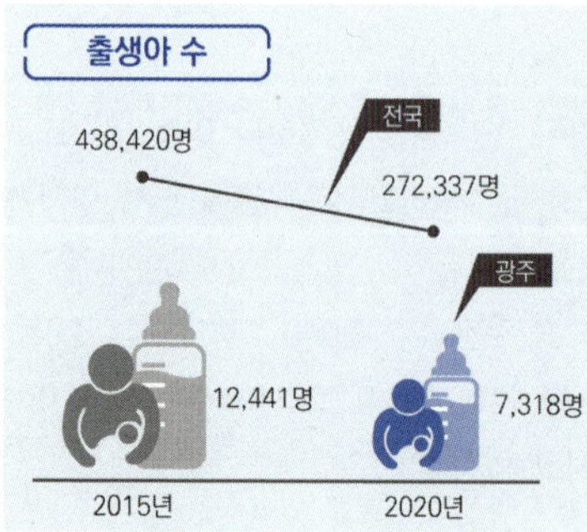

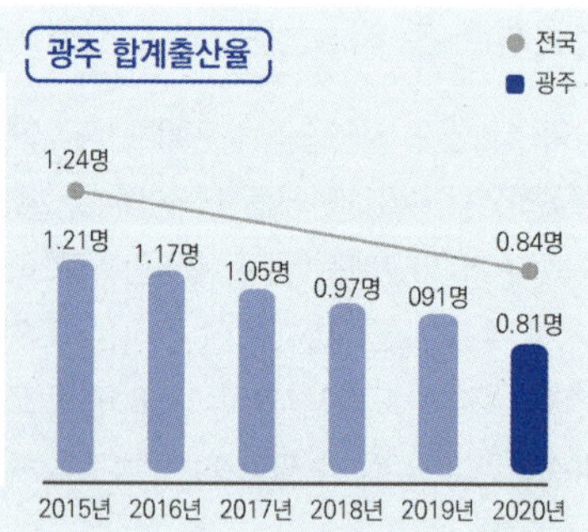

이에 비해 사망자 수는 고령화 현상이 심화되면서 완만한 증가세를 보였다.

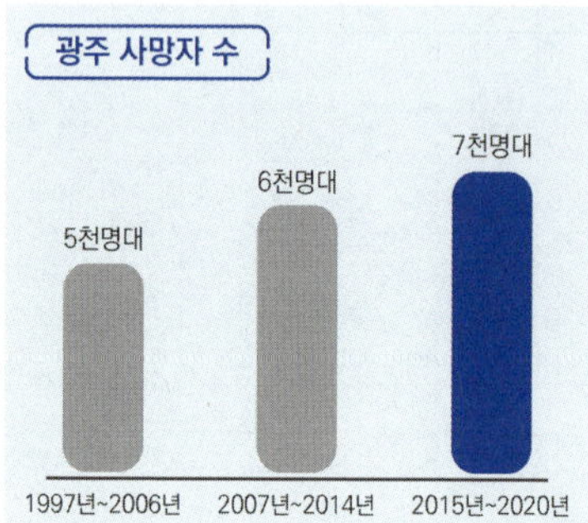

2020년 사망자 수는 7천785명을 기록해 전년대비 1.9%(150명) 소폭 증가했다. 사망자는 1997~2006년 기간에 5천명대, 2007~2014년 기간에 6천명대, 2015~2020년 기간에 7천명대로 증가하고 있다.

이처럼 사망자 수는 24년 전인 1997년(5천735명)보다 35.7%(2천50명) 증가한 반면, 같은 기간 출생아 수는 66.2%(1만 4천366명) 감소해 사망자 증감률보다 빠른 속도로 출산율 감소가 이어졌다.[26]

(3) 아이를 낳고 키우는 일에 광주 전체가 나섰다.

아프리카 속담에 '아이 하나 키우는 데 온 마을이 필요하다'고 했다.

젊은 부부들이 "아이 낳아 키우는 동안이라도 광주 가서 살자"는 말이 나올 정도로 아이 낳아 키우기 좋은 맘 편한 광주를 만들고 싶었다. 아이

26 출처 : 국가통계포털

들이 건강하고 안전하게 자랄 수 있는 도시라면 그 누구도 행복할 수 있을 것이라 믿는다. 육아와 출산은 결코 개인만의 일이 아니며 여성이 짊어져야 하는 굴레는 더더욱 아니다.

광주지역 출생아 수는 2018년에 처음으로 1만명 이하(9,105명)로 떨어졌다. 이에 우리 시는 출산율 제고를 위해 2019년 7월부터 저출산극복정책개발 T/F를 운영하며 함께 키우고 함께 행복한 광주, '아이 낳아 키우기 좋은 환경 조성을 위한 정책 시리즈'를 발표하고 만남·결혼·임신·출생·육아돌봄·일생활균형 등 6단계에 걸친 생애주기별 지원정책을 추진해 오고 있다. 아이 낳아 키우기 좋은 광주 실현을 위해 머리를 맞대고 제도를 바꾸며 환경을 지속적으로 개선해왔다.

<생애주기별 주요지원정책>

① 만남 : '광주청년잇다' 소통앱. '응답하라2030' 청년동아리 지원
② 결혼 : 행복플러스건강 지원, 신혼부부 전세자금 대출이자 지원
③ 임신 : 난임부부시술비 지원, 임산부근로자 고용유지 지원
④ 출생 : 출생육아수당, 산모신생아 건강관리 지원, 광주형 산후관리공공서비스 지원
⑤ 육아돌봄 : 광주아이키움 통합플랫폼 운영(2020. 12. 16. 개통), 입원아동 돌봄서비스, 24시간 긴급아이 돌봄센터 개소, 손자녀돌보미 지원, 아동수당 보편지급, 다함께 돌봄센터 설치·운영, 여성가족친화마을 돌봄 확대
⑥ 일생활균형 : 육아휴직 업무대행 수당지원, 가족돌봄거점 '가족센터' 설치

<쌍둥이를 세 번 연속 낳은 위대한 시민>

'아이 낳아 키우기 좋은 광주' 만들기 위해 동분서주 하고 있을 때다. 2019년 4월, 우리 광주에 경사가 났다. 쌍둥이는 신의 선물이라고 하는데, 광주 남구에 거주하는 고성진·진윤순 부부가 연속해서 세 번이나 쌍둥이를 낳은 것이다.

얼마나 반가운 일이었는지, 날짜도 잊혀지지 않는다. 2019년 4월 10일 다섯째, 여섯째 쌍둥이 아이들을 건강하게 출산했다는 소식에 산모가 회복되는 며칠을 기다리다 한 걸음에 병원을 찾아 축하인사를 전했다.
저출산 문제가 심각한 상황에서 출산 소식도 반가운 데, 자연임신으로 쌍둥이를 세 번 연속 낳은 것은 가족 당사자들은 물론 우리 광주에도 경사스러운 소식이었다. 확률적으로도 5천만 명당 1명일 정도로 극히 드문 일이라 언론의 관심도 컸다. 국내 최초였다. 나는 이들 부부가 정말 고맙고 자랑스러워 2019년 세계수영선수권대회 개막식에 VIP로 초청했다. 하지만 기쁨도 잠시 한편으로는 아이 여섯을 키워야 하는 젊은 부부의 어깨가 너무도 무거워 보였다.
이 좋은 일이 그냥 축하와 격려로만 끝나서는 안 된다고 생각하고 보육을 개인이나 가정의 문제로 두지 않고 우리 사회가 함께 책임져야 한다는 다짐을 했다.

1) 광주시청부터 달라지자

나는 아이를 낳아 키우며 일하는 딸과 며느리를 가까이 보면서 일가정 양립의 어려움과 중요성을 절실히 느껴왔다. 시장에 취임하고 곧바로 우리 시 육아휴직, 출산 휴가를 다녀온 직원들의 육아고충을 듣는 시간을 마련한 것도 저출산 문제가 시대적 과제라는 점과 함께 이런 개인적 경험도 한몫을 했다.

저출산 문제의 심각성만큼이나 육아 현실도 녹록치 않았다. 친정이나 시댁에서 아이를 봐주는 것은 그나마 좋은 환경이다. 이마저도 어려운 맞벌이 부부에게 육아는 가장 큰 고민거리일 수밖에 없었다. 한창 아이들에게 손이 갈 때이고, 사랑과 관심을 쏟으며 부족함 없이 잘 키우고 싶지만, 마음뿐인 속상한 현실에 엄마아빠 직원들은 결국 눈물을 터트렸다. 만감이 교차했다. 직원들의 하소연을 들으니 또 다른 책임감과 미안함이 밀려왔다.

아이 낳아 키우기 좋은 광주 만드는 일이 우리 시청 안에서부터 시작되어야 함을 느꼈다. 일가정 양립 분위기가 우리 시청에서부터 뿌리내려

공공기관과 민간 사업장 등 지역사회 전반으로 뻗어나갈 수 있도록 만전을 기해 달라는 당부를 했다.

우선 직원들이 마음 놓고 아이를 맡길 수 있도록 직장 어린이집 시설을 확충했고, 보육 서비스의 질을 높여 다른 기업이나 기관의 선도모델이 될 수 있도록 지원했다. 그리고 출신과 육아의 필요성에 대한 인식 전환과 직원 교육, 제도 개선, 인사 불이익 방지 등 우리 스스로 할 수 있는 일부터 실천해나갔다.

직원들과의 면담 시 가장 많이 요청해왔던 것이 시청 어린이집 정원을 늘려달라는 것이었다. 우리 시청어린이집부터 공공형 선도모델로 전환했다. 시청어린이집 정원을 84명에서 2019년 3월부터 128명으로 늘렸고, 또한 그에 상응하여 어린이집 시설과 야외놀이터도 넓혀 보육에 대한 부모의 부담을 조금이나마 줄였다.

2021년 9월부터는 '아이 낳아 키우기 좋은 직장문화 조성'을 위해 시청사 12층에 '임산부 맘(MOM) 편한 쉼터'를 열었다. 또한 임신 중이거나 5세 이하 자녀를 둔 직원들이 법적으로 하루 2시간씩 보장받을 수 있는 모성보호시간과 육아시간을 적극 활용할 수 있도록 오전 10시에 출근해서 오후 5시에 퇴근하는 등 하루 2시간을 개인사정에 맞게 잘 활용할 수 있도록 부서장과 동료들의 세심한 배려를 부탁했다.

복지 강국으로 소문난 스웨덴의 경우 아이를 키우는 부모는 단축 근무, 돌봄 휴가제, 보육 지원 서비스를 누구의 눈치를 보지 않고 당당하게 활용하고 있다. 이것은 사회적으로 당연시되는 문화가 정착이 되어 있기 때문이다. 우리 광주시청부터 그런 분위기를 만들어 광주전역으로 확산시키고 싶었다.

우리 광주의 맞벌이 가구의 비중은 48.6%로 세종시를 제외한 광역시 중에 가장 높다. 여성의 경제활동 참여율이 다른 지역에 비해 높다는 점은 긍정적이지만 일과 가사·육아 병행으로 돌봄의 어려움이 상대적으로 크다는 의미이기도 하다.

2) '아이 낳아 키우기 좋은 광주만들기 추진본부' 출범

우리 광주의 저출산과 청년인구유출문제 해결을 위한 민·관·학 협력체이자, 광주돌봄공동체 실현을 위한 광주시 컨트롤타워가 필요했다. 그래서 우리 시와 시의회, 5개 구청, 그리고 돌봄기관과 의료기관, 교육계의 전문가들로 구성된 '아이 낳아 키우기 좋은 광주만들기 추진본부'를 2019년 12월 20일 출범시켰다.

3) 2021년부터 출생축하금 및 육아수당 지급

어떻게 해야 젊은이들이 결혼을 하고 아이를 낳고 싶은 생각을 갖게 할 수 있을까? 주거· 양육 ·교육에 대한 현실적인 고민들이 결혼과 출산을 주저하게 만들고 있어 이를 해결해주는 것이 급선무라고 판단했다. 우선 아이를 키우는 부담부터 덜어주기로 했다.

그래서 나는 출생축하금과 매월 일정금액의 수당을 지급하는 방안을 제안하고 여성가족국으로 하여금 검토하도록 했다. 일부에서 부정적인 의견도 있었지만 내 의지는 확고했다. 출생축하금의 경우 첫째아이 100만원, 둘째아이 150만원, 셋째아이 이상은 200만원을 지급하고, 육아수당은 매월 20만원씩 생후 24개월 동안 지급하기로 결정했다.

그러나 시의회에서 일부의원의 반대에 직면했다. 결국 시의회 심의과정에서 출생축하금은 아이 숫자에 상관없이 100만원으로 축소되었고 양육수당은 매월 20만원씩 24개월 동안 지급하기로 최종 결정되었다. 이에 따라 전국 8개 특·광역시 중 최초로 2021년부터 출생아 1명당 100만원씩 '출생축하금'을 지급하고 있으며 24개월 이하 아동을 대상으로 매월 20만원씩 2년간 총 480만원의 '육아수당'도 지원하고 있다.

중앙정부가 지원하는 아동수당 10만원 및 가정양육수당 20만원(또는 어린이집 보육 지원 48만원) 등을 합하면 적지 않게 도움이 되는 금액이다.

2022년부터는 광주에서 태어나는 출생아에 대해 2년간 1,740만원을 지원한다. 쌍둥이 등 다태아 출생 가정에게는 여기에 100만원을 추가 지급한다.

※ 1,740만원 = 광주시 출생축하금 100만원 + 정부 첫만남이용권 200만원 바우처 + 광주시 육아수당 24개월간 월 20만원 + 정부 아동수당 24개월간 월 10만원 + 정부 영아수당 24개월간 월 30만원 + (광주시 다태아 출생축하금 100만원)
※ 정부 첫 만남이용권 200만원 : 국가 75%, 시청 12.5%, 구청 12.5% 부담
※ 정부 아동수당 24개월간 월 10만원 : 국가 80%, 시청 14%, 구청 6% 부담
※ 정부 영아수당 24개월간 월 30만원 : 국가 75%, 시청 17.5%, 구청 7.5% 부담

4) 공공보육 이용률 40% 추진

2022년까지 공공보육 이용률 40% 달성을 위해 국공립어린이집 121개소를 확충하고 또한 보육의 공공성 강화는 물론 질 높은 보육서비스를 제공해 부모들이 안심하고 아이를 맡길 수 있는 공보육을 강화토록 했다.

국비와 시비를 확보해 2018년 1개소, 2019년 15개소, 2020년 40개소, 2021년 34개소 등 4년간 90개소의 국공립어린이집을 확충했다. 2022년 31개소를 설치해 목표를 달성할 계획이다.

특히, 국공립어린이집 확충 활성화를 위해 국비 : 시비 : 구비 부담비율 50 : 25 : 25 중 시비 : 구비 비율을 35 : 15로 시비 보조율을 확대하여 자치구 부담을 경감하였으며, 사회복지법인이나 민간어린이집이 국공립으로 전환시 리모델링비나 공동이용시설개선비로 개소당 5천만원을 지원하였다. 또한, 광주형 일자리 공동직장어린이집과 거점형 공공직장어린이집을 2022년 3월 개원할 예정이다.

5) 24시간 긴급아이 돌봄센터 개소 및 입원아동 돌봄서비스 시행

우리 시는 2019년 9월 전국 광역자치단체 최초로 '24시간 긴급아이 돌봄센터'를 개설했다. 이 돌봄센터에서는 부모가 직장에서 갑자기 야근해야 하거나 경조사, 응급진료 등 예기치 않은 상황으로 아이를 돌보기 어렵거나 긴급돌보미를 구해야 할 때 부모들이 걱정 없이 아이를 맡길 수 있는 24시간 돌봄서비스를 제공한다.

이용 대상은 6개월부터 취학 전 영유아이며, 일요일과 공휴일을 제외하고 24시간 가능하다. 단, 24시 이후에는 13개월 이상 영유아만 맡길 수 있다.

이 서비스는 광주육아종합지원센터에서 먼저 시행한 이후 2021년 6월부터는 서구 육아종합지원센터도 서비스를 도입해 운영하는 등 자치구로 확대해 나가고 있다.

이와 함께 2019년 11월에는 전국 광역지자체 최초로 병원에 입원한 만 12세 이하 아동을 대상으로 연간 150시간씩 '입원아동 돌봄서비스'도 시행에 들어갔다. 아이가 아파 병원에 입원하면 아동전문 간병교육을 받은 병원아동보호사가 아동간병 및 투약 돕기, 정서적 지원 등을 종합적으로 제공해 부모들의 전폭적인 호응을 얻고 있다.

2019년 12월, 우리 광주는 유니세프로부터 '아동친화도시' 인증을 받았다. 이후 2020년 조직개편으로 아동친화팀을 설치해 아동친화도시 성공모델을 만드는 데 적극 나서고 있다.

더불어 2022년 착공할 인공지능 기반 어린이 상상놀이터를 포함하는 광주어린이회관을 2024년까지 건립하여 아동·청소년의 건강한 놀이문화 제공과 행복한 성장을 지원할 계획이다.

6) 난임부부 시술비 지원

2019년 11월 어느 날.

"첫 아이만이라도 품에 안고 싶다"는 난임부부들의 애절한 글들이 우리 시 정책 제안 플랫폼 '바로소통광주'를 뜨겁게 달궜다. '난임시술 건강보험 적용 횟수 소진자들의 경제적 부담을 덜어달라'는 제안에 공감 댓글이 기하급수적으로 달렸다. 토론이 24일 동안 이어졌고 총 676건의 댓글이 달렸다. 당사자들의 절절한 심정부터 응원·지지하는 글까지 하나도 빼놓지 않고 모두 읽었다.

저출산이 심각한 문제라고 말하면서도, 정작 우리 시민들의 현실적인 고통과 아픔을 먼저 살피지 못했다는 미안함에 잠을 이룰 수가 없었다. 더군다나 경제적 부담, 심리적·육체적 고통을 모두 감수하면서라도 '아이를 낳을 수만 있으면 뭐라도 하겠다'는 난임 부부들의 절박한 사정을 가슴에 새기고 바로 실천에 들어갔다.

서둘러 시민권익위원회와 복지건강국에 지원방안을 마련토록 지시하고 속도감 있게 추진했다. 그 결과 2020년 1월부터 건강보험 적용이 끝난 난임 부부에세도 시술 1회당 최대 150만원씩 연 4회까지 지원하고 있다. 임신 가능 시기까지 지원토록 했다. 체외수정, 인공수정 시술비 중 비급여 및 본인부담금의 최대 17회를 지원하고, 정부 지원횟수가 소진될 경우 전액 시비로 연 최대 4회까지 추가 지원하는 내용이다. 이와 함께 광주시 한의사협회와 난임 진단 여성에 6개월간 체질 및 건강상태에 맞는 집중케어를 실시하기 위해 한방 난임 치료비지원 사업도 실시했다.

지성이면 감천이라고 정부와 우리 시의 지원을 받은 난임부부들이 임신에 성공하고 있다. 2021년 3분기까지 난임부부 1,352쌍이 임신에 성공했다. "첫 아이만이라도 품에 안고 싶다"는 난임부부들의 간절한 호소에 우리 시가 응답한 결과다. 행정의 관심과 지원이 놀라운 결과를 낳은 것이다. 무엇보다 난임여성의 경제·심리적 고통을 덜어주고 있어 참으로 다행이다.

7) '광주아이키움' 통합플랫폼 개통

아무리 좋은 정책을 만들어도 수요자가 모르고 제대로 활용하지 못하면 무용지물이다. 그동안은 돌봄서비스가 중앙정부 - 지자체 - 각 돌봄기관에서 각각 운영됨에 따라 서비스 이용이 불편하고 비효율적이라는 문제점이 있었다.

우리 시는 아이 낳아 키우기 좋은 광주 만들기 정책 통합서비스를 제공할 '광주 아이키움'(www.광주아이키움.kr) 통합플랫폼을 만들어 모든 정보, 정책, 서비스를 하나로 모아 제공하고 있다. 이곳에서 청년 만남·결혼지원부터 임신·출생·육아돌봄·일생활균형에 이르기까지 맞춤형 통합정보를 제공하고 서비스 이용 예약과 상담 기능까지 원스톱 서비스가 이뤄지고 있다.

8) 임신부 직장맘, '맘편한 패키지' 시행

"임신 6개월 차로 그동안 사무실에 휴게실이 별도로 없어서 쉬는 것이 힘들었는데, 광주시가 대여해 준 맘편한 의자를 점심시간에 180도로 눕혀 휴식을 취하니 너무 편해요."
"콜센터 관리자로서 그동안 임신부들이 오랜 시간 앉아서 전화 상담을 하며 허리에 무리가 많이 가 힘들어 하는 것을 보며 안쓰러웠는데, 담요를 덮고 편한 의자를 이용하면서 근무하기 편해지고 일의 능률이 올라 안심이 된다."

임신부 직장맘이 직장에서 마음 편히 일을 할 수 있도록 돕는 '임신부 직장맘 맘편한 패키지' 지원 사업이 이용자들의 호응을 얻고 있다. 우리 시 일가정양립지원본부가 2021년 3월부터 '아이 낳아 키우기 좋은 맘편한 광주만들기' 사업의 일환으로 임신부 직장맘 편한 사업을 시행하고 있다.

지원 사업은 임신부 전용 맘편한 의자를 무료 대여하고, 전자파 방지를 위한 담요·임산부 배려푯말 등 직장생활에 필요한 직장생활 꾸러미, 근무환경 개선을 위한 모·부성 노무컨설팅 등 3개 분야를 종합 지원하고 있다.

임신부 전용 의자는 대기업 등에서 임신부 직원에게 직원복지 차원에서 제공한 적은 있었으나, 직장맘의 일생활균형을 위해 무료로 출산휴가 전까지 대여하는 것은 전국 최초로 광주가 유일하다.

임신기간 무료로 대여하며 기존 업무용 의자보다 의자폭이 넓고 등받이가 180도까지 기울어져 편리하다. 또 침대형 틸트시스템이 적용돼 점심시간 등에는 간이침대로 활용할 수도 있다.

직장생활꾸러미는 임신부 직장맘의 고민을 세밀하게 분석해 전자파 차단 담요, 스트레스 완화 손 인형, 임산부 사무실 보호푯말 등을 제공해 즐거운 직장생활을 할 수 있도록 돕는다.

노무사의 전문적인 모·부성 노동컨설팅은 공인노무사의 임신부 단축시간 근무, 출산휴가 사용법, 배우자 출산휴가 및 육아휴직 활용 등을 제공한다.

9) 지역 사회와 '아이 낳아 키우기 좋은 광주 만들기' 상호 협력

2021년 6월 우리 시와 광주지역 의료계가 '아이 낳아 키우기 좋은 광주 만들기'에 손을 맞잡았다. 우리 시는 광주시의사회, 산부인과병원, 아동병원 등과 '아이 낳아 키우기 좋은 광주 만들기 상호협력을 위한 업무협약'을 체결하고 ▲ '아이 낳아 키우기 좋은 광주 만들기'를 위한 이해와 협력 증진 ▲ 임신·출산 친화환경 조성 ▲ 생애주기별 지원정책 대시민 홍보 ▲ 통합정보 플랫폼 '광주아이키움' 공유·활용 등 상호 업무협력이 가능한 사항에 대해 협력하기로 하였다.

2021년 9월에는 지역 산후조리원(5곳)과 광주형 산후관리 공공서비스 활성화를 위해 손을 맞잡았으며, 11월에는 광주광역시 기독교교단협의회 및 광주CBS와 초저출산 사회와 인구절벽 위기 극복을 위한 이해와 협력 증진, 여성·아동 친화환경 조성 등에 함께 힘을 모으기로 했다.

10) 청년·신혼부부의 주거안정 대책 마련

우리 시는 2021년 7월 1일부터 '광주아이키움 신혼부부 전세자금 대출이자 지원' 사업을 시행하고 있다. 이번 사업은 주거비 마련 부담 때문에 결혼과 출산을 고민하는 청년층과 신혼부부의 주거 안정을 지원하기 위해 마련됐다.

대상은 2021년 1월 1일 이후 '주택도시기금' 신혼부부 전용 전세자금을 신규 또는 연장 대출하고 3개월 이내 혼인 예정이거나 혼인기간이 7년 이내인 무주택 신혼부부다. 대출이자 지원기간은 대출일로부터 기본 2년이며, 2년마다 대출 연장여부에 따라 갱신이 가능하고 최대 6년까지 지원한다. 지원은 무자녀 0.5%, 1자녀 0.7%, 2자녀 이상 1.0% 등 차등 적용되며, 은행에 납입한 총 이자액 범위 내에서 이뤄진다.

또한, 청년과 신혼부부 등 무주택 서민의 주거안정을 위해 집 걱정 없는 '광주형 평생주택'을 확대하여 2030년까지 1만 8,000호를 공급할 계획이다.

특히 집값의 10%만 내면 입주가 가능하고 시세보다 저렴한 임대료로 10년 동안 거주한 후 분양받는 방식의 '누구나집' 750호를 남구 에너지밸리에 마련하는 등 청년과 신혼부부의 행복주택 공급을 확대할 계획이다.

11) 광주형 산후관리 공공서비스 시행

2021년 7월부터 산모·신생아를 위한 광주형 산후관리 공공서비스를 모든 임산부에게 지원하고 있다. 전국 광역지자체 중 처음으로 출산 가정에 건강간호사를 파견해 전문적으로 관리하고 아기 수면, 육아 관련정보 등을 제공해 산모의 만족도를 높이고 경제적 부담이 완화되도록 지원하고 있다.

기존에 전국적으로 시행해온 '산모·신생아 산후관리' 사업은 주로 산모 식사나 단순 가사지원에 머물렀으나, '맘편한 출산' 환경 조성을 위해 전문 교육을 이수한 간호사 또는 조산사가 출산가정을 방문해 산모의 유방관리, 모유수유를 돕고 신생아 수면을 관리하는 등 전문적으로 산모와 신생아의 건강을 관리해주는 맞춤형 서비스를 도입했다.

지원대상은 광주시에 거주하고 있으며 출산한 지 120일 이내인 산모다. 광주시는 출산가정의 경제적 부담 완화 등 출산 지원을 강화하기 위해 지원대상에 제한을 두지 않고, 하루 4시간씩 총 5회 나눠 이용할 수 있도록 했다. 이용가격은 시간당 2만원이며, 개별가구 소득수준에 따라 최대 90%까지 지원한다.

12) 이외에도 …

우리 시는 전국 최초로 임산부 근로자의 출산 전후 출산휴가로 발생하는 사업주 부담금인 건강보험료와 퇴직적립금 등을 지원해 기업의 고용부담을 덜고 임산부의 고용이 유지되도록 돕고 있다.

또한 '출산맘 나눔가게' 확대 방안도 마련 중에 있다. 출산맘 나눔가게는 출산육아 관련 용품을 물물교환하거나 기부 받아 필요한 가정에 무료로 나눠주는 곳으로 2021년 2월 남구 진월동에 개소했다. 출산가정의 경제적 부담을 덜고 자원순환으로 환경도 살리며, 나눔과 연대의 광주정신을 실천할 수 있는 '일석삼조'의 효과로 시민들에게 큰 호응을 얻고 있다. 개소 후 5개월만에 1,500여 명의 시민들이 나눔가게를 이용했다. 이처럼 좋은 시책을 보다 많은 시민들이 참여하고 누릴 수 있도록 나눔가게 운영을 확대하는 방안을 적극 검토하고 있다.

또한 2021년 상반기에는 '맘편한 결혼·임신' 환경조성을 위해 첫아이 임신 계획 중인 300여 가정에 건강검진비를 지원했으며, 2021년 추석 명절을 맞이하여 마련한 제14차 민생안정대책에서는 임산부에게 각 30만원씩 지원하였다.

2022년에는 임산부 가사의 어려움을 덜어주고, 맘(MOM) 편한 출산을 돕기 위해 관내 3개월 이상 거주하는 막달 임신부 1,000명에게 출산 전 5개월(임신 21주)부터 출산예정일까지 가사지원(5회 × 4시간) 또는 정리수납(1회) 서비스 이용을 임신부 1인낭 최대 20만원까지 지원한다.

또한, 우리 시 300인 미만의 사업장 소속 근로자의 육아기 근로시간 단축으로 삭감되는 연차보상비(1인 최대 30만원)를 지원하며, 초등자녀 입학기(3~7월) 동안 근로자 10시 출근제 도입 사업장에 2개월 인건비 손실분을 지원하는 초등입학기 10시 출근제 도입장려금 등 일생활균형을 지원한다.

핵심성과 6 코로나19 선제적 대응으로 광주공동체 지키고 K-방역 성공 견인

요 약

- 수차례의 위기에도 광주시 방역당국의 선제적 대응, 의료진의 헌신적 노력, 시민들의 적극적인 방역수칙 준수로 시민 안전을 지키고 K-방역 성공 견인
- 7개 특·광역시 중 인구 10만명 당 확진자 비율과 사망자 수 최소
- 전국 최초 대구에 병상제공 → 전국 지자체로 확산되어 국민적 방역 역량 결집
- 코로나19로부터 지역경제 지키기 위해 민생안정대책 15차례 발표 및 코로나19 특별주간 운영

(1) 나눔과 연대의 시민정신이 광주지킴이 역할

21세기 인류의 역사는 코로나19 이전과 이후로 나뉜다고 해도 과언이 아닐 것이다. 2019년 말 중국에서 최초 발생한 코로나19[27] 팬데믹은 2020년과 2021년, 전 세계를 공포로 몰아넣었다. 우리의 삶을 송두리째 바꾸어 놓았고, 다른 한편에서는 4차 산업혁명과 기후위기 대응을 가속화시킨 효과도 크다.

우리나라 국내 코로나19 첫 확진자는 2020년 1월 24일 중국 우한에

27 코로나19의 정식 명칭은 '코로나바이러스감염증 - 19'로서 2019년 12월 중국 우한에서 처음 발생한 뒤 전 세계적으로 확산된, 새로운 유형의 코로나바이러스에 의한 호흡기 감염질환이다.

서 상하이를 거쳐 인천공항에 입국한 50대 남성이다. 우리 시는 그로부터 10여 일이 지난 2월 3일 첫 확진자(전국 16번째)가 발생했다.

우리 광주는 2015년 메르스 사태 당시에도 선제적 대응과 높은 시민의식으로 메르스 확진자가 단 한명도 발생하지 않은 청정지역이었다. 이번 코로나19 역시 매순간이 긴장과 위기의 연속이었지만 방역당국의 선제적이고 실효성 있는 대응과 시민들의 적극적인 방역수칙 준수 그리고 의료진의 헌신적 노력으로 시민의 생명과 광주공동체의 안전을 지켜낼 수 있었다.

우리 광주시는 위기 상황에서 더욱 강하게 결집하고 나눔과 연대의 광주정신을 발휘하는 특별한 DNA를 갖고 있음이 이번에도 여실히 입증되었다.

<7개 특·광역시 중 인구 10만명당 확진자 최소, 사망자 최소>

코로나19 감염은 무엇보다 인구밀도에 크게 영향을 받는다.[28] 광주시의 인구밀도(2,891명/㎢)는 서울(15,128명), 부산(4,182명) 다음으로 전국에서 3번째로 높다.[29] 그럼에도 인구 10만명당 확진자 수는 전남, 전북에 이어 3번째로 낮은 수준을 유지하고 있다(2022. 1. 1. 현재). 전남 전북은 인구밀도(134 ~ 216명)가 광주 대비 현저하게 적은 것을 고려하면 광주가 사실상 전국에서 가장 모범적으로 잘 관리되었다고 할 수 있다.

28 美 텍사스 오스틴대학 연구팀은 '환경연구와 공중보건 국제저널'에 게재한 논문에서 인구밀도가 1,400명/㎢ 이상시 확산속도가 빠르다고 분석

29 출처 : 2019년 인구주택총조사

특히 우리 시는 전국 최초 민간공동대책위원회 운영, 대구에 병상 제공, 해외 입국자 도착 즉시 시설격리를 비롯해 정부와 다른 지자체보다 한발 빠른 선제적이고 실효성 있는 방역조치를 통해 지역감염 확산을 차단함과 동시에 대한민국의 방역을 선도하였으며 이른바 K방역을 세계의 모범으로 우뚝 세워내는 데 크게 기여했다.

<美 전직 고위 관료 "광주시 방역체계 모범사례로 소개">

세계적인 분자생물학자이며 미국 과학자연맹회장을 역임한 알리 누리박사(바이든 정부의 고위관료 출신)는 2021년 8월 9일 자신의 트위터에서 '한국에서 가장 낮은 코로나19확진을 보이고 있는 광주의 방역시스템을 미국을 비롯한 세계 각국이 적극적으로 배워야 한다'고 조언해 화제가 되었다.

그는 "광주는 지난해 확진자가 발생한 즉시 접촉자를 확인하기 위한 인터뷰(역학조사)를 진행했고, 휴대전화 위치와 신용카드 사용내역 분석을 통해 세심한 접촉 추적을 수행해 왔다"고 설명했다.

특히 "밀접 접촉자에 대한 자가격리와 적극적인 모니터링은 물론 시민들에게 발빠른 진단검사를 받게 하면서 한국의 지자체들 중에서 보건위기를 가장 효과적으로 억제했다"고 평가했다.

자신의 트위터에 세계 각국이 광주시의 방역대응을 보다 쉽게 따를 수 있도록 영문으로 다룬 광주시의 방역체계도를 공유하면서 "광주시가 코로나19 상황을 매우 체계적으로 관리해 왔음을 보다 쉽게 확인할 수 있다"고 소개했다.

또한 시시각각 변화하는 코로나19 상황에 발빠르게 대응하기 위해 재난안전대책본부장인 내가 중요한 때마다 직접 언론 브리핑을 통해 시민들의 협조를 요청했다. 또한 매일 아침 8시 30분에는 하루도 빠뜨리지 않고 <코로나19 팩트체크>를 페이스북과 트위터 등에 올려 시민들과 상황을 공유하고 협조를 요청했다(2021. 12. 31. 691번째 발송).

또한 우리 시는 촘촘한 방역망 구축에 최선을 다하면서도 또 다른 한편에서는 코로나19로 인해 경제적 어려움을 겪고 있는 시민들에게 도움이 되고자 필요할 때마다 실기하지 않고 15차례에 걸쳐 민생안정대책을 발표했다.

<광주시의 선제적·선도적 코로나19 대응 조치들>

① 국내 첫 병원 코호트 격리 실시 (2020. 2. 5.)

② 대구 환자에게 광주 병상을 제공·치료하는 병상연대 실시 (2020. 3. 1.)

③ 전국 최초 민관공동대책위원회 구성 (2020. 3. 6.)

④ 전국 최초 해외입국자 도착 즉시 시설격리(2020. 3. 24.)

⑤ 전국 최초 격리해제 전 의무검사 시행 (2020. 3. 29.)

⑥ 복지건강국에 감염병관리과와 보건환경연구원에 신종감염병과 신설

⑦ 전국 지자체 중 최초 사회적 거리두기 2단계 격상(2020. 7. 1.)

⑧ 전국 최초 관내 요양시설 전수검사(2020. 7. 7. ~)

⑨ 전국 최초 코로나19 후유증 극복센터 및 엄정처벌위원회 운영 (2020. 8. 31. ~)

⑩ 광주형 자율책임방역제 시행 (2021. 6. 7.)

⑪ 특·광역시 최초 전 업종 8인(종전 4인)이하 사적모임 허용 (2021. 6. 18.)

⑫ 전국 유일 오후 10시까지 가동하는 선별검사소(광주시청) 운영 (2021. 5. ~) 등

(2) 코로나19 위기와 극복 과정

1) 1차위기 : 광주 첫 확진자 발생 및 신천지발 감염 확산(2020. 2. 3. ~)

우리나라에서 2020년 1월 24일 첫 확진자가 발생한 이후 우리 시는 지역재난안전대책본부를 가동하면서 지나치다 할 정도로 방역에 주력했다. 그럼에도 2월 3일 첫 확진자가 발생하였다. 광주 첫 확진자는 태국 여행 후 1월 19일에 입국하였으나 1월 25일 저녁부터 오한 등 증상이 있어 2월 3일 전남대학교 병원 음압병동에 격리조치 후 광주 보건환경연구원에 의뢰해 실시한 검사결과 양성으로 최종 확인됐다.

우리 시는 광산구 소재 ○○병원에서 첫 확진자가 발생하자 국내 최초로 2월 5일 '병원 코호트 격리'[30]하고 환자와 의료진을 1인 1실 격리조치하여 추가 감염확산을 원천적으로 막아냈다.

그 후 16일 만인 2020년 2월 20일, 확진자(16번, 18번) 및 이들과 접촉해 ○○병원과 소방학교 생활관에서 격리 생활했던 환자와 보호자 모두 건강한 모습으로 일상생활에 복귀하면서 '청정 광주'를 회복했다.

하지만 바로 그때 대구에서 시작된 신천지발 코로나19가 전국을 강타했다. 우리 광주도 예외는 아니었다. '청정광주' 회복 하루 만인 2020년 2월 21일, 대구 신천지 교회 예배에 참석했던 시민 3명이 확진 판정을 받았다.

상황이 심상치 않았다. 확진자 주요 정보와 동선 등을 즉시 공개하고 코로나 지역확산 방지를 위한 유관기관 합동대책회의를 진행했고, 회의에 신천지교회 관계자를 참석시켜 2월 16일 대구 신천지 교회를 방문한 명단을 포함해 코로나 대응에 필요한 각종 정보를 공유하고 추가 확산을

30 코호트 격리 : 특정 질병에 같이 노출된 사람을 동일 집단(코호트)으로 묶어 통째로 격리해 확산 위험을 줄이는 조치

막는 데 주력했다.

질병관리본부에서 우리 시에 통보한 광주 신천지 교인 2만 4,885명과 우리 시가 신천지 측에 지속적으로 추가 명단 요구해 확보한 교인까지 총 3만 1,836명에 대해 전수조사를 진행했다. 모두가 보건소장이라는 비상한 각오로 임했다. 다행히 우리 광주는 초기 골든타임에 선제적인 대응을 통해 전국적으로 대 유행을 가져왔던 신천지발 코로나 확산도 조기에 막을 수 있었다.

당시 다른 자치단체들은 신천지 교회 폐쇄 등 강력조치부터 먼저 했으나, 우리 시는 신천지 관계자를 합동대책회의에 참석시켰고 이에 대해 일부로부터 많은 비난을 받았다. 그러나 우리는 신천지교회에 대해 강경대응할 경우 참석자 파악이 어렵게 되어 오히려 감염확산을 가져올 수 있다고 판단했다. 이에 따라 신천지 지역 책임자를 대책회의에 참석시켜 대구 신천지교회 참석자와 접촉자를 조기에 찾아내 전수조사를 실시했고 신천지 시설들에 대해 바로 폐쇄조치를 실시할 수 있었다. 이렇게 하여 지역사회 전파를 차단할 골든타임을 확보한 것은 지금 생각해도 잘한 판단이었다.

2) 2020. 3. 1. 대구환자에게 광주병상을 제공하는 병상연대 제안

신천지발 코로나19로 인한 대구 상황은 날로 심각해져 갔다. 2월 29일 대구 확진자 2,569명 중 1,662명이 병상이 없어 입원조차 하지 못하는 초유의 사태가 발생하고 있었다. 하지만 코로나19에 대한 정보와 지식이 없었던 때라 다른 지자체들이 '감염 걱정' 때문에 대구에 선뜻 손을 내밀지 못하고 있었다.

나 역시 걱정을 안했던 것은 아니다. 대구 확진자들이 광주로 올 경우 이들이 우리 광주 시민에게 감염시킬 우려와 이들에 대한 치료 때문에 우리 지역의 확진자에 대한 병상부족이나 의료진 부족문제가 발생하지는 않을까 걱정도 있었다.

그러나 나라가 어려울 때마다 시대정신과 대의를 쫓아 역사의 물길을 바로 돌린 의향 광주가 가만히 있어서는 안 된다고 생각했다. 1980년 5월, 고립되었던 광주가 결코 외롭지 않았던 것은 광주와 뜻을 함께 해준 수많은 연대의 손길이 있었기 때문이었다. 광주가 빚을 갚기 위해 나서야 할 때라고 생각했다. 이 길이 광주가 가야할 길이고 광주다움이라고 판단했다.

나는 101주년 3·1절을 하루 앞두고 조용히 그러나 신속하게 의료진을 비롯한 시의회, 시민사회단체의 의견을 수렴했다.

그리고 3월 1일, 43개 시민사회단체와 함께 대구 병상연대를 선언했다. 나눔과 연대의 광주정신으로 대구 확진자들을 광주에서 치료하겠다고 발표했다.

담화문 발표 후 우리 시민들은 물론 전국적으로 많은 격려와 성원이 쏟아졌고 해외에서까지 광주공동체의 결단에 박수를 보내줬다. 언론에서도 비중 있게 보도했다. 이 같은 움직임이 전국 지자체로 확산되면서 국민적 역량을 결집시켜 성공적인 K방역을 이끄는 동력이 되었고, 대한민국을 세계적인 방역 모범국가로 우뚝 세우는 계기를 마련했다는 평가를 받았다.

4월 12일까지 총 30명의 대구 확진자가 광주에서 치료를 받고 모두 완치되어 퇴원했다. 3월 11일 처음으로 일가족 4명이 퇴원하며 "마치 여행 온 기분으로 편하게 머물다 간다"며 감사의 인사를 전했고 나는 광주김치와 주먹밥 도시락으로 배웅인사를 전했다. 이 분들은 대구에 도착하자마자 나에게 감사의 문자를 보냈다. "시장님, 저희 아들이 광주에서 살고 싶다고 하네요"라는 덧붙임 말로 고마움을 전해왔다. '어려울 때 친구가 진짜 친구'라는 말이 문득 떠올랐다.

문재인 대통령께서는 5·18민주화운동 제40주년 기념식에 참석해 코로나19 재난 상황에서 광주가 대구에 손을 내민 '병상나눔 연대'에 대해 오월 정신은 코로나 극복에서 세계의 모범이 되는 저력이 됐다고 평가했다.

3) 2차 위기 : 방문판매업체발 지역감염확산(2020. 6. 27. ~)

2020년 6월 20일 80여 일 만에 광주 33번째 확진자가 발생했고, 6월 27일 불법방문판매 설명회에서 시작된 감염이 사찰, 교회, 대형 오피스텔, 병원, 요양시설, 도서관, 고시학원을 거쳐 배드민턴 동호회, 핸드폰 대리점까지 확대되는 등 다중이용시설에서 접촉에 의한 감염 전파가 계속됐다.

결국 2020년 7월 1일 광주는 전국 지자체 중 최초로 '사회적 거리두기 1단계'를 '2단계'로 격상했다. 그리고 모든 종교단체에 집합예배 대신 온라인 예배나 가정예배로 대체해 줄 것을 강력하게 요청했다. 교회 등의 입장에서 보면 무리한 요구일 수도 있었는데 적극적으로 방역에 협조해 주신데 대해 감사드린다.

또 확진자 발생 시설들에 대한 집합금지 조치 등 발 빠른 대응과 함께 7월 7일부터 14일까지 전국 최초로 관내 요양원, 요양병원, 장애인거주시설, 정신병동 폐쇄병동 260개소 종사자와 입소자 등 총 2만 9,263명을 대상으로 전수검사를 실시했다. 또한 확진자 접촉이나 이동 동선이 없더라도 감염이 의심되는 사람은 누구나 무료로 검사를 받을 수 있도록 조치했다. 당시에는 하나의 파격이었다.

사회적 거리두기 2단계 격상 이후 확진자가 서서히 줄어들었고 7월 말경부터는 지역감염 확진자가 0명을 기록했다. 지역감염 상황이 방역 관리 시스템 내에서 통제되면서 8월 3일 사회적 거리두기 1단계로 전환했다.

4) 3차 위기 : 서울 사랑제일교회발 지역감염 확산(2020. 8. 12. ~)

2020년 8월 15일 5명의 확진자가 발생했다. 유흥주점 종사자들이 확진되면서 감염이 확산되기 시작했고, 8월 16일 광주시내 유흥업소 682곳에 대해 집합금지 행정명령을 발동했다.

유흥주점 종사자들의 감염경로가 불분명했고 n차 감염이 계속됐다. 광화문집회, 유흥업소, 학습지 관련 등 수도권과 지역감염이 혼재되어 발생하면서, 무증상 확진자까지 속출하는 비상 상황이 계속됐다. 우리 시 심층역학조사팀의 끈질긴 추적 끝에 감염원이 광화문집회에 참여한 서울사랑제일교회인 것으로 밝혀냈다. 이들 중 몇몇은 연락두절과 함께 검사도 받지 않았고, 확진이 되더라도 동선을 감춘 채 허위진술로 일관하면서 역학조사에 큰 어려움을 겪어야 했다. 0.1%의 방역 일탈행위가 99.9% 시민의 안전을 위협한 것이다. 8·15 서울도심집회 참가자 중 연락두절이거나 참석여부 답변을 거부한 7명에 대해서 경찰에 고발조치했다. 무관용 원칙을 적용해 강력하게 대응해 나가야 했다.

8월 27일 사회적 거리두기 준 3단계 행정명령을 발령하는 등 강력한 방역조치로 인해 9월 18일부터 확진자가 발생하지 않으면서 안정세를 되찾았다.

한편, 코로나19 사태가 8개월째 접어들면서 휴일 없이 불철주야 비상근무하고 있는 의료진과 공직자들의 피로가 누적되면서 심리적·육체적 한계점에 다다랐다. 이에 따라 의료전문자격증을 소지한 의사, 간호사, 간호조무사, 임상병리사 등 의료인 중 봉사 가능한 분들에 '광주긴급의료지원단' 구성을 요청했고, 184명이 신청해 주셨다. 이분들 가운데는 대구, 부산, 울산 등 타지역 의료진 30명도 함께 해주셨다. 지면을 빌려 지역의 경계를 뛰어 넘어 광주의 아픔과 고통을 함께 나누겠다는 연대의 뜻으로 동참해주신 분들에게 진심으로 감사드린다.

아울러 이 기간 코로나19 후유증 극복센터, 시민보호위원회 등을 설치했고, 코로나19 장기화에 기민하게 대응하고자 복지건강국에 감염병관리과, 보건환경연구원에 신종감염병과를 신설했다.

<확진자 1명당 직접비용 약 5천만원, 연인원 457명 투입>

당시 시민들의 경각심을 높이고 방역수칙 준수 협조를 얻어내기 위해 우리시 확진자들의 현황을 자체 분석한 결과를 2020년 9월 6일 발표했다.

▲ 확진자 1명 발생 시 검사받는 접촉자는 평균 262명. 검사인력만 14명이 필요하고 검사비용은 최소 1,834만원(262명 최소 검사비 7만원 기준).

또 이들 모두 음성판정이 나오더라도 ▲ 밀접접촉자로 분류되어 자가격리에 들어가는 수가 평균 25명. 14일 동안 이들을 매일 관리·점검하는 데 연인원 350명(25명×14명)이 투입되고, 이에 따른 생활지원비도 1인당 평균 77만4천원(2인 가족 기준) 소요.

▲ 확진자 1명을 치료하는 데도 의료인력이 연인원 40명이 투입되고, 치료비만 평균 837만원에 이른 것으로 조사.

5) 4차 위기 : 종합병원과 교도소 집단감염발생(2020. 11. 9.~)

2020년 11월 9일 두 달가량 안정세를 보이던 감염상황이 또 다시 확산 조짐이 보였다. 광주교도소 직원이 확진 판정을 받고 밀접접촉자 2명도 추가로 확진을 받았다. 교도소 직원 전수조사를 실시했고 추가 확진자들이 나왔다. 4차 유행이 시작됐다.

11월 16일 확진자 18명 발생을 시작으로 전남대병원, 광주교도소, 호프집, 유흥주점, 체육동호회 등 산발적 감염이 이어지면서 지역사회 전반으로 확산되면서 산발적 감염이 다시 시작됐고 역학조사 결과 감염경로 간 연결고리를 확인했다.

우리 시는 전남대병원과 광주교도소에 대한 전수검사 및 발 빠른 격리 조치를 통해 n차 감염 확산을 최소화했다. 특히 두 시설은 환자와 재소자들의 외부 격리가 어려운 점을 감안하여 건물 내 격리공간을 별도로 마련하고, 확진자와 접촉자들을 자가격리 수준으로 격리 조치했다.

11월 20일 수능시험을 2주일 앞두고 입시학원을 통해 수험생 확진자가 발생한데 이어 n차 감염으로 고등학생도 확진판정을 받았다. 비상이 걸렸다. 교육청과 협력해 수능시험 당일 수험생 중 확진자나 자가격리자들을 위한 시험장을 별도로 마련했다. 수능 이후가 더 큰 문제였다.

나는 코로나19민관공동대책위원회 논의를 거쳐 코로나19 대응체계를 2단계로 격상하고 유흥시설 집합금지, 식당 21시 이후 포장배달만 허용하는 내용의 **'광주 100시간 멈춤'** 운동을 전개했고 이는 핀셋 방역의 새로운 모델로 주목을 받았다.

이와 동시에 광주시 본청, 5개 구청, 산하 공공기관 직원 1만3,000여 명에게 사적 모임 전면금지, 비대면 회의, 3밀(밀집, 밀폐, 밀접) 장소 방문금지, 출장자제 및 20% 이상 재택근무 등을 내용으로 하는 '코로나19 비상명령'을 발동했다.

6) 5차 위기 : 요양원 등 지역사회내 동시다발 감염(2020. 12. 19. ~)

시민들의 적극적인 협조로 코로나19 상황이 비교적 안정세에 접어들 때 요양원 등 지역사회 내 또다시 동시다발 감염이 발생했다.

특히, 우리가 가장 우려했던 종합병원과 요양병원 환자와 종사자들이 대거 감염됐다. 이런 사태를 우려해 노인 및 정신요양시설에 대한 면회를 금지하고 종사자들은 출퇴근을 제외하고는 외부인 접촉이나 타 시설 방문을 금지하는 행정명령을 발령했다.

또한 상주시 BTJ열방센터 관련 접촉자가 연이어 확진판정을 받고 그

감염원이 일부 교회를 중심으로 확산됐다. 정부와 함께 연말연시 '방역강화 특별대책'을 시행했지만 우리 시는 정부안보다 더 강화된 방역대책을 발표했다.

또한, 12월 27일부터 시청 야외광장에 임시선별검사소를 설치해 운영했다.

확진자들의 감염경로가 다양해지고 무증상 확진자가 늘어나면서 숨은 확진자를 신속하게 찾아내어 감염확산을 막아내는 일이 매우 중요해졌기 때문이다.

만일의 상황에 대비해 병상과 의료진 확보도 해야만 했다.

5차 위기는 동시 다발적인 감염으로 6일 연속(12. 19. ~ 24.) 두 자리 수 확진자를 기록하면서 시작됐다. 요양원과 교회, 유사방문판매 시설, 제주7080라이브카페, 상주BTJ열방센터 등 다양한 곳에서 확진자가 잇따라 발생했고, 1월 초 ○○요양병원에서 집단감염까지 발생하면서 코로나19 최대의 위기가 닥쳤다.

우리 시는 요양병원 및 시설 진단검사 의무화 및 확대 실시, 고위험시설 1대1 전담공무원 관리제, 감염병 전담 요양병원 지정, 광주공동체 안전을 위한 의료인 결의문 발표, 연말연시 방역강화 특별대책 시행 등으로 지역감염 확산 차단에 총력 대응했다.

7) 최대 위기인 6차 위기 : TCS국제학교 최대규모 집단감염발생 (2021. 1. 23. ~)

6차 위기는 비인가 교육시설인 광주TCS 국제학교의 집단감염으로 인해 2021년 1월 26일 하루에만 112명의 확진자가 발생하면서 시작됐다. 이는 우리 시에서 지금까지 최대 규모의 집단감염이었다.

나는 TCS국제학교 확진자 발생 당시 관련 조직인 IM선교회가 전국

지부를 운영하고 있다는 사실을 확인하고 중대본에 전국적 선제대응을 요청했다. 광주TCS국제학교 집단감염 역시 IM선교회 관련 시설 전수조사 과정에서 확인됐으며, 이후 5인 이상의 비인가 교육시설과 합숙시설에 대한 자진신고 및 검사 행정명령, 관내 어린이집 긴급 휴원, 관내 모든 교회 대면예배 금지 등을 통해 강력히 대응했다.

당시 교회 대면예배 금지는 광주가 전국에서 유일했다. 당시 문화체육관광부는 2단계에서 대면예배를 금지할 수 없다고 반대했지만, 그리고 종교의 자유도 분명 존중해야 했지만, 나에게는 우리 시민들의 안전이 더 중요했다. 물론 사전에 광주교단협의회와 협의를 거쳤다. 당시 광주교단협의회의 대승적인 협조에 감사를 드린다.

<8박 9일간 집무실에서 24시간 비상근무>

6차 위기는 상황이 매우 엄중한데도 코로나19가 1년 이상 장기화되면서 시민들은 물론 직원들도 긴장감이 예전 같지 않았다. 뭔가 절실함과 위기적 상황을 전달할 충격이 필요했다. 시장이 확진자 숫자가 한자리로 내려갈 때까지 퇴근하지 않고 비상근무 하겠다고 밝히고 1월 29일부터 바로 실행에 들어갔다. 이러한 노력들에 힘입어 확진자 수가 한자리로 줄어 들어 24시간 집무실 비상근무는 2월 6일까지 8박 9일간으로 끝났다.

비상근무 첫날인 밤늦게 불시에 방역 담당과들을 들렀는데 우리 직원들이 끼니조차 제대로 챙기지 못하면서 발생한 확진자들을 조치하느라 정신이 없었다. 시민의 안전이 우리 양 어깨에 달려 있으니 '조금만 더 초인적 힘을 발휘해 보자'고 다독이고 발길을 돌렸지만 마음이 무겁고 안타깝기만 했다.

며칠 전에는 직원 가족이라고 밝힌 익명으로부터 편지가 왔는데, 최소한의 가정생활과 건강관리조차 어려운 안타까운 현실을 토로하며 대책 마련을 호소하는 내용이었다.

8박 9일 동안 퇴근하지 않고 비상근무하면서 코로나19 대응 상황을 꼼꼼히 점검한 끝에 방역대응체계의 전면 보강이 필요하다는 결론에 이르렀다.

이에 따라 방역수칙 위반에 대해 신속·엄정하게 처벌할 수 있도록 「코로나19 법적대응팀」 운영, 완치 후 각종 후유증을 시민들에게 제대로 알려드리기 위해 「코로나19 홍보대응팀」 운영, 시민사회단체 중심으로 「방역수칙 준수 범시민운동」 전개 등의 조치를 취하였다.

이런 와중에 편지 한통을 받았다.

"코로나19와 사투를 벌이고 있는 현장의 의료진, 공무원, 방역 관계자들의 일상을 지켜보면서 저 또한 의료인의 한 사람으로서 조그마한 힘이라도 되어 주고 싶은 생각이 굴뚝같지만 제 주변 여건이 녹록지 않는 현실 앞에서 미안한 마음 금할 길 없습니다"라는 내용이있다.

그리고 2021년 2월 16일, 이 편지의 주인공인 빛고을건강타운 박소연 간호사가 기탁금 300만원을 들고 시청을 찾아왔다.

코로나19 덕분에 광주시민의 '진짜' 모습을 볼 수 있었다.

8) 7차 위기 극복 및 「광주형 자율책임방역제」 시행 발표(2021. 6. 6.)
→ 특·광역시 처음으로 사적모임을 4인에서 8인까지 허용

우리 시는 2021년 5월에 코로나19 확진자가 397명(해외유입 5명 포함)이나 발생했다. 한달 만에 총 누적 확진자의 14.1%가 발생하면서 광주공동체의 안전이 위협받는 매우 엄중한 상황이었다. 하지만 시민들의 적극적인 방역 협조 덕분에 6월 들어 확진자 수가 한자리를 유지하면서 코로나19 상황이 진정세로 돌아섰다.

코로나19 발생 17개월째 접어들면서 방역의 피로도가 매우 높아지고 있고, 소상공인들의 경제적 피해도 눈덩이처럼 불어나고 있었다. 나는 새로운 변화를 시도했다. 사회적 거리두기 1.5단계는 유지하면서 영업 시간 제한은 해제하고, 자율·책임방역 의무는 강화하는 광주형 자율책임 방역제를 도입(2021. 6. 6.)했다. 방역수칙을 제대로 지키는 시설과 지키지 않은 시설을 차별 관리하도록 한 것이다.

「광주형 자율참여 책임방역제」를 시행하기로 결정을 하기까지는 (사)한국유흥음식업중앙회 광주시지회와 상무지구 상인자치회의 적극적인 자구노력 약속도 큰 영향을 미쳤다. 광주시지회와 상인자치회는 유흥시설 영업주들이 2주 간격 의무 진단검사에 적극 협조하는 것은 물론, 자체방역단도 꾸려 매일 자체 방역을 하기로 했다. 아울러 확진자가 업소에서 나올 경우 스스로 집합금지 할 것이며, 코로나19 잔여백신 기회를 활용하는 등 예방접종에도 적극 임하기로 약속했다.

<광주형 자율책임방역제 요지>

○ 식당·카페, 유흥시설 6종, 노래연습장, 실내스탠딩 공연장, 파티룸, 실내체육시설, 목욕장업, 독서실·스터디카페는 의무 방역수칙을 준수하면서 24시간 영업을 할 수 있도록 허용

○ 다만, 유흥시설과 노래연습장 영업주와 종사자들은 2주에 한번씩 의무적으로 진단검사를 받아야 하고, 이를 이행하지 않을 시엔 「감염병 예방 및 관리에 관한 법률」 제49조【예방 조치】, 제83조【과태료】에 근거하여 위반자에게 300만원 이하의 과태료를 부과하고, 해당시설에 대해 영업중단 등의 조치를 취함

○ 또한 식당·카페, 유흥시설 등 이번에 영업시간 제한 조치에서 해제된 시설에서 영업주의 방역수칙 위반으로 확진자가 발생할 경우 해당 시설에 대해 3주간 영업중단

6월 18일 부터는 우리 시가 특·광역시 처음으로 전 업종에 대해 4인에서 8인으로 사적모임을 허용하였다. 사회적 거리두기 1.5단계 방역수칙은 그대로 유지하되, 시설별로 적용되고 있는 모임 허용 인원을 4인에서 8인으로 확대 시행을 시범 실시한 것이다. 우리 시가 사적모임 규모를 8인까지 확대한 배경은 시민들께서 적극적으로 협조해 주신 덕분에 5월 31일 이후 17일째 1일 확진자 수가 한 자리를 유지하고 있던데 있었다. 이 기간 누적 확진자는 74명으로 하루 평균 4.35명이고, 이중 해외유입 7명, 자가격리자 23명을 제외하면 하루 평균 2.58명 이었다. 6월 중 감염재생산 지수도 1이하를 유지하고 있었다. 반면에 코로나19 장기화로 인해 시민들의 일상생활에 많은 제약이 뒤따르고 있고, 소상공인과 자영사업자들의 고통이 가중되고 있어 이를 완화하기 위함이었다.

특히 6월 7일부터 우리 시가 신도적으로 유흥업소 등의 영업시간 제한을 없애고 자기 책임을 강화한 「광주형 자율책임방역제」를 시행하면서 일부 우려가 있었지만, 확진자가 오히려 감소(5. 31. ~ 6. 6. 일평균 5.14명 → 6. 7. ~ 6. 16. 일평균 3.8명)하고 있었다. 시민들의 자발적이고 적극적인 방역 참여와 함께 지역상권의 매출상승 효과로 이어지면서 방역대응의 새로운 성공모델로 자리매김 한 것이다.

9) 전국 최고수준의 위기, 수도권은 4단계 비수도권은 3단계

2021년 7월 들어 델타형 등 변이바이러스가 확산되면서 전국적으로 4차 유행이 본격화되었다. 전 세계적으로 코로나19 최대 위기를 맞이하면서 확진자가 1억명에 육박하고 있고 우리나라도 연일 확진자가 1,500명대 이상을 기록하는 절체절명의 위기상황이었다.

특히 8월 10일 전국 1일 확진자가 2,223명으로 국내 코로나19 발생 이후 처음 2천명대를 넘어섰고, 추석 연휴 직후인 9월 24일 3,273명으로 급기야 3천명대를 기록했다.

4차 대유행은 사회적 거리두기 4단계(비수도권 3단계), 3인(비수도권 5인) 이상 사적모임 금지 등 정부의 잇단 고강도 방역조치에도 확진자 수는 더욱 늘어가고만 있었다. 다행히 우리 시는 시민들의 적극적인 협조와 선제적인 방역조치가 효과를 거두면서 10월 이후 비교적 인징세를 보였다.

10) 2021년 11월 1일부터 일상회복 단계로 전환

◆ 2021년 10월 25일 12시를 기준으로 전체 인구의 70%인 3,600만 명이 백신접종 완료

이에 따라 정부는 11월 1일부터 '접종 완료자 중심의 단계적 일상회복' 단계로 방역전략을 전환하였다. 코로나19 대응전략을 바꿔 방역과 민생 두 마리 토끼를 함께 잡겠다는 의미이다. 정부는 여전히 엄중한 상황이므로 '단계적 일상회복'을 점진적으로 추진하기로 했다. 11월 1일부터는 1차로 생업시설 운영제한 방침을 완화하고, 상황을 보아가며 2차로 대규모 행사 허용, 3차로 사적모임 제한 해제 순으로 추진한다는 방침이었다.

이에 따라 우리 시도 11월 1일부터 일상회복 1단계로 전환하고 방역수칙을 다음과 같이 조정하였다.

첫째, 사적 모임은 백신접종 유무에 상관없이 12명까지 가능. 다만 식당·카페의 경우에는 미접종자 최대 4명을 포함하여 12명까지 가능.

둘째, 각종 모임과 행사는 백신접종 여부와 관계없이 100명 미만으로 허용하고, 접종 완료자만 참석할 경우 500명 미만 대규모 행사도 가능.

셋째, 유흥시설은 영업시간을 기존 22시에서 24시까지로 연장. 다만

24시부터 다음날 5시까지는 영업이 제한.

넷째, 식당, 카페(편의점·무인카페 포함), 노래(코인)연습장, 목욕장업, 실내·외 체육시설은 영업시간 제한조치를 전면 해제. 스포츠 경기는 접종에 상관없이 수용인원의 50%까지 입장 가능.

다섯째, 결혼식장·장례식장은 백신접종 여부와 관계없이 100명 미만으로 허용하고, 접종완료자만 참석할 경우 500명까지 가능.

여섯째, 종교시설은 수용인원의 50% 이내에서 정규 종교활동이 가능하고, 접종완료자만 참여할 경우 인원제한을 해제하였다.

또한 우리 시는 위드코로나 시대 개막에 맞추어 소상공인과 문화예술인의 일상회복을 최우선적으로 지원하기로 했다. 코로나19 장기화로 모든 시민들이 어려움을 겪고 있지만, 경영난에 부도와 폐업 위기를 겪는 소상공인들이 기하급수적으로 늘어나고 있고, 문화예술인 상당수가 최소한의 생계유지조차 어려운 실정이기 때문이었다.

이에 우리 시는 소상공인과 문화예술인들이 새로운 희망을 갖고 다시 일어설 수 있도록 11월 1일부터 「광주소상공인 주치의센터」와 「문화예술인보둠센터」를 운영하고 있다.

광주소상공인주치의센터는 10만 소상공인의 생존권 보장을 위한 종합컨설팅, 금융지원, 맞춤형 교육 등을 전담하여 지원하고 있다. 주치의센터는 ㈜광주경제고용진흥원에 설치하고 분야별 전문 컨설턴트가 소상공인의 경영진단부터 문제해결에 이르기까지 원스톱으로 상담 및 지원하고 있다. 또 중앙부처별로 흩어져 있는 소상공인 지원정책을 통합 안내하여 적극 활용할 수 있도록 하고 있다.

문화예술인보둠센터는 코로나19로 인해 각종 공연취소와 전시·출연활동의 기회부족, 매출감소 등으로 정신적·물질적 어려움을 겪고 있는 문화예술인들을 전담하여 지원하고 있다. 보둠센터는 광주문화재단에 설치하고, 정신적 스트레스 상담·치유, 창업·창작·권익보호 등에 관한 행정·법률 지원서비스, 노무, 복지, 의료 분야 등을 총망라하여 맞춤형 전문가 연계서비스를 지원하고 있다.

또한 문화예술기금을 확대하여 예술인의 창·제작 지원환경을 강화하는 한편 안전한 예술활동을 영위할 수 있도록 '예술활동 인심보험' 가입도 추진하기로 했다.

◆ 그러나 12월 6일부터 사적모임을 12인에서 8인으로 제한하고 접종완료 증명이 요구되는 방역패스 대상시설을 식당·카페 등으로 확대

정부방침에 따라 우리 시도 11월 1일부터 단계적 일상회복으로 전환하여 사적모임을 12인까지 허용하고, 음식점, 카페, 노래방에 대한 영업시간 제한을 해제하여 조금이나마 시민들에게 일상을 돌려 드리고자 노력했다. 그러나 전국적으로 연일 5천명 이상의 확진자가 발생하고, 수도권의 병상부족이 심각한 상태에 이르렀다. 또한, 남아공 등에서 발생이 확인된 오미크론이 국내에 유입되어 확진자가 발생하고 있고 특히 지역사회 감염이 확인됨에 따라 급격한 추가 확산의 가능성이 우려되었다.

우리 시도 11월 한달 확진자가 909명으로 누적확진자(6,285명)의 14.4%가 11월 중에 발생하는 등 우리 시 한달 최다 기록을 세웠다. 오미크론 변이의 빠른 전파속도 및 예방접종 효과 저하 가능성 등을 고려할 때, 지역사회의 확산 억제를 위한 방역조치 강화가 불가피한 실정이었다. 이에 따라 우리 시는 정부 방침에 맞추어 일상회복 1단계는 유지하되 방역패스, 사적모임 제한 등의 추가 방역조치를 시행하였다.

우선 모임·약속 등 개인 간 접촉 감소를 통해 감염 위험도를 낮추기 위해 접종여부와 관계없이 12인까지 가능했던 사적모임을 12월 6일부터 2022년 1월 2일까지 4주 동안 8인까지로 조정하였다.

또한 마스크 착용이 어려운 식당·카페에 방역패스를 적용하되, 필수 이용시설인 점을 감안하여, 사적모임 범위 내(8인)에서 미접종자 1명까지는 예외로 인정하고, 학원, PC방, 영화관 등 실내 다중이용시설에 대해서도 방역패스를 확대 적용하였다. 다만 청소년의 경우에는 2022년 2월 1일부터 방역패스를 적용키로 했다.[31]

11) 코로나19 확산 방지를 위해 일상회복 잠시 멈춤(2021. 12. 18.)

일상회복 단계로 전환한 이후 수도권을 중심으로 한 코로나19 감염 확산세가 지속되었다. 전국적으로 하루 7천명 이상의 확진자가 계속 발생하고, 신종변이 바이러스 오미크론이 국내에 유입된 이후 총 148명(12. 16. 0시 기준)의 확진자가 발생하는 등 위기 상황이 계속되었다.

따라서 정부는 국민생명과 민생피해 최소화를 위해 일상회복 잠시 멈춤을 16일간 시행하기로 결정했다. 오미크론 변이의 빠른 전파속도와 연말·연시, 겨울방학 등 사적모임과 이동량 증가로 추가확산이 예상되는 위기상황에서 의료대응체계를 정비하기 위한 조치였다.

우리 시도 정부방침에 따라 12월 18일부터 1월 2일까지 16일간 다음과 같이 방역수칙을 강화하였다. 그러나 정부는 코로나19 확진자가 크게 감소하지 않음에 따라 1월 3일부터 1월 16일까지 2주간 일상회복 잠시멈춤 조치를 연장하였다(2021. 12. 31. 발표).

첫째, 모임·약속 등 개인 간 접촉을 통한 감염 위험도를 낮추기 위해 8인까지 가능했던 사적모임 인원을 4인까지로 축소하였다. 식당·카페의 경우에는 4인까지 허용되지만 미접종자*는 접종완료자와 동반이용 할 수 없다. 이에 따라 미접종자*는 식당·카페를 1인 단독으로만 이용할 수

---

31 정부는 2021년 12월 31일 청소년 방역패스 적용시기를 2022년 3월 1일부터로 하고 3월 한 달 동안 계도기간을 부여한다고 발표했다.

있다.

※ 방역패스 예외(PCR음성자, 18세 이하, 완치자, 접종불가자)가 아닌 미접종자

둘째, 사회적 이동량과 방역 위험성을 감소시키기 위해 다중이용시설 운영시간을 식당·카페 등은 21시, 학원·영화관 등은 22시로 제한하였다.

셋째, 행사·집회의 경우 접종자·미접종자 구분없이 49명까지 가능하고, 접종완료자로만 구성할 경우 최대 299명까지 가능하다.

※ 집합·행사 예시 : 단체·법인·공공기관·국가 등에서 개최하는 지역축제, 설명회, 공청회, 토론회, 기념행사, 수련회, 사인회, 강연, 대회, 훈련 등과 결혼식, 장례식, 피로연, 돌잔치

전시·박람회, 국제회의, 공무 및 기업 필수경영 활동 관련 행사는 접종완료자로만 구성할 경우 인원상한은 없으나 방역패스를 적용하여야 한다.

(3) 집단 면역확보를 위해 백신접종률 제고에 최선

정부는 2021년 2월 15일 코로나19 백신접종계획을 발표했다.

2021년 2월 26일 백신접종 첫날 우리 시는 1차 대상자 29%가 접종하면서 전국 최고 수준의 참여율을 기록했다. 이후에도 지역접종센터 5개소와 위탁의료기관 45개소를 지정하여 코로나19 예방접종을 적극 추진하여 2021년 11월 22일 기준 1차 접종률 81.75%, 2차 접종률 77.76%에 이르고 있다. 시민들의 적극적인 협조로 백신접종률은 높은 수준을 유지하고 있으나 문제는 2차 백신접종을 완료한 사람들에게도 확진자가 발생하는 '돌파 감염'이었다. 그러나 일상회복단계로 전환한 상황에서 코로나19 확산을 막는 최선의 길은 백신접종률을 높이는 것이었으므로 정부는 3차 접종과 12세 이상으로 접종대상자를 확대 추가하였다.[32]

---

32 중대본에서는 백신의 안전성 및 신뢰도 제고를 위해 지자체장들이 먼저 백신접

그러나 상당수 시민들이 여전히 백신접종 부작용에 대해 우려하고 있고, 실제 나타난 백신접종 부작용과 피해에 대해 정부가 소극적으로 대응하면서 백신접종률을 높이는데 어려움이 있을 뿐만 아니라 시민들의 피해구제에도 문제가 많았다. 따라서 나는 2021년 12월 10일 열린 중앙재난안전대책본부 회의에 참석해 김부겸 국무총리에게 "코로나19 백신 부작용으로 고통받는 국민들에게 충분한 보상이 이루어질 수 있도록 정부가 피해보상 기준을 전면 개편해줄 것"을 건의했다. 국민들에게 백신접종을 사실상 강제하고 있는 상황에서 모든 국민들의 적극적 참여를 유도하려면 접종에 따른 부작용과 피해에 대해 정부가 확실하게 치료와 보상을 책임지겠다고 약속하는 것이 도리이기 때문이다.

국민들, 특히 청소년들은 백신접종 부작용과 정부의 엄격한 피해적용기준 때문에 백신접종에 소극적이며 불안해하고 있다. 따라서 백신접종 부작용으로 인한 국민 피해에 대해 정부가 다른 원인이라는 것을 증명하지 못하면 정부가 보상 등 필요한 구제조치를 취해 줄 것을 건의한 것이다.

그간 백신접종으로 사망했다고 주장하는 사례가 1,000건이 넘었지만 정부(질병관리청)가 인과관계를 인정한 것은 2건에 불과했다. 특히 광주의 경우 사망 22건, 중증 24건을 '질병관리청 예방접종 피해조사반'에 인과성 평가 안건으로 상정했으나 한 건도 백신 부작용 사례로 인정받지 못했다.

나는 광주의 구체적 사례를 들어 설명했다. '2021년 8월에 고등학교 3학년 학생이 화이자 2차 접종 후 급성 심낭염 소견으로 치료 중이고, 시·도 신속대응팀에서 2차례나 인과성이 명백하다는 의견을 제시했지

종을 할 것을 권고했다. 이에 따라 나는 2021년 4월 2일 서구보건소에서 아스트라제네카 백신 1차 접종에 이어 2차 2021년 7월 2일(아스트라제네카), 3차 2021년 12월 9일(화이자) 접종을 했다. 내 경우는 접종시 다른 주사보다 덜 아프고 접종 이후 약간 거북함의 증상이 있기는 했지만 거의 의식하지 못할 수준이었다.

만, 질병관리청은 아직까지도 인과성을 인정하지 않고 있다. 인과성에 대한 명확한 결론을 내리지 못한 채 시간이 경과하면서 가족들의 경제적 부담이 커지고 있고, 학생도 학업의 2차 피해를 받고 있다. 이는 도덕적으로 옳지도 않고 바람직한 정부 자세도 아니다. 따라서 정부는 지금과 같은 소극적 피해보상 자세에서 벗어나 정부가 부작용으로 인한 고통을 국민과 함께 나누는 적극적 피해보상 시스템으로 피해보상기준을 전면 개편해주어야 한다'고 주장했다.

이러한 나의 건의에 대해 김부겸 국무총리는 "전문가들의 엄격한 기준과 국민들의 정서적 간극을 어떻게 좁힐지에 대해 정부 차원에서 종합 검토를 해 대책을 마련하겠다"고 답했다.

(4) 민생안정대책 15차례 발표 & 코로나19 극복 특별주간 운영

코로나19 사태가 장기화되면서 지역경제는 빈사상태에 빠졌고, 우리 시민들은 평범한 일상조차 잃었다. 특히 소매업, 음식업, 숙박업, 관광업 등을 운영하는 소상공인과 자영업자들의 고통과 피해가 너무나 컸다. 이들은 손님이 끊기고 매출이 바닥으로 떨어져도 임대료와 인건비, 공과금 등 고정비를 부담해야만 했다.

우리 광주에 소상공인과 자영업자들은 10만여 명이고, 여기에 종사하는 분들까지 하면 30만 명이 넘는다. 이들이 책임져야 할 가족까지 감안하면, 소상공인의 어려움은 곧 광주 전체의 어려움이기도 했다.

우리 시는 코로나19로 인한 소상공인과 자영업자 등의 피해를 지원하기 위해 15차에 걸쳐 민생안정대책을 시행하면서 지역경제를 지켜나갔다. 지자체 최초로 '코로나19로부터 지역경제 지키기' 1단계 대책으로 자금난을 겪고 있는 10만 소상공인 및 자영사업자에게 무이자·무담보·무보증료, 소위 3無 혜택의 특례융자 지원을 시작으로 총 15차례에 걸쳐 총 4,508억원을 지원했으며 269만 3,304명의 시민·업체·단체가 수혜를 받았다. 보증금액까지 포함하면 지원 규모가 1조 1,079억원에 이른다.

특히 15차 민생안정 대책으로 2022년 1월 모든 시민에게 1인당 10만원씩의 일상회복지원금을 지원하고 있다.

<시민 고통 덜어드리고 지역경제 살리기 위해 시민 1인당 일상회복지원금 10만원씩 지급>

- 우리 시는 2022년 1월 모든 시민에게 1인당 10만원씩의 일상회복지원금을 지급한다. 따라서 3인 가족은 30만원, 4인 가족은 40만원을 받으실 수 있다.
  일상회복시원금 재원규모는 총 1,469억원으로 광주시가 1,322억원(90%), 5개 자치구가 147억원(10%)을 분담한다.
- 지급대상은 2021년 12월 1일 현재 광주광역시에 주민등록을 두고 있는 광주시민 모두가 대상이며, 외국인의 경우에도 광주를 체류지로 등록한 외국인은 물론 광주에 거소 신고 외국국적 동포까지 모두 지급받을 수 있다. 특히 기준일 이후 태어난 신생아일지라도 부모 중 1명이 지급대상이고 신청기한 내 출생증명서를 제출하면 지급받을 수 있다.
- 시민들에게 지급하는 방식은 크게 3가지 방식 중 하나로 지급된다.
  첫째, 기초생활보장수급대상자 8만명은 별도의 절차 없이 1월 7일부터 14일까지 세대주 복지급여 수급계좌에 현금으로 입금된다.
  둘째, 선불형 광주상생카드로 지원금을 받으실 분은 1월 17일부터 2월 28일까지 주소지 관할 행정복지센터를 방문하시면 현장에서 즉시 지급해드린다.
  셋째, 현장 방문이 어렵거나 온라인으로 신청을 희망하시는 분은 1월 17일부터 2월 18일까지 광주광역시 홈페이지 내 '일상회복지원금 신청' 코너를 통해 본인 명의의 신용·체크카드를 등록하시면 해당 카드로 지원금을 받으실 수 있다. BC카드, 삼성카드, 우리카드, NH농협카드 등 15개 카드사가 참여할 예정이다.
  또한, 어르신과 장애인 등 현장방문 및 온라인 신청이 어려우신 분들을 위해 자치구별로 '찾아가는 신청 서비스'도 운영한다.

- 일상회복지원금의 사용기간은 2022년 5월 31일까지이고, 사용가능 지역은 광주시로 한정된다. 사용 가능한 업종은 우리지역 소상공인과 골목상권 업체이며, 백화점이나 대형마트, 기업형 수퍼마켓, 유흥업소·사행업소 등에서는 사용이 제한된다.
- 일상회복지원금은 지난 2년여 동안 사회적 거리두기 장기화에 따른 불편을 감내하면서도 적극적으로 방역에 협조해 주신 모든 시민분들께 감사드리며, 시민의 아픔을 덜어드리고 침체된 지역경제를 살리기 위한 민생안정대책이다. 광주전남연구원은 모든 시민에게 일상회복지원금이 10만원씩 지급되었을 때 1,838억원의 생산유발효과, 1,041억원의 부가가치 유발효과, 3,077명의 취업유발효과가 나타날 것으로 전망하고 있다.

우리 시의 재정이 넉넉하지 못해 더욱 많이 지원해드리지 못하는 것이 매우 안타깝고 시민들께 죄송스러울 뿐이다.

<민생안정대책 추진실적(1 ~ 15차)>

<2021. 12. 15. 기준>

1 – 15차 대책	지원내용	수혜자수 (명·개소·가구)
총 계	**4,507.6억원 (국비 608, 시비 3,707.3 구비 192.3)** **(보증금액 포함시 1조 1,078.6억원 지원효과)**	**2,693,304** **(누계)**
1 소상공인 3無 특례보증(1차) (2020. 3. 15.)	• (보증 및 대출실행) 18,349명 5,071억원 ※ 이자 및 보증료 지원(예정) : 약 155억원	18,349명
2 공공요금 동결 등 시민 3대 경감 대책 (2020. 3. 19.)	• (상하수도) 42,894명 22억원 감면 • (공유재산) 1,136명 27억원 감면 ※ 6개월 연장 (공공기관) 400개 7.3억원 감면 ※ 자율시행 • (재산세) 610명 0.8억원 감면	45,040명
3 광주형 3대 긴급생계자금 (2020. 3. 23.)	• (가계) 291,684가구(추정82만명) 1,003억원 • (특고·무급휴직·실직) 7,075명 63억원(국60, 시3)	827,075명

1 – 15차 대책	지원내용	수혜자수 (명·개소·가구)
4 고용유지지원금 전액 지원 (2020. 3. 26.)	• 3,818기업, 21,474명 22.4억원 지원 ＊ 고용노동부 90% + 광주시 10% 지원	21,474명
5 시민 1만2천명 채용 공공일자리 (2020. 4. 8.)	• 공공일자리 10,267명(배치) 464억원(국365, 시99) • 노인일자리 1,636명(배치) 20.6억원(시비) • 민간일자리 3,225명(배치) 197억원(시비)	15,128명
6 소상공인·중소제조업 신규채용 인건비 (2020. 5. 6.)	• (소상공인) 862개사 1,101명 43억원 지원 • (중소제조업) 485개사 726명 29억원 지원	1,827명
7 택시운전자 생계비 (2020. 6. 4.)	• 4,459명 22억원(개인 1,488명, 법인 2,971명) ＊ 1차 4,311명, 2차 148명 지급	4,459명
8 문화·예술·관광 등 6개 분야 지원 (2020. 8. 12.)	• 17.1억원(국비3, 시비14.1) ＊ 전문문화예술단체·여행업체·실내 체육시설·마을버스·확진자 방문 재개장, 집합금지시설 지원금	1,284
9 소상공인·미래세대 맞춤형 지원 (2020. 9. 15.)	• 2,449개소 24.4억원 / 91,276명 92.7억원 ＊ 집합금지업종 소상공인, 고등학생·대학생·임신부·신혼부부 재난지원금	93,725
10 소상공인 3無 특례보증(2차) (2020. 12. 23.)	• 37억원 ＊ 대출이자 및 보증료 지원(3.4%) : 17억원 ＊ 20억원 출연	2,884명
11 소상공인 3無 특례보증 (3차) (2021. 1. 21.)	• 40억원(시비) ＊ 대출이자 및 보증료 지원(3.4%) : 34억원	5,421명
	• 임차료 융자이자 지원(1.9%) : 6억원	366명
12 설명절 생활안정자금 지원 (2021. 2. 2.)	• 26,634가구·3,691개소·4,514명 107억원(시비99.5, 구비7.5) ＊ 저소득층, 집합금지시설, 종교시설, 전세버스운수종사자 및 운수업체, 어린이통학차량 운전자, 일반(법인)택시기사, 문화예술인, 공공체육시설 비정규직, 실내집단운영시설, 여행업계, 문화예술 공연 및 행사업체, 돌잔치 전문뷔페업소 등	34,839

1－15차 대책	지원내용	수혜자수 (명·개소·가구)
⑬ 소상공인 특별주간 후속 지원 (2021. 3. 18.)	• 311억원(국비180, 시비131) ※ 광주상생카드 할인 혜택연장, 공공배달앱 활성화, 착한임대인, 재산세 감면, 외국인근로자 진단검사 확대, 음식점 입식 테이블 지원, 세탁업 간판개선 지원, 방역사각지대 방역물품 지원 등	33,264
⑭ 정부지원 사각지대 지원 (2021. 9. 2.)	• 35,863개소·83,765명 333.3억원(시비295.5, 구비37.8) ※ 방역물품지원 : 복지시설·어린이집·결혼식장·장례식장·접객업소 ※ 위기계층 생계안정지원 : 결식노인·장애인, 어린이집 통학차량, 택시운수종사자, 문화예술인, 임신부, 한부모가족, 소년소녀가정 ※ 자영업자 경영위기 회복지원 : 집합금지업종, 학원, 결혼중개업소, 여행업계, 마을(전세)버스, 문화·체육시설, 파티룸, 1인 자영업자 경영위기 지원, 상생카드 발행규모 확대	119,628
⑮ 전 시민 일상회복 지원금(2022. 1. 중)	• 1,468,541명(1인당 10만원) 1,469억원(시비1,322, 구비147)	1,468,541명

또한, 코로나19 장기화로 어려움을 겪고 있는 민생 각 분야의 의견을 청취하고 대안을 마련하기 위해 코로나19극복 특별주간을 운영했다. 코로나19 특별주간 첫 번째 일정으로 2021년 3월 8일부터 12일까지 소상공인 특별주간을 운영하면서 자영업자와 소상공인 등으로부터 의견을 수렴했다.

이어 문화관광체육, 여성·보육, 청소년·청년, 어르신, 장애인 등 다양한 분야의 곳곳을 살피면서 현장의 어려움을 경청하고, 해법을 제시하면서 민생지원의 사각지대를 해소하는데 주력했다.

수많은 시민들이 면담, 전화, SNS 등을 통해 어려움을 호소하면서 자기 자신이나 자기 직종에 대해 행정명령 예외나 지원을 호소했다. 나름다 이유 있는 사연들이었지만, 모두를 수용하는 데에는 한계가 있었다. 시정을 책임지고 있는 시장으로서는 150만 시민 전체의 안전과 한정된 예산이라는 제약조건 속에서 사안의 경중, 선후, 완급을 따져 대응할 수밖에 없었다는 점을 이해해 주시길 부탁드린다.

핵심성과 7 세계적인 민주인권 대표도시로 자리매김

요 약

민주인권평화국을 신설하고 '의향 광주' 완성에 역량 집중(15대 주요성과)
① 5·18 3법 국회 통과 ② 5월 18일 지방공휴일로 지정 & 추모기간(5. 18. ~ 5. 27.) 동안 태극기 조기게양 ③ 국가보훈 대상자 명예수당 대폭 인상 및 민주유공자 생활지원금 확대 ④ 주먹밥을 광주 대표음식으로 선정·보급 ⑤ 전일빌딩245 개관 ⑥ 대구와의 병상나눔을 통해 K방역성공 견인 ⑦ 옛 505 보안부대 5·18역사공원으로 재탄생 & 광주교도소 부지에 민주인권기념파크를 국가사업으로 조성 추진 ⑧ 국립국가폭력트라우마치유센터 광주 유치 ⑨ 적십자병원 등 5·18사적지 원형 보존 ⑩ 힌츠페터 국제 보도상 제정 ⑪ 명예의 전당 개관 ⑫ 김대중 평화주간 지정 ⑬ 친일잔재 청산 단죄문 설치 및 국치일인 8월 29일 조기게양 ⑭ 의향 광주법률 지원단 운영 ⑮ 미얀마 민주화운동 국제적 지지 성명 주도

(1) 정의로운 역사는 광주의 최고 자산

광주는 정의로운 도시 의향이다. 정의로움은 광주시민의 타고난 DNA다. 시민들은 나라가 어려울 때마다 시대정신과 대의를 좇아 자기 희생을 통해 역사의 물길을 바로 돌렸다. 임진왜란을 비롯해 나라가 어려울 때 의병활동이 가장 왕성했던 곳이 광주를 비롯한 호남이었고, 일제 강점기하에서는 가장 많은 독립군을 배출했고, 독재정권하에서는 민주화운동이 가장 치열했던 곳이다.

그중에서도 5·18민주화운동은 의향 광주를 상징하는 대표적 역사적 사건이다. 다른 지역의 5월은 어린이날, 어버이날, 스승의 날이 있어 즐겁고 행복한 가정의 달이다. 그러나 광주시민들에게 5월은 이팝나무에 꽃이 피기 시작하면 가슴 속 깊이 묻어두었던 피맺힌 한이 되살아나는 가슴 아픈 달이다. 오월 유족들은 40년 이상 밤잠 이루기 힘든 고통과 아픔의 시간을 보내고 있다.

5·18민주화운동은 6·25 이후 가장 많은 희생자를 낸 가슴 아픈 사건이지만 그럼에도 광주시민들은 '이 땅에 민주주의를 굳건히 뿌리내리는 전기가 되었고 세계인들에게 민주·인권·평화의 이정표를 세웠다'는 자긍심으로 그 아픔을 극복해가고 있다.

나는 시장 취임 후 바로 민주인권평화국[33]을 신설하고 5·18 역사 바로 세우기와 '정의로운 의향 광주'를 완성하는 일에 많은 공을 들였다. 역사는 올바르게 기억되고 기록될 때 강한 힘을 가질 수 있고, 풍요로움도 정의로움을 기반으로 해야 행복한 도시의 필요충분조건이 충족되기 때문이다.

특히 1980년 5월 민주화운동이 일어났을 때 나는 재무부(現 기획재정부 전신) 세제국 사무관(계장)으로 서울에서 근무하고 있었다. 광주전남에 있는 어머니와 학교 다니는 동생들을 비롯해 고향 가족들과 갑자기 연락이 두절되면서 가족은 물론 광주전남 상황이 걱정되어 잠 못 이루고 안절부절하면서 5·18기간을 보내야 했다. 이처럼 당시 5·18을 현장에서 함께 하지 못했던 미안함 때문에 어쩌면 더 열심히 오월 역사를 계승 발전시키는 일에 주력했는지도 모른다.

이제 5·18은 광주와 대한민국을 뛰어넘어 세계인들에게 민주 인권

33 과장급(4급)인 인권평화협력관을 국장급(3급)인 민주인권평화국으로 격상시켰다 (2019. 1. 1.).

평화의 이정표가 되었다. 홍콩과 미얀마 시위현장에서는 '임을 위한 행진곡'이 불려졌고, 민주와 인권이 유린되고 있는 세계 각지에서는 광주 5·18민주화운동의 역사를 되새기면서 이를 교훈삼아 희망과 용기를 충전하고 있다.

안타까운 것은 5·18 단체 내부의 분열과 갈등이다. 특히 공법단체 설립과 관련하여 일부 단체의 분열과 일탈된 모습은 광주 시민들은 물론 국민들에게 큰 실망을 안겨주었다. 5·18이 세계로 미래로 나아가기 위해서는 5·18관계자들의 자성 노력이 반드시 뒷받침되어야 한다. 우리 모두가 "5월은 광주의 것도 구속자, 부상자, 유가족의 것도 아니고 조국의 것이고 전체 시민과 민족의 것"이라는 5·18기념재단 출범 선언문(1994. 8. 30.)을 되새겨보아야 할 때이다.

(2) 5·18관련 3개 법안 국회통과

2020년 12월 9일 광주의 오랜 숙원이었던 5·18관련 3개 법안(5·18왜곡처벌특별법안, 5·18진상규명특별법안, 5·18유공자예우법안)이 국회를 통과했다. 마침내 5·18역사와 민주주의 근본을 바로 세우는 전기가 마련되었다.

또한 5·18역사왜곡과 가짜 뉴스에 대해 별도의 소송 없이 법에 따라 신속하고 엄정하게 대응할 수 있게 되었고, 5·18진상규명을 위한 조사가 더욱 힘을 받게 됐다. 또 5·18단체가 공법단체로 인정받게 됐다. 이러한 성과가 있기까지 많이 도와주신 시민, 5·18 관계자, 정치권에 깊은 감사를 드린다.

(3) 40주년을 맞이해 5월 18일을 지방공휴일로 지정

2020년은 5·18민주화운동 40주년이 되는 해였다. 나는 오월 광주의 역사를 과거의 5·18에서 미래의 5·18로, 광주의 5·18에서 세계의 5·18로, 울분과 분노의 5·18에서 화합과 통합의 5·18로 승화·발전시키기 위해 많은 노력을 기울였다. 코로나19로 인해 거의 대부분의 행사가 취소되어 아쉬움이 컸지만 그래도 많은 성과를 남겼다.

40주년을 맞아 ▲5월 18일을 지방공휴일로 지정했고, ▲5·18추모기간(5. 18. ~ 27.) 동안 태극기를 조기(弔旗)로 게양해 오월영령들의 넋을 기리도록 했다. 아울러 지원의 사각지대에 놓인 ▲5·18민주유공자에게 생활지원금을 지급하도록 지원범위를 확대하였다. 이에 필요한 조례도 개정했다.

지방공휴일로 지정한 취지는 하루 쉬자는 것이 아니고 적어도 이 날 하루만큼은 광주시민들이 가족 및 지인들과 함께 5·18 사적지를 찾아 정의로운 광주 역사를 체험하며 오월 영령들의 숭고한 뜻을 기리는 시간을 갖자는 의미이다.

5·18을 경험한 세대와 경험하지 못한 세대들이 함께 나눔과 연대, 화합과 포용의 광주 정신을 공유하고 오월 영령들이 못다 이룬 꿈을 이루어 가기 위해 음악과 영화 제작 지원에도 많은 노력을 기울였다. '임을 위한 행진곡'을 기반으로 창작 관현악 및 뮤지컬 '광주'를 제작하여 뜨거운 성원 속에 전국 공연을 마쳤고, 영화배우 안성기 주연의 영화 '아들의 이름으로'는 코로나19 중에도 예매율 1위(2021. 5. 기준)를 기록하며 개봉되었다.

또한 세계인권도시포럼 개최 10주년인 2020년에 우리 시는 유엔 인권최고대표사무소(OHCHR) 및 유네스코 본부와 공동으로 세계 인권도시 포럼을 개최하여 5·18 40주년의 의미를 더했다.

2021년 포럼 역시 코로나19로 인해 비대면 회의로 전환했지만 2년 연속 이들 기관과 공동 주최하였으며 유엔 사무총장을 비롯하여 역대 최대 국가와 참석자들(76개국, 3,000여 명)의 참여하에 성공적으로 개최되어 국제사회에서 인권도시 광주의 위상이 더욱더 공고하게 되었다. 아울러 대표적인 세계 인권도시로서 위상을 높이고, 인권교육을 다른 도시에 전파하기 위해 2020년에는 국제인권교육훈련센터를 설립·운영하고 있으며 2021년부터는 한국국제협력단(KOICA)과 협력하여 저개발국가 공무원을 대상으로 글로벌 연수사업도 실시하고 있다.

(4) 광주 주먹밥을 광주대표음식으로 선정하여 보급

2019년 광주대표음식으로 '주먹밥'을 선정했다.

2020년이 5·18민주화운동 40주년이고 주먹밥이 나눔과 연대의 광주공동체 정신을 상징하는 음식으로 광주 정신과 5·18민주화운동을 스토리텔링 할 수 있는 좋은 소재였기 때문이다.

이후 '광주주먹밥'을 브랜드화·전국화·세계화하기 위해 다양한 노력을 기울였다. 다양한 레시피 품평회를 갖고 가장 광주다운 레시피를 확정해 광주 관문인 송정역에 입주한 주먹밥 업체와 판매를 희망하는 업소에 보급하고 있다. 일반음식점이나 창업 예정 업소에 개발된 광주주먹밥 레시피와 간판, 주먹밥 제작 틀 등을 지원하는 광주주먹밥 시범업소 육성사업도 지원하고 있다.

41년 전 국가권력에 맞서 싸우는 시민군들을 위한 주먹밥을 지금은 시민들이 일상에서 함께하면서 오월의 의미를 다시 한번 되새기도록 주먹밥 보급에 노력하고 있다.

(5) '전일빌딩245' 개관

전일빌딩은 1980년 5·18민주화운동의 목격자로서 헬기 탄흔과 함께 오월 광주의 아픔을 오롯이 간직하고 있다. 전면적인 리모델링을 거쳐 역사의 산교육현장이자 시민역사 문화공간인 '전일빌딩245'로 재탄생 되었다.

2020년 5월 11일 전일빌딩245 다목적 강당에서 개관 기념식을 갖고 시민을 위한 공간으로 새 출발을 알렸다. 전일빌딩 리모델링은 5월 영령들의 고귀한 희생과 민주주의를 향한 숭고한 뜻을 올곧게 기억하고 계승 발전시키기 위한 사업이었다.

전일빌딩은 주소가 '금남로 245'일 뿐만 아니라 지난 2016년 ~ 2017년 국립과학수사연구원 조사결과 245개의 총탄 흔적이 발견되면서 상징적인 의미를 담아 건물 이름을 '전일빌딩245'로 지었다.

전일빌딩은 지하 1층, 지상 10층, 연면적 1만 9,244㎡ 규모로 리모델링을 위해 국비 120억원, 시비 331억원 등 총 451억원의 사업비를 투입했다. 지하 1층부터 지상 4층까지는 시민플라자로 구성된 시민문화공간이 들어섰다. 지상 5층부터 7층은 문화콘텐츠 창작기업 입주공간인 광주콘텐츠허브, 지상 9 ~ 10층은 5·18 기념공간인 19800518, 지상 8층과 옥상은 광주 도심과 무등산을 조망하기 좋은 전망 및 휴게 공간 겸 소규모 이벤트 공간 등으로 구성돼 있다.

특히 5·18기념공간은 총탄흔적 원형보존과 함께 1980년대 당시 금남로와 전일빌딩 중심의 도심과 헬기를 각각 축소 모형으로 제작·설치하고, 당시의 증언을 토대로 한 헬기사격 장면 등을 영상으로 제작해 상영한다. 그동안 지속됐던 5·18에 대한 왜곡과 진실을 살펴보고 5·18과 민주화를 위해 희생한 영령을 추모할 수 있는 공간도 마련했다.

전일빌딩245는 광주다움을 알고·배우고·즐길 수 있는 문화 체험공간, 역사문화공간, 그리고 광주시 문화산업의 혁신성장 생태계 조성을 위한 미래문화 창조공간으로 자리매김해가고 있다.

(6) 대구에 '병상제공'으로 나눔과 연대의 광주정신 실천

5·18민주화운동 40주년이었던 2020년, 우리 광주는 정의로운 역사에 또 하나 큰 족적을 남겼다. 뜻 깊은 101주년 3·1절을 기해 광주는 코로나19로 큰 어려움을 겪고 있던 대구에 가장 먼저 병상을 제공해 전국적 K-방역 연대의 전기를 마련했다. 타인의 고통을 외면하지 않는 나눔과 연대의 광주정신을 실천한 것이다. 인간존엄의 가치를 소중하게 여기는 민주·인권·평화의 광주였기 때문에 가능했던 일이었다.

당시 신천지발 코로나19로 대구 상황은 날로 심각해져 갔다. 수많은 대구시민들이 코로나 확진을 받고도 병상이 없어 방치되어 있고 많은 사망자까지 발생하는 안타까운 상황이 이어졌다. 2월 29일 대구 확진자 2,569명 중 1,662명이 입원조차 하지 못하는 초유의 사태가 발생하고 있었다.

나는 101주년 삼일절이었던 3월 1일에 나눔과 연대의 광주정신으로 대구 확진자들을 광주에서 치료하겠다고 발표했다. 이 자리에는 43개 시민사회단체 대표들도 함께 해주었다. 의향 광주공동체가 형제도시 대구를 돕기 위해 대구 경증 확진자들을 받아 치료하기로 결정한 것이다. 쉽지만은 않은 결정이었다. 내가 이런 결정을 하게 된 배경은 이렇다.

> "광주는 나라가 어려울 때마다 시대정신과 대의를 좇아 역사의 물길을 바로 돌린 의향이다. 1980년 5월, 고립되었던 광주가 결코 외롭지 않았던 것은 광주와 뜻을 함께 해준 수많은 연대의 손길이 있었기 때문이다.

지금이 광주가 빚을 갚아야 하고 광주가 나서야 할 때라고 생각했다."

담화문 발표 후 우리 시민들은 물론 전국적으로 많은 격려와 성원이 쏟아졌고 해외에서까지 광주공동체의 결단에 박수를 보내줬다. 언론에서도 비중 있게 보도했다.

문재인 대통령께서는 5·18민주화운동 제40주년 기념식에 참석해 코로나19 재난 상황에서 광주가 대구에 손을 내민 '병상나눔 연대'에 대해 오월 정신은 코로나 극복에서 세계의 모범이 되는 저력이 됐다고 평가했다.

이 같은 병상나눔이 전국 지자체로 확산되면서 국민적 역량을 결집시켜 성공적인 K-방역의 동력이 되었고, 대한민국을 세계적인 방역 모범국가로 우뚝 세우는 계기가 되있다는 평가를 받았다.

(7) 옛 505보안부대, 5·18역사공원으로 재탄생

1980년 5·18민주화운동 당시 수많은 민주시민들이 투옥되고 혹독한 고문을 받았던 옛 505보안부대(옛 기무부대)가 광주의 아픔과 역사를 배우는 5·18역사공원으로 재탄생해 시민의 품으로 돌아왔다.

우리 시는 2021년 5월 20일 서구 쌍촌동 5·18역사공원에서 개방행사를 가졌다. 5·18역사공원은 3만 6,000㎡ 규모에 역사배움터, 야외무대, 상징문주, 상징열주, 잔디마당, 산책로, 주차장 등으로 조성되었다.

옛 505보안부대는 1980년 당시 지역 민주인사와 학생운동 지도부, 시민 등을 체포해 지하 감옥에 가두고 혹독한 고문 수사를 했던 곳이다. 이후 2005년 11월 오치동 31사단으로 이전된 후 방치되다가 5·18의 아픈 역사를 보존하기 위해 지난 2007년 5·18사적지 제26호로 지정하고, 2008년에는 5·18역사공원으로 지정했다.

이로써 수많은 민주시민들이 투옥되고 혹독한 고문을 받아야 했던 역사현장이 치유와 위로, 교육의 공간으로 탈바꿈했다. 5·18을 경험한 세대와 경험하지 못한 세대, 시민, 관광객 등 누구나 이곳에서 오월의 진실과 마주하고 나눔과 연대의 광주정신을 가슴에 새기게 될 것이다.

(8) 옛 광주교도소, 민주·인권기념파크 조성

민주·인권기념파크는 무고한 시민이 투옥 또는 암매장됐던 옛 광주교도소를 시민과 함께 호흡하는 역사·체험·교육, 국제 인권교류 거점 등 민주와 인권의 상징적 공간으로 조성하는 사업이다.

2015년 10월 북구 문흥동 소재 광주교도소가 삼각동 신축 교도소로 이전된 뒤 법무부에서 관리하던 약 8만 7,000㎡ 규모의 유휴 국유지로서 5·18사적지 제22호인 옛 광주교도소 부지가 대상이다.

이 사업도 논의 시작이후 십수 년간 지지부진했었다. 우리 시는 1997년부터 광주교도소 부지 이전을 요구해왔고 지난 1998년 사적지로 지정했다. 문재인 대통령 후보 지역 공약에 반영되었다.

이어 내가 시장이 되면서 사적지 보존과 정부사업으로 신속 추진을 위해 민주·인권 기념파크 타당성 및 기본계획 수립을 완료했고, 정부에 5·18 사적지로서 광주교도소의 역사적 의미와 보존 당위성을 설명하고 정부사업 추진을 적극 건의했다.

당초 정부는 총 11곳의 국유지 선도사업 지구에 대해 재정투입 없이 위탁개발 방식을 통해 개발하고 개발이익은 국고에 환수할 계획이었다. 그러나 국가기념일인 5·18 사적지라는 우리 시의 적극적인 설득에 힘입어 약 300억원의 개발이익 전액을 원형복원에 재투입하기로 하고 2022

년까지 실시계획 인가·고시를 마치고, 2023년부터 실시설계와 사적지 원형보존, 역사체험과 혁신성장 공간 조성 등을 거쳐 2025년 사업을 완료할 계획이었다.

그러나 2019년 1월 23일 기획재정부는 우리 시와 협의 없이 광주교도소부지를 포함한 전국 대규모 유휴 국유지 11곳에 대해 LH를 통한 국유재산 선도사업 추진을 발표했다. LH가 요청한 도시기본계획변경안(역사공원폐지, 토지이용계획변경)은 광주정신의 상징적 장소에서 고층아파트 위주 개발 우려가 있어 수용하기 어려운 입장이다.

따라서 우리 시는 현재 다음 2가지 방안을 기획재정부와 협의 중에 있다. ① 민주인권파크 조성사업은 국가 기념일인 5·18 기념사업이므로 국가예산으로 조성하거나, ② 기재부가 광주교도소 일원을 광주시에 무상양여하고, 광주시 책임하에 중앙정부와 협의하여 민주인권기념파크를 조성하는 방안이다.

이러한 내용의 '광주민주인권파크 조성사업'을 20대 대통령선거 공약사업으로 선정되도록 하여 5·18 사적지로서 역사성과 상징성을 담은 시민공간으로 조성할 계획이다.

(9) 국립국가폭력트라우마치유센터 광주 유치 확정

우리 시는 지난 2012년 우리나라 최초로 국가폭력 트라우마 치유기관으로 광주트라우마센터를 개소하고 현재까지 계속 운영하고 있다.

고문, 가혹행위 등 국가폭력을 경험한 생존자들은 신체적 손상뿐 아니라 정신적으로도 심한 고통을 겪게 되며 피해 당사자만이 아니라 그 가족들도 외상 후 스트레스장애(PTSD)를 비롯한 후유증을 입게 된다.

이들에 대한 전문적인 치유를 위한 '국립국가폭력트라우마치유센터'

가 반드시 필요하다는 공감대가 형성되어 2017년 제19대 대통령 공약 국정과제에도 반영됐다. 나 역시 2018년 시장선거 당시 국립국가폭력트라우마치유센터 광주 유치를 공약하였다. 광주는 5·18민주화운동의 성지로 우리 현대사에서 가장 큰 국가폭력이 무자비하게 자행된 아픈 역사를 가지고 있고, 이미 광주트라우마센터를 개소하는 등 국가폭력 치유에 앞장서고 있어 광주에 국립국가폭력트라우마치유센터를 설치하는 것이 바람직하기 때문이었다.

시장 취임 후 국립국가폭력트라우마센터 본원 유치에 총력을 기울였다. 2018년 8월에는 당시 김부겸 행정안전부 장관을 만나 국립국가폭력트라우마센터 조성사업에 대해 설명하고 '적극 협조하겠다'는 답변을 받았다. 행정안전부 타당성 조사 용역에서도 본원 설립 최적합지로 광주가 최고점을 받아 마침내 우리 시는 지난 2019년 5월 국립국가폭력트라우마치유센터 광주 유치에 성공했다. 다만 국립트라우마치유센터 설립 및 운영을 위한 근거 법률이 마련돼 있지 않아 법률이 마련될 때까지는 매년 국비 14억원을 투입해 그간 광주시가 운영 중인 광주트라우마센터를 국립트라우마치유센터로 확대·운영해 왔다. 드디어 2021년 11월 11일 「국립국가폭력트라우마치유센터 설립 및 운영을 위한 법률」이 국회 본회의에서 통과되어 근거법률도 마련되었다.

'국립 국가폭력 트라우마 치유센터'는 옛 국군통합병원 유휴부지에 연면적 2,200㎡ 규모로 2023년까지 사업비 94억원을 투입하여 건설되며 5·18 관련자 및 부마항쟁·제주 4·3사건·여순사건 피해자 등 국가폭력의 피해를 입은 사람이나 가족의 치유를 담당한다. 우리사회의 갈등해소 및 국민통합에 기여할 것이다.

우리 광주는 민주화운동의 성지에서 나아가 과거사 치유의 거점도시로서 역사적 책무와 역할을 다할 것이다.

(10) 적십자병원·국립 광주병원·故홍남순 변호사 가옥의 원형보존사업

미래세대 역사배움 공간조성을 위해 5·18사적지 원형보존 사업도 적극 추진하고 있다. 1980년 5·18 당시 시민들의 자발적인 헌혈로 대동정신이 구현된 광주적십자병원을 비롯하여 국군광주병원, 故홍남순 변호사 가옥 등을 미래세대의 산 역사교육 장소로 활용할 수 있도록 원형복원사업을 추진하고 있다.

(11) 5·18자유공원 20여년 만에 새단장

5·18민주화운동 당시 시민들을 고문수사하고 군사재판을 열었던 상무대 영창을 5·18자유공원에 복원하여 관련자료와 영상물을 전시하고 있다.

우리 시는 5·18민주화운동 40주년을 맞아 조성된 지 20여년이 경과되어 노후 된 5·18자유공원 전시시설에 최신 AI 기술을 활용하여 1980년 5월 당시의 상황을 현실감 있게 느끼고 공감할 수 있는 다양한 현대화 사업을 추진하여 과거와 미래를 연결하는 역사교육의 현장으로 활용할 수 있는 전시콘텐츠 사업과 관람객의 편리성을 위한 휴게시설 보수 등 환경정비 사업을 통해 5·18자유공원을 새 단장하였다.

국비 37억원을 확보하여 2020년부터 전시콘텐츠 개발과 시설물의 현대화 사업을 추진하여 2021년 12월 완공해 국내외 방문객을 맞이하고 있다.

(12) 제1회 힌츠페터 국제보도상 시상식 개최

힌츠페터 국제보도상은 우리시 후원하에 5·18기념재단 및 한국영상기자협회가 5·18민주화운동을 전 세계에 알린 故 힌츠페터의 기자정신을 기리기 위해 제정된 상이다. 힌츠페터 기자는 1980년 5월 광주에서 무슨 일이 일어나고 있는지 직접 확인을 해야겠다는 투철한 기자정신으로 목숨 걸고 현장으로 뛰어들어 광주의 진실을 세상에 알렸다. 이 상은 민주화를 열망하는 국가에서 자유·민주·평화를 위해 취재하다 사망하거나 민주화 확산에 기여한 언론인을 수상자로 선정해 시상한다.

5·18기념재단과 한국영상기자협회는 2021년 10월 27일 서울 한국방송회관 코바코홀에서 제1회 힌츠페터 국제보도상 시상식을 개최했다.

대상인 '기로에 선 세계상'에 벨라루스의 미케일 아르신스키, 뉴스부문에 미얀마의 노만과 콜린(가명), 특집부문에 이탈리아의 브루노 페데리코, 비경쟁부문에 대한민국의 故 유영길 영상기자가 각각 수상했다.

대상 수상자인 미케일 아르신스키는 2020년 벨라루스 대선에서 26년간 재임한 알렉산드르 루카센코 정권의 불공정 선거를 믹고 공정한 투표를 위해 독재에 맞서 싸우는 벨라루스 사람들의 이야기를 담은 다큐멘터리를 방영했다.

세계 곳곳에서는 아직도 정의와 민주, 인권과 평화를 지켜내기 위한 제2, 제3의 5·18민주화운동이 계속되고 있으며 그 현장에서 수많은 '힌츠페터' 기자들이 목숨 걸고 진실을 취재해 세상에 알리고 있다. 우리시는 이러한 진실들이 어둠 속에 묻히지 않도록 연대하고 목소리를 높여갈 것이다. 우리 광주는 앞으로도 정의를 지켜내는 민주시민들, 현장에서 역사의 진실을 기록하는 기자들과 함께 할 것이며, '힌츠페터 국제보도상'이 민주·인권의 가치를 담은 대표적 상으로 자리매김할 수 있도록 적극 뒷받침할 것이다.

(13) '광주광역시 명예의 전당' 개관

2021년 1월 시청사 1층에 '광주광역시 명예의 전당'이 세워졌다.

사회 공헌자를 예우하고 시민들과 사회 공헌활동을 공유해 광주지역의 사회 공헌문화를 활성화하기 위해 만든 것이다.

명예의 전당은 1987년부터 매년 5개 분야(사회봉사·학술·예술·체육·지역 경제진흥 분야)에서 지역 발전을 위해 공헌한 시민·단체를 발굴해 시상하는 '시민대상' 수상자를 위한 공간이 마련돼 있다. 남은 공간은 지역사회를 위해 나눔과 연대를 실천하며 따뜻한 울림을 주는, 선한 영향력을 전하는 평범한 시민을 발굴해 채워가고 있다.

광주학생항일운동과 5·18민주화운동처럼 시대의 어둠을 밀어내고 새로운 빛을 가져온 사람들은 언제나 우리 주변의 평범한 이웃이었다. 명예의 전당을 선하고 가슴 따뜻한 보통시민들의 뜻 깊은 발자취를 기억하는 공간으로 발전시켜 사회공헌에 대한 인식이 '위대한 사람들의 특별한 행보'가 아닌 '평범한 사람들의 일상 속 한 걸음'으로 변화하는 계기가 되었으면 좋겠다.

(14) 김대중 평화주간 지정 운영

2019년 김대중 대통령 서거 10주기 행사에서 나는 김대중 동경납치 생환일인 8월 13일(1973년)부터 서거일인 8월 18일까지 기간을 매년 '김대중 평화주간'으로 지정하여 추모하자고 제안했다.

이에 따라 2020년부터 매년 '김대중 평화주간'을 지정해 의미 있는 기간을 보내고 있다. 다만 코로나19로 인해 2020년과 2021년 기념행사가 소규모로 진행되어 아쉬웠다.

(15) 친일잔재 청산 단죄문 세우고 민족정기 바로 세우는 데 앞장

민선 7기 들어 생활 속 친일 잔재물을 샅샅이 찾아내어 친일반민족 행위와 역사적 사실을 기록한 단죄문을 세우고, 민족정기를 바로 세워나가는 일에도 앞장서고 있다.

친일의 행적과 역사적 사실을 정확히 기록해 시민과 후대에게 알리기 위해 전국 최초로 친일잔재 조사 T/F팀을 구성해 지역내 친일 잔재물을 조사하고 비석, 누정현판, 교가 등 65개의 친일 시설물을 확인하였다. 이 중 2019년 7개소 8개 잔재물, 2020년에 5개소 21개 잔재물, 2021년에는 6개소 8개 잔재물 총 15개소 37개 잔재물에 단죄문과 안내문 설치를 완료했다.

아울러 경술국치일을 되새기고 민족정기를 바로 세우기 위해 지난 2013년 국치일 등 국기 조기게양 조례를 개정하여 매년 국치일인 8월 29일에 조기를 게양하고 부끄러운 역사를 되풀이하지 않겠다는 각오를 시민, 학생들과 함께 다지고 있다.

(16) '의향광주법률지원단' 운영

코로나19 위기상황에서도 절실하게 느꼈지만 사회관계망 온라인 서비스(SNS) 등에서 유포되고 있는 가짜 뉴스, 허위사실은 개별 시민들의 권익과 사생활을 심대하게 훼손할 뿐만 아니라 지역 사회 역량결집과 시민통합에 매우 나쁜 영향을 끼치고 있는 것이 현실이다. 우리 시는 무분별하게 유포되는 가짜뉴스 등으로 인한 시민 피해자들을 지원하기 위해 전국 광역지자체 중 최초로 조례를 만들어 '의향광주법률지원단'을 운영하고 있다.

6명의 변호사로 구성된 법률지원단은 사회관계망 온라인 서비스(SNS) 등을 이용한 허위사실 유포 등으로 권리를 침해받고 피해를 입은 시민들에게 권리구제 상담과 소송 대리, 언론중재위원회 제소 등 체계적인 법률서비스를 제공하고 있다. 인권도시 광주가 정의를 지키는 일에 또다시 앞장섰다는데 의미가 크다.

또한, 우리 시는 국내 처음으로 한국기자협회와 '가짜뉴스 배격을 위한 업무협약'을 체결하기도 했다. 가짜뉴스로 인한 사회적 폐해를 줄이기 위한 노력의 일환이었다.

(17) 4·19혁명 제60주년 기념『4·19혁명 기념탑 및 3·15 표지석』건립

우리 시는 2021년 8월 광주역사공원에서 독재정권에 항거하다 산화한 4·19 희생 영령들의 숭고한 정신을 기리는 4·19혁명 기념탑을 설치했다. 이는 2020년 4·19혁명 60주년을 맞아 1962년에 건립돼 훼손이 심각한 추모비의 원형을 복원하고, 선대의 희생정신과 민주정신을 후대에 계승하기 위해 3·15의거 표지석과 연계하여 건립한 것이다.

이 기념탑은 3단구조로 1단은 화강석, 2단 청동부조, 3단은 스테인레스 재질로, 높이는 7.6m로 설계되었으며 좌·우측에 7개의 인물부조상에는 1960년 4·19혁명 당시 자유당 독재정권에 항거하다 목숨을 잃은 7분의 인물초상과 약력을 표기하여 희생자를 추모하였다. 또한, 상단의 타오르는 불꽃은 영원히 꺼지지 않을 4·19민주혁명정신을 더욱 선양하고 민주주의를 계승하겠다는 호남 민중의 저항정신을 상징화하였다.

이와 함께 4·19혁명의 첫 횃불이 되었던 광주3·15의거를 기억하고 다음 세대에 선대의 숭고한 희생과 헌신을 알리고자 당시 시위 발발지인 광주 금남로공원 내에 3·15의거 표지석도 함께 세웠다.

(18) 독립운동의 역사, 광산구 '고려인 마을'을 아시아문화 다양성 지구로 조성

광산구 월곡동은 2001년부터 우즈베키스탄 등 중앙아시아에서 이주해온 고려인 3·4세대 후손들이 모여 살기 시작하여 현재 5,000여 명의 고려인 동포가 정착해 살고 있는 고려인 집성촌이다. 우리 시는 고려인 한국어교육 지원을 시작으로 자녀돌봄, 종합상담, 광주진료소, 미디어센터 운영지원 등 고려인의 안정적인 정착을 지원하고 있다.

특히 2020년 5월, 전국 최초로 고려인의 디아스포라 유랑의 역사를 기록한 역사유물 전시관인 "월곡고려인문화관 결"을 개관하였고, 개관 이후 홍범도장군 특별전 등 고려인 항일의 역사를 상시 전시함에 따라 현재 전국 각지에서 새로운 명소인 "고려인 마을"을 찾고 있다.

시는 이를 계기로 중앙아시아 등 고려인의 역사를 보존하고 재현하는 공간으로 고려인 마을을 아시아문화 다양성 지구로 조성하고, 2020년 20억원(국·시비)을 반영하여 고려인 디아스포라 항일의 역사를 알리고 고려인의 삶과 문화를 직접 체험할 수 있는 체험형 관광코스를 개발하는 등 고려인의 항일정신을 재조명하고 계승해 나가고 있다.

(19) 국가보훈대상자 명예수당 대폭 인상

우리 시는 2022년 1월부터 독립유공자 유족과 참전유공자 등 보훈대상자에 대한 명예수당을 평균 57% 인상하고 지원대상도 확대했다.

먼저 독립유공자 등에 대한 보훈명예수당은 생존 애국지사의 경우 월 10만원에서 월 20만원으로 인상하고 그 외 독립유공자와 전몰군경 유족, 4·19혁명유공자 및 특수임무유공자 또는 그 유족은 월 3만원에서 월 5만원으로 2만원을 인상하며 지원대상에 순직군경 유족을 추가했다.

6·25 및 월남전 참전유공자에 대한 참전명예수당은 기존 65세부터 79세까지는 월 6만원, 80세 이상부터 89세까지 월 8만원, 90세 이상은 월 10만원씩 각각 지급하던 것을 65세부터 79세까지는 월 10만원, 80세 이상 월 13만원으로 각각 인상하되, 전상군경 및 고엽세후유의증 수당수령자는 월 3만원에서 월 5만원으로 2만원을 인상하고 공상군경과 6·25참전 재일학도의용군인, 재해부상군경도 지원대상에 추가해 각각 월 5만원씩 지급하고 있다.

이에 따라 광주지역 2만 3,000여 국가보훈대상자 중 보훈 및 참전명예수당 지원대상자가 기존 6,700여 명에서 7,100여 명으로 약 400명 늘어나고 수당 지원액도 기존 연간 38억원에서 64억원으로 68.4%(26억원)나 증가해 국가보훈대상자의 생활안정과 복지향상에 크게 기여할 것으로 기대하고 있다.

이번 수당 인상은 지역 내 보훈단체에서 지속 건의해온 사항으로 지난해 6월 '호국보훈의 달'을 맞아 개최된 시장과 보훈단체 대표 간담회를 계기로 본격 논의하여 결정된 것이다. 국가에서 지급하는 보훈급여금과 특·광역시 지원사례 등을 고려하고 자치구 및 시의회와의 협의 등을 통해 지원수준과 지원방법을 최종 결정했다.

특히, 보훈명예수당은 자치구에서는 지금까지 별도 지급을 하지 않았고 참전명예수당은 자치구별로 월 1 ~ 2만원씩 따로 지급하는 등 지원액이 달라 이로 인한 민원이 많았으나 이번에 조례 개정을 통해 시와 자치구에서 각각 지원하던 수당을 통합해 지급하고 소요예산도 80 : 20 비율로 분담히기로 했다.

아울러 우리시는 나라를 위해 희생·공헌한 국가유공자에게 합당한 예우를 실현하고 시민의 나라사랑 정신을 함양하기 위해 보훈단체 등에 대한 지원을 강화하고 각종 보훈행사도 단순 기념식 위주에서 보훈가족과 지역주민, 청소년 등이 함께 독립·호국의 정신을 기억하고 미래 세대에 확산하는 호국보훈문화 함양사업을 적극 발굴 지원할 계획이다. 지금 우리가 누리는 자유와 번영은 순국선열과 호국영령 등의 숭고한 희생이 있었기에 가능한 것이다. 나라를 위한 희생과 공헌에 합당한 예우를 실현하고 그 정신을 후대에 계승하기 위해 최선을 다하겠다.

(20) 국내외 21개 지방정부들과 함께 미얀마 민주화운동 지지와 인권보호를 촉구하는 공동성명서 발표

2021년 2월 미얀마 군부는 쿠데타를 일으키고 1년간 국가 비상사태를 선포했다. 미얀마 국가고문인 '아웅산 수치'가 이끄는 민주주의민족동맹(NLD)이 압승한 2020년 11월 총선결과에 군부가 불복한 것이다. 그리고 이에 저항하는 전 국민적 불복종 운동이 거세게 일어났다.

쿠데타에 맞서 민주주의를 지켜내기 위한 처절한 몸부림은 우리 민주시민들이 걸어왔던 1980년 5월의 모습과 흡사했다. 우리 시는 미얀마의 민주주의와 헌정질서가 조속히 회복될 수 있도록 국내는 물론 국제사회와도 긴밀히 협력해 나갔다.

국제사회의 지원을 이끌어내기 위해 나는 2021년 4월 6일 미첼 바첼렛 유엔 인권최고대표, 에밀리아 사이즈 세계지방정부연합(UCLG) 사무총장, 아다 콜라우 바르셀로나 시장, 모르텐 샤에를 라울발렌베리 인권연구소장과 화상회의를 갖고 미얀마 쿠데타 반대와 민주화운동 지지를 함께 했고 대응방안을 논의했다.[34]

또한 나는 국제사회가 한 목소리를 내어 미얀마 군부에게 국제적으로 고립되어 있다는 인식을 주기 위한 방안의 하나로 세계지방정부연합 인권위원회 회원도시가 미얀마 군부를 규탄하고 미얀마 국민들의 인권보호를 촉구하며 미얀마 민주정부를 인정하는 공동발표를 제안했고 참석자들도 모두 동의했다.

우리 시는 후속조치로 2021년 5월 3일 국내외 21개 지방 정부들과 함께 미얀마 민주화운동 지지와 인권보호를 촉구하는 공동성명서를 발표했다. 이번 공동성명서 발표는 우리 시가 유엔 인권최고대표사무소 및 세계지방정부연합과 적극 협력한 결과물로, 미얀마 사태에 대한 전 세계 지방정부들의 관심과 지원을 유도하는데 큰 역할을 했다.

---

34 광주시와 유엔 인권최고대표사무소는 세계인권도시포럼을 2020년부터 공동 주최하고 있다. 또 UCLG 인권위원회는 포럼 공동주관 기관이며 광주시는 UCLG 인권위원회의 공동 의장도시이다.

* 세계지방정부연합(United Cities and Local Governments, UCLG)은 전 세계 도시와 지방정부의 이익을 대변하는 지방정부들의 연합체이다. 사회통합·참여민주주의·인권 위원회(Committee of Social Inclusion, Participative Democracy and Human Rights. CSIPDHR)는 세계지방정부연합 산하 인권 관련 위원회로 각 지방정부의 인권 정책 수립에 조언을 제공하는 역할을 한다.

핵심성과 8 광주의 꿈, '품격 있는 문화일류도시' 실현

요 약

- 문화발전 역량 강화 : 문화경제부시장 신설, 문화예술미래위원회 출범, 광주관광재단 출범, 온라인 문화예술 통합 플랫폼 구축, 문화예술 분야 국비 최대 확보, 국제적 수준의 광주컨벤션센터 신축
- 광주다움을 담은 대표 문화공간 조성 : 국악상설공연 운영, 동명동 문화마을·양림동 역사문화마을·충효동 생태문화마을 조성, 상무소각장을 광주대표문화 공간으로 건설
- 문화예술인들의 숙원사업 해결 : 광주문학관 건립, 광주전통생활음악당 건립, ACC 디지털관 조성, 광주역사민속박물관 개관, 한예종 예술영재교육원 광주캠퍼스 개원, 광주문화예술회관 리모델링, 공공도서관 및 작은도서관 확충
- 아시아문화중심도시 광주 위상 제고 : 아시아문화중심도시 조성특별법 개정, AMT 개관 및 창이벤트조성, 광주관문에 '무등의 빛' 설치, 공공건축가 운영 및 도시건축 선언
- 광주전통의 멋과 흥을 보전하고 계승 : 전라도 천년기념 희경루 중건, 호남의병 기념관 건립, 신창동유적체험학습관 건립, 아시아 공동체 전승문화플랫폼 구축, 명장의 전당 개관
- AI가치를 더한 문화콘텐츠 산업 육성 : 전국 유일 문화산업 투자진흥지구 확대지정, 광주실감콘텐츠 큐브 준공, 전국 최대 규모의 e스포츠경기장 개관
- 예술관광 광주의 매력을 브랜딩 : 대표캐릭터 '오매나'개발, K-POP 스타의 거리 조성, 아시아 예술정원 조성, 사직공원내 상설공연장 조성
- 2022년, 8대 핵심 문화정책 중점 추진하여 '더 크고 더 강한 문화중심도시' 실현

"나는 우리나라가 세계에서 가장 아름다운 나라가 되기를 원한다. 가장 부강(富強)한 나라가 되기를 원하는 것은 아니다. 우리의 부력(富力)은 우리의 생활을 풍족히 할 만 하고 우리의 강력(強力)은 남의 침략을 막을 만하면 족하다. 오직 한없이 가지고 싶은 것은 높은 문화의 힘이다."

(백범일지 중)

70여 년 전 백범 김구선생은 이미 알고 있었다. 진정한 국가의 힘은 군사력이 아니라 문화에서 나온다는 것을. 나 역시 진정한 도시의 경쟁력은 인구, 면적, 소득수준이 아니라 역사와 전통이 깃든 문화예술에서 나온다는 생각을 오래전부터 해왔다.

특히 광주에서 문화가 갖는 의미는 각별하다. 문화예술이 경제이고 일자리이며 복지이다. 따라서 나는 광주를 문화적으로 디자인하고 문화가 시민의 일상이 되는 '품격 있는 문화일류도시' 실현을 위해 역량을 쏟았다. 문화정책의 기본방향을 향유 개념에 국한시키지 않고, 일자리와 상품·브랜드·산업으로 연결시켜 문화가 광주의 미래 먹거리를 견인하는 경제엔진의 역할을 하도록 했다.

특히 민선 7기 전반기에는 문화정책의 추진체계를 정비하는 등 광주 문화발전을 위한 조직역량을 강화하고, 문화관광 분야의 해묵은 과제들을 해결하는 데 주력하는 한편, 가장 광주다운 것들을 재발견하여 도시 브랜드 가치로 발전시키는 데 전념했다. 아울러 문화예술 기반시설 확충과 문화예술 활동지원 다각화, 시민이 문화예술의 생산과 향유의 주체로 나설 수 있도록 문화 활동 영역도 확대했다.

민선 7기 출범 6개월 후인 2019년 1월 '품격있는 문화도시 광주' 실현을 위한 문화정책 비전(4대 목표, 10대 중점과제)을 세워 광주문화의 변화와 혁신을 이끌었다.

그러나 2020년 2월부터 코로나19로 시민들의 일상이 멈추면서, 문화예술분야도 큰 타격을 입었다. 공연과 전시 등 현장 활동이 어려워진 문화예술인들이 생계유지를 위해 건설현장 일용직, 단기 아르바이트에 나섰다는 소식을 들을 때 내 가족의 일처럼 가슴이 미어졌다.

이에 코로나19로 어려움을 겪고 있는 문화예술계 현장을 찾아 애로사항을 청취[35]하고, 후속조치로 코로나19 극복을 위한 단기 지원대책을 시행하는 한편 더 나아가 품격 있는 문화광주를 실현하기 위한 '5대 함께 비전 20대 문화정책'을 발표하고 추진 중에 있다.

짧은 기간에 이곳저곳에서 많은 성과들이 나타나고 있다. 광주대표공연, 광주대표음식, 광주대표문화마을 등 광주다움의 회복을 통해 광주만의 경쟁력도 확보해 나가고 있다. 또한 그동안의 성과를 바탕으로 광주 대표 랜드마크나 킬러 콘텐츠를 육성하기 위한 방안도 적극 추진 중이다.

(1) 문화발전 조직역량 강화

1) 시장 취임 후 첫 결재로 문화경제부시장 신설

국내 최초로 문화경제부시장 직제를 신설했다.

문화정책 및 행정의 체계성· 전문성· 일관성을 제고하고, 통합적 시각에서 문화행정을 추진하며, 책임 있게 민관 거버넌스를 구축해 문화예술인들의 창작활동을 최대한 지원하기 위한 것이었다.

기존의 경제부시장에서 직명을 경제보다 문화를 앞에 두어 문화경제

35 지역 대표 문화예술단체인 한국예총광주시연합회 방문을 비롯해 광주미술협회 등 10개 연합협회 대표와 간담회, 광주영화산업의 발전방향과 지역영화인들의 건의사항을 듣는 영상간담회, 광주문화예술미래위원회 전체회의, 국립아시아문화전당 방문, 광주문화재단 직원 간담회, 광주민족예술인단체총연합 소속단체 대표 간담회 등 광주지역 문화예술분야 관계자들과 잇따라 만나 현장의 목소리를 청취했다.

부시장으로 바꾸었다. 지금은 매월 마지막 주 수요일을 문화경제부시장실 개방의 날로 운영하면서 문화현장과 긴밀한 소통 및 유기적 협력체계를 가동하고 있다.

문화경제부시장직을 신설하겠다고 발표한 후 초대 부시장에 대한 고민이 많았다. 첫 단추를 잘 꿰어야 했기 때문이다. 초대 문화경제부시장은 우리지역 출신으로 문화 전문성과 다양한 행정경험을 두루 갖춘 이병훈 전 아시아문화중심도시추진단장을 임명했다. 이병훈 문화경제부시장은 30년의 공직생활을 하면서 문화에 대한 남다른 식견과 열정을 인정받아 노무현 정부 때 문화체육관광부 소속 아시아문화도시추진단장을 맡아 광주를 아시아문화중심도시로 발돋움할 수 있는 초석을 닦은 문화 전문가이다. 지금은 더불어민주당 국회의원으로서 문화관광위원회에서 뛰어난 활동을 하면서 아시아문화중심도시조성특별법 개정안을 통과시키는 등 발군의 역량을 보여주고 있다.

2) 문화예술미래위원회 출범

문화예술인의 역량을 결집하고 교류와 소통을 위해 문학, 사진, 디자인, 미술, 연극, 국악, 무용 등 문화예술 분야를 총망라한 문화예술미래위원회를 2020년 6월 8일 출범시켰다. 오래 전부터 '예향 광주'라 불렸지만 현장의 목소리를 담아낼 통합적 소통기구가 없었다는 게 참으로 안타까웠다.

황영성 화백이 나와 공동위원장을 맡아 광주시와 문화예술인 간 가교역할을 하고 있으며 문화예술 현장에서 다양한 경험을 쌓은 전문가 76명이 위원으로 활동하고 있다. 분야별 특성을 반영해 시각예술, 공연예술, 인문역사, 콘텐츠 등 4개 분과위원회를 운영하고 있으며 원로회의와 청년회의 등 2개 특별위원회가 있다.

각 분과위원회와 특별위원회에서는 다양한 분야의 예술인들의 창·제작 활동지원을 위한 창작센터 조성, 비엔날레전시관을 세계적 랜드마크로 건립, 고대부터 근현대까지 광주의 역사를 체계적으로 전시·연구하는 역사박물관 조성, 아시아문학공원 조성, 청년문화예술 창작활동을 종합지원하는 청년문화센터 구축, 지역 공연예술 분야 전반을 조율하는 공연예술위원회 발족, 문화콘텐츠산업 전문인력 양성, 인공지능과 연계한 콘텐츠 제작지원 강화 등 문화예술발전 8대 정책의제를 발굴했다.

코로나19로 인한 비대면 모임의 제약에도 불구하고 전체회의 3회, 실무회의 1회, 분과회의 3회, 임원회의 2회, 청년회의 2회 등 분야별로 지역 예술인과 소통하면서 문화예술 정책에 대한 실행력 강화에 기여하고 있다.

3) '광주관광재단' 출범

냉철한 시각에서 평가하면 광주는 관광객이 찾지 않는 '노잼'도시다. 광주로 부임한 기관장들과 취임인사를 나누다보면 '광주방문이 처음이다'는 분들이 의외로 많다. 여수나 목포 등은 관광 차 방문한 적이 있으나 정작 광주는 올 일이 없었다는 것이 이들의 공통된 이야기다. 적지 않은 충격이었다.

상황이 이런 만큼 관광정책에 대한 전반적인 변화와 혁신이 필요했다. 포스트 코로나 시대에 급변하는 관광트렌드에 선제적으로 대응하기 위해서는 체계적이고 종합적인 시각에서 관광정책의 우선순위를 정하고, 선택과 집중을 통해 관광사업을 책임감 있게 추진할 수 있는 기구를 만들어 도시의 창의성과 상상력, 도전성과 혁신성을 높여가야 한다고 생각했다.

무엇보다 가장 광주다운 것에서 답을 찾기로 했다. 특히 관광분야는

'모방'만으로 성공할 수 없다. 광주만의 고유함과 독특함을 담은 'Only One' 전략이 필요하다. 광주에 가야만 볼 수 있고, 들을 수 있고, 먹을 수 있는 '광주다움'을 개발하고 이를 상품화·브랜드화·산업화하여 광주만의 경쟁력을 만들고, 양질의 일자리 창출로 이어지도록 해야 한다.

그래서 지역 관광 사업의 컨트롤 타워기능을 수행할 광주관광재단 설립이 시급했다. 당시 광주컨벤션뷰로가 있었지만 관광사업 전반을 아우르며 비전을 제시할 수 있기에는 역부족으로 판단했다. 취임과 동시에 지역 관광의 경쟁력을 높이고 지역 특성에 맞는 관광 사업을 주도적으로 수행하는 전담 기구 역할을 할 수 있는 광주관광재단 설립을 지시했고, 2020년 7월 30일 공식 출범식을 갖고 본격 업무에 들어갔다.

나는 이날 남성숙 초대 대표이사에게 두 가지를 부탁했다. 하나는 코로나19로 인한 대격변의 시대에 틀을 깨는 창의력과 상상력으로 천만 국제관광도시로 거듭날 수 있는 혁신적인 관광비전을 만들어 달라는 것이었다. 또 하나는 의향 광주의 정의로움, 예향 광주의 전통문화예술, 미향 광주의 맛깔스러운 음식 등 광주만의 고유함과 독특함을 상품화, 브랜드화, 산업화해서 찾아오는 광주를 만들고 지역 경제 활성화에 기여해 달라는 것이었다.

'노잼도시'가 아닌 '찾아오고 머물고 싶은 꿀잼도시 광주', '품격 높은 문화를 향유할 수 있는 광주'가 되어야 한다. 광주가 보유한 다양한 관광자원을 융·복합하고 인근 시·군과 연계해 광주가 국제 관광도시로 발돋움할 수 있도록 광주관광재단이 그 중심에서 핵심 역할을 수행해주길 기대하고 있다.

4) 빅데이터 기반 온라인 문화예술통합플랫폼 구축

예전부터 문화예술인들은 자신들의 공연과 전시를 알리기 위해 길거리에 포스터를 붙이거나 행사를 소개하는 플래카드를 직접 붙여왔다. 창작활동보다 자신의 작품을 홍보하고, 관객을 끌어 모으는 일에 노력과 시간을 쏟아 붓는 일이 허다했다.

우리 시에서는 문화예술인들의 어려움을 조금이나마 해소하고 창작활동에 전념할 수 있도록 문화예술통합플랫폼을 구축하고 있다.

플랫폼에 접속한 시민은 광주에서 펼쳐지는 다양한 공연과 행사정보를 한눈에 쉽게 알 수 있고, 관심있는 공연은 티켓팅까지 한번에 할 수 있도록 원스톱 시스템을 구축하고 있다. 아울러 문화예술관련 일자리 정보와 지역 문화상품을 사고 팔 수 있도록 문화예술 장터 역할을 하는 기능도 탑재할 계획이다.

특히, 플랫폼 이용자는 더 이상 광주의 문화정보들을 확인하기 위해 개별사이트를 일일이 찾아 검색할 필요가 없고, AI 기능을 통해 이용자가 선호하는 분야의 정보를 플랫폼에서 자동 추천해 주기 때문에 기존과 차원이 다른 편리함을 누릴 수 있다.

5) 광주시립미술관장 및 문화예술회관장을 개방형으로 전환

광주시립미술관장은 그동안 지역출신 화가들이 맡아왔으나 나는 문화행정 분야의 인사혁신 1호로 전국적 공모를 통해 전문성과 리더십을 갖춘 관장을 뽑기로 했다.

우리 광주미술이 이제 지역의 한계를 뛰어넘어 세계로 미래로 나아가기 위해서는 지역 미술계에 대대적인 변화와 혁신이 필요하며 광주미술의 미래 100년을 내다보고 발전토대를 놓을 수 있는 국제적 안목과 전문적 리더십을 지닌 최고의 미술관 경영 CEO를 모실 필요가 있다는 판단에서였다. 2018년 9월 초대 시립미술관장 응모에 역대 최대 17명이 지원했다. 우리 시는 면접심사의 공정성과 전문성을 확보하기 위해 국가

인사혁신처에 의뢰한 면접위원을 추천받아 면접심사를 진행해 전승보 전) 수원시립 아이파크 미술관 전시감독을 임명했다.

광주문화예술회관장도 개관 때부터 공무원을 임명해 왔지만 전문성이 떨어지고 행정인력의 잦은 인사교체로 인해 문화예술회관과 예술단 운영에 있어서 경쟁력이 떨어지는 문제가 있었다. 따라서 나는 공연 예술 활성화를 위해 2019년에 처음으로 개방형 직위로 전환하여 공모를 통해 성현출 전 남구문화원장을 임명했다.

그러나 성현출 관장이 2021년 9월 개인적인 이유로 사임함에 따라 다시 내부 공무원을 관장으로 임명하였는데 그 이유는 다음과 같다.

코로나19로 인해 대면 공연이 거의 진행되지 못하고 있고 이 기회를 활용해서 문화예술회관 대극장과 소극장 등을 30년 만에 대규모 리모델링 공사를 진행하고 있다. 따라서 지금은 문화전문가보다 예산, 건설, 행정 전문가가 투입되어 공연장다운 공연장을 갖추는 등 문화예술회관이 지속적으로 발전할 수 있는 인프라를 구축하는 것이 절실하다는 판단하에 공무원을 관장에 임명하기로 한 것이다.

문화예술회관 리모델링 공사가 완공되고 인프라와 시스템 재정비가 마무리되는 2022년 중에는 관장을 개방형 직위로 다시 전환할 계획이다.

6) 국제적 수준의 광주컨벤션센터, 광주의 랜드마크로 신축

우리 시는 국제적 수준의 새로운 컨벤션센터를 서구 치평동 김대중컨벤션센터 제1주차장 부지에 총 1,461억원의 사업비를 투입하여 건립한다. 김대중컨벤션센터의 제2전시장 개념을 뛰어넘어 광주의 대표적인 랜드마크가 되도록 광주다움을 담은 독특한 건축양식으로 건설할 계획이다. 그리하여 광주에는 볼만한 랜드마크가 없다는 문제를 해소할 것이다. 또한, 인공지능 대표도시답게 최첨단 스마트 전시장으로 구축할 것이다. 명칭도 공모에 의해 상징적 이름을 붙일 것이다.

코로나19 이전에 현 김대중컨벤션센터는 가동률이 70% 이상으로 포화상태여서 제2컨벤션센터 건립이 요구되었다. 그러던 때에 2018년 8월 문화체육관광부가 김대중컨벤션센터 일원을 국제회의복합지구로 지정하면서 우리시는 새로운 컨벤션센터 건립을 본격적으로 추진해왔다.

지난 2020년 12월 김대중컨벤션센터 제2전시장 건립계획이 산업통상자원부 전시산업발전협의회 심의를 통과해 주관 부처인 산업부로부터 사업타당성을 확보했다. 이어 최근 행정안전부 지방재정투자사업 타당성 조사결과(2021. 12.) B/C(비용 대비 편익)값이 1.32로 높게 나와 사업성이 충분한 것으로 평가되었다.

우리 시는 이번 타당성 조사 결과를 바탕으로 2022년 상반기 행정안전부 중앙투자심사 등을 거쳐 2025년 준공을 목표로 2022년 하반기부터 설계공모 등 제2컨벤션센터 사업을 본격 추진할 예정이다.

(2) '광주다움'이 담긴 대표문화공간 조성

나는 '가장 광주다운 것이 가장 경쟁력 있다'는 평소 신념을 바탕으로 가장 광주다운 것을 가장 경쟁력 있는 것으로 만들기 위해 많은 노력을 기울였다. 광주다움을 발굴하여 경쟁력 있는 상품과 브랜드로 육성하고 산업화하는 데 주력했다.

우리 광주는 예로부터 의향(義鄕), 미향(味鄕), 예향(藝鄕)이라 일컬어져 왔다. 나라와 공동체가 위기에 처할 때마다 대의에 따라 가장 앞장서서 세상을 바로잡았기에 '의로운 고을'이라는 이름을 얻었다. 산과 바다 그리고 넓은 평야에서 얻은 다채로운 재료로 만든 음식이 맛깔스러워 '맛의 고장'이라 불려왔다. 또한 모든 이가 풍류를 알고 곳곳을 멋스럽게 가꿀 줄 알았기에 '문화예술의 도시'라 불린 것이다. 그러나 다른 모든 도시와 마찬가지로 우리 광주 또한 '개발의 시대'를 거치며 그 소중한 덕목들을 많이 잃게 되었다.

나는 광주만이 간직하고 있는 이러한 예향·의향·미향의 전통문화자원을 발굴해서 4차 산업을 선도할 다양한 문화콘텐츠 등과 융·복합해 이를 경쟁력 있는 상품과 브랜드로 육성하고 산업화하여 문화광주의 도시 경쟁력을 강화하는 데 초점을 맞추고 적극 추진하였다.

주먹밥 등 광주대표음식 7가지를 선정해 이를 미향 광주의 브랜드 음식으로 육성하고 있다.[36] 국악상설공연이 예향 광주의 대표 공연브랜드로 자리매김하고 있다.[37] 특히, 국악상설공연은 2021년 10월부터 국악방송TV를 통해 전국으로 송출하고 있다.

또 근현대 문화자산과 독특한 양식의 건축물이 많은 원도심 동명동 일대를 '광주 대표문화마을'로 조성(2023년 완공)하고 있으며, 무등산 - 광주호 - 호수생태원 - 가사문화권을 연계한 '생태문화마을'도 한창 공사 중에 있다.

1) 광주 원도심 동명동을 '대표문화마을'로, 양림동을 '역사문화마을'로 조성

<동명동 대표문화마을>

광주 원도심 동명동이 광주다움을 담은 대표 문화마을로 다시 태어난다.

이 사업은 동명동, 장동, 산수동 일대를 대상으로 2020년부터 2023

---

36 이에 대해서는 '2부, **4. 3대 정책수단**, (1) **광주다움**, <미향>에서 상세하게 설명하고 있다.

37 이에 대해서는 '2부, **4. 3대 정책수단**, (1) **광주다움**, <예향>에서 상세하게 설명하고 있다.

년까지 총 170억원을 투자해 동명동 일대 노후 골목길의 정체성 회복, 근대자산을 활용한 문화 거점공간 리노베이션, 다양하게 형성된 로컬숍 활성화를 위한 지원 사업 등을 펼치는 것을 골자로 하고 있다.

동명동 일대는 타 지역에서 찾아보기 힘든 근대도시 형성기 도시구조와 시대의 흐름을 보여주는 독특한 양식의 건축물을 간직한 장소이면서 곳곳에 문화공간, 이색적인 카페, 맛집, 공방, 건축·디자인사무소 등이 들어서면서 젊은 세대와 관광객들에게 각광을 받고 있다.

이 같은 동명동만의 독특한 지역정체성(로컬리티)을 바탕으로 아시아문화전당과 전일빌딩245, 양림동의 근대역사문화마을과 공예특화거리 등 인근의 풍부한 관광자원과 연계해 광주를 대표하는 문화마을로 조성하는 사업을 추진하고 있다.

동명동 일대의 동계천로, 장동로, 동명로 주요 거리를 각각 체험과 문화의 거리, 쉼과 휴식의 거리, 만남과 놀이의 거리, 소통과 상생의 거리 등 4가지 테마를 입히는 사업이 진행된다.

4가지 테마거리는 스토리텔링작업과 함께 최근 각광받고 있는 도심형 도보 관광트렌드에 맞게 인근 ACC, 전일빌딩245, 양림동 공예특화거리, 예술의거리, 오월길(5·18 Road) 등과 연계해 광주의 삼향(의향, 예향, 미향)을 느끼고 체험할 수 있는 광주의 대표 문화·관광 축으로 발전시켜 나갈 예정이다.

동계천로는 체험과 문화의거리와 쉼과 휴식의 거리로서 구 시·도 교육감, 관선시장 관사, 광주 최초의 관광호텔, 정지장군을 기리는 경열사 터 등 근현대사적 숨결을 느낄 수 있는 콘텐츠를 가미해 걷기 편한 가로환경 개선 및 노후골목길 정비, 관광안내기능을 강화한다. 장동로는 만남과 놀이의 거리로서 만남의 광장 조성사업 및 안길정비, 관광기능 강화사업 등이 시행된다. 동명로는 소통과 상생의 거리로서 골목가드닝 사업과 전당

진입부 공공디자인 시범거리 사업 등을 담고 있다. 특히 광주 대표문화마을사업의 핵심 거점인 동명공간(가칭)의 리모델링 설계용역이 2021년 7월 마무리돼 2022년 3월 개관을 목표로 순조롭게 추진되고 있다.

<양림동 역사문화마을>

양림동은 조선 후기 광주의 대표적인 부촌이었으며, 근대에 외국인 선교사들이 정착하여 호남 지역에서 최초로 선교를 시작한 곳이기도 하다. 이 때문에 양림동에는 이장우 가옥 등 조선 후기 전통가옥뿐 아니라 선교사들의 사택을 비롯한 이국적인 분위기의 서양식 건축 문화유산들이 많이 보존되어 있어 근대 동·서양의 문화를 모두 느낄 수 있는 곳이며, 시인 김현승, 음악가 정율성 등 수많은 문화예술인을 배출한 문화도시 광주의 뿌리이기도 하다.

양림동이 가진 이러한 특색 있는 유산과 문화를 체계적으로 관리하고 연계하여 외지 관광객들에게 광주의 대표 관광자원이 될 수 있도록 양림동 관광자원화 사업을 지속적으로 추진하여 2020년 완료하였다.

특히, 2018년부터는 마을공동체를 회복하여 근대 문화의 산실인 양림동의 정신을 관광객들이 직접 체험할 수 있도록 역사·문화 인물들을 소재로 한 담장 조형물 설치 등의 전시·디자인 콘텐츠 개발에 중점을 두고 사업을 추진하여 양림동이 타 지역 사람들도 꾸준히 찾는, 광주의 대표 관광지로 발돋움할 수 있게 되었다.

2) 충효동 생태문화마을 조성

광주의 상징인 무등산 아래 우리나라 전통마을이 들어선다. 평범한 한옥촌이 아니다. 함인선 광주시 총괄건축가와 내로라하는 공공건축가들이 참여한 '아트도시 광주정책'의 제1호 사업으로서 기존 건축의 틀을 과

감히 벗어나 미래 지향적이고 광주만의 고유함과 독특함을 담은 우수한 디자인을 선보일 예정이다. 건축가들이 집집마다 특색있는 디자인을 덧입혀 각각의 건물을 예술 작품화하고 있으며 이를 계기로 광주경관의 새로운 모델과 비전을 제시하는 계기가 될 것이다.

또 무등산권 생태자원과 가사문학관 등 역사문화자원 그리고 이곳에서만 누릴 수 있는 천혜자원까지, 자연과 전통이 살아 숨 쉬는 광주 생태문화마을은 그 어디에도 없는 힐링촌이자 관광지가 될 것이다.

또한 광주생태문화마을은 국립공원관리공단과 지자체가 협력해 국립공원 내 상가를 외곽으로 옮기는 전국 첫 사례라는 점에서 큰 의미가 있다. 지난 1982년 들어선 원효사 노후상가 철거 및 이전으로 40년 만에 무등산 심층부 훼손구간을 복원할 수 있게 되는 등 무등산 생태환경 복원에 일대 전기가 마련된 것이다.

광주생태문화마을 조성사업은 398억원(국비138억원, 시비 260억원)의 사업비가 투입돼 14만3,631㎡의 부지에 ▲ 원효사 상가이주단지 ▲ 유네스코 세계지질공원 동아시아 플랫폼 ▲ 기존 지형의 다랭이 논을 형상화한 경관단지 ▲ 자연을 품은 한옥형 숙박시설이 들어설 힐링촌이 들어선다.

2021년 3월 17일 무등산 생태환경 복원과 광주관광에 획기적 전환점이 될 광주생태문화마을 조성사업이 마침내 착공식을 갖고 본격적인 공사에 들어갔으며, 2022년 12월 완공 예정이다.

이 사업은 생태와 환경이 중시되는 시대 흐름을 반영하여 많은 관광객이 찾는 체류형 관광지를 만들고 싶은 내 의지가 반영된 것이다. 천혜의 자연 생태환경에 광주의 문화예술을 입혀 일상에 지친 사람들이 머물며 건강과 활기를 되찾고 광주의 멋과 맛을 느끼고 돌아가는 대표적인 명소로 육성할 계획이다.

3) 상무소각장, 광주 대표 복합문화공간으로 재탄생

<사회적 합의를 통해 대표 복합문화공간으로 건설>

광주 대표 혐오시설이었던 상무소각장이 광주 대표 복합문화공간으로 180도 탈바꿈한다. 독특한 구조의 우람한 건축물인 82.5m 높이 소각로와 굴뚝, 쓰레기 반입장 시설 등은 시민·관광객들을 위한 공연장 등 복합커뮤니티공간으로 바뀐다. 이는 시민들과의 끊임없는 소통, 그리고 변화를 두려워하지 않은 혁신행정이 있었기에 가능한 일이었다.

상무소각장은 2000년 가동을 시작해 2016년까지 광주에서 발생한 쓰레기를 소각해왔다. 그러나 인근 주민들이 폐쇄를 지속적으로 요구하며 집단 민원이 제기됐고, 광주 중심부에 소각장 존치는 장기적인 관점에서 광주 발전의 저해요인이라는 의견이 지배적으로 형성돼 2016년 12월 31일자로 완전히 가동을 멈추고 폐쇄에 이르렀다.

하지만 소각 시 발생하는 연기가 뿜어져 나온 굴뚝에 대한 기억을 간직하고 있는 상무소각장 인근 주민들은 무조건적인 철거를 요구하는 민원을 제기하였고 모든 사업추진을 반대하는 등 상무소각장은 기능이 상실된 이후에도 광주 대표 혐오시설로 인식됐다.

그러나 상무소각장은 광주 도시개발사에서 중요한 건축물이자 교육현장으로, 신축 건물에서는 찾기 어려운 독창적 형태와 공간, 구조, 설비 등을 갖추고 있는 상징적인 건물이다. 우리 시는 상무소각장을 무조건적인 철거보다는 지역사회, 전문가 등과 충분히 소통하면서 광주의 정의로움과 문화 등 광주만의 고유함과 정보통신, 인공지능 등 광주가 추진하는 첨단기술들이 융복합되어 품격있는 복합문화공간으로 조성하기 위해 많은 노력을 기울였다.

활용방안을 모색하기 위한 시의회, 민·관·전문가와의 합동워크숍, 시민아이디어 공모, 시민들이 상무소각장이 가진 장소적 가치와 활용 가능성을 직접 확인할 수 있는 프로그램 운영 등 다양한 방식으로 시민들과 직접 소통에 나섰다. 그 결과 소각장 폐쇄 계획이 가시화 된 2010년부터 활용방안을 놓고 이견을 보였던 광주시와 인근 주민들은 문화재생사업을 통해 '복합커뮤니티타운'을 건립하는 것으로 사회적 합의를 도출해냈다.[38]

이어 우리 시의 노력은 상무소각장이 문화체육관광부가 주최하고 ㈜지역문화진흥원이 주관한 '2019 유휴공간 문화재생 기본계획수립 연구지원 대상지 공모'에 최종 선정되는 쾌거를 이루었다.

<광주 대표도서관, 정부의 중앙투자심사 통과 및 국제설계공모로 추진>

2019년 4월 2일 광주 도심 내 대표적인 혐오시설이었던 상무소각장 부지에 조성될 '광주 대표도서관(시립) 건립 사업'이 행정안전부 지방재정 중앙투자심사를 통과해 2016년에 폐쇄된 지 2년 3개월여 만에 활용사업이 탄력을 받게 됐다.

상무소각장 내 1만200㎡ 부지에 역사와 미래를 아우르는 시립도서관을 건립하는 이 사업에는 총사업비 392억원(국비 156억 8,000만원, 시비 235억 8,000만원)이 투입된다.

문화도시의 정체성을 담은 시립도서관은 2019년 11월 국제공모를 통해 62개국, 817개팀(국내 193팀, 국외 624팀)이 응모했으며, 이 중 33개국 134개 팀이 작품을 접수하는 등 관심이 집중됐었다. 공모에서는

---

38 3만1,871㎡에 달하는 소각장 부지에 시립도서관을 신축하고 공장동은 리모델링을 거쳐 복합문화시설을 조성하는 것이 사업의 골자다. 도서관은 신축하되 소각로와 굴뚝 등 기존 소각장 시설은 철거 대신 리모델링을 통해 문화시설을 건립키로 했다. 복합문화커뮤니티타운에는 건강관리실과 문화체험장, 세미나실, 경로복지관, 공연장, 주차장 등이 들어설 예정이다.

세르비아의 브라니슬라프 레딕(ARCVS, Serbia)의 작품이 당선작으로 선정됐다.

그러나 코로나19의 영향으로 외국 건축사 등록 및 신고 등이 순연되면서 다소 지연됐지만, 당선자인 브라니슬라프 레딕과 ㈜행림종합건축사사무소가 공동 업무협약을 맺고 이어 2020년 10월 13일 우리 시와 설계용역 계약을 체결하면서 속도를 내고 있다.

<문화재생사업, 중앙투자심사 통과>

2021년 6월에는 상무소각장 문화재생사업이 지방재정 중앙투자심사를 통과했다. 문화체육관광부 유휴공간 문화재생사업의 하나로 추진되고 있는 상무소각장 문화재생사업은 첨단산업기술과 예술을 접목한 전시·체험공간과 창작지원공간, 시민사회가 함께 소통·공유·협업하는 복합공간으로 조성해 시민들에게 돌려주는 사업이다.

우리 시는 2024년까지 국비 219억원, 시비 219억원 등 총 438억원의 사업비를 투입해 상무소각장 연면적 1만1,258㎡, 지하1 ~ 지상 6층의 공장동 건물을 리모델링한다. 상무소각장 문화재생사업이 중앙투자심사를 통과함에 따라 현재 본격적으로 추진 중인 대표도서관 건립사업과 함께 상무지구가 광주의 서남부권 중심의 복합문화지구로 조성될 것으로 기대한다.

2021년 5월 우리 시는 상무소각장 문화재생사업을 성공적으로 추진하기 위해 총괄기획자로 김규랑 감독을 선정했다.

4) 시민의 품으로 돌아온 전일빌딩245 개관

1980년 5·18민주화운동의 목격자이자 광주의 아픔을 오롯이 간직하고 있는 전일빌딩이 전면적인 리모델링을 마치고 '전일빌딩245'라는 이름으로 다시 태어났다.

지하 1층부터 지상 4층까지는 시민플라자로 디지털정보도서관, 남도관광센터, 전일생활문화센터, 시민갤러리, 전일아카이브, 중회의실 등으로 구성된 시민문화공간, 지상 5층부터 7층은 문화콘텐츠 창작기업 입주공간인 광주콘텐츠허브, 지상 9~10층은 5·18 기념공간인 19800518, 지상 8층과 옥상은 광주도심과 무등산을 조망하기 좋은 전망 및 휴게공간 겸 소규모 이벤트 공간 등으로 구성돼 있다.

광주다움을 알고, 배우고, 즐길 수 있는 문화체험공간, 광주의 아픔을 극복한 숭고한 오월정신의 전국화, 세계화를 위한 역사문화공간, 그리고 광주시 문화산업의 혁신성장 생태계 조성을 위한 미래문화 창조공간으로서 2020년 대한민국 공간문화대상에서 최우수상을 수상하고 한국관광공사의 숨은 관광지 7선으로 선정되는 등 전국명소로 발돋움 하고 있다.

(3) 문화예술인들의 숙원사업 해결

1) 13년간 끌어왔던 광주문학관 건립문제 해결

광주문학관 건립은 1996년 처음으로 언급됐고, 당시 전국에서 최초였다. 그러나 25년이 흐른 2021년 현재 전국적으로 140여 개의 문학관이 있다. 그럼에도 우리 시는 여전히 특·광역시 중 문학관이 없는 유일한 도시다.

전국적으로 결코 뒤지지 않는 문학적 자산을 확보했음에도 불구하고 광주문학관 건립은 그간 논의만 계속됐다. 특히, 광주는 세계 3대 문학상 중 하나인 맨부커상을 수상한 한강 작가 등 대한민국을 대표하는 훌륭한 문인들을 배출한 문학의 도시임에도, 지난 2006년부터 문학단체 간의 이견으로 문학관 건립이 번번이 무산됐다.

지역 문학계의 오랜 숙원인 광주문학관 건립이 시급하다고 판단하고, 시장 취임 후 문화관광체육실에 광주문학관 건립추진위원회를 조속히 구성하여 문학관 규모, 콘텐츠 구성과 프로그램을 내실 있게 기획할 것을 지시했다. 또한, 광주문학관이 다른 지역 문학관과 차별화되고, 광주문학만의 특색을 담을 수 있는 세부 콘텐츠를 준비해 줄 것을 주문했다.

그동안 적잖은 갈등과 우여곡절이 있었지만 문학관건립 기본계획 수립 용역을 완료하고 '광주문학관 건립 타당성 조사 및 기본계획' 보고회에서 각화동 시화문화마을을 1순위 후보지로 선정했다. 시화문화마을은 미술관, 커뮤니티센터, 문화의 집 등 연계 가능한 생활문화 시설물이 다수 있는 점이 높은 평가를 받았다.

문학관은 2022년 초에 착공해 2023년 3월 개관할 예정이다. 사업비 171억원을 들여 건축 연면적 2,730여㎡, 지상 4층 규모로 건축된다.

광주문학관이 건립되면 아시아문화중심도시 조성사업과 연계한 문화예술관광의 한 축을 형성해 예향 남도의 정신과 문맥을 잇고 광주문학의 다양성과 가치를 확산하게 될 것이다.

2) 광주전통생활음악당 건립

지역 국악계 대표 숙원사업인 광주국악원이 '광주전통생활음악당'이란 이름으로 건립된다. 이 사업은 광주 국악이 중심이 되어 '전통 생활음악 생산·보급·향유 통합 플랫폼' 기능을 수행하는 지역특화문화시설로 인정받아 국회에서 2021년 예산으로 기본계획수립 용역비 2억원이 반영됐다.

광주는 예전부터 호남의 물산이 집적되던 거점도시로서 서민들의 노동요·육자배기, 사대부의 시가 등 남도음악의 산실이었다. '광주전통생활음악당'은 광주의 풍부한 전통음악의 수집 체계 구축, 시대 변화에 맞는 교육프로그램 운영 등 시민의 참여와 체험을 중심으로 변화하는 시대에 맞춰 '전통 생활음악 생산·보급·향유 통합 플랫폼' 역할을 수행할 것이다.

3) ACC 디지털관 조성

아시아문화중심도시이자 국제 비엔날레를 개최하는 문화도시로서 아시아와 한국 근대 미술을 아우르는 전문 미술관이 필요했다. 그래서 수도권에만 집중되어 있는 국립현대미술관 분관 유치를 위해 수년 동안 노력을 기울여 왔으나, 매번 지역의 한계를 넘지 못했다.

이에, 4차 산업혁명 시대를 선도하는 AI 중심도시이자 유네스코 미디어아트 창의도시의 정체성에 부합되는 특성화된 형태로 미래형 첨단 미술 전시관을 유치하기 위해 방향성을 수정하여 디지털 미술관을 기획하게 되었다.

국립아시아문화전당(ACC)내에 국립현대미술관 소장품을 비롯한 아시아 각국의 다양한 문화자원을 인공지능 등 첨단기술을 활용하여 디지털 전시 콘텐츠로 제작하는 'ACC 디지털관 조성' 사업비로 국비 30억원을 확보하기에 이르렀다.

일반 종합 미술관이나 특정인물 미술관의 성격이 아닌, ACC 창조기능과 연계하고 광주미디어아트플랫폼(AMT)을 통해 창출될 첨단전자예술과 접목하여 국립현대미술관 분관 체계를 뛰어넘어 과거와 현대를 아우르고 유네스코 창의도시로 기반을 강화하는 계기를 마련했다.

ACC디지털관은 첨단기술과 아날로그가 공존하는 미술관으로 문화전당의 공간 운영 효율성을 제고하고, 디지털로 문화체험 서비스를 제공하는 플랫폼으로서 국가 간 디지털 문화교류를 통해 아시아문화중심도시의 지속 성장과 지역발전을 견인할 것으로 기대한다.

4) 광주역사민속박물관 새롭게 개관

2020년 5월 27일 남도의 다채롭고 풍부한 문화와 생활상을 소개하고 광주의 근대역사 전시공간을 구축한 광주역사민속박물관 개관행사를 개최했다.

1987년 개관한 광주시립민속박물관은 남도의 다채롭고 풍부한 문화와 생활상을 소개하며, 지역의 전통문화를 널리 알리고 계승하는 데 앞장서 왔다. 그러나 광주역사공간에 대한 시민들의 오랜 여망을 담아, 2017년부터 3년간 '박물관 개보수 및 역사공간 구축' 사업을 통해 노후 시설 보수와 기존 민속전시실 개편, 광주근대역사 전시공간을 추가하고 광주시립민속박물관에서 역사민속박물관으로 이름을 바꿔 새롭게 개관했다.

역사는 올바르게 기록되고 기억될 때 강한 힘을 갖는다. 의병활동, 독립운동, 민주화운동 등 나라가 어려울 때마다 시대정신과 대의를 좇아 역사의 물길을 바로 돌렸던 광주시민들의 정의로운 역사와 문화가 이곳 역사민속박물관에 '광주역사'로 새겨 넣어졌다.

5) 아시아문화중심도시조성특별법 개정, 조성사업 탄력

2020년 11월 16일 광주시 - 국회 - 시의회 - 시민사회단체 간 '문화전당 운영 정상화 협약' 체결에 이어, 2021년 2월 26일 「아시아문화중심도시 조성에 관한 특별법」(이하 '아특법') 개정 법률안이 국회 본회의를 통과함에 따라 아시아문화중심도시 조성사업이 더욱 탄력을 받게 됐다.

아특법 개정안 국회 통과로 아시아문화전당은 아시아문화원을 흡수 통합하는 국가기관으로서 운영을 담보할 수 있게 되었고, 특히 공공성이 강한 콘텐츠 창·제작, 연구조사, 국내외 교류 협력사업 등을 위한 문화발전소 역할 수행에 보다 치중할 수 있게 됐다.

아울러, 아특법 유효기간 5년 연장으로 인해 아특회계 재원 투입이

2031년까지 가능하게 돼 아시아문화중심도시 조성의 핵심인 5대 문화권 사업 등을 체계적으로 추진해 광주가 우리나라 새로운 문화성장 동력을 제공하는 도시로 위상을 확보할 수 있게 됐다.

아특법 개정안 통과가 끝이 아니라 이제 시작인만큼 앞으로 문화체육관광부, 아시아문화전당과 긴밀히 협력해 그동안 부진했던 아시아문화중심도시 조성사업이 활성화 되도록 최선을 다할 것이다.

6) 2023 한국예술종합학교 예술영재교육원 광주캠퍼스 개원

우리 시는 한국예술종합학교(한예종), 국립아시아문화전당(ACC)과 손잡고 예술 영재 양성에 나서고 있다. 2021년 12월 21일 시청 비즈니스룸에서 한예종, ACC와 한국예술영재교육원 광주캠퍼스 운영을 위한 업무협약을 체결했다. 이번 협약 체결을 계기로 △ 한예종은 우수한 예술영재교육 강사를 파견해 교육프로그램을 운영하고 △ ACC는 교육공간인 아시아예술교육시설을 조성하며 △ 광주시는 교육운영에 필요한 행정·재정적 지원을 하게 된다.

그동안 우리 시와 ACC는 예술영재의 차별화된 교육 거점공간인 '아시아 예술교육 시설'을 조성하기 위해 국비 114억원을 들여 옛 광주여고 체육관 리모델링에 들어갔다. 2020년 10월 기본 및 실시설계를 마치고, 2022년 개보수 공사를 시작해 2023년 2월 완공할 계획이다.

한예종은 매년 음악, 무용, 전통예술, 융합 등 4개 분야 75명의 광주·전남·전북 등 전라권 초·중·고 예술영재를 선발하고, 우수한 예술영재 교육 강사를 파견해 방과후와 주말을 이용해 교육한다. 이와 별도로 사회적 배려대상자도 정원의 30% 내에서 선발한다.

광주시는 정식 개관에 앞서 광주예술고등학교에서 한예종 광주캠퍼스를 시범 운영(2022. 9. ~ 12.)할 예정이며, 교육공간이 완공된 2023년부터는 본격적인 예술인재 양성 교육과 지역 문화예술프로그램 활성화에 박차를 가할 계획이다. 이제 우리 지역의 학생들이 영재 개인교습을 받기 위해 서울까지 가서 비싼 수강료를 주지 않아도 되게 되었다.

7) 광주문화예술회관 리모델링

광주문화예술회관이 대극장 및 주차장을 시작으로 대대적인 리모델링 공사를 통해 새롭게 태어난다. 1991년 건립된 회관은 부지 8만 6,000여㎡에 전체면적 4만 6,000여㎡로 1985년 12월 착공해 1991년 준공되어 30년 세월 동안 광주 시민들의 대표적인 문화 향유 공간으로 자리 매김하였다.

하지만 문화예술회관은 최근 시설물, 무대장비, 음향설비 등 시설의 전반적인 노후화로 공연 및 관람환경이 열악하다는 지적을 받아 왔으나 규모가 워낙 커 지금껏 실행에 옮기지 못했다.

광주 공연계의 숙원을 받아들여 국비 20억원, 시비 277억원 등 총 297억원을 들여 2년여에 걸쳐 단계적으로 대·소극장 무대, 객석, 장비 등 공연장의 전반적인 시설을 전면 교체해 현대화하고 주차장 등을 정비하고 있다. 리모델링을 차질 없이 완료하여 질적으로도, 양적으로도 더 나은 품질의 공연을 무대에 올릴 수 있도록 최선을 다하고 있다.

8) 문화예술분야 보조금 통합공모 및 지원사업 대폭 개선

그동안 제각각 단체를 지정하여 예산을 지원하였던 문화예술분야의 민간단체 지원사업을 2020년부터 전국 최초로 통합공모로 전환하여 지원하고 있다. 이로써 공정하고 투명한 지원이 가능하게 되어 보조사업의 관행적 계속 지원 등에 따른 부작용을 최소화하고 지역문화예술단체의 창작 의욕 고취 및 역량을 발휘할 수 있는 환경을 조성하였다.

시각예술진흥, 공연예술진흥, 문학진흥 분야로 나누어 공모한 결과, 신진·청년단체를 포함한 신규단체가 40% 이상 선정되어 지역의 역량 있는 문화예술인 및 단체 발굴과 육성에 기여할 뿐만 아니라 기존 단체도 상호 발전할 수 있는 좋은 계기를 마련하였으며 장애인과 여성단체도 선정될 수 있도록 하여 상대적으로 경쟁력이 약한 문화예술인들의 경쟁력 강화를 도모했다.

이처럼 문화예술분야 보조금 통합공모 사업은 시민들에게 다양하고 참신한 볼거리, 즐길거리를 제공하고 지역 문화예술 활성화와 시민들의 문화향유권 신장에 기여하는 장점이 있지만 일부 부작용도 노출되고 있다. 아울러 문화예술 지원사업의 전반적 개선도 필요해 이를 대폭 보완하기 위해 우리 시는 3대 정책 13개 혁신과제를 제시하고 추진 중에 있다.

먼저, 제도 개선 정책은 △문화예술 보조사업 공모시기 앞당기기 △공연예술 사례비 가이드라인 마련 △지원사업 창·제작 결과물 저작권 귀속 대상 명확화 △문화예술 창작자 권리보호를 위한 사례비 편성 확대(문화재단 지역문화예술특성화지원사업에 한함) △문화재단 소액 지원사업 정산 간소화 등이다.

두 번째, 창·제작 활동 지원 강화를 위해 △(신규) 2년 단위 문화예술 창·제작 지원사업 운영 △광주특화 문화예술 제작 △생애 주기별 창작활동 지원확대(지역문화예술특성화지원사업 확대) △(신규) 장애예술인 창·제작 지원강화(광주형 장애예술인 지원) △문화예술인 안정적 재원 확보를 위한 문화메세나 확대(광주형 문화메세나 '3대 문화동행' 활성화) △(신규) 문화예술 통합홍보 플랫폼(2021년 12월) 등을 추진한다.

마지막으로 문화예술인 지위보장 및 권리증진을 위해 △'예술인 보듬 소통센터' 운영 강화 △(신규) 문화예술인 특화 '예술활동 안심보험' 가입을 지원한다.

이번 문화예술 지원사업 개선안은 문화예술 현장의 다양한 의견을 청취해 마련한 협치행정의 모범사례이다. 일회성에 그치지 않고 지속적으로 문화예술 생태계 지원을 강화해 광주만의 고유하고 독특한 매력을 마음껏 발산토록 하는 등 시민과 예술인이 함께 문화로 커가는 광주를 만들어 나가겠다.

<전국최초 문화예술인 특화 '예술활동 안심보험' 가입>

우리 시는 문화예술인들이 '사회적 공헌자'로 존중받는 문화를 만들고, 보다 안정적 환경에서 창작활동을 영위할 수 있도록 촘촘한 사회적 안전망을 구축하기 위해 2022년 2월 2,700여 활동 예술인들을 위한 안심보험을 전국 최초로 가입한다. 보험에 가입된 문화예술인이 상해사망과 상해후유장애가 발생했을 경우 최소한의 보호망 역할을 할 수 있을 것이다.

9) 생활권 중심의 공공도서관 확충 및 작은도서관 조성

우리 시는 개인의 삶과 공동체의 변화를 이끌어내는 가장 큰 원동력인 시민 독서 생활화를 위한 도서관 확충과 도서관 리모델링을 지속적으로 추진해 왔다.

현재 우리 시에는 24개의 공공도서관(시립 3개관, 자치구 15개관, 교육청 6개관)이 있다. 이는 OECD에서 제시하는 공공도서관 1관당 봉사대상인구 4만 5천명 기준에 도달하기 위해서는 9개관이 부족한 수치이다.

이에 부족한 공공도서관을 확충하기 위해 2023년까지 시립 3개관과 자치구 5개관 등 8개의 도서관을 건립 중에 있다. 건립 중인 시립 3개관은 상무소각장 부지에 조성하는 광주대표도서관, 광산구 하남지구의 하남시립도서관, 시각장애인의 염원을 담아 남구 사동에 건립 중인 시립점자도서관이다.

자치구에 조성 중인 5개관은 동구 복합공공도서관, 서구 복합커뮤니티센터 내 도서관, 남구 효천문화복합커뮤니티센터 내 도서관, 북구 신용복합커뮤니티센터 내 도서관, 북구 중흥복합커뮤니티센터 내 도서관이다.

또한 시립도서관(무등, 사직, 산수)과 북구 일곡도서관, 운암도서관 등 시설이 노후화된 기존도서관 시설개선을 위해 내부 리모델링 사업도 추진하여 이용자 편의 제공을 위해 적극 노력하고 있다.

한편, 우리 시에는 공공도서관 외에도 시민의 독서사랑방 역할을 하고 있는 424개의 작은도서관(공립 58개관, 사립 366개관)이 있다.

현재 광주 작은도서관 1관당 봉사인구수는 3,634명으로 8대 특광역시 중 가장 적어 작은도서관 인프라가 잘 구축된 편에 속하며, 1관당 지원예산도 2020년 기준 4,991천원으로 8대 특광역시 중 세종시 다음으로 많은 예산을 지원하고 있다. 2024년까지 작은도서관 7개관을 추가로 조성하고, 1개관을 리모델링하여 주민밀착형 작은도서관 서비스를 더욱 강화할 예정이다.

앞으로도 우리 시는 개인의 가능성을 발견하는 도서관, 공동체 역량을 키우는 도서관, 사회적 포용을 실천하는 도서관, 미래를 여는 도서관으로 혁신하기 위해 도서관 서비스 확장과 이용자 정보접근 편의 증진에 지속적인 노력을 경주할 것이다.

(4) 아시아문화중심도시 광주의 위상 제고

1) 미디어아트 플랫폼(AMT) 개관 및 창의벨트 조성

4차 산업혁명 시대에 가장 잘 나가는 예술 장르는 단연, 미디어아트다. 이런 미디어아트를 선도하는 도시는 다름 아닌 우리 광주다.

우리 시는 '사람, 예술, 산업이 빛나는 창의도시 광주'를 핵심 비전으로 설정하고 광산업의 빛, 인권의 빛, 예술의 빛을 결합한 광주의 현대적 이미지를 구축, 창의산업의 새로운 분야를 개척하려는 의지를 인정받아, 2014년 12월 1일 유네스코 미디어아트 창의도시로 선정되었고 2019년 부의장 도시로 지정되어 명실상부한 세계적 미디어아트 도시로 입지를 공고히 다지고 있다.

광주 유네스코 창의도시 선정은 국내에서 네 번째, 미디어아트 분야에서 국내 최초로 가입하여 아시아문화중심도시, 광주비엔날레와 더불어 예술광주의 브랜드 가치를 제고하는 계기가 되었다. 미디어아트 분야에서 광주의 위상을 제고하기 위해 광주다운 다양한 콘텐츠 개발과 유네스코 미디어아트 창의도시와의 지속적인 교류를 하고 있다.

예술과 기술의 창의 융복합 '미디어아트 플랫폼(AMT)'을 개관한다.

미디어아트 플랫폼(AMT)은 미디어아트 관련 컨트롤타워 역할을 수행할 미디어아트(Art & Media Technology) 센터로서, 유네스코 창의도시 간 예술 - 기술 - 산업분야의 다양한 주체들이 상호 교류하는 국제적·실험적 창의공간으로, 현대미술과 AI 등 디지털기술 기반의 미디어아트 콘텐츠를 선보이게 된다.

플랫폼은 '휴먼 미디어시티 광주'라는 비전을 담아 국비와 시비 각각 145억원씩, 모두 290억원을 들여 남구 아시아다문화커뮤니티 공원 내 5,547㎡ 부지에 지하 2층, 지상 3층 규모로 준공되어 2022년 3월 개관 예정이다.

전시공간은 민주·인권 등 광주의 휴머니즘을 미디어아트의 예술적 창의성으로 경험하는 『디지털아트관』, 전 세계 아티스트 등이 현실과 가상을 넘나들며 교류하는 『텔레포트관』, 세계기록 유산인 5·18기록물을 인공지능·머신러닝기술을 통해 새롭게 보여줄 『딥 스페이스』, 광주 랜드마크가 될 국내 최대 규모의『미디어파사드』등으로 구성되어 있다.

광주 공동체 삶을 빛으로 보여주는 미디어아트 창의벨트를 조성하고 있다.

유네스코 미디어아트 창의벨트 사업은 광주의 역사와 이야기가 숨쉬는 도시공간에서 시민이 직접 광주의 미디어아트를 느끼고 체험할 수 있는 창의적인 공간을 만드는 사업으로, 2023년까지 국·시비 180억원이 투입된다.

미디어아트 창의도시 광주가 지향하는 문화관광중심의 미디어아트 콘텐츠를 구현하고 미디어아트 창의도시 추진전략을 반영, 5개 권역으로 특화하여 창의벨트를 조성하고 미디어아트공연을 상설 운영하여 유네스코 휴먼 미디어시티 광주가 만든 '빛 공동체'로 시민과 작가의 예술적 감수성이 가득 담긴 즐거운 캔버스로써 21세기 도시 패러다임을 선도하게 된다.

또한 각 권역별 기본 방향을 바탕으로 광주만의 차별화된 미디어아트 콘텐츠를 개발하여 광주의 새로운 예술관광자원으로 활용할 계획이다.

2) 광주 관문에 '무등의 빛' 밝혔다.

고속도로를 이용해 광주를 방문하는 분들에게 광주만의 독특함을 보여드리기 위해 2020년 5월 광주의 관문인 톨게이트에 광주폴리 '무등의 빛'을 설치했다.

광주를 대표하는 랜드마크나 킬러 콘텐츠가 부족하다는 생각에 광주의 관문에 조성한 조형물인데 시민들과 광주를 방문하는 외지인에게 호평을 받으며 광주다움을 담은 랜드마크가 됐다는 평가를 받고 있다.

무등산을 형상화한 이 작품은 미디어아티스트 이이남 작가와 ㈜나우엔지니어링건축사사무소 김민국 대표가 협업해 전세계 최초로 선보인 비정형 미디어아트 작품으로, 무등산 형상과 삼향을 미디어 작품으로 표현한 것이다. 광주톨게이트 상부에 가로 74m, 높이 8m 규모로 설치됐다.

서울에서 광주로 진입하는 방면에서는 의향, 예향, 미향 등 3향(三鄕)의 '광주다움'이 빛을 통해 세계 공동체로 뻗어 나가기를 바라는 소망을 담아 무등산의 사계와 낮과 밤, 광주의 빛 등 광주다움을 상징하는 미디어아트를 발광다이오드(LED) 미디어파사드를 통해 송출한다. 영상 분량은 총 8분 30초로, 오전 6시부터 밤 11시까지 매일 17시간 동안 볼 수 있다.

특히 5·18민주화운동 당시 시민사회의 연대의식을 보여줬던 주먹밥 등의 이미지가 송출되면서 '광주정신'을 지속적으로 드러내는 매개체가 되고 있다. 시민들도 '문화예술의 도시 광주를 상징적으로 보여주는 차별화된 예술적 풍광을 볼 수 있어 광주 오는 길이 즐겁고 고향이 자랑스럽다'는 의견을 보내주기도 했다.

3) 제 12·13회 광주비엔날레 성공리에 개최

2018년 개최된 제12회 광주비엔날레는 '상상된 경계들(Imagined Borders)'이란 주제로 42개국 163명의 작가가 참여했다. 11명의 세계적인 큐레이터가 광주에 모여 7개의 주제전을 꾸몄다.

이들은 세계화 이후 민족적·지정학적 경계가 재편되고 있는 동시대 현상속에서 지정학적 경계를 넘어 정치, 경제, 감정, 세대 간 복잡해지고 눈에 보이지 않게 굳건해지고 있는 경계에 대해 이야기 했다. 국내외에서 큰 호평을 받았으며 해외에서 더욱 관심을 받았다.

2020년에 개최될 예정이었던 제13회 비엔날레에는 코로나19로 인해 2021년에 개최하게 되었다. 코로나19의 여파에도 고품격의 전시 구현과 안전한 관람환경으로 펜데믹 시대 미술계의 새 지평을 열었다는 평가를 받았다.

'떠오르는 마음, 맞이하는 영혼(Minds rising, Sprits tunning)' 주제로 40여 개국 69작가 40점의 커미션 신작 등 450여 작품이 선보였고 뉴욕타임즈, 아트 인 아메리카, 아트 아시아 퍼시픽에 소개되는 등 광주만의 담론을 발신하며 세계5대 비엔날레로서 국제적 위상을 재확인하였다.

전시장마다 입상인원 제한(사전예약제), 월요일 휴관 방역, AI 방역 로봇 도입, 오디오 가이드(큐피커)로 질 높은 비대면 서비스 제공 등으로 타 문화예술 행사 및 기관들에게 철저한 방역 모범 사례로 평가를 받았다.

또한 연계로 전시된 5·18민주화운동 40주년 특별전은 다양한 세대를 아우르는 12명의 작가들이 1980년 5월의 광주를 다시 조망하고, 구 국군광주병원의 장소성을 주목하여 재해석한 신작들을 공개하였다.

<광주비엔날레전시관 광주 상징 랜드마크로 신축>

광주비엔날레 전시관은 1995년 건립돼 전체 시설이 노후됐고, 건립 당시 짧은 공사기간(6개월)으로 인해 공정이 철저하게 이뤄지지 않아 누수 등이 발생해왔다. 이에 따라 전시작품에 악영향을 미쳐 엄격한 전시환경을 요구하는 작품의 경우 대여가 어려워 전시를 못하는 형편이다. 또 대형작품 반·출입 시설, 조명, 환기시설 등도 열악한 상황이다. 특히 현재 전시관은 부지 자체가 좁고 건축미도 떨어져 대체 전시관 건립 필요성이 지속적으로 제기돼 왔다.

이러한 상황을 감안해 2020년 6월, 문화체육관광부를 통해 총사업비 1,500억원(국 750억, 지방 750억원) 규모의 비엔날레 전시관 건립 사업계획을 기획재정부 예비타당성조사 대상으로 신청하였으며, 9월 예비타당성조사 대상으로 선정됐다.

새로운 비엔날레 전시관은 오는 2024년까지 현 비엔날레 주차장 부지에 연면적 2만 6,000㎡, 지하 1층, 지상 4층 규모로 조성할 계획이다. 광주시를 대표하는 랜드마크가 되고 세계 3대 비엔날레 위상에 걸맞는 전시관을 건립할 것이다.

4) 디자인으로 새 시대를 2021광주디자인비엔날레 성공 개최

2019년과 2021년에 개최된 8회와 9회 디자인비엔날레 역시 코로나19로 인해 많은 제약과 어려움이 있었지만 주어진 여건에서 성공적으로 개최되었다. 2019광주디자인비엔날레는 '휴머니티(HUMANITY·사람사는 세상, 따뜻하게)' 주제로 개최됐다. HUMAN + COMMUNITY를 통해 근본적인 디자인 가치와 역할을 깊게 탐구하며, 지속 가능한 사회와 인류 공동체를 위한 디자인 비전을 제시했다는 평가를 받았다. 2019광주디자인비엔날레에는 영국, 프랑스, 미국, 일본 등 50개 국가에서 디자이너 650여명 120여 개 기업이 참여해 1,130여종의 전시아이템이 선보였다.

2021광주디자인비엔날레는 '디자인을 통해 새로운 시대를 이끈다 디-레볼루션(D-Revolution)'을 주제로 9월 1일부터 10월 31일까지 61일간 개최했다.

이번 행사는 본전시(5개)와 특별전(1개), 기념전(4개), 국제컨퍼런스, 온·오프라인 마켓, 디자인체험전 등을 통해 인공지능으로 대변되는 4차 산업혁명 속에서 디자인 기술과 인간의 감성을 결합했다. 폴란드, 이탈리아 등 세계 50여 개 국가, 421명의 작가와 국내외 기업이 참여해 총 1,039점을 선보였다.

5) '아트도시 광주' 구현위해 공공건축가 운영 및 도시건축 선언

<총괄건축가 및 공공건축가 운영>

세계적으로 유명한 관광도시는 건물 하나에도 철학이 있다.

그 도시만의 고유함과 독특함이 담겨 있기 때문이다.

우리 광주도 획일화된 아파트숲, 회색도시에서 탈피하고자 공공건축가 1기·2기 각 24명과 36명을 위촉해 운영하고 있다. 건축, 도시계획,

도시설계, 조경 등 다양한 분야에서 국내외 전문 역량과 실무 경험을 갖춘 최정예팀이다.

함인선 총괄건축가를 필두로 이 분들이 광주다움을 도시 건물과 시민들의 삶 안에 녹여내기 위해 치열한 토론과 대안 제시, 정책 실행을 뒷받침하고 있다. 기존 건축의 틀을 과감히 벗어나 미래 지향적이고 광주만의 고유함과 독특함을 담은 우수한 디자인 건축이 선보이는데 앞장서고 있다.

공공건축가는 개별 공공사업에 대해 기획단계서부터 설계·시공 및 유지·관리단계에 이르는 전 과정에 걸쳐 당초 계획의 일관성을 유지할 수 있도록 기획·설계에 직접 참여하거나 또는 총괄·조정 및 자문 등을 한다.[39] 건축행정에 민간전문가의 다양한 현장경험과 지식이 접목돼 시 공공건축 수준이 한층 더 높아지고 건축물에 우리 지역의 정체성이 표현될 것으로 기대된다.

<광주 최초로 도시·건축 선언 및 이를 반영한 제2차 건축기본계획 확정>

2020년 10월 광주 최초의 '도시·건축 선언'이 있었다. 이는 획일적인 경관과 자동차 위주의 거리, 환경 훼손과 오염, 이웃과의 단절, 무미건조한 건축물을 짓던 방식을 반성하고, 삶의 질이 중시되고 사람이 주인이 되는 도시로 재생시키자는 취지로 마련했다.

'광주 도시·건축 선언문'은 광주가 가진 역사와 자연을 존중하고 인간의 가치를 최우선으로 삼는 광주정신을 도시·건축에 반영하는 내용으로서 1개의 전문과 10개 조문으로 구성돼 있다.

구체적으로는 광주의 역사성과 정체성 존중, 자연경관 보존, 보행 친

39 2021년 3월 첫 삽을 뜬 광주생태문화마을 조성이 함인선 교수를 비롯한 공공건축가들이 참여한 '아트도시 광주정책'의 1호 사업이다.

화적 녹색교통 추구, 어디서나 찾을 수 있는 공원, 사회적 약자가 배려받는 도시, 사람들이 정착하고 싶은 도시, 참여와 소통의 공공건축, 열린 도시 구조, 이웃을 배려하는 주거공간, 공공성과 절차의 정의로움 등을 실천계획 목표로 삼고 있다.

이어 2021년 5월에는 '광주 도시·건축 선언' 이행을 위한 매뉴얼이 마련되었고, 2021년 8월, 향후 5년간의 광주시 건축정책 방향이 담긴 '제2차 건축기본계획'을 확정해 발표했다.

<제2차 건축기본계획의 비전과 3대 목표 9개 기본방향>

○ 비전 : 사람 중심의 건축, 공생하는 도시, 미래 건축문화수도 광주

○ 3대 목표 및 9대 실천 방향 :

① 안전하고 복원력을 지닌 건축환경 : △ 행복하고 안전한 건축도시환경 조성 △ 포용적인 생활밀착형 공간복지 구현 △ 지속가능한 건축·도시공간 기능 회복

② 품격있고 경쟁력을 갖춘 건축산업 : △ 투명하고 선도적인 공공건축 품질 향상 △ 혁신적인 미래사회에 대비한 건축서비스 선진화 △ 기후, 생태, 에너지 문제에 대응한 녹색건축 활성화

③ 매력있고 고유함을 가진 건축 문화 : △ 건축도시환경 자산 보호로 지역문화 선도 △ 깊이 있고 매력적인 도시경관 창출 △ 광주다움으로 광주다운 건축문화 증진

6) 문화예술분야 국비재원 역대 최대 확보

우리 시는 2022년을 문화수도 위상의 해로 선언하고 대대적인 문화예술분야 핵심사업을 확충하였다. 광주비엔날레 전시관 건립, 아시아문화자원 디지털관 구축, 아시아문학테마공원 조성 등을 비롯한 도심 야간

관광활성화, 아시아권문화교류 확대 등 총 129건 1,643억원의 국비재원을 확보하였다.

한편 우리 시 2022년 예산 7조 121억원(예산편성 기준) 중 문화관광분야가 3,902억원으로 2021년(3,238억원) 대비 20.5% 대폭 증가하였고, 이는 경제분야 예산(3,145억원)보다 큰 규모이다.

<분야별 예산 구성비 및 증가현황>

(단위 : 억원, %)

구 분	2022년 예산(a)	구성비	2021년 예산(b)	구성비	증감액 (a－b)	증감율
계	70,121	100	62,831	100	7,290	11.6
일반공공행정	8,307	11.8	7,016	11.2	1,291	18.4
공공질서 및 안전	2,174	3.1	810	1.3	1,364	168.4
교육	4,184	6.0	3,840	6.1	344	9.0
문화 및 관광	3,902	5.6	3,238	5.2	664	20.5
환경	4,959	7.1	4,483	7.1	476	10.7
사회복지/보건	27,426	39.1	24,611	39.2	2,815	11.4
경제	3,145	4.5	3,110	4.9	35	1.1
교통 및 물류	9,010	12.8	8,559	13.6	451	5.3
기타	7,014	10.0	7,164	11.4	△150	△2.1

(5) 광주 전통의 멋과 흥을 보전하고 계승

1) 전라도 천년기념 희경루 중건

전라도 정도 천년[40]을 기념해 19세기까지 실존했던 광주 대표 누각 '희경루'(喜慶樓) 중건을 본격 추진하고 있다. 2018년부터 2022년 완공

40 1018년(고려헌종 9년)에 당시 전주목과 나주목의 첫 글자를 딴 전라도란 행정구역이 생겼다.

을 목표로 남구 구동 광주공원 일원에 정면 5칸, 측면 4칸, 팔작지붕, 중층누각 형태의 희경루 중건 사업을 총 사업비 60억원을 투입해 추진하고 있다.

희경루는 1430년(세종 12년) 무진군으로 강등된 광주목이 1451년(문종 원년)에 다시 광주목으로 복권되자 건립했던 누각으로 '함께 기뻐하고 서로 축하한다'는 뜻이다.

신숙주(1417 ~ 1475)가 쓴 '희경루기'에서 '동방(東方)에서 제일가는 누'라 표현할 정도로 웅장했던 희경루는 1533년 소실됐다가 1534년 신축된 다음 또다시 1866년 완전히 사라진 것으로 알려졌다.

우리 시는 이런 역사적 의미를 가진 희경루를 철저한 고증을 거쳐 중건하기 위해 희경루 중건 자문위를 운영해왔으며, 명종 때(1540년대) 그려진 것으로 추정되는 희경루 '방회도(榜會圖·동국대 박물관에 소장 중인 보물 제1879호)'를 바탕으로 당시 모습 그대로 중건할 계획이다.

희경루를 광주 대표누각으로 되살려 국립아시아문화전당, 광주공원 등을 연계한 지역 무형문화재 공연, 각종 문화공간을 창출해 역사문화도시 광주를 알리는 문화콘텐츠로 활용할 계획이다.

2) 광주아시아독립운동역사관(호남의병기념관) 건립

광주 광산구 어룡동과 운수동 경계에 있는 어등산(293m)은 한말 호남 의병의 중심 근거지였다. 호남 의병의 최대 격전지로 2013년 보훈처 현충 시설로 지정된 어등산 일원에 선열들의 독립운동과 아시아공동체의 외세에 저항하였던 독립역사를 조명하는 광주 아시아 독립운동 역사관이 들어선다. 총사업비 377억원을 들여 5만m^2 부지에 4개동, 전체 면적 5,200m^2 규모로 주변 개발사업과 연계하여 2022년 7월 착공해 2024년까지 완공을 목표로 추진하고 있다.

건립예정지가 공원과 연계된 인구밀집지역으로 참배·기념탑 등 추모시설과 전시관람 시설과 함께 도서관, 공연장 등을 갖춘 문화복합시설로 조성하여 시민들에게 생활 SOC 기능도 제공할 예정이다.

3) 신창동유적체험학습관 건립

마한 초기 유적인 국가사적 제375호 신창동 유적의 홍보 및 교육, 마한 문화권 개발을 위해 '신창동유적 체험학습관' 건립을 추진하고 있다.

체험학습관은 신창동 국가 사적지 내에 들어서며 사업비 120억원을 투입해 부지면적 1만2,146㎡에 2개동 지상1층 건물로 전시실, 체험실, 세미나실 및 기타 편의시설이 설치되며 2022년 2월 경 완공될 예정이다.

우리 지역 고대 국가인 마한의 역사와 농경의례를 체험하고 고대 농기구를 활용한 벼농사와 고고학 발굴 체험, 첨단 전시교육 기자재를 활용한 참여형 교육프로그램 등을 개발해 명실상부한 고대문화를 이해하는 학습의 장으로 조성할 계획이다.

광주 신창동 유적은 초기철기시대 말부터 원삼국시대에 이르는 시기의 벼농사를 기반으로 하는 생산과 생활, 무덤 등 마한 사람들의 실상을 알려주는 거대한 복합농경유적이자 저습지 유적으로 학술·문화적으로 중요성이 인정돼 지난 1992년 9월 국가지정문화재 사적 제375호로 지정됐다.

특히 최고(最古)의 현악기인 '슬', 베를 촘촘하게 짜는 도구인 '바디', 직경 160㎝ 추정의 수레바퀴, 신발을 만드는 틀인 '신발골', 각종 칠기, 목기와 토기, 검 등이 출토됐으며 동북아 최대의 벼 생산 압착층이 발견됐다.

4) 아시아공동체 전승문화플랫폼 구축

인공지능(AI)과 문화기술(CT)을 활용해 지역 문화재를 보전한다. 문화유산과 인공지능, 문화기술이 결합된 아시아공동체 전승문화 플랫폼을 구축한다.

2023년까지 총 사업비 50억원이 투입되는 '아시아공동체 전승문화 플랫폼'은 광주시의 역점시책인 인공지능(AI), 문화기술(CT)을 통해 문화유산을 보전·관리·활용하는 광주형 문화유산 관리모델이다.

기존의 문화유산을 원형 그대로 보전해야하는 관리정책에서 나아가 문화유산의 아카이빙을 통한 빅데이터 구축, 영화·게임·전시물 등의 콘텐츠 제작·활용, 인공지능 계승체계 등을 목표로 한다.

5) '광주시 명장(名匠)의 전당' 개관

산업과 공예 등 분야에서 창의적인 아이디어와 기술로 광주를 빛낸 명장들을 한자리에서 만날 수 있는 '광주광역시 명장의 전당'이 2021년 7월 김대중컨벤션센터 1층 중앙홀 벽면에 문을 열었다.

명장의 전당은 광주지역 장인들의 정신을 엿보고, 명장의 삶을 알리는 자리로, 명장에 대한 인식을 확산하고 기술인의 명예와 자긍심을 고취하는 지역민의 소통공간으로 마련됐다.

명장의 전당에는 기계, 패션, 디자인, 공예 등 다양한 분야의 대한민국 명장 16명, 품질명장 41명, 광주시 명장 15명 등 총 72명의 헌액 대상자의 인물 부조 동판과 함께 명장의 경력과 활동 실적을 담은 키오스크가 설치되어 있다.

우리 시는 명장들이 보다 안정적인 환경에서 기능·기술 연구와 발전에 힘쓸 수 있도록 하고, 우수한 기술력이 산업발전과 일자리 창출로 이어질 수 있게 힘을 쏟겠다.

(6) AI가치를 더한 문화콘텐츠산업 육성

1) 전국 유일의 문화산업투자진흥지구 확대 지정

광주아시아문화중심도시 투자진흥지구가 대폭 확대 되었다. 2020년 문화체육관광부에서 국립아시아문화전당권역, CGI센터권역, 아킴보호텔 3개 권역을 투자진흥지구로 확대 지정, 공고하였다.

투자진흥지구는 2010년 「아시아문화중심도시 조성에 관한 특별법」에 따라 투자기업 유치, 세금감면 등을 통한 투자활성화를 위해 지정되었다. 이번 추가지정으로 문화전당권역은 7배(282,433㎡→1,947,245㎡), CGI센터 권역은 2배(15,536㎡→37,100㎡)가 확장되었으며, 투자진흥지구 기업지원센터가 운영되면서 문화산업 투자활성화에 새로운 활력이 되고 있다.

특히, 남구 송하동 CGI센터 권역에서는 2022년 3월 개관예정인 광주실감콘텐츠큐브(GCC)를 미리 투자진흥지구로 지정해 콘텐츠 제작 중심지 역할이 기대되고 있다.

아시아문화전당권역은 영상복합문화관, 콘텐츠창업보육센터, 음악산업진흥센터, 미디어아트 창의도시 플랫폼, 서남동 인쇄의 거리, 양림동, 사직동, 동명동 등이 추가로 지정됐다.

투자진흥지구에서는 문화·관광산업, 청소년 수련시설 등 분야별로 일정액 이상을 투자하면 법인세, 소득세 등을 감면 받으며, 입지, 이전, 설비투자, 고용, 교육훈련보조금 등 관련 혜택도 있다.

<문화콘텐츠 분야 투자 '성과'>

우리 시는 문화콘텐츠 관련 다양한 분야에서 투자가 성사되는 성과를 거뒀다.

- 2020년에 4개 민간 창업투자사가 4개 지역 문화콘텐츠 기업에 71억원 규모를 투자했다. 주요 투자내용은 △ 마그나인베스트먼트㈜는 모바일·PC 게임 개발 기업인 ㈜어뮤징파크에 7억원, 데이터베이스 기반 어플리케이션 제작 기업 ㈜인디제이에 6억원을, △ ㈜대교인베스트먼트는 TV 애니메이션 시리즈 제작 및 배급기업인 스튜디오더블유바바㈜에 10억원, 국내외 방송 플랫폼 상영 애니메이션 제작기업인 ㈜몬스터스튜디오에 20억원을 △ 케이씨벤처스㈜는 TV 애니메이션 제작기업인 아이스크림스튜디오㈜에 2억5,000만원을, △ 이크럭스벤처파트너스㈲는 애니메이션 콘텐츠 제작기업인 ㈜캠프파이어애니웍스에 3억원을 각각 지원했다. 이 밖에도 로간벤처스㈲는 애니메이션 콘텐츠 제작기업인 ㈜스튜디오버튼에 5억원을, 3D 애니메이션 콘텐츠 제작기업인 ㈜핑고엔터테인먼트에는 6억원을 투자했다.
- 최근 문화콘텐츠 기획창작스튜디오 지원 사업에 참여한 문화콘텐츠 기업 캠프파이어애니웍스㈜가 중국 텐센트비디오를 비롯해 라이브펀, EBS 등으로부터 60억원 규모의 투자유치에 성공했다. 캠프파이어애니웍스㈜는 텐센트비디오, EBS를 통해 애니메이션 IP 버블잼을 원작으로 하는 애니메이션 '레인보우 버블잼'을 2022년 9월 국내외 동시 방영을 확정하고 제작에 박차를 가하고 있다. 캠프파이어애니웍스㈜는 2017년 창업한 광주 문화콘텐츠 기업으로, 우리 시가 유망 아이디어를 가진 문화콘텐츠 기업을 선정하여 프로젝트 제작과 사업화를 지원하는 문화콘텐츠 기획창작스튜디오 지원 사업에 2019년과 2020년 참여했다.
- 우리 시는 2021년 12월 9일 국내 유일의 문화산업 투자진흥지구 내 기업을 지원하고 투자유치를 지원하기 위해 '2021 문화산업 투자진흥지구 활성화를 위한 투자협약식'을 개최했다. 마그나인베스트먼트㈜ 등 5개 창업투자사는 2020년 3월 개소한 AI콘텐츠기업지원센터의 투자유치 프로그램을 통해 아

이스크림스튜디오㈜ 등 8개 지역 문화산업 기업들에게 총 59억5,000만원을 투자하기로 했다.

2) 문화콘텐츠 생산-소비-유통의 거점 '광주실감콘텐츠큐브(GCC)' 준공

최근 가상을 의미하는 메타(Meta)와 현실 세계를 의미하는 유니버스(Universe)의 합성어로 현실세계와 같은 사회·경제·문화 활동이 이뤄지는 가상세계인 메타버스(Metaverse)가 미래 문화콘텐츠 산업의 신성으로 떠오르고 있다.

오는 2022년 1월 준공될 '광주실감콘텐츠큐브(Gwangju Content Cube, 이하 'GCC')'는 메타버스는 물론 미래 콘텐츠 산업을 선도할 거점이 될 것이다. 광주실감콘텐츠큐브는 남구 송하동 253-1번지 일원의 노후화된 산업단지를 새로운 문화콘텐츠밸리로 조성하는 중심 사업으로 사용자의 몰입감, 현상감 등의 극대화를 위해 인간의 오감, 나아가 느낌이나 감성까지 자극할 수 있는 첨단기술을 활용해 사용자에게 실재감을 전달할 수 있도록 콘텐츠를 제작하고 체험하는 공간이다.

GCC는 국립아시아문화전당, 컴퓨터 생성 화상(CGI)센터와 연계해 국내 유일의 문화산업 투자진흥지구가 있는 광주의 문화콘텐츠 관련 창업과 일자리 창출의 산실이 될 것으로 기대된다. GCC가 기업과 창업가들에게는 '꿈의 공간'이, 시민들에게는 현실과 가상의 경계를 넘나드는 기술과 콘텐츠를 갖춘 특별한 체험 공간이 될 수 있을 것이다.

특히 GCC의 문화콘텐츠 산업은 '인공지능 중심도시 광주'의 앞선 인공지능 산업과 시너지 효과를 내 4차 산업혁명시대의 중심적인 역할을 함과 동시에 청년 등 젊은층 일자리 창출과 미래 고부가가치 기업 창업이 기대되는 블루오션으로 전망된다.

3) 전국 최대 규모 광주e스포츠 경기장 개관 및 e스포츠산업교육원 운영

e스포츠(e-sports)는 황금알을 낳는 산업이라고 할 정도로 무한한 성장 잠재력을 지닌 미래 신산업이다. 2020년 12월 우리 시에 e스포츠 저변 확대를 위한 전국 최대 규모의 e스포츠경기장이 조선대학교에 들어섰다.

지역 문화콘텐츠산업 성장의 요람이자 게이머들의 성지가 될 '광주e스포츠경기장'은 60억원(국비 30, 지방비 30억원)을 투자, 조선대 해오름관을 재배치해 4,290㎡ 규모로 조성됐으며, 주경기장과 보조경기장, 부조정실, Space G(훈련실), 미니스튜디오 등을 갖추고 있다.

2021년 한 해 동안 다양한 e스포츠대회가 개최되었다. 전국규모 e스포츠대회인 LCK 아카데미 챔피언십이 지난 5월 개최되었으며 8월과 9월에 거쳐 대통령배 아마추어 e스포츠대회 광주대표 선발전을 치뤘고, 6월과 9월 2회 광주 e스포츠오픈대회를 개최했다. 그리고 지역 게이머 대상 대회도 광주 PC클럽대항전이 3회 개최되었고, 호남권 대학 최강자전과 광주 중·고등학교 e스포츠리그 등 다양한 e스포츠 대회가 예정되어 있다. 또한 e스포츠경기장 시설 설명 및 체험이 가능한 광주e스포츠경기장 투어프로그램을 운영하고 있다.

국내 최대 규모인 광주e스포츠경기장에서 다양한 e스포츠 관련 볼거리와 체험거리를 지속적으로 운영해 건전하고 건강한 생활스포츠로의 e스포츠 문화 확산에 기여하도록 최선을 다하겠다.

아울러 e스포츠 산업 인력양성에도 적극 나서고 있다. e스포츠 산업분야 교육 인프라를 갖춘 호남대학교가 주축이 되어 조선대학교 등 지역의 다른 대학과의 협업을 통해 광주e스포츠교육원을 운영한다. 광주e스포츠교육원 운영사업은 e스포츠 산업분야 직업 창출, 게임에 대한 인식개선, 누구나 즐길 수 있는 게임 문화 확산을 견인하는 다양하고 전문적인 교육프로그램 운영을 통해 광주e스포츠경기장 활성화와 게임·e스포츠 산업의 진흥을 도모하기 위해 아시아문화중심도시조성 연차별 실시 계획의 일환으로 추진되는 사업이다.

4) 아시아문화중심도시 육성펀드(3호) 결성

광주지역 문화산입 육싱과 프로젝트에 투자할 제3호 아시아문화중심도시 육성펀드가 2021년 11월 출범했다.

이번 제3호 육성펀드 결성으로 그동안 우수한 문화콘텐츠를 보유하고 있으면서도 자금난으로 인해 어려움을 겪고 있는 지역 기업들에게 중요한 도약 발판이 만들어지게 됐다.

아시아문화중심도시 육성펀드인 제3호 펀드는 문화체육관광부, 광주광역시가 각각 100억원을 출자하고, 민간이 133억원을 투자해 총 333억원 규모로 결성되었으며 미시간벤처캐피탈㈜이 이를 운용한다.

투자조합의 존속기간은 5년이며, 투자기간 종료일까지 광주지역에 본사 또는 주된 사무소를 둔 기업과 프로젝트 및 광주투자진흥지구 개발사업에 약정총액의 60% 이상이 투자된다.

(7) 예술관광 광주의 매력을 브랜딩

1) 광주문화관광 대표캐릭터 '오매나' 개발

잘 알려진 캐릭터 상품이 가진 영향력은 매우 크다. 그래서 광주시는 관광, 정책 홍보 등과 연관시키기 위해 2020년 오매광주 캐릭터로 '오매나'를 만들었다.

오매나는 전라도 사투리로 놀라움을 표현하는 감탄사이자 다섯 가지 매력 오매낭만(藝), 오매불망(義), 오매맛나(味), 오매신나(興), 오매가득(情)을 뜻하는 '오매'에서 착안한 이름이다. 광주문화관광 브랜드 이름인 오매광주와도 잘 어울리는 이름이기도 하다.

오매나 캐릭터는 빛 광(光)자를 의인화하여 만들어졌다. 빛의 3원색(빨강, 녹색, 파랑)과 합성색인 흰색, 노랑을 사용해 5가지 매력 <오매광주>를 표현하였고, 머리의 안테나는 빛의 3원색이 모든 색을 만들어 내는 것처럼 광주의 모든 것을 다채롭게 곳곳에 전파하는 것을 상징한다.

호기심 많고 통통 튀는 성격의 오매나는 광주의 매력을 소개하는 데 빠질 수 없는 존재이다. 시티투어버스 포스터에도 광주 문화를 보며 즐거워하거나 놀라는 모습이 그려진 오매나가 있고, 광주청년축제, 프린지 페스티벌 등 각종 축제 현장 및 지역 포토존에서도 그 모습을 볼 수 있다. 또한, 오매나는 유튜브 채널 '오매나TV'를 통해 숨어 있는 광주의 매력을 찾아 곳곳을 누비고 있다.

우리 시는 오매나 캐릭터를 전국적 인지도를 갖춘 시 대표 관광브랜드로 육성하기 위해 먼저 1단계로 오매나 캐릭터를 활용한 각종 상품을 개발·출시하고, 캐릭터를 활용한 각종 사인물 및 홍보물 디자인 개발과 함께 간단한 워딩 중심의 스토리텔링을 통해 대중적 인지도를 높여 나가고 있다.

그렇게 획득한 높은 대중적 인지도를 기반으로 2단계에서는 오매나 캐릭터를 활용한 다양한 프로모션과 미디어믹스 상품개발로 브랜드 가치에 집중할 계획이다. 마지막 3단계에서는 O2O 관광상품과 연계해 실질적인 우리 시 문화관광 아이콘으로서 오매나 캐릭터 브랜드를 정착시켜 나가고자 한다.

밝고 귀여운 이미지의 오매나가 따뜻하고 밝은 광주의 브랜드 이미지를 높이고 나아가 '제2의 펭수'가 되길 기대한다.

2) 'K-POP 스타의 거리' 조성

우리 시는 2019년 기본계획을 수립하여 2020년 충장로 옛 학생회관

뒷골목에 'K-POP 스타의 거리'를 조성했다. 기본계획은 문화전당 주변 관광 활성화를 목적으로 문화해설사가 없어도 도보관광을 즐길 수 있는 국립아시아문화전당 마실길 한바퀴 사업의 안내시스템 구축과 K-POP스타의 거리 특화조성을 주내용으로 하고 있다.

거리 입구에는 광주 출신 BTS 멤버 제이홉의 세계 팬들 메시지로 가득한 홉월드 조형물이 있고, 거리안쪽에는 스타들의 연습생 시절 사진 등으로 꾸민 스타벽화와 스타애장품을 전시한 스타기념관(더 팬존)과 그 옆에는 34개 스타 핸드프린팅이 있다.

2021년에는 투명 LED 디스플레이어를 활용한 K-POP 실감콘텐츠를 제작하여 관광객이 생동감 넘치는 K-POP 스타영상과 K-POP 댄스게임을 즐길 수 있게 하고, 지하철 금남로 4가역사 내 K-POP상설무대와 팬아트전시관 공간을 조성하여 국내외 K-POP팬들이 참여하고 체험할 수 있는 상호작용형 K-POP 관광콘텐츠를 확충하였다.

3) 광주만의 특색 있는 대표축제 육성

도시의 정체성을 보여주는 대표 축제의 육성이야말로 국제관광도시로 발돋움하기 위한 주요한 요건 중 하나일 것이다. 시민이 주도하는 경쟁력 있는 축제 육성 및 지원을 통하여 광주만의 독특한 정체성을 가진 축제들을 육성하고 있다.

올해로 18회째를 맞은 '추억의 충장축제', 영산강변 가을 억새밭을 배경으로 한 자연친화형 감성문화제인 '영산강 서창들녘 억새축제', 100년 역사를 지닌 근대역사문화의 보고인 양림동 출신 문화인물 및 유산을 소재로 한 '굿모닝! 양림' 등의 개최 지원을 통해 경쟁력을 강화하고 있다.

이와 별개로, 미디어아트 페스티벌을 '미디어아트 놀이터 프로젝트'와 연계한 대표 문화예술 관광상품으로 발굴했다.

축제의 세계화로 거듭날 미디어아트 놀이터 프로젝트

우리 시는 미디어아트 놀이터 프로젝트 개념을 도입하여 미디어아트 페스티벌에 인공지능과 같은 첨단기술을 융합하고 기존 문화예술 행사와 연계하여 하나의 프로그램 속에서 시민들과 예술인이 어우러지는 축제로 변화와 혁신을 시도한다. 예술과 미래의 첨단기술이 접목되는 광주 미디어아트 정책을 보여주는 장으로 미디어아트 작가뿐 아니라 관련 기업들이 참여하여 광주 '문화산업의 총합(문화예술 + 첨단기술 + 음악 + 공연 + 페어)'을 보여줄 수 있는 미디어아트 축제의 세계화를 추진한다.

이 프로젝트는 광주를 대표하는 아트광주21, 대인예술시장, 아트피크닉, 예술의 거리 광주프린지페스티벌, 아트피크닉, 광주지역 공·사립미술관 등과 최초로 융복합하여, 예술과 관광을 접목한 투어형 광장축제의 장을 만들고, 첨단 미디어아트를 활용한 고품격 예술행사의 장으로 탈바꿈하는 등 광주 빛의 다변화를 통해 세계적 미디어아트 관광명소로 가꾸어 나갈 계획이다.

대인예술시장

대인예술시장이 문화예술활성화 거점으로서의 방향성을 다시 한번 가다듬어 그동안 '야시장'이라는 인식에서 벗어나 예술가가 모이고 시민이 찾고 상인이 함께 어우러지는 '예술시장'으로 역할을 다시 모색하고 있다.

2021년에는 '별별상상정원'이라는 문화공간을 새로 조성해 1층 쉼터 공간, 2층 레지던시 입주작가들의 작업실로 대인예술시장 구성원들과 시민들이 예술로 소통하는 만남의 장이자 허브 공간으로 운영 중이다.

또한 노후화된 시장 환경개선과 시장내 예술성 강화를 위해 대인예술시장의 숙원 사업이었던 공영주차장 완공과 함께 주차장과 주변 쉼터 공간을 공공미술작품들로 새롭게 꾸며 주차장을 시장의 새로운 랜드마크로 만들었다.

현재 대인예술시장은 공공미술프로젝트와 신축 공영주차장, 문화공간 별별상상정원, 한평갤러리, 아트샵 수작 등 상설 콘텐츠와 편의 시설로 새 단장함으로써 예술시장으로 이미지를 강화하고 있으며 코로나19 상황을 벗어날 때쯤이면 더욱 많은 시민들이 찾아올 것으로 기대된다.

광주프린지페스티벌

광주프린지페스티벌은 거리 곳곳에서 각종 공연들을 펼쳐 광주를 젊음과 활력이 넘치는 공간으로 조성하기 위해 2016년부터 개최하고 있는 행사이다.

당초 아시아문화전당 주변 활성화를 위해 광주의 랜드마크인 5·18 민주광장 위주로 행사를 진행하였으나 2021년부터 자치구를 순회하며 공연하여 광주 곳곳에서 축제가 벌어져 시민들이 새로운 문화를 향유하는 기회를 확대하였다.

코로나19 상황에서도 비대면 공연과 병행하여 위드코로나 시대에 새로운 형태의 대표적인 광주 거리 축제로 자리잡고 있다.

도심 속에서 만나는 문화예술 소풍 '아트피크닉'

시의 대표 가족 문화예술행사인 '아트피크닉'이 코로나19 상황에서 온·오프라인 동시 진행으로 안전과 재미를 모두 챙기며 진행되었다.

아트피크닉은 지난 5년간 '도심 속에서 만나는 문화예술 소풍'이라는 콘셉트로 가족들을 위한 다양한 문화예술 프로그램을 선보여 왔으며 특히 올해도 작년에 이어 코로나19 상황을 감안해 유튜브 동시 송출로 온·오프라인 진행을 병행하여 시민들의 호응을 얻어왔다.

다양한 프로그램 중, 직접 손으로 체험하며 따라 만드는 아트박스 체험은 무엇보다 가장 인기 있는 프로그램이었다.

시민들은 시간대별 참여 및 방역 수칙 준수로 행사를 안전하게 즐길 수 있었으며, 코로나19로 인한 무기력에서 잠시나마 벗어나고 문화체험에 대한 욕구를 충족하였다. 2021년 9월 25일(15회차) 기준 2천여 명이 방문하고 유튜브 조회수도 9천 회를 넘기면서 그 관심을 실감할 수 있었다.

4) 아시아예술정원 조성

시각미디어문화권의 중심부로 시립미술관, 역사민속박물관, 비엔날레관, 문화예술회관 등 주요 문화시설이 밀집되어있는 중외공원을 자연과 예술이 함께하는 복합문화예술공간으로 '아시아 예술정원'을 조성하고 있다.

아시아 예술정원은 5만2,000㎡ 규모, 총사업비 190억원(국비 95억, 시비 95억)이 투입되는 사업으로, 2020년 국비 10억원과 2021년 국비 51억원 등 지금까지 61억원의 국비를 확보하였으며, 2020년 설계 용역을 시작으로 2023년까지 조성을 마칠 계획이다. '아시아 예술정원 조성 사업'은 크게 '하늘다리', '문화정원', '어린이생태예술놀이정원' 3개의 세부사업으로 추진된다.

광주 지역 대표적인 문화예술 쉼터인 중외공원에 문화예술 체험 및 휴식공간인 '아시아 예술정원'이 조성됨으로써 중외공원 일원의 문화시설 인프라의 연계성이 강화되어 문화시설 간 시너지 효과가 높아질 뿐 아니라 광주의 관광 인프라를 확충하는 효과도 있을 것으로 기대된다.

5) 사직공원 내 상설공연장 조성

사직공원은 도심공원 내 수려한 자연환경과 최적의 공연장 조성 입지 여건으로 매년 많은 음악축제가 열리고 있으며 오래전부터 정형화된 공연장 조성에 대한 요구가 꾸준히 제기돼 왔다.

사직공원 내 옛 수영장 부지에 객석 800석 규모의 야외무대와 공연장이 2023년 말 준공을 위해 본격 추진중이다. 2021년 8월 지방재정 중앙투자심사를 통과함으로써 사업추진이 본 궤도에 오르게 되었다. 사업비는 190억원(국비 82, 시비 108)이 투입되며, 야외공연 무대와 부대시설, 외부 부설주차장(130면), 주변 보행로 정비, 진입로 개설 등이 조성된다.

사직공원 상설공연장은 공연뿐만 아니라 연극, 행사 등 다양한 예술행사를 할 수 있는 시설로 조성하고, 행사가 없을 때는 시민에게 힐링할 수 있는 공간으로 조성 및 개방하여 사직공원을 활성화시켜 나갈 계획이다.

사직공원 야외상설공연장이 준공되면 시민에게 여가와 휴식공간을 제공하고 주변 통기타거리, 양림동 근대역사문화마을 등 문화관광자원과 연계해 지역경제 활성화에 도움이 될 것이다.

(8) 코로나19 극복을 위한 문화예술인 민생안정대책 시행

우리 시는 코로나19 장기화로 각종 문화행사가 중단·연기되고 이에 따라 경제적 어려움을 겪고 있는 문화예술인·단체에 대한 지원을 위해 여러 차례에 걸쳐 지원대책을 마련해 시행했다.

2020년 8월 시행된 제8차 민생안정 대책에서는 사업비 3억원을 확보하여 총 300개소의 음악, 무용, 연극 등 전문문화예술단체에 긴급 지원금을 지급하였으며, 여행업체의 여행상품 기획·개발비 및 홍보·마케팅비 40백만원을 20개소에 지원하였다.

2020년 9월 제9차 민생안정 대책에서는 지역 내 집합금지 행정명령에 따라 영업을 중단한 공연장 등 131개소를 대상으로 개소당 100만원씩의 지원금을 지급하였다.

코로나19 장기화로 지역예술인들의 생활고가 더욱 심해짐에 따라 2021년 2월 제12차 민생안정 대책에서는 문화예술인 생활안정을 위해 예술인 1인당 50만원을 지원했고, 문화예술 공연·행사 관련업체 운영지원을 위해 업체당 100만원을 지원했다. 또한, 관내 여행업체 404개소를 대상으로 업체당 150만원씩 606백만원을 지급하였다.

2021년 9월 제14차 민생안정 대책에서는 문화예술인 생활안정지원을 위해 관내 예술인을 대상으로 1인당 50만원을 지원하였다. 또한, 집합금지 및 제한을 당한 문화시설 2,298개소에 시설당 50 ~ 100만원씩 총 2,154백만원을 지급하고, 여행업체 411개소에 업체당 100만원씩 운영 지원금을 지급하였다.

(9) 2022년, 8대 핵심 문화정책 중점 추진하여 '더 크고 더 강한 문화중심도시' 실현

우리 시는 금년에 △ 예술인 복지 지원 및 권리보장 △ 미디어아트 365 꿀잼 광주만들기 추진 △ 문화중심도시 광주 특화 환경 조성 △ 광주다움이 묻어나는 문화 공간 마련 △ 문화콘텐츠 산업 육성 인프라 및 생태계 구축 △ 광주에서만 볼 수 있는 관광 명소 조성 △ 즐거움이 넘치는 관광콘텐츠 개발·운영 △ 스포츠 국제도시 광주 위상 강화 등 8대 핵심 문화정책을 중점적으로 추진하여 더 크고 더 강한 문화중심도시·품격 있는 문화인류도시를 실현해 나갈 것이다.

핵심성과 9 청년이 찾아오는 꿈의 도시 광주 실현

요 약

- 행정부시장 직속으로 청년정책관 신설, 광주청년 정책플랫폼 구축, 청년참여위원회 운영
- 청년 맞춤형 지원 : 일자리, 주거, 교육, 문화, 복지, 소통참여, 결혼·육아 등 지원
- 전국에서 유일하게 4년 연속 정부 일자리정책 평가에서 최우수상 수상
- 산업통상자원부 주관 '2021년 투자유치 자치단체 평가'에서 광역시 중 유일하게 우수지자체로 선정
- 청년 주거문제 해결 위해 광주형 평생주택 1만 8천호, 광주형 누구나집 750호 건립
- 청년 교육사업 : 대학발전협력단 출범, 산학융합캠퍼스 운영 등

(1) 청년이 떠나는 광주에서 찾아오는 광주로

청년이 우리의 희망이고 미래다. 청년의 특권은 마음껏 꿈을 꾸고 도전하는 것이다. 그러나 우리 청년들은 일자리 불안, 주거 불안, 미래 불안이라는 삼중고로 큰 어려움을 겪고 있다.

이러한 청년 문제는 곧 지역 문제로 귀결된다. 우리 광주는 2012년 이후 수도권으로 청년인구 유출이 가속화되고 있다. 수도권 대학으로 진학하면서 1차 유출이 있고, 지역에서 대학을 졸업한 후에도 대기업 위주의 일자리를 찾아 2차 유출이 이어지고 있는 심각한 상황이다.

※ 2020년 현재 광주청년(19~39세) 인구 : 414,088명(광주인구의 28.6%)
2020년 청년 순유출인구 : 3,317명 (광주전체 유출의 54.5%)

(단위 : 년, 명)

연도별	2011	2012	2013	2014	2015	2016	2017	2018	2019	2020
전체 순유출*	-1,279	1,825	2,592	2,977	9,272	7,898	8,118	6,216	3,875	6,083
청년 순유출	564	2,805	2,515	3,265	6,534	4,966	5,647	3,916	2,808	3,317
비 율	-44.1%	153.7%	97.0%	109.7%	70.5%	62.9%	69.6%	63.0%	72.5%	54.5%

출처 : 통계청
(* 순유출 = 광주시 전출인원 - 광주시 전입인원)

따라서 무엇보다 나는 청년들이 일자리가 없어 떠나는 광주에서 찾아오는 광주로 만들기 위해 양질의 일자리 창출에 주력해오고 있다. 아울러 우리 청년들이 마음껏 꿈을 꾸고 도전하여 성공한 삶을 살 수 있는 환경을 만드는 데 역점을 두고 있다. '청년이 살아야 나라가 산다', '진정한 성공은 가슴에 품은 꿈을 이루는 것이다'는 내 평소 지론을 시정에 적극 반영하고 있다.

우선 청년정책의 중요성을 감안하여 행정부시장 직속으로 청년정책관을 신설해 여러 부서에 분산되어 있던 청년정책들을 종합적이고 체계적으로 추진하도록 했다. 아울러 광주청년정책플랫폼을 구축하여 청년 누구나 이곳에서 마음껏 소통하고 필요한 정보를 나누고 얻도록 하였다. 또한 청년정책의 체감도와 만족도를 높이고 실수요자인 청년들의 적극적인 참여와 소통을 강화하기 위해 청년참여위원회(청년위원회와 청년정책조정위원회)를 활성화시켰다. 광주 청년센터와 함께 「청년 생활상담소」, 「청년생활학교」, 「청년 삶 실태조사」를 운영·실시하여 그 결과를 청년정책에 반영하고 있다.

민선 7기에서 시행하고 있는 69개 큰 청년정책 중 36개 청년사업이 새롭게 발굴하여 추진하는 정책들이다. 코로나19의 어려운 상황에서도 꿈꾸고 도전할 수 있도록 일자리, 주거, 교육역량, 복지문화, 소통참여 등 부문별로 다양한 정책을 지원하고 있다. 또한 우리 시 청소년 및 청년 관련 예산이 2022년에 큰 폭으로 증가하여 사업 추진에 동력이 확보되었다.

<청년정책을 한눈에, 광주청년정책플랫폼 개통>

우리 시는 청년의 생애주기별 맞춤형 정책 정보를 제공하는 광주청년정책플랫폼을 2021년 12월 20일부터 공식 운영하고 있다. 광주청년정책플랫폼은 광주시와 5개 자치구가 추진 중인 130여 개의 청년정책을 통합하고, 연령별·관심분야별 맞춤형 정보를 제공해 청년들이 시와 구의 홈페이지 등을 여러차례 검색하지 않고 한 곳에서 필요한 정보를 모두 찾을 수 있고 중앙정부와 타 시·도 청년정책도 확인할 수 있다.

특히, 우리시가 직접 추진하는 사업은 사업 소개부터 신청·접수까지 플랫폼에서 원스톱 서비스를 하며, 수행기관을 통해 추진하는 정책들은 원사이트 서비스로 해당 신청화면으로 연결된다. 광주청년정책플랫폼의 주요 메뉴는 광주청년정책, 청년 정책을 제안하는 '청년소통', 일자리, 주거, 교육, 복지·문화, 참여공간 등으로 구성됐다.

청년의 연령, 지역, 관심분야, 사회적 상태 등을 종합적으로 고려해 '생애주기별 맞춤형 정책검색기능'도 제공한다. 또한, 지역 청년들이 알아야할 정보, 알면 좋을 정보 등을 제공하기 위해 '공지사항'과 '지원정보' 게시판을 운영한다. '지원정보'는 시민 누구나 청년들에게 소개하고 싶은 내용을 게시할 수 있다.

청년들이 정책에 대해 궁금증을 문의하고 해소할 수 있는 '소통게시판'과 정책을 직접 제안할 수 있는 '바로소통'을 통해 지역 청년들과의 소통도 강화했다. 이와 함께, 광주청년센터, 대학일자리센터, 창업지원센터 등 지역 청년들의 활동 공간을 지역별, 유형별로 나눠 제공하고, 청년들은 공간을 확인한 후 자신에게 필요한 회의실이나 스터디룸 등을 예약할 수 있다.

앞으로도 우리시는 청년들이 광주에서 미래를 꿈꿀 수 있도록 필요한 정보를 제공하고 더 많은 지원을 받을 수 있도록 '광주 청년정책플랫폼'의 기능을 계속 확대해 플랫폼에서 모든 청년 정책들이 통하는 더 나은 서비스를 제공할 계획이다. 아울러 광주청년정책플랫폼이 정책의 정보 제공의 기능을 넘어 청년들이 모이고, 의견을 나누고, 소통할 수 있는 새로운 장이 될 수 있도록 계속 노력할 것이다.

(2) 중앙에서도 인정하는 일자리 창출 성과

우리 시의 일자리정책은 정부도 인정하고 있다. 우리 시는 전국에서 유일하게 4년 연속 정부 일자리정책 평가에서 최우수상을 수상하였다. 2018년 종합대상(대통령상)을 수상한 데 이어 2019년, 2020년, 2021년에는 일자리정책 평가에서 최우수상을 수상했다.[41] 이러한 수상으로 우리 시는 역량강화 및 일자리사업비로 많은 인센티브를 받았다. 민선 7기 시정가치를 일자리에 두고 성과 중심의 일자리 정책을 펼친 덕분이다. 나는 2018년 2월 7일, 문재인정부 초대 일자리위원회 부위원장을 사직하고 광주에 내려오면서 '광주에서부터 많은 일자리를 창출하여 정부 일자리 정책을 뒷받침 하겠다'고 다짐했고 시장 취임이후 이를 실천해오고 있다.

무엇보다 청년 일자리 창출을 위해 미래 주력산업 육성을 통한 지역기업의 성장과 투자유치에 중점을 두어 추진하면서, 단기적으로는 구직활

41 '일자리대상'은 정부(고용노동부 주관)가 전국 243개(광역 17, 기초 226) 지방자치단체를 대상으로 지역일자리 목표 공시제와 연계해 전년도 일자리 정책 추진 실적을 종합적으로 평가·시상하고 우수한 일자리 창출 성과를 공유·확산하기 위해 2012년부터 매년 개최하고 있다.

동 지원과 청년 일자리 프로그램을 제공하고 청년창업을 육성하는데 주력해 왔다.

<일자리 창출을 위한 주요 정책>

우리 시가 역점적으로 추진하고 있는 3대 뉴딜(인공지능중심의 디지털 뉴딜, 2045탄소중립 에너지 자립도시 실현을 위한 그린뉴딜, 광주형일자리 중심의 상생과 안전의 휴먼 뉴딜) 역시 청년들의 일자리 창출이 가장 중요한 목적이라 할 수 있다.

특히, 지역산업의 신성장동력을 확보하기 위해 2019년 5월 11대 대표산업을 선정해 적극 육성하고 있다. 그 결과 이들 산업 관련 기업수와 고용인원 등이 크게 증가하고 있다.

※ 11대 대표산업 : ▲친환경 자동차산업 ▲에어가전 및 공기산업 ▲광융합산업 ▲에너지 및 수소산업 ▲의료 및 헬스케어산업 ▲스마트 뿌리산업 ▲인공지능 및 드론산업 ▲5G 기반 ICT산업 ▲문화콘텐츠산업 ▲관광산업 ▲김치 및 음식산업

또한 민선 7기 출범 이후 양질의 일자리 창출을 위해 투자유치에 노력한 결과, 2021년 10월 말 기준 169개사(국내 146개사, 국외 23개사)와 1조 7,749억원의 투자협약을 체결했고 5,791명의 고용이 늘어날 것으로 기대된다.[42] 주요 투자유치현황을 보면 전자상거래업계 절대 강자인 쿠팡㈜은 평동3차 산단에 호남권 최대 규모의 첨단물류센터 건설을 위해 2,305억원을 투자하고 있고 고용인원만해도 2,400여 명에 달한다. 1단계인 냉동·냉장 창고 건립은 2021년 6월에 준공했고, 2단계로 건축 연면적 16만8,132㎡(5만평)규모의 최첨단시스템을 갖춘 물류센터를 2021년 착공하여 2023년 상반기에 준공예정이다. 지역민을 우선 고용하고 지역 중소기업과 소상공인들과의 동반성장 가치를 실현하는 등 지역 내 투

---

42 광주형 일자리인 GGM과 인공지능기업 유치 실적은 여기에 포함되지 않았다.

자 유발 효과도 클 것으로 기대를 모으고 있다.

세방리튬배터리㈜는 2021년 10월 13일 평동2차산업단지 현장에서 전기차 배터리팩 공장 준공식을 가졌다. 세방리튬배터리㈜는 연축전지 시장점유율 국내 1위 업체인 세방전지㈜의 자회사로 자동차 빌트인 카메라 보조배터리와 전기차 리튬이온배터리 모듈제작 분야에 신기술을 갖춘 기업이다. 우리 시와 1,200억원을 투자해 평동2차산업단지 내 2만 9,000㎡ 부지에 연면적 3만3,000㎡ 규모의 전기자동차 배터리팩 제조 공장을 건립하는 협약을 체결했다. 연간 42만대의 배터리 모듈을 생산하게 되며, 공장이 본격 가동되면 일자리 250개가 창출되는 등 지역경제 활성화에 큰 도움이 될 것으로 기대된다. 또 대영전자㈜는 381억원을 투자(2020. 12. 준공)하여 106명의 고용을 창출했으며, ㈜뉴서광은 274억원을 투자(2019. 12. 준공)하여 200명의 고용을 창출했다.

이와는 별도로 세계 최초 지자체주도의 노사상생일터인 '광주형 일자리 완성차 공장'을 건설하고 첫 양산차로 캐스퍼를 생산하여 직접 일자리 1,000개, 간접일자리 1만 1천개를 창출할 것으로 전망하고 있다. 광주글로벌모터스(GGM)의 일자리 창출은 지자체 주도, 사회통합형 노사상생 일자리 모델, 대한민국 제1호 상생형 지역일자리 등 많은 의미를 지녔지만 그 중에서도 '지역 청년 일자리 해결'이라는 시대적 소명을 안고 탄생했다고 해도 과언이 아니다. 광주글로벌모터스(GGM)가 채용하는 직원들의 90% 이상이 광주전남 지역출신이고 20~30대가 80%를 넘어서고 있어 지역의 청년일자리 창출에 크게 기여하고 있다.

또한 인공지능 기업 133개(2021. 12. 23. 현재)와 업무협약(MOU)을 체결했고 이들 기업들은 속속 광주에 법인, 연구소 또는 지점을 열고 있다. 아울러 인공지능 집적단지가 들어서는 첨단3지구, 광주형일자리 자동차 공장이 가동되고 있는 빛그린산단, 그리고 스마트 에너지산업단지가 들어서는 에너지밸리산단 등 132만 평이 경제자유구역으로 지정되어 기업들의 실투자와 양질의 일자리가 넘쳐나는 희망의 땅으로 바뀌고 있다. 이러한 노력과 성과들을 인정받아 우리 시는 산업통상자원부가 주관한 '2021년 투자유치 자치단체 평가'에서 광역시 중 유일하게 우수지자체로 선정돼 2022년 지방투자촉진 보조금 국비 보조비율 5%p를 가산 지원받게 됐다. 산업통상자원부는 투자유치 실적, 투자수행 실적, 유치기업에 대한 만족도 등을 평가해 매년 우수 지자체를 선정하는데 우리 시가 선정된 것은 이번이 처음이다.

<청년 취업 지원>

▲ 구직활동 지원을 위해 「광주청년드림정책 패키지」를 운영하여 청년들로부터 많은 호응을 받고 있다. 청년들의 일경험과 중소기업 구인난을 해소하기 위해 '청년일경험드림사업'[43]을 시행하여 매년 1,100여 명의 청년에게 일자리를 제공하고 있다. 또한 광주에 주소를 둔 만 19세 ~ 34세 청년취업준비생(기준중위소득 150% 이내인 가구원)에게 구직에 필요한 교육, 교통비, 식비로 활용할 수 있도록 청년드림수당(월 50만원씩 5개월간 총 250만원)을 지급(생애 1회)하여 구직기간 동안 경제적 어려움을 덜어주고 있다. 광주시내 대중교통 뿐 아니라 KTX 등 시외교통까지 사용할 수 있는 「구직교통수당 30만원을 지급」하고 있다.

이 밖에 토닥토닥 청년일자리 잡카페와 대학일자리센터(5개소), 광주일자리종합지원센터를 통해 다양한 구직정보와 구직에 필요한 제반 서비스(AI화상면접, 정장대여서비스, 컨설팅)를 제공하고 있다. 아울러 지역정착형 일자리 사업인 지역주도형 청년일자리 사업을 매년 확대 추진(연

43 광주에 거주하는 만 19세 ~ 34세의 미취업 청년과 기업을 매칭하여 주 25시간 근로에 참여한 청년에게 월 137만원씩 5개월간 총 685만원의 급여를 지급한다.

평균 1,500여 명 고용) 하고 있다.

▲ 우리 시 산하공공기관 직원들을 통합채용하여 투명하고 공정한 채용시스템을 확립하였다.

▲ 청년일자리의 중요한 축인 '청년창업'을 활성화하기 위해 무엇보다도 창업 생태계 구축에 박차를 가해 왔다. 특히 우리 시가 역점적으로 추진하고 있는 인공지능 중심도시를 만들기 위한 일환으로 상상력과 창의력이 뛰어난 젊은이들이 배낭 하나 메고 광주에 오면 쉽게 창업할 수 있도록 예비창업자 발굴, 멘토지원, 창업공간지원, 창업펀드와 크라우드 펀딩을 통한 사업자금 지원, 청년창업 특례보증 등 각 단계별로 다양한 창업 지원정책과 사업들을 시행하고 있다.

창업지원 보육공간도 빠르게 늘려가고 있다. 현재 17개소 794실이 운영 중이며, 6개소 954실을 구축 중이거나 구축할 계획이다. 이 가운데 대표적 창업 보육공간인 'I-PLEX 광주'에는 스타트업(창업 3년 이내) 무상입주 지원으로 17개 기업, 저렴한 임대로 34개 기업이 들어와 있으며, 광주테크노파크에는 첨단제조업 대상으로 150개 업체가 입주해 있다.

금남로 4가에 위치한 AI창업캠프 1호점에는 예비창업자와 AI스타트업 35개 업체가 입주해 있으며, 인근에 있는 2호점에도 42개 기업이 입주해 있다. 또 농성동 광주창조경제혁신센터 내의 AI스타트업 캠프에도 23개 업체가 입주해 있다.

추가적인 창업지원 인프라 구축에도 속도를 내고 있다. 북구 일곡동 본촌산단 내에 들어서는 '광주창업기업성장지원센터'는 450억원이 투입돼 지하 1층 지상 7층 규모로 2023년까지 건립된다. 국·시비 350억원을 들여 오는 2023년까지 북구 중흥동에 건립하는 '빛고을창업스테이션'도 실시설계용역을 마치고 조만간 착공한다.

(3) 청년 주거사업

청년들이 살고 싶은 광주를 만들기 위한 필수조건 중 하나가 안정적인 주거대책을 마련하는 것이다. 우리 청년들이 내집 마련하는 데 삶의 대부분을 소비하게 할 수 없다. 가슴에 품은 꿈을 실현하며 행복한 삶을 영위하는데 열정을 쏟을 수 있도록 주택시장을 안정시키고 평생 집 걱정 없이 살 수 있는 주거지원사업을 추진 중이다. 우리 시의 청년주거지원사업은 청년에게 양질의 주거공간을 제공하는 사업과 청년주거비부담 경감사업으로 나눌 수 있다.

<청년주거공간 제공사업>

우리 시는 청년들과 신혼부부 등에게 2030년까지 광주형 평생주택 1만 8천호를 공급할 예정이다. 우선 상무소각장 인접 부지에 460호를 건립하고, 첨단3지구에 2,300호를 건립하여 2026년 입주 가능토록 할 예정이다.

공공임대주택이지만 그 개념이 과거와 전혀 다르다. 과거에는 수로 외진 곳, 교통이 불편한 곳에 작은 평수의 주택이 제공되었지만 광주형 평생주택은 상무지구, 첨단3지구 등 정주여건이 좋은 도심에 건설되고 평수도 34평 중형(전용면적 84㎡)까지 공급된다. 입주민들이 원하면 평생 살 수도 있다.

아울러 남구 에너지밸리에 '광주형 누구나집' 750호를 건립한다. 집값의 10%만 내면 입주가 바로 가능하고, 시세보다 저렴한 임대료로 10년 동안 거주한 후, 10년 후에는 입주 당시 결정된 분양을 받게 된다. 10년 동안 집값이 많이 올라도 시세 차액이 입주민들에게 돌아가는 것이다.

또한 △ 영구임대아파트 공실 70호와 미임대상가를 리모델링하여 청년들에게 제공하는 한편 △ 광주도시공사에서 기존주택을 매입하여 신축한 후 청년들에게 주택을 공급하고 △ 광주전남출신의 수도권 재학생들에게 숙소편의제공을 위해 남도학숙(1,454명)도 운영하고 있다.

<청년주거비 경감사업>

△ 기존 주거급여대상자 중 청년이 부모와 다른 지역에 임대차계약 시 임차료를 지원하는 청년주거급여 지원사업(1인 월19만원) △ 경제적 기반이 취약한 취업준비생과 사회초년생들의 주거비 부담을 덜어주기 위한「청년맞춤형 주택임차보증금 이자지원」 △ 광주형 일자리 근로자 주거비 지원(근로자 1인당 연간 190여 만원) 등을 시행 △ 2022년 신규사업으로 1년간 청년월세지원사업을 실시할 예정(월 20만원, 12개월간)이다.

(4) 청년 교육사업

지방대학의 위기가 심각한 수준이다. 유능한 인재들이 수도권으로 빠져 나가는 것은 어제 오늘의 문제가 아니지만, 지금은 학령인구 감소로 신입생 미달사태까지 속출하면서 급기야 폐교하는 대학들이 늘어나고 있다. 우리 지역의 경우에도 신입생 미달사태가 전반적으로 확산되는 등 매우 우려되는 상황이다.

지역대학의 위기는 곧 지방의 위기를 초래한다. 지역 학생들의 학습권이 침해받고 교직원들은 일자리를 잃게 되며, 나아가 지역이 필요로 하는 인재 양성과 연구활동 미흡으로 지역산업과 경제가 황폐화 된다.

이제 지역대학의 발전을 중앙정부 정책에만 의존하기에는 상황이 너무 절박하고 심각하다. 우리 시는 지역대학의 문제 역시 지방자치의 범주에 포함시켜 광주공동체가 함께 책임지고 풀어나가고자, 지역대학 위기대응과 발전지원을 위한 전담조직인 '대학발전협력단'을 출범시켰다(2021. 5. 12.).

대학발전협력단은 광주시, 시교육청, 17개 대학이 함께 운영하고 있다. 광주 청년들이 수도권으로 가지 않고 지역대학을 나와 양질의 지역일자리에 취업하여 행복한 삶을 영위할 수 있는 환경을 조성하는데 역량을 집중하고 있다.

지역인재들이 광주 소재 대학을 선호할 수 있도록 대학별로 특성화 방안을 강구하여 지역 대학의 경쟁력을 높여가고 있다. 또한 대학발전협력단은 지역대학 졸업생들이 좋은 지역기업에 취업할 수 있도록 지역기업과 대학 졸업자간 훈련 및 취업 연계시스템을 강화하고 있다.

이외에도 △ 현장중심 산학융합형 교육시스템 구현을 위해 광주빛그린 산학융합지구사업(산학융합캠퍼스) 운영 △ 지역 대학이 지역과 협력관계를 형성, 우수인재를 육성하고 청년의 지역안착을 높이는 데 핵심역할을 할 광주전남 지역혁신플랫폼 사업(에너지산업, 미래운송기기산업 인재 양성) △ 인공지능산업 생태계의 중심축인 AI인재양성을 위해 AI창업사관학교 운영 △ 인공지능 고급인재 양성을 위해 광주과학기술원의 인공지능대학원과 전남대학교를 비롯한 지역대학들의 인공지능 대학 및 학과 운영 △ 급속한 미래자동차 기술변화에 능동적으로 대응하기 위해 친환경車 전문인력 양성 △ 사회맞춤형 산학협력 선도대학육성 (LINC+ 사업, 관내 6개 대학) △ 자율주행 전기차 분야 창의융합형 인재양성을 위한 4차산업혁명 혁신선도대학 육성(호남대) △ 빛고을 장학재단 장학금 운영 및 광주지역 대학가기 캠페인 등을 시행하고 있다.

(5) 자립기반 조성 및 결혼 육아지원

청년들의 자립기반 조성을 위해 청년 자산형성을 지원하는 한편 부채 부담을 해소하는 금융안전망을 가동 중이다. 저임금 청년들의 자산형성과 안정적인 사회진입에 도움이 되고자 청년일삶(13)통장 정책을 시행하고 있다. 청년들이 10개월간 월 10만원을 저축하면 만기시 우리 시에서 100만원을 지원한다.

또한 △ 저소득 청년의 자립과 탈수급을 유도하기 위해 청년저축계좌 지원(월 30만원, 3년간) △ 생계급여 수급청년들에게 청년희망키움통장 지원(월 48만원, 3년간) △ 대학생 학자금 대출이자 지원 및 학자금대출 신용유의자 지원(연간 1,700여명) △ '청년드림은행' 사업으로 청년들의 신용회복과 부채 상환 지원 △ 청년들의 정신건강 회복을 촉진하고 만성화 예방을 위한 청년정신건강 지원(마인드 링크) △ 저활력 청년들의 심리 집중 프로그램 운영(청년센터) 등을 지원하고 있다.

이와 함께 '아이 낳아 키우기 좋은 맘(MOM) 편한 광주' 실현을 위한 6단계 생애주기별로 다양한 맞춤형 지원정책을 시행하고 있다(참고 : 혁신성과 5 아이 낳아 키우기 좋은 맘 편한 광주 실현).

(6) 중요한 것은 '어디서'가 아니라 '무엇을 꿈꾸는가'이다

우리 광주에서 자라고 지역 대학을 나와 세계를 상대로 도전하는 청년들을 보면서 중요한 것은 활동하는 장소가 아니라 꿈과 도전임을 느낀다.

△ 대한민국 하계올림픽 사상 첫 3관왕, 국가대표 안산 선수(광주여대 초등특수교육학과 20학번) △ 미국 포브스 선정, 2021 아시아 30세 이하 리더 30인에 선정된, 미래먹거리인 대체육 식품업계를 개척해나가는 야

심찬 청년 CEO, 박형수 디보션푸드 대표(호남대 외식조리학과 08학번) △ 세계 치안 협의체 국제경찰장협회(IACP)가 선정한 '전 세계 우수경찰관 30인'으로 선정된 경찰청 외사국 고지은 경사(조선대 경찰행정학과 07학번)처럼 우리 청년들이 마음껏 꿈꾸고 광주를 기반으로 세계를 향해 담대하게 도전할 수 있도록 우리 시는 적극 지원할 것이다. 이미 우리 광주는 일자리가 없고 먹고살기 팍팍해서 청년들이 떠나는 광주에서 찾아오는 광주, 정치1번지를 뛰어 넘어 기업들이 찾아오는 경제1번지로 변모하고 있다. 정의롭고 풍요로운 광주의 꿈이 영글어가고 있다. 진정 성공한 삶은 부와 권력이 아니라 가슴에 품은 꿈을 이루는 것이다. 우리 청년들이 마음껏 꿈꾸고 도전하여 그 꿈을 이룰 수 있도록 앞으로도 정책과 제도 그리고 행정으로 적극 응원하고 뒷받침할 것이다.

핵심성과 10

소외와 차별 없는 따뜻한 복지공동체 실현

요 약

- 기본방향 : 일할 수 있는 분들에게는 일자리를 드리고, 일할 수 없는 분들에게는 맞춤형 복지 제공
- 복지인프라 대폭 확충 : 복지플랫폼 구축, 사회서비스원 설립, 광주복지연구원 설치
- 전국 최초 연중무휴 1대1 '최중증 발달장애인 융합돌봄센터' 운영 등 장애인 숙원사업 해결
  - 장애인회관, 장애인수련시설, 청각·언어 장애인 복지관, 시립장애인 복지관, 공공어린이 재활의료센터 건립
- 노동자 복지실현 : 복지시설 종사자 처우개선, 노동자 작업복 세탁소 개소, 공동주택 비정규직 근무환경 개선
- 어르신들 오랜 숙원사업 해결 : 치매특화형 노인 복합시설 건립, 노인회관 건립, 빛고을 50 + 센터 개소

장애인이 행복해야 광주가 행복하다. 어르신이 행복해야 광주가 행복하다. 아이들이 행복해야 광주가 행복하다. 여성이 행복해야 광주가 행복하다. 이 모든 말을 아우르는 것이 '복지'다. 사회적 약자들을 소외와 차별 없이 보듬는 복지정책이 그 도시의 수준을 가늠하는 척도다.

민선 7기 복지정책의 기본방향은 일할 수 있는 분들에게는 일자리를 드리고 일할 수 없는 분들에게는 맞춤형 복지혜택을 드리는 것이다. 일자리가 최고의 복지이지만 일할 수 없는 분들에게는 현장의 목소리를

경청하고 실태를 파악하여 당사자에게 가장 필요한 맞춤형 지원을 지속적으로 제공하는 「광주형 복지모델」을 구축하는 것을 목표로 추진하고 있다.

구체적으로 「광주형 복지모델」 구축은 모든 시민에게 질 높은 보편적 복지서비스를 공평하게 제공하도록 전달체계를 혁신하기 위한 것이며, 복지현장과의 소통을 통해 복지정책 재구조화, 복지행정 조직 강화, 복지시설의 공공성·투명성 제고, 복지종사자 처우개선 및 역량강화, 장애인 지원 등에 역점을 두어 추진하고 있다.

특히 어려운 시민들이 소외되거나 차별받지 않도록 복지 인프라를 대폭 확충해 '나눔과 연대의 광주정신'을 복지정책에 녹여 따뜻한 광주를 실현하는 데 노력해왔다. 사회서비스의 공공성을 높이고 양질의 복지일자리 창출을 위하여 사회서비스원을 다른 지역에 앞서 개원했으며 「광주형 복지모델」 창출을 뒷받침할 복지정책 연구기능 강화를 위해 광주복지연구원을 출범시켰다. 또한 전국 최초로 365일 24시간 1대1 지원서비스를 제공하는 최중증 발달장애인 융합돌봄센터를 개소해 발달장애인을 둔 가정에게 희망을 주고 있다.

이외에도 노인회관을 신축 개관했고, 중장년층 생애재설계 지원기관인 빛고을 50+센터가 문을 열었으며, 치매예방 특화형 노인복합시설, 장애인회관 및 장애인수련시설, 청각·언어장애인 복지관, 시립장애인 종합복지관 등의 건립을 추진하고 있다. 아울러 노동복지를 위해 노동자 작업복 세탁소 '光클리닝'을 개소하는 한편, 공공주택 경비·청소원들의 휴식공간을 지하에서 지상으로 옮기는 등 포용복지를 적극 실현하고 있다.

(1) 복지 인프라 대폭 확충

1) 내게 맞는 복지정보를 한눈에, 광주복지플랫폼 구축

2021년 10월 18일, 우리 시는 3,000여 종의 생애주기별 맞춤형 복지정보를 한곳에서 볼 수 있는 '광주복지플랫폼' 개통식을 갖고 본격적인 서비스에 들어갔다. 그간 복지관련 정보를 제공하는 다양한 홈페이지가 있었지만 임신, 출산부터 노년까지 복지정보를 통합해서 제공하는 사이트가 없어 이용자의 접근성이 매우 낮은 실정이었다.

'광주복지플랫폼'은 임신출산, 영유아, 아동청소년, 청년, 중장년, 노년까지 생애주기별로 다양한 복지정책 서비스와 복지시설 및 단체에 대한 정보를 담았다. 분야별 복지 홈페이지에 담겨있는 다양한 복지정보를 총망라한 통합플랫폼이다. 복지 수요자를 위한 다양한 복지정보 제공은 물론 빅데이터를 활용해 복지수요와 공급을 체계적으로 분석할 수 있는 기틀이 마련된 것이다. 광주복지플랫폼은 시민이 원하는 정보를 시민이 필요로 할 때 편리하게 제공해줌으로써 일할 수 있는 분들에게는 일자리를 드리고, 일할 수 없는 분들에게는 맞춤형 복지를 제공하는 '광주형 복지모델' 성공을 뒷받침할 것이다.

그간 복지관련 예산이 전체 예산의 40%에 달할 정도로 급격히 확대되고 있으나 시민들의 체감도가 낮다는 지적이 지속 제기됐고, 이에 따라 시장 직속 광주혁신추진위원회는 2019년 6월 '광주형 복지모델 구축방향'을 제안하면서 복지전달체계를 공급자 중심에서 수요자 중심으로 개편하기 위해 '광주복지플랫폼' 구축이 필요하다는 권고를 했다.

광주복지플랫폼은 국가와 지방자치단체, 민간 복지시설에서 제공하는 3,000여 종의 복지서비스 정보를 생애주기별로 통합해서 제공하고 개인이 처한 가구 상황이나 관심 주제에 맞춰 내게 맞는 복지정보를 쉽게 찾을 수 있도록 구성했다.

또한 광주복지연구원에서 수행한 복지총량조사 연구 결과와 분야별 복지통계, 지역내 3,000여 복지기관에 대한 정보를 빅데이터로 구축했고 인포그래픽을 활용해 우리동네 복지시설과 복지통계 정보를 한눈에 볼 수 있는 '복지상황지도'도 제공한다.

이 밖에도 복지관련 새소식과 워크넷 등에서 제공하는 복지관련 일자리 정보를 연계해 실시간으로 확인할 수 있고, 법인시설관리시스템을 통해 사회복지시설의 예·결산, 후원금품 내역 등의 정보를 공시해 시설 운영의 투명성과 청렴도 향상에도 기여할 것으로 기대된다.

특히, 회원가입을 할 때 '나의 관심분야' 정보를 입력하면 개인이 처한 가구별 상황이나 관심주제에 맞는 복지정보를 'AI 맞춤 알림서비스'로 제공받을 수 있으며, 보건복지부의 '복지로'와 연계해 복지서비스 온라인 신청 및 모의계산 기능도 이용할 수 있다.

2) 사회서비스원 설립

사회서비스원 설립은 민간이 제공하던 돌봄서비스를 공공부문에서 직접 제공함으로써 사회서비스의 공공성 강화를 통해 돌봄서비스 품질을 높이고 종사자들의 처우를 개선하기 위한 국가적 사업(문재인 정부의 국정과제)이다. 우리 시는 다른 도시에 앞서 2020년 6월 광주사회서비스원을 설립하여 7월부터 본격적인 활동을 시작했다. 광주사회서비스원은 구립어린이집, 광주육아종합지원센터, 다시서기 종합지원센터, 장애인복지관, 장애인 보호작업장 등 국공립 복지시설을 운영하고 서구와 북구에 종합재가센터를 설치해 방문요양, 노인 돌봄, 가사간병 서비스를 제공하는 등 보육부터 요양까지 전 생애 통합 돌봄 서비스를 제공하고 있다.

특히, 코로나19로 인해 기존 돌봄서비스가 중단되거나 자가격리, 갑작스러운 질병, 사고 등으로 돌봄공백이 발생한 경우 일상생활 등을 지원하는 긴급틈새돌봄서비스를 제공하고 있다.

아울러 육아종합지원센터, 지역사회서비스지원단, 사회복지대체인력지원센터 운영과 맞춤형 컨설팅 및 종사자 교육 등을 통해 민간 사회서비스의 품질향상과 종사자 근무환경 개선을 지원하고 있다.

3) 광주복지연구원 출범

광주복지연구원은 광주형 복지모델의 성공적 정착을 위한 정책연구 기능을 강화하여 지역복지정책의 컨트롤타워로 특화 운영하기 위해 2021년 2월 기존 광주복지재단의 기능과 명칭을 변경하여 새로 출범한 기관이다.

그간 광주복지재단은 빛고을·효령노인타운 등 수탁시설 운영에 매달려 지역 맞춤형 복지정책 연구라는 본연의 역할을 소홀히 한다는 지역사회의 비판에 직면해있었다.

따라서 장애인복지관, 보호작업장, 지역사회서비스지원단 등 3개 시설을 사회서비스를 직접 제공하는 '광주사회서비스원'으로 이관해 광주복지연구원은 광주형 복지모델 창출과 복지혁신을 뒷받침할 정책연구와 복지 빅데이터 구축 등 싱크탱크 역할에 집중할 수 있도록 했다.

그리고 지역밀착형 정책연구역량 강화를 위해 사무처의 정책개발팀을 정책연구실로 승격하고 연구인력 증원과 함께 처우를 대폭 개선하였으며, 정책 인큐베이팅을 위한 연구협업팀을 신설해 양질의 정책이 발굴되고 연구될 수 있도록 했다. 초대 원장에는 김만수 동신대 보건복지대학장을 임명했다.

(2) 장애인이 행복한 광주 만들기

우리 광주에 등록돼 있는 장애인은 2021년 9월 기준 6만9,852명으로 광주시 총인구(144만1,970명, 2021. 8. 기준) 대비 약 4.8%에 달한다.

나는 '장애인이 행복해야 광주가 행복하다'는 시정철학 아래 장애인들의 사회참여와 건강복지 그리고 장애인들의 숙원사업 해결에 많은 노력을 기울여 왔다.

모든 인간은 태어날 때부터 자유롭고 평등하다. 장애를 갖고 태어난 것은 누구의 잘못도 아니다. 본인과 가족만이 떠안고 살아가야 할 짐도 아니다. 장애인의 인권과 복지는 그 사회와 도시의 수준을 가늠하는 척도이다. 장애인이 행복하고 장애인이 불편하지 않아야 비로소 살기 좋은 도시라 할 수 있다는 것이 내 지론이다. 장애인들이 행복한 도시를 만들기 위해 무엇보다 일할 수 있는 장애인들에게는 일자리를 드리고, 일할 수 없는 분들에게는 맞춤형 복지를 제공하는 데 초점을 맞추었다.

특히 인권도시 광주에서부터 편견과 차별의 벽을 허물고 장애인과 비장애인이 함께 잘사는 길을 찾기 위해 다양한 대책들을 시행해 오고 있다. 특히 코로나19와 같은 재난재해가 닥쳤을 때 장애인들이 더 큰 피해를 입지 않도록 안전과 복지시스템을 강화하는 데 주력했다.

우리 시는 2019년 4월 '장애인이 행복한 주체적이고 동등한 삶'을 장애인 정책 비전으로 선포하고 맞춤형 일자리 제공, 안전하고 차별없는 인권공동체 구현 등 5대 전략을 선포했다.

세상 밖으로 자신의 목소리를 내는 일이 쉽지 않은 장애인들의 삶 속에 더욱 귀를 기울이고, 간절한 도움을 필요로 할 때 언제든지 손 내밀어 잡아주는 시장이 되겠다는 각오로 장애가 행복한 삶의 걸림돌이 되지 않도록 따뜻하고 평등한 광주 공동체를 만들어가고 있다.

개별 장애인이 처한 상황과 요구에 맞는 맞춤형 서비스 제공에 초점을 맞추었다. 특히, 장애인의 삶의 질을 개선하고 안정적인 생활 여건 조성과 복지를 향상시키기 위해 장애인회관, 장애인 수련시설, 청각·언어장애인복지관 건립과 시립장애인종합복지관 재건축, 공공어린이재활의료센터, 지역장애인보건의료센터 운영 등 장애인 복지 인프라 구축에도 박차를 가하고 있다.

1) 전국 최초 연중무휴 1대1 '최중증 발달장애인 융합돌봄센터' 운영

우리 시는 2021년 3월에 전국 최초로 365일 24시간 1대1 돌봄지원 서비스를 제공하는 '최중증 발달장애인 융합돌봄센터'의 문을 열었다. 이처럼 최중증 발달장애인에 대한 돌봄 서비스를 공적인 영역에서 수행하게 된 데에는 나의 시정 철학이 중요한 역할을 했다.

2020년 6월 발달장애인 모자가 스스로 목숨을 끊은 안타까운 사건이 발생했다. 코로나19 상황에서 발달장애인 아들의 돌봄 부담감을 이기지 못해 극단적 선택을 한 이 사건은 장애인 가족들의 절망적인 현실을 고스란히 보여준 우리 사회의 슬픈 단면이었다. 나는 다정하게 미소 짓고 있던 영정사진 앞에서 고인들의 명복을 빌면서 다시는 우리 공동체 안에서 이런 슬프고도 안타까운 일이 발생하지 않게 하리라 다짐을 했다.

곧바로 발달장애인 부모단체·전문가·장애인 활동가 등으로 T/F를 구성·운영해 2020년 9월 '광주시 최중증 발달장애인 지원 계획'을 수립했다. 또 2021년 새해 첫 업무로 발달장애인 주간 활동 제공기관을 방문해 이용자 부모들을 만나 아픈 얘기들을 듣고 정책에 반영했다.

센터 이용자들은 주중 오전 9시부터 오후 4시 30분까지 특수교사·사회복지사로 구성된 전문지원인력의 도움을 받아 복지관 활동실에서 프로그램에 참가하며 주간 활동을 마친 후 지원주택으로 이동해 오후 5시부터 다음날 오전 9시까지 지원인력들의 도움을 받아 식생활 등 자립 생활을 한다. 또한, 주말·휴일에도 돌봄 지원을 받으며 발달장애인과 가족이 원하면 주 1회 또는 월 1회 가정으로 돌아가 지낼 수 있다.

3월 24일 개소식에서 참석자 모두를 울음바다로 만들었던 김유선 장애인부모연대 대표의 인사말씀(최중증 장애인 어머님들이 쓴 편지)을 잊을 수가 없다.

> "우리는 참으로 오랫동안 살려달라고, 더 이상 이렇게 죽고 싶지 않다고 목놓아 또 목놓아 호소하며 외쳐댔습니다. … 이제는 더 이상 그렇게 살고 싶지 않습니다. 지금의 현실은 학교를 졸업하면 다시 집으로 돌아올 수밖에 없습니다. 그마저 돌봄과 교육이 끝나는 성인기가 되면 내 아이의 세상은 오로지 엄마, 엄마, 엄마만 가득찬 세상이 됩니다.
> 이러한 절망의 고리를 끊어내려면 발달장애인이 지역사회에서 살 수 있는 최소한의 울타리를 마련해 주셔야만 합니다. 우리가 지금보다 좋은 부모가 되기 위해 조금만 도와주시기를 간절히 바랬습니다. 존엄한 인간임에도 불구하고 인간다운 대접을 받지 못한 채 살아온 발달 장애인들도 비장애인처럼 지역사회에서 함께 살아갈 수 있는 첫걸음이 된 이번 사업을 환영합니다."

이 일을 추진하면서 나는 28세 최중증 발달장애인을 둔 아버지로부터 또 다른 편지 한 통을 받았다.

<발달장애인 부모가 보내온 편지>

존경하는 이용섭 시장님!

저희 아들은 정신병원이며 시설에서 적응하지 못하고 결국 퇴소당해 집으로 돌아온 아이였습니다.

이런 아들과 생활한다는 것은 쉬운 일이 아니었고 힘겨운 하루하루를 견뎌

낸 세월이 지옥같았습니다. 희망도 기약도 없는 이와 같은 생활이 무서웠으며 희망의 끈을 놓고 싶다는 생각이 하루에도 수없이 들었습니다.

2020년 12월경 광주광역시에서 융합돌봄사업을 시행한다는 뉴스를 접하고 저희는 모든 것을 포기하고 살고 싶어서 우리 아이만을 위해 광주로 이사를 결심했습니다.

최중증 융합돌봄사업의 큰 프로젝트를 광주광역시에서 전국 최초로 이용섭 시장님의 결단으로 이뤄내신 이 사업은 저희 발달장애인 가족에게 새 생명줄과 같았으며 최중증 발달장애인 부모로서 더 이상 갈 곳이 없는 저희에게 최후의 보루였습니다. (중략)

광주발달장애인지원센터에서 융합돌봄대상자(주간활동 1대1대상자)로 결정 통보를 받고 저희 부부는 감격의 눈물을 흘렸습니다. 그만큼 저희에게 시급을 요했고 다급했습니다. (중략)

주간활동과 자립생활지원주택에서 활동했던 사진을 보면 아이의 표정이 말합니다. "난 너무 행복해요!"라고 우리 아이의 삶은 행복 그 자체입니다.

구순이 넘은 노부모님은 가슴속에 항상 돌덩어리를 얹어놓은 듯한 답답한 심정으로 평생을 살아오셨는데 이 같은 말씀을 듣고서 이제야 내가 눈을 감을 수 있겠다고 하시면서 눈시울을 적시었습니다.

시장님의 따뜻한 사랑과 관심으로 시작된 융합돌봄사업으로 가깝게는 저희 가족뿐만 아니라 친인척까지 정말 많은 사람이 숨을 쉴 수 있게 해주셨고 희망과 삶의 용기를 주셨습니다. (중략)

감사합니다.

2021. 8. 26.

발달장애인 ○○○, 부 ○○○, 모 ○○○

이들은 전남 여수에서 살고 있다가 센터 입소를 위해 광주로 이사를 왔다. 아이도 살리고, 자신들도 살아야겠다는 절박함을 안고 낯선 땅 광주가 이제 이들에게 삶의 행복을 안겨준 희망의 땅이 됐다며 고마움을 전했다.

장애와 비장애의 차별이 없는 사회. 광주가 가야할 길이 더욱 분명해졌다. 코로나19 상황에서 돌봄 사각지대에 있는 최중증 발달장애인과 그 가족에게는 지역사회에서 살아갈 수 있는 최소한의 울타리가 필요했다. 최중증 발달장애인은 도전적 행동을 동반하거나 폭력 성향을 보임으로써 시설이용 거부 및 부적응으로 가족 외에 돌봄 지원을 받지 못하는 등 어려움을 겪어 왔기 때문이다.

이에 우리 시는 어느 지역보다 신속하게, 체계적으로 구체적인 지원계획을 수립해 최중증 발달장애인에 대한 돌봄서비스를 공적인 영역에서 수행하고 있다. 해당 서비스는 현재 광주시 장애인종합복지관과 서구장애인복지관 2곳을 통해 제공되고 있는데 더 많은 대상자들에게 혜택이 갈 수 있도록 확충을 추진하고 있다. 지원 대상은 만 18세 이상 최중증 발달장애인이다. 특수교사·사회복지사로 구성된 지원인력과 사회복지요원 등 보조 인력이 최중증 발달장애인의 도전적 행동을 분석하고, 긍정적 행동 지원을 통해 행동수정을 병행하며 돌봄을 지원한다.

또한 우리 시는 발달장애인 부모에 대한 치유 지원에도 발 벗고 나섰다.

시와 장애인 전문 여행사인 ㈜무빙트립은 '발달장애인 부모 긴급치유 프로그램' 지원을 포함한 발달장애인과 그 가족의 휴식 및 여행 지원 사업의 상호협력을 위한 업무협약을 체결했다. 발달장애인 당사자의 돌봄 지원도 중요하지만, 자녀를 돌보기 위해 육체·정신적으로 힘든 부모의 치유 또한 중요하다는 판단에 따라 긴급치유를 할 수 있도록 프로그램을 지원하게 된 것이다.

<광주 최중증 발달장애인 24시간 돌봄, 정부가 챙긴다>

우리 시가 전국 최초로 문을 연 '최중중 발달장애인 융합돌봄센터'가 보건복지부 시범사업으로 운영된다. 우리 시는 그간 전액 시비로 운영한 최중증 발달장애인 융합돌봄센터를 정부사업으로 추진하기 위해 그 필요성을 보건복지부, 기획재정부, 국회 등에 꾸준히 설득한 결과 보건복지부 시범사업으로 2022년부터 3년간 45억원의 국비를 지원받게 됐다.

우리 시는 이번 시범사업 추진이 시비 절감효과 뿐만 아니라 향후 광주의 최중증 발달장애인 융합돌봄사업 모델이 전국으로 확산될 것으로 기대하고 있다. 보건복지부가 우리시 시범사업 추진 성과를 전국으로 확산할 것으로 기대하기 때문이다.

<최중증 발달장애인 낮 활동 다중지원 서비스 확대>

우리 시는 2021년 12월 1일부터 남구장애인복지관과 광산구장애인복지관에서 최중증 발달장애인에 대한 일대일 낮 활동 서비스를 본격적인으로 시행한다. 이번에 낮 활동 지원기관 추가로 지정된 2개소(남구장애인복지관과 광산구장애인복지관)는 최중증 발달장애인 4명씩 총 8명을 지원한다.

지원대상은 광주에 6개월 이상 거주하고 있으며 도전적 행동을 동반해 시설 또는 타 서비스 이용에 어려움을 겪는 최중증 성인 발달장애인으로, 광주발달장애인지원센터에 이용신청을 하면 적격심의위원회를 통해 적격 여부를 결정한 후 서비스를 이용할 수 있다.

앞서 우리 시는 2021년 3월 최중증 발달장애인에게 365일 하루 24시간 일대일 돌봄서비스를 공적 영역에서 제공하는 '최중증 발달장애인 융합돌봄센터'를 광주시장애인종합복지관과 서구장애인복지관 2곳에 개소해 운영해 왔다.

2) 장애인회관 건립은 장애인회관 건립은 장애인관련 1호 공약이었던 만큼 민선 7기 출범 직후 장애인회관 건립 기본계획을 수립하고, 이후 타당성 조사 용역, 지방재정투자심사 및 공유재산관리계획 심의, 생활SOC복합화 사업 선정 등의 절차를 거쳤다.

현재 장애인회관 건립을 위한 설계공모 및 기본·실시설계 용역을 실시하고 있고 2022년 공사착공에 들어가서 2023년 완공할 계획이다. 총사업비 296억원(국비 17, 시비 279)을 들여 광산구 신창동에 지하 1층 지상 4층 규모로 건립되며 작은도서관, 다목적체육관, 생활문화센터, 회의실 등이 들어서게 된다.

장애인단체 및 기관의 네트워크를 구축하고 안전한 여가공간 및 소통의 장을 제공하며 장애 영역별 취업, 의료, 인적 인프라 구축 등 재활의 종합안내 기능을 하게 된다.

3) 장애인수련시설은 영화 '도가니'의 실제 배경인 광산구 옛 인화학교 부지에 들어선다. 전국 최초사례로서 총 371억 3,700만원을 투입해 2022년 6월 착공해서 2023년 준공된다. 숙박, 회의, 문화, 체육활동을 위한 심신수련 시설이 마련되며 힐링과 치유를 접목시킨 복합수련시설로 설치된다. 특히 인권기념관 및 장애체험교육장 등을 갖춰 장애인 인권신장과 장애인식 개선의 장으로 활용하게 된다.

4) 청각·언어장애인복지관은 북구 옛 근로청소년복지회관 부지에 건립된다. 시비 92억7,000만원을 투입해 연면적 2,929㎡에 지하 1층 지상 3층 규모로 지어지며 수어교육실, 수어영상도서관, 직업재활실, 시청각실, 언어치료실 등 청각·언어장애인 교육·재활·돌봄 복합 맞춤형 복지시설이 들어선다. 공사는 2022년 2월 착공해서 2023년 완공할

예정이다.

청각·언어장애인복지관은 의사소통이 어려운 장애의 특성상 타 시설과 구분되는 집중적·전문적인 서비스가 제공된다. 일상생활에서 참여와 소통, 학습, 여가 기능의 수행이 가능하고 영역별 직업재활, 교육, 의료, 인적네트워크 구축 등 대상자별 복합 수요에 맞는 종합재활의 기능을 담당할 계획이다. 우리 시 등록 장애인의 약 15.2%로 많은 비중을 차지하고 있는 청각·언어장애인 10,701명에게 체계적인 재활 서비스를 제공할 것이다.

5) 시립장애인종합복지관은 북구 북문대로의 현 위치에 지하 1층, 지상 7층 규모로 재건축되며 사업비 299억원이 투입된다. 시립장애인종합복지관이 재건축되면 장애인을 위한 다양한 프로그램 운영 및 교육, 직업재활을 담당할 복지관으로 재탄생하게 된다. 2024년 준공을 목표로 순항하고 있다.

6) 공공어린이재활의료센터는 보건복지부 공모에 선정돼 2024년 초 개원을 목표로 하고 있다. 국·시비 72억원을 들여 장애아동과 고위험 아동의 재활치료, 의료서비스는 물론 학교와 사회 복귀를 지원하는 등 장애아 가족에게 통합서비스를 제공한다. 재활의학과 등 진료과목을 개설하고 소아입원 병상 24개 등을 설치할 계획으로, 공공어린이 재활병원급 역할을 할 것으로 전망된다. 호남권역재활병원이 수행기관으로 선정됐다.

7) 지역장애인보건의료센터는 지역 건강보건관리사업 연계, 장애인건강보건관리 전달체계 구축 등을 조정·지원하는 기관으로, 건강증진 네트워

크 구축 운영, 검진·재활 등 의료서비스 제공, 여성장애인 지원, 의료종사자 교육 등 장애인 건강보건관리를 체계적으로 지원한다. 전남대학교병원이 보건복지부 지역장애인보건의료센터 공모에 선정됐다.

(3) 노동이 존중받는 노동자 복지 실현

1) 복지시설 종사자 처우개선

「사회복지사 등의 처우 및 지위 향상을 위한 법률」 제3조는 "국가와 지방자치단체는 사회복지사 등의 처우를 개선하고 복지를 증진함과 아울러 그 지위 향상을 위하여 적극적으로 노력하여야 한다"라고 규정하고 있으며, 「광주광역시 사회복지사 등의 처우 및 지위 향상을 위한 조례」는 시장이 3년마다 처우개선을 위한 실태조사와 지원계획을 수립·시행하도록 하고 있다.

이에 우리 시는 복지현장의 열악한 처우를 개선하기 위해 제1기 사회복지시설 종사자 처우개선 계획을 마련하여 2018년부터 2020년까지 3년간 223억원을 투입해 4개 분야 14개 사업을 추진하였다. 그 결과 시비지원시설의 경우 보건복지부 인건비 가이드라인 대비 최하 90% 수준에서 2020년 평균 100.8%를 달성하였고, 국비지원시설은 최하 80.5% 수준에서 2020년 평균 95.6%로 임금수준이 대폭 개선되었다.

2021년부터 2023년까지 추진할 '제2기 사회복지시설 종사자 처우개선 계획'은 사회복지사업법에 따른 사회복지시설 617개소 3,300여 명 종사자를 대상으로 ▲적정 인건비 준수 및 보수체계 일원화 ▲일과 휴식이 조화를 이루는 근로환경 조성 ▲종사자 안전과 건강권 보장강화 ▲직무능력 향상과 사기진작 지원 등 4개 분야 15개 사업을 추진한다.

먼저, 적정인건비 준수 및 보수체계 일원화를 위해 국비 지원시설에 대해 오는 2023년까지 복지부 인건비 권고기준에 100% 도달할 수 있도록 지원하고 종사자 후생복지를 위한 복지포인트 제도를 도입하는 한편, 일과 휴식이 조화를 이루는 근로환경 조성을 위해 자녀돌봄휴가제와 장기근속휴가제를 신규 도입했다.

종사자의 안전과 건강권 보장을 위해 유급병가제를 기존 10일에서 60일까지 확대실시하고, 휴가 등에 따른 종사자 공백을 메우기 위한 대체인력을 모든 시설에 지원키로 했다. 또한, 주중 주간 근무뿐 아니라 주중 야간, 주말 주간 근무까지 확대하고 사회복지직과 조리원에 한 해 파견했던 것을 모든 직종으로 확대한다.

2022년에는 업무 또는 일상생활 중 발생할 수 있는 상해사고로 인한 의료비용 등을 보장하는 상해 보험도 지원한다.

그 외 종사자 직무능력 향상을 위한 보수교육비를 50% 지원하고, 시설 분야별 법률·노무·회계분야 컨설팅을 지원하는 등 종사자들의 처우개선과 안정적 근로여건 조성을 통해 복지서비스의 질을 높여나갈 계획이다.

2) 노동자 작업복세탁소 개소

우리 시는 근무환경 개선을 통한 노동 및 인권존중을 위해 다양한 지원사업을 펼치고 있다. 중소사업장 노동자의 작업복을 전문적으로 세탁하는 '光 클리닝'이 2021년 4월 22일 하남혁신지원센터에 문을 열었다.

하남산단은 30년이 넘은 노후 산단으로 50인 미만 사업장이 전체 업체의 90% 이상을 차지하고 있다. 하지만 대다수 사업장이 자체 세탁시설을 갖추지 못한 상태였다. 특히 이들 근로자의 작업복에는 유해물질이나 기름·분진이 묻어 있다는 이유로 일반 세탁소에서는 문전박대 당하기 일쑤였다. 그렇다고 작업복을 집으로 가져가면 가족들의 건강을 해칠까봐 노심초사했다.

이에 따라 2018년부터 실태조사, 간담회, 타당성 용역 등을 거쳐 작업복 세탁소를 건립했다. 특히 세탁소 계획 수립과 운영단계에 노동계를 비롯해 경제계·행정·소상공인·시민사회 등 지역사회의 의견을 모아 추진했다.

노동자 작업복 세탁소는 지상 2층 223㎡ 규모로 세탁기 3대(35, 50, 100㎏)와 건조기 3대(각 100㎏), 프레스형 다리미, 수거 및 배송 차량을 갖추고 있으며, 하루 1천 200여벌의 작업복을 세탁·건조할 수 있다.

'光 클리닝'은 2만 7천여 명의 하남산단 노동자와 가족의 건강권 보장, 근로 편의 향상, 저소득층 일자리 창출에 기여할 것이다.

3) 공동주택 경비원·청소원들에게 '쉼'을 제공하기 위해 근무환경개선 사업 추진

이 사업은 사용 검사 후 20년 이상 지난 전용면적 85㎡ 이하의 노후 아파트를 대상으로 경비·청소원들이 사용하는 지하 휴게실을 지상으로 이전 또는 신설하거나, 냉·난방기, 환기시설을 설치하는 사업이다.

이 경우 단지별로 사업비의 최대 80%(시비 50%, 구비 30%)를 지원하고 있다. 특히 단지별로 자부담 20%를 부담토록 해 입주민 스스로 경비·청소원 등의 근무환경 개선에 힘을 보탰다는 데 의미가 크다.

공동주택 경비원, 청소원 등의 비정규직 특성상 고령인 경우가 많고, 오래된 아파트는 별도의 휴게공간이 없어 지하 자투리 공간에 샌드위치 패널 등으로 공간을 확보한 뒤 간이침대를 설치해 휴게실로 사용하고 있는 형편이다. 또 냉·난방기나 환기시설도 설치돼있지 않아 불볕더위나 혹한에는 취약한 환경에 노출되기 쉽다.

이에 우리 시와 5개 구청이 '2021년 비정규직 근무환경개선사업 수요조사'를 실시한 결과 59개 아파트가 신청했으며 시설물의 낡음 상태, 단지 규모 및 자부담 가능 여부 등 선정기준에 따라 사업대상지를 선정해 절차를 진행 중이다.

나는 2021년 5월 27일 북구 삼각동 M아파트와 오치동 G아파트를 방문했다. 아파트 경비원들과 청소원들이 쉬는 지하 휴게실을 직접 살펴봤는데, 뭐라 설명할 수 없을 정도로 너무 열악한 환경이었다. 이분들 역시 한 가정의 아버지, 어머니이고 소중한 광주공동체 가족인데, 너무나 송구스러웠다. 이 사업이 작은 사업이지만 서로를 존중하고 사회적 약자를 배려하는 훈훈하고 따뜻한 아파트 공동체 문화를 조성하는 마중물이 되었으면 하는 바람이다.

(4) 어르신들의 오랜 숙원사업 해결

1) 치매 특화형 노인복합시설 건립

우리 광주에는 남구 빛고을노인타운과 북구 효령노인타운 두 곳의 어르신들을 위한 대표적인 복지시설이 있다. 규모나 프로그램 운영 등이 전국에서 손꼽힐 정도다.

하지만 양 타운은 일상생활과 밀접한 복지 인프라 임에도 불구하고 광산구나 서구에 사시는 어르신들은 이용에 불편이 있고 자치구 노인복지관 등 유사 시설과의 차별화된 선도적·전문적 특화 프로그램이 부족하다는 의견이 많았다.

그래서 서구와 광산구 지역을 아우르는 치매 특화형 노인복합시설 건립의 필요성이 대두됐다. 나는 향후 국가치매예방센터를 유치한다는 각오로, 선진국과 타 시도 우수 사례 등을 종합적으로 검토하여 치매 특화형 노인복합시설로 건립을 추진해 오고 있다.

대상 부지는 접근성과 이용 편리성, 지역 균형발전성, 개발경제성 등을 고려해 비아동 산 60번지 일원에 기존 빛고을·효령 노인타운의 약 5분의1 규모인 2만㎡ 연면적 6,000㎡ 내외의 지상 2 ~ 3층 규모로 구축하며 총 사업비는 265억원 정도 소요된다.

우리 시는 2021년 10월 현재 재정투융자심사, 도시계획시설결정, 기본·실시설계 등의 행정절차를 거쳐 2024년 서부권역 노인복합시설 건립 준공을 목표로 사업을 진행하고 있다.

2) '노인회관' 건립

바야흐로 100세 시대다. 우리 시도 65세 이상 어르신들의 비중이 14%를 넘으며 고령사회로 진입했다. 우리 시는 어르신들이 건강하고 행복한 삶을 누리실 수 있도록 시스템을 바꾸고 대안을 모색하는 일에 더욱 속도를 내고 있다.

우선 어르신들의 숙원사업이었던 노인회관을 신축·개관했다. 2021년 4월 서구 치평동에 새 보금자리를 마련한 노인회관은 다양한 취미활동과 교육, 소통공간을 운영하며 어르신들의 행복한 노후를 지원하고 있다.

노인회관 신축 사업은 1981년 건립된 남구 서동에 있던 기존 회관 건물이 노후로 인한 안전문제와 공간부족, 교통 편의성 등 여러 가지 문제가 제기되면서 추진하게 됐다.

회관은 총사업비 74억원(시비)을 투입, 어르신들의 이용 접근성과 편의를 높이기 위해 행정·문화·상업의 최대 중심지인 상무시민공원 인접한 곳에 건설하였다.

회관은 지하 1층, 지상 4층 건물에 연면적 3,081㎡ 규모로 구 회관에 비해 2배 이상 확장된 규모와 시설 현대화를 통해 쾌적하고 안전하게 어르신들이 이용할 수 있다. 전국에서 부러워하고 있다고 한다.

노인회관에는 지역 어르신들의 대표기관인 대한노인회 광주시연합회와 노인일자리지원센터, 노인취업지원센터, 경로당광역지원센터 등이 입주해 누구나 살기 좋은 '고령친화도시'를 본격 조성하고 있는 광주시 어르신 복지 서비스의 구심점 역할을 하고 있다.

노인일자리지원센터와 노인취업지원센터는 일자리와 취업상담 등 어르신들의 소득보장과 사회참여기회를 제공하고 실버세대가 가장 선호하는 교육프로그램 중 하나인 바리스타 교육장을 1층에서 운영하고 있으며, 경로당광역지원센터는 지역 1,300여 개의 경로당을 이용하는 어르신들에게 적합한 프로그램을 개발·보급 중이다.

특히 2층에는 야외 게이트볼장을 마련해 어르신들이 쾌적한 환경에서 건강한 체육활동을 즐길 수 있으며, 대한노인회 광주시연합회는 어르신 건강증진을 위한 그라운드 골프, 한궁, 바둑, 배드민턴 등 각종 체육활동 프로그램과 해마다 각계 저명인사들을 강사로 초청해 교양, 건강관리 등 다채로운 학습과정을 운영하는 노인 지도자 대학을 3~11월까지 운영한다.

3) 중장년의 희망 '빛고을 50+센터' 개소

우리 시는 조기은퇴 및 퇴직 등으로 생애전환기를 맞은 장년층의 인생 2막 설계를 지원하기 위해 '빛고을 50+센터'를 운영하고 있다.

2019년 9월 행정안전부의 '신중년 일자리지원센터' 공모사업에 선정돼 특별교부세(3억원)를 확보했으며, 동구 학동 소재 옛 학운119 안전센터를 리모델링하여 2021년 10월부터 본격적인 운영에 들어갔다.

'빛고을 50+센터'는 이름에서 알 수 있듯이 광주시 인구의 31.8%에 달하는 장년층(45~64세) 지원 정책의 종합 플랫폼으로 교육·상담·창업·사무 등을 위한 업무를 담당한다. 지역 내 자원 발굴 및 유관기관 간

협력체계 구축을 위한 네트워크 중심축으로서 일, 배움, 여가, 복지, 정보제공 등 다양하고 실효성 있는 콘텐츠 등을 개발·보급하는 역할을 수행하게 된다.

핵심성과 11

민간공원조성사업 전국적 모범사례

요 약

- 사라질 뻔했던 장기미집행 공원 24개(민간공원특례사업 9개, 재정공원사업 15개) 지켜 냈다.
- 우리 시 민간공원특례사업은 전국적인 모범사례 : 전국 최대 공원면적 비율 확보, 전국 최초로 사업자의 초과이익 환수, 협약이행 보증금 담보 설정 등
- 광주시 도시공원이 전국에서 가장 훌륭한 시민공원으로 재탄생
- 민간공원특례사업에 대한 검찰수사는 무리한 과잉수사, 표적수사, 별건수사
- 검찰의 강도 높은 수사에도 직원들의 금품수수 등의 부조리는 없었고, 우선협상대상자 변경도 법적하자가 없는 것으로 밝혀져 변경된 사업자가 공원사업 정상적으로 추진 중

(1) 사라질 뻔했던 24개 공원 지켜냈다.

1) 민간공원 특례사업이란?

1999년 헌법재판소는 국가나 지자체 등이 사유지를 공원이나 도로 등 도시계획시설로 묶어놓고 오랜 기간 사업을 추진하지 않은 것은 사유재산권을 침해한다며 헌법불합치 결정을 내렸고, 이후 관련법 개정을 통해 2020년 6월 말까지 공원사업이 시행(실시계획인가)되지 않을 경우 공원의 효력이 상실되는 공원일몰제가 도입되었다.

도시공원은 회색빛 아파트숲에 살고 있는 우리 시민들에게 허파나 천연공기청정기와 같은 기능을 한다. 그만큼 도시공원을 지켜내는 일은 도시의 생명력을 유지하는 매우 중요한 일이다.

하지만 우리 시 도시공원 일몰제 대상공원은 25개 공원 약 1천 100만㎡(축구장의 1천 470배)로서, 전체 도시공원(1천 994만㎡)의 55%에 해당된다. 이를 매입, 조성하는 데 광주시 재정으로는 도저히 감당할 수 없는 천문학적인 예산(약 2조 8천억원)이 필요했다(2018년 용역기준).

이러한 지자체의 재정사정을 감안하여 도입된 것이 민간공원특례사업이다. 정부는 2009년 공원녹지법을 개정하여 민간기업에서 공원의 30% 이내에 아파트 등을 짓고 그 수익금으로 나머지 70% 이상을 공원부지로 매입해 지자체에 기부채납하는 민간공원특례사업을 도입하였다.

민간공원특례사업은 재정이 열악한 지자체들로서는 필수불가결한 사업이며 불가피한 선택이었다. 또한, 도심의 허파와 같은 공원을 지키고 시민들에게 쾌적한 거주환경을 제공할 수 있는 최선의 해법이었다.

그러나 광주시는 이러한 헌법재판소의 결정과 공원일몰제가 20여 년 전에 이미 도입되었는데도 그동안 공원내 사유지 매입이나 도시자연공원 지정 등과 같은 대응책을 전혀 강구하지 않았다. 우리 시는 공원일몰제에 대한 대응이 너무 늦은 것이다.

광주시는 시한(2020년 6월말)이 막바지에 이른 2018년 상반기에 이르러서야 사라질 위기에 놓인 25개 공원일몰제 대상 중 15개 공원은 시 예산을 투입하여 조성하는 재정공원[44]으로, 9개 공원은 민간공원특례사업으로, 지형여건상 개발가능성이 낮은 1개 공원은 도시공원위원회의 의견에 따라 해제하는 것으로 결정하였다.

---

44 재정공원대상(15곳) : 영산강대상, 월산, 우산, 발산, 신촌, 학동, 방림, 봉주, 양산, 황룡강 대상, 본촌, 신용, 화정, 운천, 송정

이에 따라 광주시는 일몰제 대상 공원 중 약 75%인 7천 883천㎡(9개 공원 10개 사업지구)를 1, 2단계*로 나눠 추진하기로 확정하였다.

이러한 즈음에 민선 7기(2018년 7월 1일)가 시작되었다.

* 1단계 특례사업(4개 공원) : 수랑, 마륵, 송암, 봉산공원
* 2단계 특례사업(5개 공원 6개 사업) : 중앙1, 중앙2, 중외, 일곡, 운암산, 신용공원

2) 우여곡절 많았던 민간공원특례사업 본궤도에 올라

우리 시는 2020년 7월 1일 도시공원일몰제를 앞두고 장기미집행 도시공원 24개소에 대한 실시계획 인가고시를 2020년 6월에 모두 완료하였다. 이로써 사라질 뻔 했던 장기 미집행도시 공원 24개(민간공원특례사업 9개, 재정공원사업 15개)를 모두 지켜냈다.

재정공원사업은 광주시가 재정을 투입해 직접 추진하는 것이기 때문에 상대적으로 문제가 적었다. 그러나 민간공원특례사업은 민간사업자 선정에서부터 많은 오해와 억측이 난무했지만 우리 시는 온갖 난관을 극복하면서 도심의 허파를 지켜낸 것이다.

민간공원특례사업은 '아픈 손가락'과 같았다.

시작단계부터 민관거버넌스협의체를 운영하여 전국 최대의 공원면적 비율 확보, 전국 최초로 사업시행사의 초과수익 환수, 전국 최초 협약이행보증금 담보 설정 등 전국적으로 최우수 모범사례인데도 시민들로부터는 정작 그만큼의 평가를 받지 못했다. 참으로 안타깝다.

민간공원 특례사업은 시장 재임기간 중 가장 힘들었던 사업 중의 하나였다. 각종 허위사실 유포와 의혹제기로 사업추진에 많은 어려움을 겪어야만 했다. 이 사업과 관련한 고소·고발 및 행정소송 등만해도 70건이 넘었고, 적극적으로 일한 죄밖에 없는 우리 직원들이 오랜 기간 강도 높은 수사와 재판을 받으면서 스트레스로 병원 신세까지 져야 했다.

일부 민간공원특례사업의 우선협상대상자가 바뀐 것은 사업자선정과정에서 잘못을 바로잡은 적극행정이었음에도 검찰의 소환조사와 압수수색만 수 십 차례가 있었다. 그럼에도 우리 시 직원 누구 하나 금품수수나 업체 유착은 없었다. 나 역시 표적수사의 대상이 되었지만, 검찰수사 결과 사업 과정에 어떤 부적절한 개입이나 의혹도 없었던 것으로 밝혀졌다. 한마디로 과잉수사이고 무리한 수사이고 표적수사였다. 또한 우선협상대상자 변경 역시 법적 하자가 없어 변경된 사업자가 그대로 계속 추진하고 있다.

또 하나, 중앙공원1지구의 경우 주택도시보증공사(HUG)가 분양가 조정지역으로 지정하면서 우리 시와 사업자인 빛고을중앙개발은 재협상을 해야만 했고 그 과정에서 많은 진통이 있었다. 재협상을 주도해온 최대 주주인 ○○이 주주 간 내분으로 인해 재협상과정에서 합의했던 내용과는 전혀 다른 제안을 언론 등에 발표하면서 사업추진과정에서 큰 혼란을 불러 일으켰다.

이에 대한 수습과 해결의 책임은 고스란히 우리 시의 몫이 되었다. 이럴 때일수록 법과 원칙에 따라 중심을 잡는 것이 중요했다. 우리 시는 어느 한쪽에 치우치지 않고 시민들에게 한 평이라도 더 넓고 쾌적한 공원을 돌려 드려야 한다는 사명감 하나로 이 고난의 시간을 견뎌내고 극복해왔다.

(2) 광주 민간공원특례사업은 타 시도에서 벤치마킹할 정도로 모범사례

첫째, 광주시 민간공원특례사업의 공원면적 비율은 전국에서 가장 높고, 비공원시설 면적비율(민간공원 내 아파트 건립면적 비율)은 전국에서 비교 대상이 없을 정도로 가장 낮다.

광주시를 제외한 타 시도 민간공원 내 아파트 건립면적 비율은 평균 20.1%(2021년 10월 기준) 이나 광주시는 9.6%(1단계 21%, 2단계 7.5%)이다.[45]

비공원시설면적비율에 있어서 용적률이 높은 3종 일반주거지역을 허용한 다른 광역시와 달리 광주시는 비공원시설 부지를 용적률이 낮은 2종 일반주거지역으로 제한하였음에도 비공원시설 면적비율이 전국에서 압도적으로 낮은 성과에 대해 다른 자치단체 공무원들이 깜짝 놀랄 정도다.

(타시도 : 2021년 10월 기준)

시·도		개소수	공원시설 면 적(㎡)	비공원시설	
				면 적(㎡)	비 율(%)
전국평균 (우리 시 제외)		76개소 (66개소)	31,775,006 (23,891,354)	5,560,885 (4,799,943)	17.5 **(20.1)**
광역시	소계	24개소	13,174,425	1,628,577	12.3
	광주	10개소	7,883,652	760,942	9.6
	부산	5개소	2,187,890	240,195	11.0
	대구	2개소	1,788,968	304,542	17.0
	인천	4개소	564,666	164,110	29.1
	대전	3개소	749,249	158,788	21.2
도(시·군)		52개소	18,600,581	3,932,308	21.1

45 1단계 아파트 건립 면적 비율은 민선 6기에서 결정되었다.

둘째, 전국에서 최초로 민간공원특례사업 초과수익을 공원사업 등 공공에 재투자하도록 하였다.

일부에서는 민간공원특례사업을 통해 참여 민간기업이 과도한 이익을 가져가는 것이 아닌가 하는 특혜의혹을 제기했다. 그러나 우리 시는 이러한 문제를 원천적으로 해결하기 위해 사업이 완료된 후 전문기관의 정산을 받도록 했으며, 사후 정산을 통해 민간기업이 당초 제안한 수익을 초과한 경우에는 초과수익을 공원사업 등에 재투자하도록 협약을 체결하였다. 따라서 과도한 이익챙기기나 특혜의혹은 있을 수 없는 구조다.

셋째, 민간기업의 사업포기로 인해 공원이 해제되는 상황을 막기 위해 협약서에 전국에서 최초로 협약이행보증금을 추가 담보설정토록 하였다.

민간공원특례사업 추진과정에서 가장 염려되는 부분이 도중에 민간기업이 사업성 부족 등 여러 가지 이유로 사업을 접는 경우이다. 이런 상황을 미연에 방지하고 사업의 지속성을 확보하기 위해 최소한의 안전장치로서 협약이행보증금을 업체와의 길고도 어려운 협상 끝에 협약서에 담았다.

넷째, 공원일몰제를 회피할 목적으로 일부 자치단체에서는 장기미집행 도시공원을 도시자연공원구역으로 전환, 지정하였으나, 우리시는 도시자연공원구역 지정없이 공원일몰제 문제를 해결 했다.

도시자연공원구역은 도시지역 안에서 식생이 양호한 산지의 개발을 제한할 필요가 있는 경우 설정하는 용도구역으로서 공원내 사유지 매입이나 보상없이 계속해서 공원으로 이용할 수 있도록 하는 것이다.

이는 개인 사유지가 공원으로 지정되어 수 십년간 아무런 보상도 받지 않고 사유재산권 침해를 받아 온 토지소유자들에게 너무나 가혹한 처사이며, 자치단체가 공원 토지 소유권을 확보하지 못한 일시적 미봉책에 불과하다는 의견이 많다.

장기적으로 자치단체가 공원내 사유지를 매입하여야 하는데, 현재의 지가 상승추이 등을 고려하면 향후 엄청난 재정 부담으로 작용할 것이다.

아울러 도시자연공원구역은 식생이 양호한 지역만이 지정되므로 도시공원 내 전답 및 훼손지역 등은 도시자연공원구역으로 지정 될 수 없어 난개발 가능성이 높으며, 도시자연공원구역에서는 자연생태계 복원 및 시민휴식공간 조성 등을 하기 위해서는 토지소유자 동의를 받아야 하는 어려운 점이 있다.

만약에 민간공원조성사업 대상지를 도시자연공원구역으로 지정했다면 지금 우리 시가 주민들의 숙원사업으로 추진하고 있는 송전탑 지중화 사업, 단절된 공원을 연결하는 보행육교, 공동묘지 이장 사업, 자연환경복원사업, 편의시설 조성사업 등이 언제 추진될지 기약할 수가 없게 된다.

(3) 민간공원특례사업 주요 사건

1) 2018. 11. 12. 민간공원 2단계 우선협상 대상자 선정 공고 → 2018. 12. 2단계 우선협상대상자 변경

우리 시는 민간공원특례 2단계 사업 5개 공원 6개 지구에 대해 2018년 11월 7일~8일 양일간 시민심사단과 제안심사위원회 평가회를 개최하여 우선 협상대상자를 선정하고 11월 12일 공고했다.

민간공원특례 2단계 사업 우선 협상대상자로 중앙공원 1지구는 광주도시공사, 중앙공원2지구는 금호산업㈜, 중외공원은 ㈜한국토지신탁, 일곡공원은 ㈜라인산업, 운암산공원은 우미건설㈜, 신용공원은 산이건설㈜이 각각 선정되었다.

그런데 중앙공원 2지구 우선협상대상자 선정 이후, 지역사회에서 선정과정이 공정하지 못했다는 여론이 빠르게 확산되고 있었다. 오해를 불식시키기 위해 민간공원특례 2단계 사업 5개 공원 6개 지구 전체에 대해 우리 시 감사위원회에서 감사를 실시했다. 감사결과(2018년 12월 10일) 민간공원조성 2단계 우선협상대상자 선정 과정에서 제기됐던 일부 불공정 의혹이 사실로 드러났다.

이에 따라 우리 시 환경생태국(공원녹지과)은 토지가격 산정 기준 부적정, 제안서 평가 부적정, 평가결과 보고서 유출 부적정 등 감사위원회의 감사 결과를 제안 심사위원회에 상정해 논의(12월 13일~14일)했고, 6개 지구 중 2개지구에서 우선협상대상자가 재선정됐다. 중앙공원 1지구는 광주도시공사에서 ㈜한양으로, 중앙공원 2지구는 금호산업㈜에서 ㈜호반건설로 바뀌었다.

우선 협상대상자 변경은 쉽지 않은 결정이었지만, 평가에 대한 의혹이 제기되었는데도 무시한 채 덮는다면, 또한 감사결과 순위가 바뀌었는데도 이를 시정하지 않는다면, 이는 심각한 직무유기이고 법과 원칙을 위반할 뿐만 아니라 또 다른 특혜의혹을 야기하여 이 사업이 무산되는 등 더 큰 문제를 초래할 것으로 판단했다.

이후 내부적으로 철저하게 조사하여 평가를 잘못한 관련자 9명에 대해 잘못의 정도에 따라 엄정하게 징계 조치(중징계 정직 2명, 경징계 견책 7명)하였다. 다행스러운 것은 우리 시 감사나 이후 검찰의 강도 높은 수사에도 직원들의 금품수수와 같은 부조리는 전혀 없는 것으로 밝혀졌다는 점이다

2) 2019. 4. 17. 시민사회단체, 광주시 직원들을 검찰 고발
→ 2019. 9. 5. 시청에 대한 압수수색을 시작으로 강도 높은 검찰수사

이후 민간공원특례사업은 정상적으로 추진되어 가고 있었는데 2019

년 4월 17일 광주경제정의실천시민연합은 광주지방검찰청에 민간공원특례사업 2단계 의혹규명을 요구하며 우리 시 담당국장을 고발했다. 그러나 우리 시는 적극행정을 통해 잘못된 것을 바로 잡았기에 검찰고발을 대수롭지 않게 여겼고 업무에만 전념하고 있었다. 알려진 바로는 실제 검찰 내부에서도 문제없는 것으로 정리되어 가고 있었다.

그러나 광주지검의 검사장이 바뀌고 나서 얼마 되지 않은 시점인 2019년 9월 5일 아침에, 갑자기 광주지검에서 광주시 행정부시장, 감사위원장, 공원녹지과, 정보화담당관실, 시의회 의장실 등을 압수수색하는 황당한 일이 벌어졌다. 이 날은 시민공론화로 도시철도 2호선 사업이 16년간 갈등과 논란에 마침표를 찍고 착공식을 한 날이기도 하다. 한마디로 잔칫집이 초상집이 된 셈이다.

후에 들려온 얘기로는 새로 취임한 지검장 등이 윗선 개입 없이는 우선협상대상자가 바뀔 수 없다는 선입감을 가지고 사건을 형사부에서 특수부로 이관토록 하고 윗선, 소위 시장 등을 겨냥한 강도 높은 검찰수사를 하도록 했다는 것이다.

우리 시가 민간공원특례사업 우선협상대상자 선정과정에서 잘못된 평가부분을 바로 잡아 우선협상대상자를 교체한 것은 적극행정이자 혁신행정이며 소신행정의 일환이었다. 그런데도 검찰은 우선협상대상자 선정시 평가가 잘못되어 교체되었는지에 대해서는 일체의 수사를 하지 않고, 시장을 비롯한 간부들의 직권남용이나 부적절한 개입이 있었을 것이라는 막연한 심증만 갖고 여기에 초점을 맞추어 소환조사와 압수수색 등 강도 높은 수사를 전개했다.

검찰의 본격적인 수사가 개시되자 시중에서는 시장인 나를 겨냥한 표적수사라는 얘기가 공공연히 돌기 시작했다. 보이지 않는 손이 조정하고 있다는 등 여러가지 의혹이 제기되기도 했다. 무엇보다 견디기 어려웠던 것은 사실과 전혀 다른 오해와 비난을 견뎌내는 일이었다. 누구보다도 공직을 깨끗하게 수행해 왔다고 자부하는 나로서는 참으로 견디기 어려웠다. 검찰은 우리 직원들을 모두 조사해도 나에 대한 일체의 혐의가 없자 이제 내 가족으로까지 수사를 확대하기 시작했다.

수없는 압수수색과 함께 우리 시 감시위원회를 비롯해 공원녹시과, 도시공사 등의 직원 약 20여 명이 참고인 소환을 받았고 수사는 장기화 됐다. 수사가 7개월가량 장기화되면서 직원들 사기 저하는 물론 토지소유자의 공원조성 중단 요구가 급증했고 공직사회가 안정되지 못하면서 당면 현안들의 추진동력마저 잃지 않을까 하는 우려가 제기됐다. 따라서 나는 직원들이 동요하지 않도록 여러 차례 간부회의를 통해 내 뜻을 전했다.

<어려울 때일수록 힘을 합해 극복해 나갑시다.>

(2019. 10. 1. 정례조회에서)

- 저는 취임 이후 각종 사업이나 공사 등에 불필요한 간섭이나 개입을 일절 하지 않겠다고 여러 차례 선언하고, 직원 여러분께서 법과 원칙에 따라 소신껏 일해 줄 것을 당부했습니다. 이 원칙과 약속은 지금까지 한 번도 깨진 적이 없고, 앞으로도 그러할 것입니다.
- 민간공원 특례사업의 경우에도 이 원칙과 약속이 그대로 지켜졌습니다. 그러나 지난해 11월 우선협상대상자 선정 이후 시중에 여러 의혹이 제기됨에 따라 자체감사를 실시했습니다. 그 결과 우리 직원들의 평가에 일부 문제가 있음이 드러났고, 이에 따라 우리 시의 의사결정시스템과 결정절차에 따라 우선협상대상자가 교체되기에 이르렀습니다.
- 이것은 이유 여하를 막론하고 있을 수 없는 일이 일어난 것입니다. 따라서 지난해 저는 12월 20일 확대간부회의에서 다시는 이런 일이 재발하지 않도록 부실평가 책임을 확실하게 묻고 재발방지를 위한 혁신시스템 구축을 지

시했고 이후 책임자 9명에 대해 상응하는 징계조치가 이루어졌습니다.

- 시중에 의혹이 있음에도, 평가가 잘못되었음이 드러났는데도 이를 시정하지 않고 그냥 넘어갈 수는 없는 것입니다. 여기에 특혜나 압력은 결코 있을 수 없습니다. 수사 중인 사안에 대해 예단하여 결론을 내리고 확인되지 않은 내용들이 유포되지 않기를 바랍니다. (중략)
- 우리는 이번 사건을 계기로 더욱 공정하고 투명해져야 하며 더욱 강해지고 튼튼해져야 합니다. 그 누구도 흔들 수 없는 튼튼한 광주시를 만들어야 합니다. 혁신, 소통, 청렴을 나침반 삼아 정의롭고 풍요로운 광주를 향해 시장을 믿고 담대하게 나아갑시다.

평가 과정에 문제를 바로 잡은 적극행정이므로 검찰수사에서 진실이 밝혀질 것으로 여겼던 우리 생각과는 전혀 다르게 수사는 강경일변도로 진행되어 갔다. 광주지방검찰청은 2019년 11월 11일 우리 시 정종제 행정부시장과 윤영렬 감사위원장에 대해 민간공원특례사업과 관련하여 직권남용 등의 혐의로 사전 구속영장을 청구했다. 참으로 황당한 일이었다. 간부회의에서 검찰에 공식 유감표명을 했다.

2019. 11. 12. 간부회의에서 검찰에 공식 유감표명

- 광주지방검찰청이 어제 우리 시 정종제 행정부시장과 윤영렬 감사위원장에 대해 민간공원특례사업과 관련하여 직권남용 등의 혐의로 사전 구속영장을 청구했습니다. 무엇보다도 시민들께 심려를 끼쳐드려 정말 송구스럽습니다. 저 역시 오랜 공직생활을 해왔지만 이런 경우는 처음이라서 당혹스러움을 넘어 참담한 심정입니다.
- 직원여러분도 검찰수사가 장기간 강도 높게 진행되면서 걱정이 많을 것입니다. 특히 수차례의 소환조사와 압수수색 과정에서 행정부시장과 감사위원

장, 다른 직원들 그리고 가족들이 받았을 고통을 생각하면 시장으로서 가슴이 미어집니다. 두 분은 평생을 국가발전과 국민을 위해 봉사해왔고, 공직 선후배들과 주변으로부터 좋은 평가를 받고 있는 모범적인 공직자입니다.

- 이번 민간공원특례사업과 관련해서도 시민들에게 한 평이라도 더 많은 공원을 돌려주기 위해 빔낮없이 몸 사리지 않고 일해 왔는데, 공직자에게 치명적 불명예를 안겨주는 구속영장이 청구되었으니 이분들이 받았을 충격은 이루 말로 표현할 수 없을 것입니다. 참으로 유감스럽고 안타깝습니다.

11월 15일 정종제 행정부시장과 윤영렬 감사위원장에 대한 사전구속영장이 기각됐다. 이에 따라 7달째 이어온 검찰의 수사 동력은 상당 부분 꺾일 것이라고 많은 사람들이 예상했다. 그러나 직원들에 대한 수사로는 시장을 결부시키는 것이 어렵다고 판단했는지 이후 검찰은 오히려 시장 정무특보와 내 동생으로 수사방향을 옮기면서 나를 향한 수사를 포기하지 않았다. 지금 생각해도 검찰은 무엇 때문에 시장인 나를 그렇게 얽어매려고 했는지 도무지 이해가 가지 않는다.

한편, 계속해서 시역 언론의 최대 화두는 민간공원특례사업 수사에 관한 뉴스였다. 언론에 민간공원특례사업 관련 압수수색 등이 연일 보도되면서 많은 분들이 걱정과 함께 민간공원특례사업자 변경 이유 등에 대해 묻고 있었다.

따라서 나는 시민들의 걱정과 궁금증을 덜어드리기 위해 민간공원특례사업 우선협상대상자 변경 과정을 팩트 위주로 정리하여 페이스북에 띄우기까지 했다.

[팩트 체크] 민간공원 사업자, 왜 바뀌었나? (2019. 12. 7. 페이스북)

○ **우선협상대상자 선정의 불공정 의혹 확산**

민간공원 2단계 사업에 대한 우선협상대상자 결정(2018. 11. 8.) 이후 언론, 경찰, 시민 등으로부터 결정에 문제가 많다는 불공정 의혹이 제기되기 시작했습니다. 우리 시는 우리 직원들이 그럴 리 없다는 믿음하에 항간의 의혹이 근거 없음을 확인하기 위해 독립기관인 감사위원회에서 사실 여부를 점검하였습니다.

○ **심각한 평가오류가 발견되어 특정감사 실시**

우리의 기대와는 달리 감사위원회가 당초 평가에 대해 표본조사를 대강 실시했는데도 심각한 수준의 오류가 발견되었습니다. 잘못을 시정하지 않고 넘어갈 경우 더 큰 문제가 야기될 수 있다는 종합적 판단에 따라 6개 공원지구 전체에 대한 특정감사를 통해 공정성을 확보하기로 하였습니다. 일체의 간섭없이 감사위원회가 약 1개월에 걸쳐 심도있게 감사를 실시한 결과 6곳 중 2곳이 1위와 2위의 순위가 바뀌었습니다. 이에 따라 중앙공원 1지구는 광주도시공사에서 한양으로, 중앙공원 2지구는 금호산업에서 호반건설로 사업자가 변경되었습니다.

○ **왜 재공모를 하지 않고 사업자를 변경했는가?**

순위가 바뀐 책임이 사업자에게 있다면 재공모대상이지만, 이 건은 잘못된 평가를 바로잡은 것이므로 재공모 대상이 아니라는 것이 전문가들 의견이었습니다.

'탈락자들은 이의를 제기할 수 없는데도, 광주시가 이의를 수용했다'는 지적도 사실이 아닙니다. 이번 사업자 변경은 광주시가 스스로 잘못된 점을 미리 발견하여 이를 바로 잡은 적극행정의 결과입니다.

○ **시중 의혹을 무시하고 당초 결정대로 갈 수는 없었는가?**

평가에 대한 의혹이 제기되는데도 무시한 채 덮는다면, 또한 감사결과 순위가 바뀌었는데도 이를 시정하지 않는다면, 이는 심각한 직무유기이고 법과 원칙을 위배할 뿐만 아니라 또 다른 특혜의혹을 야기하여 이 사업이 무산되는 등 더 큰 문제를 초래할 것으로 판단했습니다.

또한 일련의 변경과정은 법령과 원칙에 따라 우리 시의 의사결정시스템에 의해 진행되었으며, 저로서는 특혜란 상상할 수도 없는 일입니다. 저는 시장 취임이후 각종 사업이나 공사 등에 불필요한 간섭이나 개입을 일절 하지 않겠다고 수차례 강조했고, 이번 민간공원 사업자 변경과 관련해서도 어떤 부당한 지시나 압력을 행사하거나 시민들께 부끄러운 일을 한 적이 없으니 걱정하지 않으셔도 될 것입니다. (이하 생략)

3) 2020. 1. 8. 검찰수사결과 발표

검찰은 민간공원특례사업과 관련해 고발 이후 9개월만인 2020년 1월 8일, 본격적인 수사 시작이후 4개월간의 강도 높은 수사를 마무리하고 우리 시 직원들과 내 동생을 불구속 기소했다.

정종제 행정부시장과 윤영렬 감사위원장은 부당한 특정감사를 통해 민간공원 우선협상대상자를 변경(직권남용 권리행사방해)한 혐의를 적용했다. 그리고 내 동생에 대해서는 별건 수사를 통해 호반그룹이 편의를 제공 받을 수 있도록 알선해주겠다는 명목으로 이익을 수수했다는 알선수재 혐의를 적용했다.

우리 시는 수사결과 발표 다음날인 1월 9일 대변인 명의로 광주 민간공원특례사업 수사결과에 대해 납득 할 수 없다는 취지의 입장문을 발표했다.

<입장문 요지>

우리 시는 이번 사건이 민간공원특례사업 우선협상대상자 선정과정에서 잘못된 평가부분을 바로 잡은 적극행정이자 소신행정의 일환이었다는 입장에 변함이 없습니다. 사법부에서 현명한 판단을 해 줄 것으로 기대합니다.

아울러 검찰이 지난 9개월여 동안 수십 차례 관계자 소환 조사와 압수수색 등을 통해 강도 높은 수사를 펼쳤음에도 공직자 누구도 금품수수나 업체 유착 등이 없었던 것으로 알려져 다행으로 생각합니다.

검찰이 광주시장의 동생에 대해 알선수재혐의로 불구속 기소한 것은 우리 시 민간공원특례사업과는 전혀 관련이 없는 사안으로써 이 역시 법원에서 진실을 가려 줄 것으로 기대합니다.

기소된 두 분 공직자는 평생을 국가발전과 국민을 위해 봉사해왔고, 공직 선후배들과 주변으로부터 좋은 평가를 받고 있는 모범적인 공직자로서 광주발전을 위해 열심히 일한 죄밖에 없다.

검찰이 내 동생에 대해 알선수재혐의로 불구속 기소한 것은 우리 시 민간공원특례사업과는 전혀 관련이 없는 사안으로써 명백히 별건 수사였으며, 무리한 수사 결과였다. 내 동생은 굴지의 건설회사에서 임원으로 퇴직한 건설전문가로서 경력과 실력을 바탕으로 자기사업을 성실하게 영위해 왔으나 광주시장 동생이라는 이유로 갑작스럽게 수사를 받아야 했다. 검찰은 아무리 동생을 수사해도 시장이나 광주시 업무와 연관성을 찾을 수 없게 되자 나의 지위를 이용해 거래처로부터 특혜를 받았다는 어처구니없는 논리로 동생을 기소하였다.

나는 검찰수사결과가 너무나 억울하고 분해서 또 시민들의 걱정을 덜어드리기 위해 2020년 1월 11일 주요 쟁점에 대한 사실관계를 페이스북에 올렸다.

[팩트 체크] 민간공원 수사결과의 진실은? (2020. 1. 11. 페이스북)

① 적극행정인가 직권남용인가?

광주시의 민간공원특례사업 우선협상대상자 변경은 잘못된 결정을 바로 잡은 적극행정이자 소신행정의 결과이며, 이는 공직자의 책무임.

② 광주시 자체 감사가 특정기업 봐주기인가?

자체 감사는 시중 의혹을 규명하기 위해 불가피하고 적법한 절차였으며 어떤 특혜도 없었음. 2018년 11월 우선협상대상자 결정 이후 경찰과 시민들로부터 결정에 문제가 많다는 불공정 의혹이 제기됐고, 이를 확인해본 결과 심각한 문제가 발견되어 자체감사를 통해 사업자를 적법하게 변경한 것임. 각종 의혹 제기에도 진실규명을 않거나, 평가 잘못이 드러났는데도 이를 시정하지 않고 그냥 넘어간다면 그것이 진짜 특혜이고, 더 큰 문제임.

③ 사업자 변경과정에 시장의 부당한 개입은 없었는가?

저는 시장 취임이후 어떤 사업이나 공사에도 불필요한 지시나 개입을 한 적이 일체 없음. 이번 검찰수사에서도 어떤 부당한 지시도 없었음이 밝혀졌음. 저는 공직생활 내내 청렴을 최우선의 가치로 삼아왔고, 시장 취임 이후에도 각종 사업이나 공사 등에 불필요한 간섭이나 개입을 일절하지 않겠다고 선언하고 직원들이 법과 원칙에 따라 소신껏 일해 줄 것을 수차례 당부했으며, 이 원칙과 약속은 지금까지 한 번도 깨진 적이 없고, 민간공원특례사업의 경우에도 이 원칙과 약속이 그대로 지켜졌음.

④ 공직자들의 금품수수 혐의는?

검찰은 수십차례 소환조사와 압수수색을 통해 장기간 강도 높은 수사를 했지만 공직자 누구도 금품수수나 업체 유착이 없었던 것으로 밝혀졌음.

⑤ 민간공원특례사업에 광주시장 동생이 개입했는가?

검찰수사 결과에 의하면 동생은 광주시 민간공원 사업과 아무런 관련이 없는 것으로 밝혀졌음.

⑥ 왜 검찰은 동생을 기소했는가?

저는 3번의 국회 인사청문회를 거쳤지만 한번도 친인척 문제가 제기된 적이 없었는데, 이번에 저 자신도 무척 당황스러웠음. 앞으로 주변 관리를 보다 철저하게 하겠지만, 기소내용에 많은 의문점이 있음.

제 동생은 국내 굴지의 S건설 임원 출신 전문건설인으로서 최근 확인한 바에 의하면 2017년 3월에 D철강을 설립했고 4월 1일 호반건설 협력업체로 등록하였음. 그러나 이 때 저는 직장이 없는 무직자였고, 일자리위원회 부위원장으로 내정된 것은 한참 후인 5월 16일이었으므로, 동생이 형의 지위를 이용해 특혜를 받았다는 것은 선후가 맞지 않음.

호반건설도 지난 목요일(1월 9일) 입장문을 내고, 2011년경부터 동생회사와 23회에 걸쳐 정상적 거래를 해왔고, 2017년 4월 업종전환 이후에도 다년간의 신뢰관계를 바탕으로 철근납품계약을 했다고 밝히고 있음.

○ 더욱 완벽해지고 더욱 공정·투명해지겠습니다.

장기간에 걸친 강도 높은 수사로 우리 시는 너무나 힘든 시간을 보냈습니다. 그러나 천장여지 필선고지(天將與之 必先苦之)의 교훈을 가슴에 새기고, 이번 사건을 계기로 더욱 완벽해지고 더욱 공정하고 투명하게 시정을 운영하겠습니다.

존경하는 시민 여러분! 법원에서 진실이 밝혀질 때까지 광주시에 대한 믿음 버리지 마시고 지금처럼 성원해주십시오. 많은 일자리를 만들고 인공지능 광주시대를 열어 보답하겠습니다.

언론에서도 검찰의 무리한 수사에 대한 비난이 쏟아졌다.

특히, 뉴시스는 2020년 1월 8일자 「'장기간 수사에 초라한 결과' 광주지검 수사권 남용 논란」 제목의 기사에서 '8개월 넘는 수사에도 핵심의혹을 밝혀내지 못해', '이용섭 광주시장 동생 사건은 별건수사 비판제기'

등을 지적했다.[46]

---

46 **[광주=뉴시스]** 8개월이 넘는 기간 동안 광주시 민간공원특례사업 의혹을 파고 든 검찰이 정작 초라한 수사 결과를 내놔 체면을 구겼다는 지적이다. 수사의 쟁점인 우선협상대상자 변경에 대한 행정행위의 적법성 여부는 재판 과정에서 밝혀지겠지만 장기간 광주시 행정을 마비시켰던 검찰 수사에 대한 문제점은 도마위에 오르고 있다. (중략) 검찰의 수사 결과는 곳곳에서 어색하고 본질을 비켜간 한계점이 포착된다. (중략) 검찰의 수사 개시 시점도 고개를 갸웃거리게 한다. 광주지검은 지난해 4월 광주경실련의 고발장을 접수한 이후 4개월여 동안 잠잠하다 8월 27일 조국 전 장관 가족 수사가 시작된 이후 갑자기 9월 5일 수사과에서 특별수사부(현 반부패수사부)로 이번 사건을 재배당해 본격적인 수사를 시작했다. 수사기간 동안 3번에 걸친 광주시청·산하기관 압수수색 등 총 5차례의 압수수색과 수십 차례에 걸친 관련자 소환조사를 진행했다. 검찰의 수사 기간 동안 광주시 감사업무와 민간공원특례사업 추진은 물론 광주시의회 행정사무감사 등 광주시 행정 전반이 위축되고 차질을 빚었다.
검찰이 8개월이 넘는 기간 동안 수사 카드를 만지작거리면서 광주시 공무원들을 직권남용 권리행사방해죄로 기소하자 오히려 검찰이 수사권한을 남용하고 있는 것 아니냐는 비판이 제기됐다. (중략)
검찰이 민간공원특례사업과 관련이 없는 이용섭 광주시장의 동생과 건설업체의 유착관계를 기소한 점도 별건수사라는 지적을 받고 있다. 이 시장을 정조준하다가 성과가 없자 이 시장 가족까지 파헤쳐 조국 전 장관 수사와 오버랩된다는 비판이 나오고 있다.
<비지니스포스트 2020. 5. 29.자[Who Is ?] 이용섭>
광주지검이 광주시의 민간공원 특례사업 비리 의혹을 수사하는 과정에서 과잉수사, 별건수사를 한 게 아니냐는 의혹이 불거졌다. 8개월 동안 5차례 걸친 압수수색과 과도한 인신구속으로 과잉수사 논란이 일었고 고위층이 아닌 일선 공무원만 기소한 점과 관련해 형평성 논란이 제기됐다. 검찰의 수사 개시 시점을 놓고도 정치적 목적이 있는 것이 아니냐는 의혹도 나왔다.
앞서 광주지검은 2019년 4월 광주경실련의 고발장을 접수한 이후 4개월 넘게 별다른 수사를 진행하지 않다가 같은 해 8월 27일 조국 전 장관 가족 수사가 시작되자 태도를 바꿔 9월 5일 수사과에서 특별수사부에 사건을 배정하고 고강도 수사를 시작했다.
수사기간에 3번에 걸친 광주시청·산하기관 압수수색 등 총 5차례의 압수수색과 수십 차례에 걸친 관련자 소환조사를 진행했는데 이를 놓고 수사권 남용이라는 비판이 나왔다.
검찰이 민간공원 특례사업 수사를 기회로 사건과 직접 관련 없는 이용섭의 가족을 조사해 기소한 점도 별건수사라는 지적을 받는다. 이용섭을 조사하다가 성과가 없자 가족의 비리를 파헤쳐 물타기를 했다는 것이다.

이러한 난관을 겪으면서 광주발전을 위해 참으로 안타까운 생각이 들었다. 우선 다른 지자체에서 벤치마킹 할 정도로 모범적 사례인데도 불구하고 검찰 수사 등으로 인해 이런 성과들이 제대로 평가받지 못해 고생한 우리 직원들에게 참으로 미안했다. 우리 광주가 유례없는 도약과 발전의 기회를 맞이하고 있지만 이러한 호기가 모함, 의혹제기 등 외부적 요인에 의해 도전받고 있는 어려운 상황에 직면해 참으로 안타까웠다. 왜 우리 지역사회는 있는 그대로 평가해주지 않고 계속 발목만 잡는 것일까? 속상했다. 그러나 위기의 또 다른 이름은 기회라고 했다. 이번 사건을 전화위복의 계기로 삼아 누구도 흔들 수 없는 더욱 강하고 투명한 광주시를 만들자고 직원들을 격려하고 내가 앞장서는 것 말고는 시장이 할 수 있는 일이 별로 없었다.

4) 2020. 6. 18. 24개 공원 '실시계획인가 고시' 완료

우리 시는 2020년 7월 1일 적용되는 도시공원 일몰제를 앞두고 촉박한 일정과 한정된 재원 그리고 각종 의혹제기 등 어려운 여건 속에서도 장기미집행 도시공원 24개소에 대해 실시계획인가 고시를 모두 완료했다.

재정공원은 시가 예산을 투입해 공원으로 조성하는 사업이다. 대상은 △ 영산강대상 △ 월산 △ 우산 △ 발산 △ 신촌 △ 학동 △ 방림 △ 봉주 △ 양산 △ 황룡강대상 △ 본촌 △ 신용(양산) △ 화정 △ 운천 △ 송정 등 15곳이다. 시는 262만㎡ 중 66만㎡는 해제하고, 나머지 195만㎡(기조성 58만㎡ 포함)를 공원으로 조성키로 최종 결정하고 사유지 98만㎡를 매입하고 있다.

민간공원특례사업은 앞서 설명한 것처럼 지자체가 공원 부지를 매입할 재원이 부족하다는 점을 고려해 민간에서 공원을 조성하는 대신 일부 용지를 개발하도록 허용하는 제도다. △ 마륵 △ 수량 △ 송암 △ 봉산 △

중앙1·2 △ 중외 △ 일곡 △ 운암산 △ 신용(운암) 등 9곳 10개 지구가 대상이다. 788만㎡ 중 76만㎡(9.6%)를 비공원시설(아파트 등)로 조성하고 712만㎡를 공원으로 조성한다.

그동안 검찰 수사과정 등 험난한 과정을 생각하니 참으로 감회가 새로웠다.

그 심경을 페이스북에 올렸다.

<국장은 울기라도 할 수 있지만…> (2020. 6. 19. 페이스북)

그동안 참으로 어려운 여건에도 묵묵히 민간공원특례사업을 추진해온 우리 김석웅 환경생태국장이 도시공원 24개소에 대한 실시인가 고시를 완료하고 언론 브리핑을 하면서 울컥했다는 기사를 보니 마음이 아픕니다. 그동안 이 사업을 추진하는 과정에서 우리 직원들과 가족들이 받았을 고통과 어려움을 생각하니 시장으로서 가슴이 미어졌습니다.

사업자 선정 과정에서 잘못을 바로잡은 적극행정을 펼쳤는데도 수개월동안 소환조사와 압수수색 등 강도 높은 수사를 받아야 했고, 일부 직원들은 스트레스로 병원신세까지 졌습니다. 무엇보다 견디기 어려웠던 것은 사실과 전혀 다른 오해와 비난을 견뎌내는 일이었습니다.

그럼에도 우리 직원들은 7월 1일 도시공원 일몰제를 앞두고 장기 미집행 도시공원 24개소에 대한 실시계획인가 고시를 모두 완료하고 도심의 허파를 지켜냈습니다. 공원면적 비율이 전국 지자체 중 가장 높고, 사업의 지속성 확보, 과다한 수익 환수, 민관 거버넌스 추진체계 등 다른 지자체들이 벤치마킹할 정도로 가장 모범적 사례로 평가받고 있습니다.

그럼에도 아직 갈길이 멉니다. 앞으로 분양가 결정, 토지보상 등의 과정에서 더 많은 고통을 감내해야 할지도 모릅니다. 우리는 공직자의 숙명으로 알고 더욱 노력할 것입니다.

시민들에게 공원다운 공원을 온전하게 되돌려드리는 그 날, 우리 직원들 부둥켜 안고 비로소 회포를 풀겠습니다. 직원들은 울 수라도 있지만 시장은 속으로 삭혀야만 합니다.

5) 2020. 12. 23. 장기미집행 도시공원 중 신촌근린공원이 제1호로 준공

도시공원 24개 중 신촌근린공원이 가장 먼저 준공되었다. 신촌근린공원은 우리가 직접 조성하는 15개 재정공원 중 하나이다. 나머지 9개 공원은 민간공원특례사업으로 추진하고 있다. 1975년 공원으로 지정된 지 45년만. 그동안 인근 주민들의 불법 경작과 쓰레기 투기 등 열악한 환경으로 방치되어 있던 이곳이 깨끗하고 아담한 시민공원으로 탈바꿈했다.

특히 코로나19와 기후위기 등으로 인해 '안전과 환경'이 도시의 경쟁력을 판단하는 기준이 되면서, 자연과 공존하는 도시를 만들어 지속가능한 경쟁력을 확보하고 우리 아이들에게 흙을 밟고 뛰어놀며 건강하게 숨쉴 수 있는 광주를 물려주는 일이 매우 중요한 시대적 사명이 되었다.

(4) 또 하나의 위기 : 중앙공원 1지구 민간공원특례사업

1) 고분양가 관리지역으로 사업계획변경 불가피

말도 많고 탈도 많았던 민간공원특례사업이 장기미집행 실시계획인가 고시를 모두 완료하고 순소롭게 진행되는가 싶더니 뜻밖의 암초를 만났다.

2019년 7월 26일 중앙공원 1지구가 속해 있는 서구지역이 주택도시보증공사(HUG)에 의해 고분양가 관리지역으로 지정되었다. 이후 2020년 5월 염주동 포스코 아파트가 1,470만원으로 보증받으면서 당초 분양가를 고수하기 어려운 상황이 발생하였다.

＊ 고분양가 지정전 분양가 사례 : 농성동 빌리브 트레비체(2019년 5월 분양) 3,193만원, 화정동 아이파크(2019년 5월 분양) 2,156만원

이처럼 고분양가 관리지역으로 지정되면서 당초 사업계획의 변경이 불가피하게 되었다. 이후 우리 시 환경생태국에서는 2020년 6월 11일 고분양가 관련 대응계획을 제출하도록 사업자(빛고을 중앙공원개발)에게 요구하였고 그간 3차에 걸친 사업계획 제출과 협의를 바탕으로 사업자는 11월 11일 4차 사업계획변경안을 제출하였다(1차 8. 18. / 2차 9. 23. / 3차 10. 20.).

＊ 사업자가 제출한 4차계획변경 요구안 내용 : 당초 선분양에서 후분양으로 전환 및 이에 따른 추가지출 비용 약 877억원을 보전할 수 있도록 비공원 면적 확대, 34평 분양 세대 폐지 및 80평 세대 신설 등 요구

이 같은 사업자측 요구에 대해 일부에서 각종 문제와 의혹을 제기하였다. 이런 와중에 느닷없이 ○○은 2020년 12월 28일자로 자기들이 사실상 주도했던 사업계획 4차례 변경안을 전면 철회하고, 비공원면적, 용적률, 세대수, 임대아파트 상향 및 후분양 문제를 원점에서 재검토하자는 입장을 발표하였다.

이어 2021년 1월 14일 광주경제정의실천시민연합은 보도자료를 배포하고 '빛고을중앙공원개발㈜측이 광주시에 제출한 4차변경안이 대부분 수용되었다'면서 '한마디로 특혜라고 할 정도로 사업자측의 요구사항이 조건 없이 수용되었다'고 규탄했다.

우리 시는 공개토론회를 열어 시민들에게 제대로 된 정보와 사실을 알려드려 오해와 혼란을 해소하고 사업자가 제시한 안에 대해서도 검증을 다시 한번 할 필요성이 있다고 판단되어 시민사회단체 등에 대해 공개토론회를 제안하였다. 일각에서는 밀어붙여서 빨리 진행하라는 말도 했다. 하지만 내 공직 경험상 이런 일은 시간이 다소 걸리더라도 투명하게

진행돼야 뒤탈이 없다.

아울러 환경생태국에 시민사회와의 공개토론회를 통해 다양한 의견을 수렴하고, 다음 절차인 도시계획위원회 등 각종 심의 시에 토론회에서 제시된 방안을 포함하여 적정 분양가, 세대 수, 평형 구성 등에 대한 전문가들의 심도 있는 논의를 통해 최적의 방안을 마련토록 했다. 일부에서 문제를 제기하는데도 충분한 설명 없이 진행된다면 그동안 우리 직원들이 노력한 만큼 평가받을 수 없다고 판단했다.

2) 2021년 1월 18일 ○○이 분양가 1,600만원에 선분양할 수 있고, 85㎡ 이하도 공급가능하다고 발표

○○은 우선협상대상자 선정 공모시에 컨소시엄의 주간사였고, 우선협상대상자 선정 이후에는 주간사로서 주도적으로 행정절차를 이행하였고, 2020. 1. 13. SPC법인인 빛고을중앙공원개발㈜ 설립 이후에는 ○○측이 대표를 임명한 SPC가 3차까지 협의와 4차 제안을 주도하였다. 그런데 갑자기 ○○이 그간 논의와는 전혀 다른 폭탄제안을 하였다. SPC가 제출한 1,900만원 후분양을 전제로 한 사업계획안은 과도한 기업의 사익 편취행위라며 1,600만원대의 선분양으로 이 사업을 추진하겠다고 밝힌 것이다.

이는 시공권을 두고 ○○와 비○○ 회사 간 내분에 따른 제안인 것으로 시중에 알려졌다. 회사들은 주주총회를 통하여 컨소시엄의 대표 주간사인 ○○이 지명한 대표이사를 해임하는 등 시공권을 둘러싼 논란이 쉽게 가라앉지 않았다.

1월 31일 개최된 공개토론회에는 시민단체, 언론인, 공무원, 사업시행자 등이 참여해 '중앙공원 1지구 민간공원 제대로 진행되고 있는가'를 주제로 긴급현안 토론회를 개최했다. 다양한 의견이 쏟아졌고 앞으로 추진방향에 대해 어느 정도 공감대가 형성됐다.

3) 2021년 2월 9일 간부회의에서 "중앙공원 1지구 사업을 한점 의혹 없이 투명하고 공정하게 추진하고 시민이 공감할 수 있는 최적의 안을 마련할 것"을 지시

이 사업은 속도감보다는 공정·투명 그리고 지역사회의 공감대 형성이 더 중요하다고 판단하고 환경생태국을 비롯한 관계부서에서는 '시민들에게 가장 훌륭한 공원을 돌려드리는 방안'이 마련될 수 있도록 일부 언론에서 제기하고 있는 문제에 대해 충분한 논의를 통해 공감대를 형성하고 최적의 안을 마련해 도시계획위원회에 상정하도록 지시했다. 아울러 자칫 이 사업이 과도하게 지체되거나 무산되어 공원에서 해제되는 일이 없도록 지역사회 모두가 진정성을 갖고 적극 논의에 참여하고 협력해 줄 것을 부탁드렸다.

그러나 지역사회는 ○○ 측 주장을 옹호하는 측과 비○○ 측을 옹호하는 측으로 양분되면서 갈등과 분열이 계속되었다. 나는 이에 따라 2월 15일 광주민간공원특례사업으로 추진 중인 중앙공원 1지구 개발계획을 사실상 원점에서 재검토하도록 지시하였다. 두 가지 이유에서다.

하나는 특수목적법인(SPC) 빛고을중앙공원개발 주식회사가 광주시와 3차례 논의를 바탕으로 4차 제안(평당 1,900만원, 후분양 추진)을 제시하였으나, SPC 최대 주주인 ○○에서 선분양을 조건으로 1,600만원까지 분양가를 낮출 수 있다고 주장하면서 지역사회에서 특혜의혹 등 논란이 계속되었다.

○○ 측은 사실상 본인들이 임명한 대표가 있는 SPC에서 합의한 내용과 다른 안을 제시하면서 지역사회를 혼란 속에 빠트렸다. 시공권을 둘러싼 주주 간 내분에서 유리한 지위를 확보하기 위한 전략이었다고

알려졌지만 나는 이런 혼란 속에서 이 사업을 밀어 붙일 수는 없다고 판단했다.

또 다른 이유는 사업자의 4차 제안내용에는 받아들이기 어려운 내용들도 포함되어 있었기 때문이다. 예를 들면, 2020년 6월 인가 된 당초안에 있던 34평형 중형 평수(383세대)를 없애고 대형 평수인 80평(103세대)을 새롭게 늘린 점, 새롭게 45평형 임대아파트를 703세대나 증가한 점은 광주시장 입장에서 수용하기 어렵다고 판단했다.

그래서 나는 2월 15일 기자 정례 월요간담회에서 '가장 중요한 것은 시민 공감과 정서'라며 '분양가, 용적률 문제를 비롯해 80평 이상 대형 평수를 줄이고 서민들이 선호하는 평수를 늘리는 방안 등을 진지하게 논의 하겠다'고 발표했다.

나는 민간공원특례사업은 공공성, 수익성, 투명성을 확보해 시민들에게 최대한 넓은 면적의 쾌적한 공원을 돌려드리는 것이 핵심이라고 강조하고, 향후 분양가, 평형, 용적률에 대한 최적의 방안을 마련하는 전 과정을 공정하고 투명하게 운영하기 위해 '사업조정협의회'(사업자, 전문가, 시민사회단체, 공직자 참여)를 구성해 진행할 것을 지시했다.

이에 따라 중앙공원 1지구의 핵심 쟁점인 분양가격과 비공원 면적, 평형대, 용적률, 분양방식 등은 모두 2020년 6월 최초 사업계획안을 기준으로 재논의하게 되었다. 이후 2021년 3월 24일 중앙공원 1지구 특례사업의 공공성과 사업성 확보를 위한 사업조정협의회 첫 회의를 열었다.

4) 2021년 4월 12일 중앙공원 1지구 민간 사업자에 최후통첩

이런 노력에도 불구하고 중앙공원 1지구 사업이 사업자 내부 갈등으로 전혀 진척이 없고 회사가 사업이행보증서와 협약이행보증서도 제출하지 않아 이대로 가다가는 중앙공원 개발이 좌초될 수도 있다는 판단하에 우리 시 입장을 발표했다.

발표요지는 중앙공원 1지구 사업이 사업자의 귀책사유로 정상적으로 추진되기 어렵다고 판단되는 경우 광주광역시로서는 중대한 결정을 할 수밖에 없다는 경고성 내용이었다.

<2021년 4월 12일 중앙공원 1지구 광주시 입장 발표요지>

민간공원특례사업으로 추진하고 있는 중앙공원 1지구의 경우 민간 사업자가 사업이행보증서와 협약이행보증서 제출의무를 불이행하고 있을 뿐만 아니라 내부 주주들이 시공권 등 이해관계로 인해 양측으로 갈라져 심각한 내분상태 하에서 서로 자기주장을 여론화하는 등 사업시행자로서 적절하지 못한 행태를 보이고 있어 사업추진에 심각한 애로를 겪고 있다.

우리 시는 더 이상 빛고을중앙공원개발㈜ 내부 싸움으로 인해 이 사업이 지연되는 것을 방치할 수 없다. 시민의 이익보다 더 중요한 가치는 없다. 만약 빛고을중앙공원개발㈜가 적법한 사업이행보증서와 협약이행보증서를 정해진 기간 내에 제출하지 않거나, 양측의 내분으로 중앙공원 1지구 사업을 정상적으로 추진하기 어렵다고 판단되는 경우에는 관련 법령 그리고 제안요청서 및 사업협약서에 따라 중대한 결정을 할 수 밖에 없다는 점을 분명하게 밝힌다.

언론사와 시민사회단체 그리고 시민들께도 협조를 구한다. 중앙공원 1지구 특례사업이 자칫 무산되는 일이 없도록 시를 믿고 힘을 보태주기 바란다.

이후 4월 29일 특수목적법인(SPC)인 빛고을중앙공원개발㈜측에서 중앙공원 1지구 협약이행보증서와 사업이행보증서를 보완해 광주시에 제출했다. 사업이행보증서는 공원 조성 공사비 1,300억여 원의 10%에 해당하는 130억원, 협약이행보증서는 토지 매입비 예치금 3,269억여 원의 10%인 326억원 규모다.

5) 2021년 6월 9일 제5차 사업조정협의회서 '사업조정안' 결정

2021년 3월 24일 첫 회의가 열린 이후 6월 9일까지 총 5차례에 걸려 논의가 진행됐다. 5차 사업조정협의회에서는 비공원면적 분양 방식을 선분양에서 후분양으로 변경하고 평당 분양가는 1천870만원(2024년 분양시점 기준)으로 낮췄다. 논란이 된 80평형(분양), 45평형(임대) 공급 계획은 철회하고 85㎡ 이하 국민 주택 규모로 분양 383세대, 임대 420세대를 공급하기로 했다. 총 세대수는 기존 2천827세대에서 2천804세대로 줄었으며 아파트 건설비 단가는 3.3㎡(평)당 65만원으로 조정됐다.

중앙공원 1지구 민간사업자인 빛고을중앙공원개발㈜(SPC)측은 사업조정협의회에서 제시한 사업조정안을 수용하고 6월 16일 우리 시에 변경사업계획서를 제출하면서 사업의 물꼬가 트이는 듯했다.

6) 8월 27일 도시계획위, 비공원면적 195,457㎡, 2,779세대, 분양가 1,870만원 통과

2021년 7월 15일 우리 시는 중앙근린공원 1지구 민간공원특례사업의 행정절차의 첫 관문인 도시계획위원회를 열고 개발행위 특례사업 변경안을 심의 처리 하려 했다. 하지만 4시간여 넘는 논의를 진행했음에도 불구하고 중앙근린공원 1지구 개발행위 특례사업 변경 심의안은 처리되지 못했다. 후분양 사유와 용적률, 아파트 세대수 증가 등을 놓고 위원 간 찬반이 엇갈리면서 최종적으로 재심의가 결정된 것이다.

반대 위원들은 인가 당시 실시계획에 비해 비공원 면적과 세대수, 용적률, 세대수가 증가한 사유 등에 대한 충분한 설명이 부족하다는 것과 후분양제는 고분양가관리지역을 회피하려는 꼼수로, 주택시장 가격 안정 취지에 어긋나고 사업자 이익 증대 수단이라는 지적도 제기했다.

조정안이 마련되고도 사업성, 공공성 등을 두고 논란이 이어졌다. 조정협의위원회가 조정안을 마련하고 사업자가 수용한 마당에 일부 세력이 전략적으로 반대한다고 또다시 사업을 지연할 경우 문제가 크다고 판단했다.

나는 2021년 8월 9일 기자 간담회를 갖고 '충분한 논의가 이루어진 만큼 광주시와 시장이 책임지고 추진할 것이고 이에 따른 책임도 질 것이다'고 밝혔다.

<기자간담회 내용 중>

그동안 경실련 등에서 관심 갖고 적극적으로 토론회 등에 참여하여 좋은 의견을 개진해준 데 대해 감사드린다. 그러나 더 이상 지체할 수 없다. 지난해 6월 1일자로 실시계획인가 고시 이후 1년 2개월이 지났고, 2021년 1월 15일 공개토론을 통해 확인 검증 받겠다고 밝힌 이후 7개월이 다 되어가고 있다. 수 없는 회의와 토론을 통해 의견을 경청했다. 자칫 이 사업이 무산되면 광주시민들을 위한 중앙공원이 사라질 수도 있다. 누가 그 책임을 질 것인가?
논의도 중요하지만 일에는 때가 있다. 속도감 있게 추진하지 않으면 무산될 수도 있다. 광주시와 시민단체의 역할은 다르다. 각자의 역할에 충실할 때 광주가 건전하게 발전할 수 있다. 일부가 반대한다고 계속해서 토론만 하다부면 배가 산으로 가게 되고 결국 시민들만 피해를 입게 된다.

특히 2020년 1월 사업협약서에 보면 제안당시 민간사업자가 제안한 수익금을 초과하면 외부 정산을 통해 공공사업에 재투자하도록 되어 있어 특혜는 있을 수 없었다.

그리고 2021년 8월 10일 간부회의에서 '중앙공원 1지구 민간공원특례사업, 더 이상 지체할 수 없습니다. 사명감 갖고 흔들림 없이 향후 절차를 속도감 있게 추진해 달라'고 지시했다.

<2021. 8. 10. 간부회의 지시사항 내용 중>

계속된 논란으로 우리 시에서 가장 큰 면적의 중앙공원이 공원에서 해제되어 시민들의 휴식공간이 사라지게 되면 그 피해는 고스란히 시민들에게 돌아가고 도시경쟁력은 떨어지게 됩니다. 우리에게는 이런 상황을 예방해야 할 책임이 있습니다. 앞으로 각종 위원회 심의, 토지 보상 등 갈 길이 멉니다. 준비 부족으로 심의가 지연되는 일이 없도록 행정부시장과 관련 실국은 책임감 갖고 준비하여 도시계획위원회 등 향후 절차를 속도감 있게 진행해주기 바랍니다.

그렇다고 각종 절차를 졸속으로 진행하란 얘기가 아닙니다. 이 사업의 중요성과 시급성을 감안하지 않고 지금처럼 계속 미루어서는 안 된다는 것입니다. 여러분은 위원들이 빠르고 정확하게 판단 할 수 있도록 충분한 자료제공과 설명을 해야 합니다. 그리고 도시계획위원회 심의 과정에서 추가 논의가 필요한 사항이 있으면 회의 시간을 연장하거나 조기에 추가 회의를 개최하여 조속히 결론을 도출해야지 지금처럼 한 달에 한 두 번씩 회의를 하면서 시간을 끄는 것은 전형적인 소극행정이고 행정편의주의이며 무책임한 자세입니다.

민간공원특례사업과 관련한 고소·고발만 50건이 넘는다고 보고 받았습니다. 여러분이 얼마나 척박한 환경에서 힘들게 일하고 있는지 잘 알고 있습니다. 그러나 이는 우리 공직자에게 주어진 숙명입니다. 직원 여러분께서는 역사와 시민만 보고 책임감 갖고 시민들에게 쾌적한 공원을 돌려드리기 위해 최선의 노력을 다해주기 바랍니다. 지금의 어려움을 극복하고 우리가 한 점 의혹 없이 옳은 길을 가면 훗날 역사와 시민들이 제대로 평가해 줄 것입니다.

행정부시장을 비롯해 관련부서에서 위원들에게 적극적으로 설명하고 이해를 구하는 노력 끝에 드디어 8월 27일 도시계획위원회에서는 우리 시와 도시공원위원회 등이 각각 내놓은 계획안을 종합적으로 심의하여최종 통과시켰다(비공원면적 196,994㎡, 세대수 2,779세대, 분양가 1,870만원).

<오해와 진실 : 중앙공원1지구 공원사업 관련>

Q. 중앙공원사업이 민간사업자의 이익만 보장한다?

가짜뉴스다. 우리 시가 추진하는 민간공원특례사업은 민간사업자가 우리 시와 합의한 수익을 초과하면 우리 시가 환수할 수 있는 장치를 두고 있기 때문에 민간사업자가 폭리를 취할 수 없는 구조이다. 중앙공원 1지구를 예로 들자면 수익률이 5.36%를 초과하면 초과되는 수익은 공원사업 등에 환원하도록 되어있다. 이런 안전장치는 우리 광주가 처음으로 시행한 것으로 전국의 모범사례이기도 하다.

Q. 중앙공원내 아파트 분양가가 너무 높다?

중앙공원 1지구 아파트 평당 분양가는 1,870만원으로 2021년 기준 인근 아파트에 비해 높은 것은 사실이다. 이유가 있다. 중앙공원이 광주의 대표적 공원이고 소위 '노른자' 위치라서 다른 공원에 비해 보상가가 높아 자연스레 분양원가가 높아졌다.

그런데 분양가 1,870만원은 약 3년 후인 2024년에 분양하는 가격이므로 지금의 주변 분양가와 비교해서는 안 된다. 그리고 분양가를 낮추면 그만큼 아파트 면적을 늘려 주어야 하기 때문에 시민들의 공원면적이 줄어들게 된다. 또 하나 중요한 점은 중앙공원1지구에 들어서는 아파트는 인근에 공원과 풍암호수가 있어 다른 아파트보다 시가가 높게 형성된다. 그런데 시가보다 분양가를 낮추면 분양받은 입주자만 이익을 보게 된다. 반면 시가대로 분양가를 책정하여 그만큼 민간사업자의 수익이 늘어나면 초과수익을 환수해서 시민들을 위한 공원사업에 사용할 수 있어 결국 광주시민 모두가 혜택을 보게 된다.

Q. 아파트 짓는 면적이 이렇게 적으니까 사업시행자가 토지소유주들에게 적은 금액을 보상하는 것 아닌가?

아니다. 보상가는 광주시나 사업시행자가 임의로 결정하는 것이 아니고 전국이 동일하게 토지보상법에 의해 결정된다. 사업시행자와 토지소유주들이 각각 추천하는 감정평가업자가 평가한 금액을 평균하여 결정된다. 광주시는 우리 시민들이 한푼이라도 더 많이 보상받기를 바라지만 아쉽게도 우리 시에 결정권이 없다.

Q. 중앙공원을 민간공원특례사업 하지 말고 그대로 두자?

시민들의 반발이 심하다고 하여 중앙공원을 그대로 두면 헌법재판소의 결정에 따라 공원에서 해제된다. 도심의 허파 하나가 사라지게 되는 것이다.

Q. 그러면 왜 이런 가짜뉴스들이 유포되고 있을까?

각자의 경제적 정치적 이해관계 때문에 허위사실을 유포하는 사람들이 있다. 광주발전을 저해하는 이런 행위는 참으로 안타까운 일이다.

(5) 광주시 도시공원이 전국에서 가장 훌륭한 시민공원으로 재탄생하고 있다.

우리 시는 민간공원특례사업으로 추진 중인 중앙공원 등 9개 도시공원에 민간자본 1조 5천억원을 투입, 도시공원을 새롭게 탈바꿈 시키고 있다. 1조 2천억원으로 토지보상을 추진 중에 있고 공원조성사업에 3천억원을 투입할 예정이다. 우리 시 예산투입 없이 시민들이 도심 속에서 문화와 여가를 즐길 수 있는 녹지 공간(9개 공원)을 시민들에게 돌려드리게 된 것이다.

오는 2024년까지 민간공원 사업자가 공원을 조성해 시에 기부체납하는 사업비가 1조 4,811억원에 이른다. 우리 시 민간공원특례사업은 시민들에게 효자 사업이고 전국적 모범사례이다. 모든 난관에도 흔들리지 않고 헌신적으로 노력해준 김석웅 국장과 우리 직원들에게 감사드린다.

민간공원특례사업으로 추진 중인 9개 도시공원 전체 면적 7,122천㎡ 중 사유지는 6,403㎡로 전체 공원부지의 81%에 해당된다. 2022년까지 토지보상을 완료할 예정이며 2022년 2월부터는 공원별로 본격적인 공원조성사업을 추진하여 2024년까지 공원공사를 마무리할 예정이다.

그동안 시민들이 이용하고 있는 중앙공원 등은 대부분이 사유지로서 시에서는 공원시설을 자유롭게 설치 할 수 없었고 일부 토지소유자들이 경작물 보도 등을 위해 설치한 철조망 등으로 인해 시민들의 공원 이용에 제약이 많았다. 그러나 공원별로 순차적으로 사유토지 보상이 완료되면 생태숲 복원 및 공원시설 설치 등 공원사업 추진으로 시민들은 쾌적한 환경에서 공원을 이용할 수 있게 된다.

우리 시가 전국에서 가장 훌륭한 시민공원으로 만들기 위해 추진하고 있는 주요 공원사업은 다음과 같다.

첫째, 불법 경작지 및 훼손지 등 약 100만 3,000㎡에 수목식재를 통한 생태숲 복원과 문화센터, 애견놀이터, 캠핑장 등의 공원시설을 조성할 예정이다. 일곡공원에는 어린이부터 노인에 이르기까지 경제적 부담 없이 남녀노소 누구나 쉽게 배우고 즐길 수 있는 가족형 레저 스포츠로서 특히 어르신들에게 인기가 많은 광주시 그라운드골프 전용구장을 조성하고, 중앙공원 및 송암공원 내에 캠핑장을 조성하여 시민들이 도시 외곽으로 나가지 않아도 캠핑을 즐길 수 있도록 할 계획이다. 반려견 인구 증가에 따른 수랑공원 내 일부공간에 동물놀이터를 조성하고 마륵공원에 황토건강길, 봉산공원 내 복합문화센터 등을 건립한다.

- 중앙공원 : 캠핑장 / 일곡공원 : 그라운드골프장 / 수랑공원 : 애견놀이터
- 송암공원 : 축구장 / 봉산공원 : 피크닉 광장/ 신용(운암)공원 : 자연학습원

둘째, 도로로 단절된 공원 간 산책로 4개소를 연결하여 생태 녹지축 확대와 공원이용 편의를 제공할 계획이다. 보행육교를 설치함에 따라 일곡공원에서 중외공원, 운암산공원, 영산강대상공원을 거쳐 서구 마륵동까지 총 73㎞의 산책로가 연결되어 시민들은 도심 속에서 맑은 공기를

마시고 운동을 겸할 수 있는 공간이 만들어진다.

- 운암산공원~영산강 대상공원(98m) / 일곡공원~중외공원(53m) / 중외공원 내(67m) / 중앙공원 내(55m)

셋째, 주민들의 장기 민원인 공원 내 묘지 7,961기를 이장할 계획이며 그 자리에는 수목을 식재하여 생태숲으로 복원하고 주민편의시설 등도 설치할 계획이다.

넷째, 중앙공원 내 송전탑 13기 중 주민주거 생활에 밀접한 10기를 양일로(2.3㎞) 지하로 이설하고 철거할 계획이다. 당초 송전탑 3기에 대해서만 계획했으나 주민들의 오랜 숙원사업을 해결하기 위해 40년 만에 송전철탑 10기를 철거하고 지중화하는 것으로 한전과 협약을 체결하여 사업을 추진 중에 있다. 이번 지중화사업을 통해 중외공원을 횡단하는 송전철탑으로 훼손된 도시경관과 주민들의 취약한 주거환경에 대한 민원이 해소될 것으로 보인다.

다섯째, 악취 및 녹지 등으로 민원이 끊이지 않는 중앙공원 내 풍암저수지(244천㎡) 수질 개선사업을 추진하여 시민들이 쾌적한 환경에서 공원을 이용할 수 있도록 할 계획이다.

핵심성과 12

국내최초 「2045 탄소중립 에너지 자립도시」 선언과 함께 'AI -그린뉴딜' 속도감 있게 추진

요 약

- 2045년 탄소중립 선언(2020. 7. 21)은 국내 최초로서 정부나 유럽보다 5년 앞선 담대한 도전 → 기후위기 대응 글로벌 선도도시로 도약
- 2045년까지 온실가스 제로 달성 계획 : 에너지 전환을 통해 43%, 건물 20%, 수송 16%, 공공자원순환 13%, 산림공원 흡수 8% 온실가스 감축
- 녹색전환도시 조성 : 시민햇빛발전소, 에너지전환마을, 광주 RE100 및 호남 RE300 추진
- 녹색산업도시 조성 : 에너지산업 융복합단지 지정, ESS발전 규제자유특구 지정, 수소연료전지 발전소 건립, 수소생산기지 착공, 국가친환경 공기산업클러스터 및 청정대기산업 클러스터 유치
- 기후안심도시 조성 : 장록습지를 국내 첫 도심습지로 지정, 광주 최초 시립수목원 조성, 무등산 신양파크호텔 공유화 추진, 3천만 그루 나무심기

(1) 왜 광주는 정부보다 한발 앞서 탄소중립을 선언했는가?

- 광주광역시의 2030년 기업 RE100, 2035년 광주 RE100 등을 통한 '2045년 탄소중립달성' 목표는 다른 지방정부에 탄소중립 이정표를 제시(2020. 10. 19. 조명래 환경부장관 감사 서한)
- "2050년 탄소중립을 위해서는 강력한 추진 기반이 마련되어야 합니다. (중략) 스스로 탄소중립 목표를 세워 앞서가고 있는 서울, 광주, 충남, 제주 등 지

자체의 노력을 모든 지자체로 확산하고, 민간의 참여와 협력도 이끌어낼 필요가 있습니다." (2020. 11. 3. 국무회의 / 문재인 대통령 인사말씀)

• 2020년 12월 22일 한국에너지 대상 대통령 표창 수상

기후위기 대응은 전 세계적으로 가장 뜨거운 화두이다. 문재인 대통령은 10월 28일 국회시정연설에서 "2050년 탄소 중립을 목표로 나아가겠다"고 선언했다. 탄소중립은 이제 세계적인 대세다.

우리 시는 정부계획이나 친환경으로 앞서가는 유럽국가보다 5년 앞선 2045년까지 '탄소중립[47] 에너지 자립도시'를 실현하겠다는 담대한 도전에 나섰다. 시대를 선도해온 광주가 에너지전환에 있어서도 한발 앞서가기 시작한 것이다.

2019년 7월 21일 우리 시는 광주형 3대 뉴딜의 비전을 제시하면서 '광주형 AI-그린뉴딜'의 목표와 3대 추진전략 그리고 8대 핵심과제를 발표했다. 우리 시가 선제적으로 그린뉴딜정책을 들고 나온 것은 시대를 앞서 온 광주가 에너지 전환에 있어서도 앞서 가자는 시대적 소명 의식과 함께 포스트 코로나 시대 도시경쟁력은 안전·환경·생태라고 판단했기 때문이다. 앞으로는 각종 감염병과 질병, 재난재해, 사건 사고로부터 안전한 친환경 생태도시가 도시 경쟁력의 판단 기준이 될 것이다.

우리가 지금 겪고 있는 코로나19, 긴 장마와 폭우 및 폭염 등은 우리 인간에게는 재난이고 재앙이지만 자연 입장에서는 살아남기 위한 몸부

---

47 탄소중립은 개인이나 기업과 단체들이 배출한 만큼의 탄소(온실가스)를 다시 흡수해 실질 배출량을 '0'(제로)으로 만드는 것으로서, 이산화탄소가 야기하는 지구온난화를 막고 기후위기로부터 인류를 지키자는 것이다. '넷 제로(net zero)', '탄소 제로 (carbon zero)'라고도 한다. 여기서 탄소는 석유 같은 화석연료를 사용해 발생하는 이산화탄소 등 온실가스를 일컫는다.

림의 표현이고 인류에게 보내는 강력한 경고이다. 지금까지는 지구의 생태 방어시스템이 전염병을 막아주는 역할을 했지만 이제는 기후변화로 이러한 방어시스템이 파괴되었다. 우리가 자연의 경고를 교훈 삼아 사람과 자연이 공존하는 자연생태계를 만들지 못하면 인류의 지속가능성은 확보될 수 없다.

따라서 인류가 직면한 기후·환경위기에 대응해 우리 경제구조를 저탄소 친환경 성장모형으로 탈바꿈시켜서 광주의 도시경쟁력을 높이자는 것이다. 세계적인 녹색혁명의 바람을 광주발전의 호기로 삼아 광주산업의 녹색 경쟁력을 키워 세계의 녹색시장을 우리의 새로운 성장기반으로 만들기 위한 것이다.

만약 우리가 녹색전환에 뒤처지면 우리의 주력산업인 자동차, 가전, 에너지, 헬스케어 등도 선진국들의 환경장벽에 막혀 경쟁력을 확보할 수 없다. 포스트 코로나 시대에는 기존의 화석연료 의존형 도시나 경제구조로는 경쟁력과 지속가능성을 확보할 수 없다.

이처럼 광주형 AI-그린뉴딜은 우리 광주의 강점인 최첨단 인공지능 기반위에서 미세먼지와 온실가스를 효과적으로 감축하여 △ 도시의 안전과 시민의 건강을 지키고 △ 녹색산업을 육성하여 대규모 일자리를 창출하고 시민들의 소득을 늘려 지역경제를 활성화시키고 △ 사회불평등 해소를 통해 정의롭고 풍요로운 광주를 건설하기 위한 매우 담대하고 도전적인 전략이다.

세계 각국이 앞다퉈 탄소중립을 추진하고 있는 상황에서 에너지 전환에 뒤처진 국가, 도시, 개인은 경쟁력을 상실할 수 밖에 없다. 유럽연합을 필두로 세계는 기후와 환경위기를 극복하기 위해 대규모 재정 투자와 제도혁신을 서두르고 있다. 애플, 구글, BMW 같은 글로벌 기업 역시 자사용 전기는 재생에너지만을 사용하겠다는 'RE100 선언'을 통해 온실가스 감축을 경영의 최우선 과제로 제시하고 있다. 국제재생에너지기구(IRENA)에 따르면 2050년 탄소제로로 가기 위해서는 매년 2조 3,000억 달러가 투자돼야 한다. 막대한 규모의 그린시장이 열리는 것이다.

(2) 광주형 AI-그린뉴딜 구조와 탄소중립 실행계획

<AI-그린뉴딜 구조>

광주형 AI-그린뉴딜의 목표는 '2045년까지 탄소중립 에너지 자립 도시'를 실현하는 것이다. 한마디로 에너지 전환의 글로벌 선도도시를 선언한 것이다. 지금까지는 도시 외부 대규모 집중형 발전소에서 에너지를 공급받는 에너지 종속 도시였으나 인공지능과 연계하여 신재생에너지 저장장치(ESS, Energy Storage System), 연료전지 발전소, 전기·수소충전소 등 도시 내에서 에너지를 직접 생산·공급·소비하는 탄소중립 에너지 자립형 도시로 대전환하는 것이다.

'광주형 AI-그린뉴딜'로 이름 붙인 것은 우리가 강점을 가지고 있는 AI를 기반으로 그린뉴딜을 추진하고 있기 때문이며, 150만 광주시민이 참여한다는 점에서 다른 지역의 그린뉴딜과 차별화하기 위한 것이다.

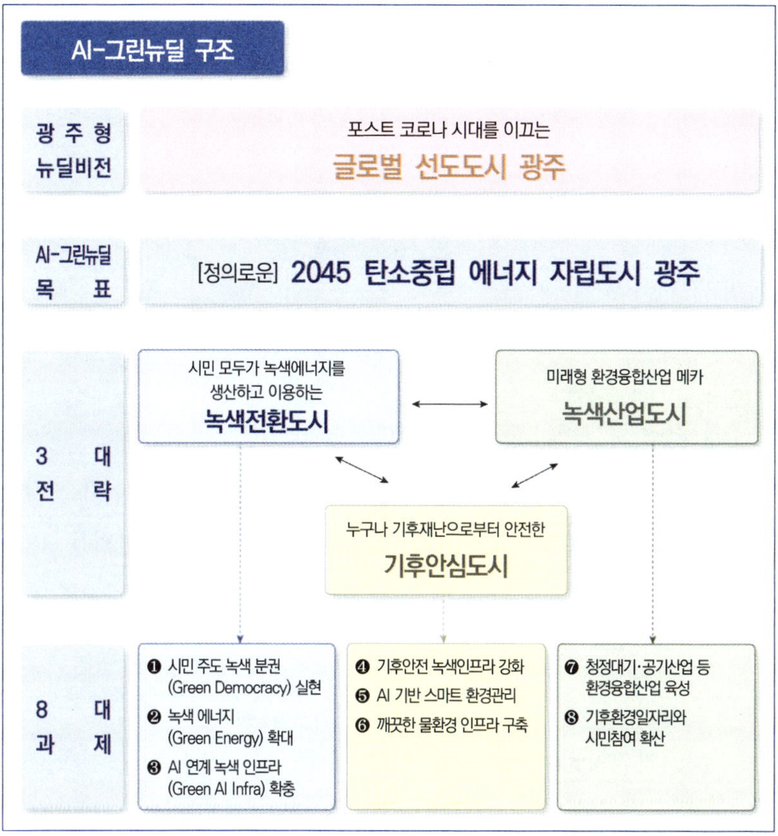

<탄소중립 실행계획>

우리나라는 경제협력개발기구(OECD) 회원국 중 온실가스를 다섯 번째로 많이 배출하고 있다. 산업계에선 제조업 의존도가 높아 다른 국가보다 탄소중립에 더 많은 비용과 노력을 쏟아야 할 것으로 전망한다. 산업연구원에 따르면 국내 철강 시멘트 석유화학 등 3개 업종에서만 탄소중립 비용으로 2050년까지 최소 400조원이 소요될 것으로 추정된다. 국내 산업계 전체적으론 800조 ~ 1,000조원이 필요할 것으로 추산된다.

2018년 전국 온실가스 총배출량은 7억2,760만톤이다. 이중 우리 광주는 908만톤(전국의 1.24%)으로 7대 특·광역시 중 가장 적은 배출량이다.

(단위 : 천톤CO_2eq.)

2018년 온실가스 총 배출량							
전국	광주	서울	부산	대구	인천	대전	울산
727,633	9,082	51,182	23,263	15,614	26,800	10,686	51,047

※ 전국 및 다른 특광역시 : '온실가스 종합정보센터' 발표 배출량
※ 광주 배출량 : 광주광역시 온실가스 인벤토리 산정 배출량

우리 시는 산업이 발전되지 못하여 수송분야(30%)에서 온실가스 배출이 가장 많고 다음으로 상업용(20.5%) > 가정용(20.3%) > 산업용 (18%) > 공공용 > 기타 순이다.

(단위 : 천톤CO_2eq.)

2018년 에너지부문 온실가스 배출량					
수송용	상업용	가정용	산업용	공공용	기타
2,734.1	1,855.2	1,844.4	1,681.0	289.0	105.7

탄소중립 로드맵은 1단계로 2030년까지 기업이 필요로 하는 전력을 전량 친환경 재생에너지로 충당하는 '2030 기업RE100'을 달성[48]하고, 2단계로 2035년까지 광주가 사용하는 모든 전력을 재생에너지로 충당하는 '2035 광주 RE100'을 실현할 것이다. 이어 3단계로 2045년까지 외부로부터 전력에너지를 공급받지 않는 '탄소중립 에너지자립도시 광주'를 실현하여 AI기반 에너지 전환의 글로벌 선도도시로 자리매김하겠

48 RE100(Renewable Energy 100%) : 기업이 필요한 전력량의 100%를 친환경 재생에너지원을 통해 생산된 전력으로 사용하는 자발적 글로벌 재생에너지 캠페인

다는 계획이다.[49]

탄소중립을 실행하는 방안으로는 첫째, 화석연료를 대체할 수 있는 무공해에너지인 태양열·태양광·풍력 에너지 등 재생에너지 분야에 투자하는 에너지 전환, 둘째 이산화탄소 배출량에 상응하는 만큼의 숲을 조성하여 산소를 공급하는 방법, 셋째 이산화탄소 배출량에 상응하는 탄소배출권을 구매하는 방법 등이 있다.[50]

우리 광주는 2045년까지 에너지 전환을 통해 약 43%의 온실가스를 감축하는 것을 비롯하여 ▲ 건물 20%, ▲ 수송 16%, ▲ 공공·자원순환 13%, ▲ 산림·공원흡수 8%의 온실가스를 감축하여 탄소중립의 청정도시를 실현할 계획이다. 특히 자동차에서 나오는 탄소를 줄이기 위해 2025년까지 노후경유차(자동차미세먼지의 98% 차지)를 폐차하고 2030년부터는 내연기관차의 자동차등록을 제한하기로 했다. 아울러 2025년까지 자전거 수송분담률을 현재 2%에서 5%까지 확대할 계획이다.

<기대효과>

광주형 AI-그린뉴딜이 성공적으로 추진되면 온실가스를 줄여 탈탄소 청정도시로의 대전환을 통해 일자리를 창출하고 지역경제를 활성화시킬 뿐만 아니라 안전 광주를 실현할 수 있을 것이다. 또한 에너지자립도

---

49 2020. 7. 21. '2045탄소중립에너지 자립도시' 선언 이후 전남·전북과 함께 호남RE300을 추진하면서 탄소중립로드맵 수정이 요청되고 있다. 호남RE300은 2034년까지 호남에서 사용되는 전력 100%를 친환경 재생에너지로 충당하는 계획으로 추진되고 있다. 따라서 당초 '광주RE100'을 '호남RE100'으로 확대해서 추진하고 2045년까지는 AI를 기반으로 한 '스마트 그리드' 기술 등을 이용해 에너지 자립도시를 실현해 갈 것이다.

50 탄소배출권(이산화탄소 등을 배출할 수 있는 권리)이란 이산화탄소 배출량을 돈으로 환산하여 시장에서 거래할 수 있도록 한 것인데, 탄소배출권을 구매하기 위해 지불한 돈은 삼림을 조성하는 등 이산화탄소 흡수량을 늘리는 데에 사용된다.

시 실현을 통해 가장 안전하고 깨끗하고 살기 좋은 글로벌 녹색도시로 도약하게 된다.

'2045 탄소중립 에너지자립도시 광주' 프로젝트는 시민들의 삶에도 대전환을 가져올 것이다.

첫째, 광주는 미세먼지 걱정 없는 친환경 청정도시, 기후재난으로부터 안전한 '기후 안심도시'가 될 것이다.

그동안 미세먼지는 우리 일상생활에 많은 제약과 호흡기 질환 등 건강에 큰 위협이 되어왔다. 단계적으로 미세먼지의 주범인 석탄화력 발전을 그린에너지로 전환하고 노후 경유차를 수소전기차로 교체하면 호흡량 정화효과를 크게 기대할 수 있다.

※ 미세먼지 제거효과
- 수소연료전지 40MW기준 1시간 가동 시 41만명의 호흡량 정화효과(259,618kg / 시간)
- 수소전기차(넥쏘 110KW) 1시간 가동 시 43명의 호흡량 정화효과(27kg / 시간)
  [출처 : 한국서부발전㈜, 현대자동차그룹홈페이지]

또한 청정대기산업 클러스터와 친환경 공기산업 클러스터 조성으로 미세먼지 주요 발생원인 산업과 수송 분야 사업장에서 나오는 미세먼지도 크게 저감될 것이다.

둘째, 떠나는 도시에서 사람과 기업이 찾아오는 녹색전환도시가 될 것이다.

현재 RE100을 선언한 구글이나 애플 등 글로벌 대기업들은 곧 납품업체에도 RE100을 요구할 것으로 예상된다. 광주가 이러한 글로벌 흐름을 선도하여 RE100 광주를 실현하게 되면 재생에너지를 확보하지 못해 해외로 이전하려는 국내공장이나 해외공장이 광주로 돌아오는 리쇼어링 효과는 물론 에너지소비도시에서 그린에너지 수출도시로 변신하게 된다.

셋째, 친환경 신산업에서 시민들의 일자리가 늘어나고 소득이 증가하는 녹색산업도시가 될 것이다.

당장 시민과 기업이 참여하여 주택 및 아파트 한 가구에서 태양광 1㎾와 소규모 ESS 3㎾를 설치하면 현재 기준 월 2만원, 연 24만 6천원을 절감할 수 있다. 계약전력 90㎾ 빌딩에서 태양광 30㎾와 ESS 90㎾를 설치하면 현재 기준 월 63만 3천원, 연 759만 2천원의 절감효과를 볼 수 있다.

(3) 시민 - 기업 - 광주시가 연대하여 녹색전환도시 만들기에 박차

<시민 햇빛발전소와 에너지전환마을 구축>

먼저 우리 시는 2020년 2월 시, 시의회, 시교육청, 상공회의소, 시민단체, 기업 등이 참여하는 민·관 협력 거버넌스인 '탄소중립 추진위원회'를 발족해 본격적인 시민 주도의 '2045 탄소중립 에너지 자립도시' 실행에 나섰다.

광주형 AI-그린뉴딜의 핵심은 내가 사용하는 전기는 내가 만들어 쓰는 시민 참여형 '시민에너지 발전소' 기반을 구축하는 것이다. 광주의 힘은 풀뿌리 단위인 시민들부터 에너지 전환을 실천하고 있다는 점이다. 각 가정에 태양광을 설치하고, 협동조합을 통해 시민 햇빛발전소를 구축하는 등 자발적이고 주도적으로 참여하고 있다. 지난 2021년 4월에는 시민과 공공기관이 협업해 제1호 햇빛발전소를 가동했다. 2045년까지 145개의 햇빛발전소 설치를 목표로 하고 있다.

'에너지 전환마을'도 눈에 띄는 성과이다. 각 자치구마다 '에너지 전환마을 거점센터'를 조성해 풀뿌리 마을 단위에서 기후위기와 에너지 문제 해결을 위한 에너지 전환 실천운동을 주도하고 있다. 2021년 7월 2일 광산구 첨단전환마을 네트워크가 문을 연데 이어, 7월 13일에는 동구 지원1동에 '지원마을 에너지전환 연대'가 개소하고 활동에 들어갔다. 이어 북구 일곡마을에 '일곡전환마을 네트워크'와 서구 '풍암전환마을 네트워크', 남구 '양림전환마을 네트워크'가 잇따라 문을 열었다.

<기업들도 사회가치경영 바람 타고 '재생에너지 100%' 동참>

광주에 있는 기업들도 재생에너지 사용에 힘을 모으고 있다. 2021년 1월 13개 기관과 에너지 다소비 기업들이 재생에너지 100%(RE100)에 동참하기 위해 '2030 기업RE100추진 협의체'를 구성했다. 이들 기관과 기업은 공장이나 건물 내 재생에너지를 직접 설치하거나, 재생에너지 인증서(REC) 구매에 자발적으로 참여하는 등 에너지 이용 효율화를 통해 온실가스 감축을 실천하고 있다. 우리 시는 서남해안권의 풍부한 태양광, 풍력 등 재생에너지를 활용해 산단 입주 기업들의 RE100 달성을 지원하는 모델도 구상하고 있다.

<행정은 인공지능 연계 녹색에너지 인프라 조성>

우리 시는 광주의 강점인 인공지능을 중심으로 한 에너지 자립 환경을 조성하는 데 힘을 기울이고 있다. 에너지 전환이 활성화되면 햇빛발전소에서 다양한 전력이 생산되고, 산단과 기업 등에서 재생에너지 수요가 불규칙하게 발생하게 된다. 우리 시는 이런 복잡한 전력 수급을 실시간으로 관리하기 위해 타 시도에 앞서 구축한 인공지능 산업기반을 바탕으로 에너지 전환과 인공지능을 융합해 새로운 미래 먹거리와 양질의 일자리를 창출한다는 전략이다.

특히, '그린에너지 ESS(에너지저장장치)발전 규제자유특구'를 통해 민간 중심의 새로운 전력거래 모델을 실험하고 있다. 규제자유특구 사업은 첨단과학산업단지 일원 2.5㎢ 구역 내 태양광 발전설비에서 생산된 전력을 에너지저장장치를 통해 자동차나 건물 등에 직접 판매하는 것으로 현재 인프라 구축과 시스템 설계가 진행 중이다.

또한, 아파트 7개 단지 6,240세대를 대상으로 '미래형 스마트그리드' 실증연구 사업과 조선대학교 내에서 '블록체인기반 전기차 - 신재생에너지 연계 직류 전력거래' 사업을 추진하며 인공지능, 빅데이터를 이용한 전력거래와 효율적 에너지 이용 모델을 개발하고 있다.

특히, 우리 광주는 2021년 5월 정부가 공모한 '방음터널 태양광 기술개발' 사업에 선정돼 국비 90억원을 확보했으며, 3년간 164억원을 투자해 방음벽과 방음터널 일체형 발전설비 기술을 개발해 그린뉴딜에 일조한다는 계획이다. 또한, 우리 시는 '마을단위 마이크로 그리드 실증 기술개발 공모'에 선정되어 2024년까지 3년간 27억원을 투입하여 남구 신효천마을에 전국 최초로 태양광 등 신재생 에너지와 에너지 저장장치를 융복합한 새로운 형태의 전력체인 마이크로 그리드 시스템을 구축한다.

또한 우리 시는 준공된지 15년 이상 경과된 노후건축물을 대상으로 '그린리모델링 사업'을 통해 에너지 효율과 성능을 향상시키고 있다. 2021년 11월 25일에는 '2022년 광주행동계획'으로 4대 분야 8대 핵심사업을 발표하였다.

(4) 녹색산업도시·기후안심도시 조성을 위한 정책과 사업들

1) 전국 최초 광주·전남에너지산업융복합단지 지정

2019년 11월, 우리 시와 전라남도가 공동으로 신청한 광주·전남에너지산업융복합단지 조성계획안이 산업통상자원부 에너지심의위원회 심의를 거쳐 최종 확정됐다. 양 시·도가 미래 먹거리로 심혈을 기울여 온 에너지밸리 활성화와 에너지신산업 육성을 뒷받침하기 위해 특별법[51]

51 「에너지산업융복합단지의 지정 및 육성에 관한 특별법」[2017. 12. 12. 제정]

제정부터 공동신청까지 오랫동안 함께 노력한 상생협력의 결실이다.

에너지위원회에서는 광주·전남이 세계적으로 가속화되는 에너지와 타 산업 간 기술 융복합 트렌드에 대응해 국가 에너지 신산업을 선도할 최적의 기반과 여건을 갖춘 것으로 평가했다. 특히 에너지 기업, 연구기관이 집적화된 에너지밸리를 중심으로 광주의 연구개발 인프라, 전남의 재생에너지 자원을 연계하는 광역적 단지 구성에 대해 공감대를 형성했다. 한국전력이 우리 지역에 있어 가능한 일이었다.

이로써 광주와 전남이 대한민국 에너지산업의 혁신성장을 이끄는 근거지로 자리매김하게 됐다. 국가의 전폭적인 지원을 받으며 기술혁신역량을 갖춘 에너지 기업을 특화기업으로 지정해 연구개발과 사업화, 우선구매 등을 지원할 수 있고 연구개발, 기업지원, 인력양성 등 필요한 각종 기반시설 설치도 탄력을 받게 됐다. 여기에 4차 산업혁명의 핵심인 인공지능 기술이 더해지면 그 시너지 효과는 극대화될 것이다. 광주전남 상생의 결과라 더욱 값진 것이다.

<광주·전남에너지산업융복합단지 조성 방향>

구 분	유 형	중점산업	산업거점	지정면적
코어 지구	에너지 공기업형	스마트그리드, 에너지효율향상, 풍력	광주전남공동혁신도시 광주 도첨, 평동산단 나주 혁신·신도 산단 등	10.73㎢
연계 1지구	신에너지서비스 실증형	에너지 효율향상	광주 첨단과학산단 빛그린국가산단 장성나노산단	6.85㎢
연계 2지구	재생에너지 단지 연계형	풍력	목포대양산단 목포신항 배후 부지	1.34㎢
면적 합계				18.92㎢

먼저 단지 내에서 집중적으로 육성할 중점산업으로 ▲스마트그리드 ▲에너지효율향상 ▲풍력을 선정했다. 두 번째로 기존 에너지밸리 권역을 코어지구, 광주권과 목포권을 2개 연계지구로 설정했다. 특히 국가혁신융복합단지, 광주연구개발특구 등 기존 클러스터 사업과 연계하고 단지 내 강소연구개발특구, 규제자유특구를 새로 조성해 단지 지정에 따른 시너지 효과를 극대화할 계획이다.

세 번째로 에너지 연관 산·학·연을 집적화하여 에너지 융복합 클러스터를 본격적으로 구축한다. 소재 - 부품 - 완제품으로 이어지는 에너지산업 공급망(Supply Chain) 구축을 위해 고부가가치를 창출하는 대·중견기업 Target 30을 적극 유치한다. 한국폴리텍대학 등 에너지 융복합 전문 인재양성기관을 유치하고, 광주과학기술원, 한전공대, 에너지밸리기업개발원 등에서 다양한 교육 훈련 프로그램을 운영할 예정이다. 또한 한국전기연구원 분원, 한전에너지공과대학교와 연계해 중점산업 분야의 전문연구센터를 적극 유치한다.

네 번째로 중점산업 기술혁신 및 사업화 전략이다. 스마트그리드 산업은 국내 최고 수준의 실증인프라를 활용해 전력 생산 - 소비 - 거래에 이르는 밸류체인을 구축하고 직류기반의 송배전 기자재, 분산전원 핵심운용 기술을 개발·실증한다. 에너지 효율향상 산업은 차세대 ESS 산업생태계를 조성하고 에너지 데이터 기반 AI 플랫폼을 구축해 신서비스를 창출한다. 풍력산업은 신안지역에 대규모 해상풍력 클러스터를 구축하고 ESS, 전력 송배전, 수소 등 관련 산업과의 융복합을 추진한다.

마지막으로 체계적인 단지 운영체계를 마련한다. 최고 의사결정기구로 광주광역시장과 전라남도지사를 공동 위원장으로 하는 에너지밸리 운영위원회를 두고, 실행기구로 광주와 전남에 각각 독립된 종합지원센터를 구축한다. 종합지원센터는 단지 발전전략을 수립, 시설·장비

관리, 네트워크, 산·학·연 지원 등 단지 컨트롤타워 역할을 수행할 예정이다.

이제 우리 광주가 에너지산업융복합단지를 기반으로 에너지신산업의 메카로 도약하는 계기가 마련되었다. 우리 시는 기반시설 조성과 에너지 특화기업 지원을 통해 대한민국 에너지산업의 혁신성장 근거지로 확고히 발돋움하고, 기업의 신시장 개척과 함께 이윤창출의 새로운 동력을 확보 할 수 있도록 최대한 지원하고 있다.

더 나아가 2021년 3월과 11월 두 차례에 걸쳐 광주·전남 에너지산업 융복합단지내 25개 기업이 산업통상자원부로부터 에너지특화기업으로 지정받았다. 이번에 지정된 에너지특화기업은 스마트그리드, 에너지효율향상 등 에너지산업 융복합단지 내에서 중점적으로 육성하고자 하는 산업에 특화된 기업으로 융복합단지 생태계 구축과 활성화에 기여할 것으로 예상된다.

2) 그린에너지 ESS발전 규제자유특구 지정

2020년 11월 13일, '광주 그린에너지 ESS발전 규제자유특구'가 정세균 국무총리 주재로 개최된 규제자유특구위원회 심의에서 최종 통과했다.[52]

광주가 그간 광주형 AI-그린 뉴딜 실현을 통해 기후위기에 선제적으로 대응하고 미래 산업과 녹색산업을 육성하기 위해 많이 노력해 온 결과 특구로 지정되었다. 이로써 2045년 신재생에너지 자립도시 실현의 핵심동력이 마련되었으며 우리 기업과 시민들이 스스로 생산한 전기에

---

52 중소벤처기업부의 규제자유특구 제도란?
민간기업 등이 특구로 지정된 지역에서 규제제약을 벗어나 신기술을 개발하고 새로운 사업진출의 기회가 확대되는 지역혁신성장을 위한 제도이다. 특구로 지정되면 완화된 규제가 적용되고, 실증에 국비가 지원된다.

너지를 사고 팔 수 있는 비즈니스 모델을 사업화할 수 있게 됐다.

특구는 북구 첨단산업단지 구역 2.5㎢에 적용되며, 신재생에너지 ESS 기반 전력거래 실증사업에 2021년부터 2024년까지 총 204억원(국비 117억원 포함) 규모의 예산을 투입할 계획이다. 특구에 참여하는 사업자는 ▲ 전기저장장치(ESS) 발전소 인프라 구축 ▲ 전기저장장치 발전소 제어 ▲ 빅데이터 기반 ESS발전 종합운영상황실 운영 ▲ 전기차충전소, 공공건물을 대상으로 전력거래 등 실증특례 4건이 허용돼 대용량 ESS 발전소 운영기술 개발과 전력직거래를 통한 새로운 사업진출의 기회를 갖게 됐다.

산단 내 산재된 태양광 발전전력을 집적하기 위한 대용량 전기저장장치(ESS)의 시범 설치·운영성과가 향후 본 사업모델의 일반화로 이어지면 우리지역 태양광 및 ESS 사업을 활성화시켜 관련 기업의 신규 고용창출과 투자유치 등을 통해 지역경제에 크게 도움이 될 것이다.

특히 전국 최초로 신재생에너지 생산전력을 전기차충전소 또는 공공건물에 판매하는 실증사업도 가능하다. 국내의 경우 한국전력이 전력망 관련 서비스를 대부분 직접 관리하는 상황으로 민간 중심의 시장 형성이 어려웠으나, 이번 규제자유 특구를 통해, 전기차 보급 확대 등 민간 중심의 서비스 산업 개발로 신재생에너지 거래 시장이 활성화 될 것으로 기대된다.

3) 수소에너지 기반 확충

<국내 1호 수소융합에너지 실증센터 준공>

우리 시와 한국자동차연구원은 2019년 3월 18일 국내 1호 '수소융합에너지 실증센터' 준공식을 개최했다. '수소융합에너지 실증센터'는 산업통상자원부에서 한국형 표준 융복합충전소 국산화 개발 지원을 목표로 추진하고 있는 사업이다.

센터는 한국자동차연구원에서 운영을 맡아 충전소 핵심 설비인 개질기, 수전해, 고압용기, 수소충전기, 안전관리시스템, 고전압부품 등 '수소차·전기차 융합스테이션 국산화 기술개발 및 실증' 과제를 수행한다.

수소융합에너지 실증센터 운영으로 수소 전주기를 실증 평가할 수 있는 기반이 확보되었고, 이는 수소산업 허브도시 조성을 앞당기게 될 것이다. 특히 수소전주기 부품·제품·공정 기초기반기술 및 실증 DB를 확보하고 수소복합설비 통합운영·안전관리기술 및 사업화 모델 개발, 수소분야 글로벌 강소기업 육성 및 수소경제 촉진 등의 성과도 기대된다. 또한, 그동안 고가 장비구축, 운영 및 객관성, 신뢰성 확보 등의 문제로 상용화를 위한 시제품 실증에 어려움을 겪어왔던 국내 업체들의 애로가 해소될 것으로 전망된다.

<세계 최초 시스템을 갖춘 빛고을 수소연료전지 발전소 건립>

우리 시는 정부의 수소경제 활성화의 핵심 역할을 할 수소연료전지 발전소 건립을 위해 남구, 광산구, 공기업인 한국서부발전과 2019년 3월 25일 발전소 건설 양해각서(MOU)를 체결했다. 차세대 신 에너지원으로 주목받고 있는 수소연료전지 발전소 건설을 추진하기 위해서다. 수소연료전지발전소가 계획대로 건립되면 광주는 수소차, 수소충전소, 수소연료전지 등 한국사회가 미래 수소경제 사회로 전환하는 선도적 역할을 하게 될 것으로 기대된다.

연료전지발전소는 남구와 광산구에 각각 7,160억원씩 총 1조 4,000여 억원을 들여 100㎿급 2기를 건설할 계획이다. 200㎿ 발전소가 운영되면 연간 1576㎾h의 전력을 생산하게 되며, 이는 2018년 기준 광주시

총 전력소비량이 8773GWh인 점을 감안하면 광주시 전체 전력사용량의 15 ~ 18%를 생산하게 된다.

이와 별도로 우리 시는 정세균 국무총리 참석하에 2021년 2월 10일 한국중부발전, SK가스, 두산건설, SK증권과 '빛고을 수소연료전지발전소 투자협약 및 착수식'을 개최했다.

'빛고을 수소연료전지발전소'는 세계최초 LPG-LNG 듀얼 시스템을 적용한 국내 첫 '그린 뉴딜' 모델로 주목받고 있다. 기존에 신재생 에너지로 주목받은 태양광은 넓은 공간을 차지하는 데다 경관을 해쳐 도심에 설치하는데 어려움이 많았고 발전용량도 크지 않았다.

하지만 수소연료전지 발전은 설치면적이 태양광 50분의 1에 불과하고 소음이 적고 발전효율이 월등하다. 특히, 햇빛에 의존하는 태양광 발전시간이 하루 4시간 안팎에 불과한 데 비해 24시간 구애받지 않고 가동이 가능하다.

광주 제1호 수소연료발전소로 구축될 '빛고을 수소연료전지발전소'는 광주시 제1하수처리장 유휴부지 11필지 1만 5,843㎡에 건립하는 12.3 MW 용량의 친환경 발전소다. 2022년 8월 준공되면 시 전체 연간 전력소비량의 1.1%에 해당되는 9만 5,000MWh의 전력을 생산하게 되며 이는 약 3만 3,000여 가구가 사용할 수 있는 전력량에 해당된다. 사업비 815억은 전액 민간자본으로 충당된다.

기존 화력발전소 대비 연간 5359TOE의 에너지 절감, 1만 2,588톤 온실가스 감축효과와 공기 중 미세먼지를 제거해 성인 13만여 명이 호흡할 수 있는 공기를 정화하는 효과도 거둘 수 있을 것으로 기대된다.

<수소생산기지 착공>

우리 시는 산업통상자원부와 2021년 12월 2일 광주 광산구 연산동 일반산업단지에서 광주 수소생산기지 착공식을 열었다. 광주 수소생산기지는 이르면 내년 말 준공돼 2023년 3월부터 본격 가동될 예정이다.

우리 시가 부지 7,224㎡를 한국가스공사에 제공하고 한국가스공사는 하루 평균 4t, 연간 1,400t 규모의 수소를 생산할 수 있는 수소제조설비인 수소추출설비 1기와 1일 2t 가량 충전가능 한 출하설비 3기, 제어설비 등 수소생산기지를 구축하는 사업으로 국비 69억 원, 부지비용 25억 원, 자부담 190억원 등 총사업비 284억 원이 투입된다.

하루 평균 승용차 800대(대당 5㎏) 또는 버스 160대(대당 25㎏/일)가 충전할 수 있는 규모다. 연간 1만대의 수소차를 충전할 수 있는 규모다.

가스공사가 20년간 위탁 운영하는 가운데 광주시는 사업관련 인허가와 부지 임대료 할인 등을 통해 해당 사업을 지원할 예정이다.

광주 수소생산기지는 울산·여수·대산 등 석유화학단지 인근이 아닌 대도시 인근에 중규모급의 생산기지를 구축하는 첫 사례다.

광주시는 그동안 수소생산시설이 없어 여수, 충남 서산, 울산 등 100~300㎞에 달하는 장거리 운송으로 수소를 공급해 왔으나, 수소생산기지가 가동되는 2023년 상반기부터는 수소생산기지 반경 70㎞ 내에 수소를 직접 공급하게 된다. 근거리 수소운송에 따른 운송비 절감으로 현재 수소판매 단가가 1㎏당 8,200원에서 6,000원 정도로 26%가 절감할 것으로 예상되고, 시민들에게도 안정적이고 저렴한 수소가 공급될 것으로 보인다.

광주 수소생산기지 구축사업은 에너지 대전환시대의 선제적 대응을 위한 정부 공모사업의 일환으로 국비를 투자해 수소 중심 친환경자동차 선도도시를 구현하고, 지역 수소경제 활성화를 통한 수소산업 경제기반 마련에 중요한 역할을 할 것으로 기대된다.

4) 국가 친환경공기산업 클러스터 조성

우리 시는 친환경 공기산업을 미래 먹거리 주력산업으로 키우기 위해 총력전을 펼쳐왔다. 2017년 7월 맑은 공기도시 광주 비전을 선포한데 이어 10월에는 세계공기연맹으로부터 'Good Air City'로 지정을 받았다. 또한 2019년 3월 18일 우리 시와 LG전자㈜, 광주테크노파크는 전자부품연구원에서 친환경 공기산업 육성을 위한 업무협약(MOU) 체결 및 에어가전산업협의체 입주식을 가졌다. 또한 2019년 11월 21일 한국전자기술연구원에서 열린 한국공기산업진흥회 개소식을 가졌다.

이런 노력들과 함께 산업부와 지속적인 실무협의를 거친 끝에 마침내 2019년 12월 산업부 지역활력프로젝트에 광주 친환경 공기산업이 선정됐다. 공기산업 융복합단지는 2025년까지 500억원을 들여 평동 3차 산업단지에 13만2,000㎡ 규모로 조성한다. 관련 전문 지원기관과 연구기관, 앵커기업 등을 유치해 명실상부한 대한민국의 공기산업 클러스터로 키울 계획이다.

이후 우리 시는 공기산업 육성을 위해 융복합단지 조성, 투자 기업 유치, 실내 공기개선 실증센터 구축, 지역기업 수출지원 등을 적극 추진하고 있다. 2020년 11월에는 ㈜대창 등 공기산업 관련 9개 기업과 448억원 규모의 1차 투자협약을 체결했다.

또한 대형 국비 발굴 사업인 '친환경 공기산업 육성사업'의 마중물로 취약계층 시설의 공기개선을 위한 '실내 공기개선 실증센터 구축사업'에 국비 20억을 확보했다. 2021년부터 인증 실증 장비 구축과 지역 기업 사업화 지원을 위한 센터 설계·착공에 들어갔다. 실내 공기개선 실증센터는 실내 공기정화 성능테스트를 위한 다양한 환경에 대응할 수 있는 실험시설과 인공지능 연계 가상환경을 구축해 중소기업 신제품 개발 시 요구되는 인증에 대한 애로점을 원스톱으로 지원한다. 국내 최초로 건립되는 실내 공기개선 실증센터 운영으로 지역기업이 세계시장을 선점할 수 있는 신제품 개발 지원과 개발에 투입되는 비용과 시간을 대폭 절감할 수 있게 됐다. 우수 기업들의 집적화 및 산업 생태계 조성으로 광주가 공기산업 메카 도시로 성장할 수 있는 기반이 더욱 공공하게 마련되었다.

아울러 우리 시는 한국전자기술연구원과 광주테크노파크, 한국공기산업진흥회와 함께 지난 2018년부터 신남방 국가(싱가포르, 태국, 인도네시아 등)로의 공동수출을 지원하는 사업을 펼치고 있다. 1차 지원의 성과로 2019년 디케이 등 9개사 10개 제품이 싱가포르 진출에 성공해 현지 가전 유통회사인 AOM사, dna사와 200만 달러 수출 계약을 이끌어냈다. 2차 지원사업은 코로나19 상황에도 에어가전 제품 시장조사를 통해 2020년 12월부터 2022년 1월까지 대영전자㈜ 등 13개사 25개 제품의 수출지원을 위해 태국에 공동전시관을 설치하고 현지 바이어 온라인 상담회와 태국 홈쇼핑 진출을 위한 영상제작을 마쳤다.

5) 국가 청정대기산업클러스터 조성

환경부는 2020년 3월 그린뉴딜 핵심 프로젝트인 '청정대기산업 클러스터'를 오는 2022년까지 우리 시 빛그린산단에 3만㎡(450억, 전액 국비) 규모로 조성키로 하였다. 청정대기산업 클러스터는 국내 미세먼지 주요 발생원으로 꼽히는 산업·수송분야 사업장에서 발생하는 미세먼지 유발물질을 줄이기 위한 주요기술을 개발하고, 지원시설을 집적화해 기업들이 현장에서 실제 적용하도록 지원하는 사업이다. 산업·수송부분의 오염물질 배출 저감기술과 측정기기 실증단지 등 육성허브를 구축해 소재·부품·장비의 국산화, 혁신기술의 제품화·사업화까지 전 과정을 지원하게 된다.

6) 장록습지, 국내 첫 도심 국가습지로 지정

2020년 12월 7일 광산구에 위치한 황룡강 장록습지(호남대정문~영산강 합류부, 지정면적 2.70㎢)가 국내 26번째 국가습지보호지역으로 지정·고시됐다. 도심 습지로는 최초이다. 우리 시가 또 하나의 '최초' 타이틀을 따낸 것이다. 장록습지는 도심 하천습지로 60년 이상 자연적인 지형을 유지하면서 멸종위기종 4종을 비롯해 총 829분류군 등 다양한 야생생물의 주요 서식처로 생태적 기능이 우수한 곳이다.

또 하나의 의미는 시민들이 시민공론화를 통한 사회적 합의에 의해서 개발이냐 보호냐의 논쟁에 종지부를 찍고 지역사회 갈등을 해결한 모범사례라는 것이다. 지역민과 시민사회단체, 전문가, 환경부 담당자들이 실무위원회를 구성해 1년여 동안 의견을 수렴했고, 최종 여론조사에서 85% 이상이 장록습지를 국가보호습지로 지정하는 데 찬성해 주셨다. 도시철도 2호선 해결에 이어 또 하나의 시민공론화 성과다.

여의도 크기에 버금가는 면적(2.7㎢)으로 우리 시 전체 면적의 0.5%에 해당된 황룡강 장록습지는 26번째 국가습지보호지역으로 지정되었고, 이는 국내 하천습지 5곳 중 유일하게 도심에 위치한 첫 사례다.

습지는 물속의 오염물질을 걸러주는 거대한 정수기이고, 많은 물을 머금어 천천히 배출하는 홍수와 가뭄 조절지일 뿐만 아니라 도시의 습도와 기온을 조절하는 등 기후위기 시대에 살아가는 우리에게는 그 역할이 점차 커지고 있다. 우리 아이들에게 생태자연을 온전하게 물려줄 수 있어 다행이다.

앞으로는 국가 재정과 인력이 투입되어 체계적인 습지의 보전 관리가 이루어질 것이다. 우리 시는 생태공간과 휴양 치유공간으로 활용하여 자연과 사람이 공존하는 생태관광 명소를 만들어 지역경제 활성화와 생태도시 광주의 이미지 제고에 기여토록 할 것이다. 장록습지 내 훼손된 사유지는 단계적으로 매입해 복원하고, 습지의 지형과 특성을 고려한 생태 탐방로·관찰데크, 생태체험·교육시설 등을 설치해 생태관광 명소로 발전시킬 계획이다.

7) 무등산 신양파크호텔 공유화 추진

신양파크호텔은 무등산 자락에 위치해 호남을 대표하는 특급호텔로서 광주시민과 함께 해왔으나 2019년 말 영업난으로 휴업한 뒤 대규모 공동주택 건축이 추진됐었다.

우리 시는 2021년 2월 22일 신양파크호텔 공유화 방안을 담은 대시민 담화문을 발표하고 무등산 난개발 방지를 위해 시민사회단체, 광주시의회, 시민권익위원회 등 각계 전문가로 민관정학위원회를 구성했다. 위원회는 공동주택 개발사업 계획을 철회하고 광주시에 부지를 매각하도록 사업자를 설득해 2021년 10월 8일 매매계약이 체결되었다. 또한 30여 차례 이상의 논의와 토론을 통해 신양파크호텔 부지와 관련하여 ▲시민 중심의 무등산 공유화 거점 ▲무등산권 생태보전과 기후위기 대응 구심점 ▲유네스코에 등재된 무등산 가치의 세계화 등을 3대 활용원칙으로 제시하였다.

구체적인 활용방안으로는 신양파크호텔 부지 및 주차장 등 외부 공간은 시민 누구나 찾을 수 있는 무등산 생태시민정원으로 조성해 시민에게 돌려주고, 신양파크호텔 기존 건축물은 보존하되 생태·친환경적으로 디자인해 생태시민호텔 등으로 활용하는 안을 제시했다. 특히 기존 호텔건물 1·2층은 문화·정보 교류의 장을 만들어 시민이 쉽게 접근해 공유할 수 있는 다목적 복합공간으로 조성한다는 구상이다.

우리 시는 민관정학위원회의 제안을 바탕으로 신양파크호텔 및 부지를 시민 누구나 무등산의 생태자원을 체험할 수 있는 중심공간으로 만들어 150만 시민 삶의 질 향상과 광주형 그린뉴딜 및 생태보존의 구심점 역할을 하도록 할 것이다.

8) 3천만그루 나무심기·도시바람길 숲 조성사업

우리 광주는 분지형대의 지형적 특성으로 인해 대기 흐름이 정체되고, 도시화 및 산업화에 따라 건물들이 밀집·고층화돼 가면서 바람길이 차단되고 도시열섬과 미세먼지 등이 날로 심각해져 가고 있어 환경문제 해결을 위한 특단의 대책이 필요했다.

그래서 도시열섬 현상을 완화시키고 시원하고 푸른 광주를 만들기 위해 2018년부터 '3,000만 그루 나무심기 사업'을 추진하고 있다. 2027년까지 △ 도심입체녹화 225만㎡ 조성 △ 미세먼지 저감숲 180㏊ 조성 △ 녹지 한 평 늘리기 사업 △ 거점공간별 녹지 확대를 추진하고 있다. 시민·기업·단체 등과 함께 범시민운동으로 전개하고 있다.

9) 광주 최초 시립수목원 2022년 5월 개장

전국적으로 총 68개의 수목원이 있지만, 국공립 수목원이 없는 광역 지자체는 그동안 우리 시가 유일했다. 시립수목원 조성 계획을 수립한 것은 13년 전인 2009년이었다. 하지만 그동안 사유지 매입, 예산 미확보, 매장문화재 보전 등의 이유로 10년 동안 첫 삽조차 뜨지 못한 채 사업이 지연됐다.

그러나 내가 시장에 취임하면서 강한 의지를 갖고 추진하여 속도를 내기 시작했다. 휴식공간을 제공하고 미세먼지 없는 친환경 광주를 만들기 위해 여러 난관을 해소하고 2020년 5월 28일 드디어 착공식을 가졌다. 남구 양과동에 들어서는 시립수목원은 총 사업비 470억원을 투자해 24만 6,948㎡(7만 4,700평) 규모로 조성된다.

시립수목원 조성 소식에 누구보다 반가워하고 기뻐하는 사람들은 우리 시민들이다. 도심 속 수목원에서 다양한 테마의 숲길을 걸으면서 힐링하고 삶의 에너지를 얻는 것, 이 얼마나 행복한 일인가. 우리 시민들이 오랫동안 꿈꿔왔던 '친환경 광주'의 모습이다. 또 학생들에겐 여러 종류의 식물들을 직접 관찰하고 체험할 수 있는 교육의 장이다.

잠깐 광주시립수목원을 소개하자면, 이곳은 환영의 숲, 무등산 사계숲, 미래 건강숲 등 3개 주제숲으로 조성된다. 환영의 숲은 시민들이 들어오는 진입부에 위치하며, 방문자센터, 전시온실, 전통정원 등으로 남도의 멋을 한껏 뽐낼 예정이다. 무등산 사계숲은 무등산을 상징하는 천왕봉, 지왕봉, 인왕봉을 형상화한 잔디마당과 남도테마정원을 배치해 남도의 볼거리 및 체험공간으로 조성한다. 이곳은 향기, 자생, 약용식물원이 들어서 일상생활로 지친 시민들의 몸과 마음을 치유하는 공간으로 활용될 예정이다. 미래 건강숲은 기후변화, 지구 온난화 등 기후환경 변화가 식물에 미치는 영향 등을 연구하는 다양성 연구원, 유전자 보전원, 유전자 증식원, 이를 재배할 묘포장 등으로 구성된다. 이곳은 지역 수목유전자의 생태적 가치를 연구하고 생물 다양성의 의미를 전달하는 교육의 장으로 활용될 예정이다. 남도에 자생하는 식물이나 무등산을 중심으로 서식하고 있는 수종들을 연구하고 유전자를 보존·증식하는 역할도 수행할 것이다.

여기에 2021년 4월 20일에는 주변 국유림을 시립수목원과 유기적으로 연계시키기 위해 산림청, 한국수목관리원과 도심권역 산림사업과 광주시립수목원간 연계를 위한 업무협약을 체결하며 도심 속 산림문화·휴양공간으로 거듭날 수 있도록 날개를 달았다. 산림청은 시립수목원 주변의 국유림에 도심권역 산림사업으로 사방댐 설치사업, 도시숲 조성사업, 임도사업, 숲가꾸기 사업을 추진할 계획이다. 따라서 산림청 사업과 광주시립수목원을 연결하고, 한국수목관리원의 많은 노하우와 기술 및 정보 등이 접목되면 우리 시립수목원은 최적의 조건에서 생태환경을 지켜내면서 우리 시민들에게 쾌적한 휴식공간이자 치유와 회복의 공간을 선물할 것이다.

또, 수목원 내 수춘천 정비공사도 함께 추진된다. 자연석 돌쌓기 공법을 활용해 자연 친화적인 생태하천으로 조성할 계획이다. 시립수목원 이용객의 이동 편의를 위해 교량 2곳도 추가 설치 중이다.

시립수목원이 조성되면 탄소중립을 이루는 탄소저장고, 미세먼지를 차단하는 공기청정기, 도시온도를 낮추는 천연에어컨 역할을 하게 될 것이다. 우리가 부단히 도시녹지와 도시숲을 늘려야 하는 이유이다.

<나무의 재활용>

시립수목원 나무 중 일부는 광주 지하철 2호선 건설공사 등 공사장에서 발생한 중·대형목을 옮겨 심고 있다. 백운교차로 등 9곳의 소나무 등 52종 4,483그루를 수목원에 옮겨심기로 하였다.
이렇게 하여 각종 개발 등으로 베어질 위기에 있는 나무를 효과적으로 옮겨 심어 녹색자원을 보존하고, 수목원 조성 기간을 단축하는 한편, 예산도 33억원 상당 절감하게 되었다.

2022년 8월 우리 광주에서 열리는 세계조경가협회 총회에 대한 시민들의 관심도 높다. 77개 회원국에서 2천여 명의 회원들이 참여할 예정이다.

이번 총회는 1992년 서울·경주에서 개최된 이후 국내에서 30년 만에 열리는 반가운 행사다. 전 세계적 기후위기에 우리 광주가 선도적 역할을 하고 있다는 것을 알리고 세계 속 녹색도시로 도약할 수 있는 절호의 기회다. 2022년 5월 개장하는 광주시립수목원은 세계조경가협회 회원들을 모실 최고의 명소가 될 것이다.

10) '호남 RE300' 추진

광주·전남·전북을 아우르는 '호남초광역경제권 구상인 호남RE300'은 2050 대한민국 탄소중립을 위한 가장 핵심적인 프로젝트이면서 고착화된 지역불균형 발전에 대한 가장 현실적인 대책으로 국가균형발전의 새판을 짜는 청사진이다. '호남RE300'은 그린뉴딜과 지역균형뉴딜이 결합된 호남형 '한국판 뉴딜'전략으로 초대형 경제공동체 프로젝트다.

우선 호남RE100은 2034년까지 호남에서 사용하는 전력 100%를 재생에너지로 활용하고, 초광역에너지망을 구축하는 계획이다. 호남RE300은 2050년까지 추가로 재생에너지 200%를 생산해 타 지역 및 국가로 수출하는 구상이다. '호남RE300'은 광주와 전남·북 520만 시·도민이 에너지 자립과 초과 판매분에 대한 이익을 공유하는 에너지경제공동체로 호남이 모색해 온 새로운 미래 비전을 담고 있다. 목표가 달성되면 증세 없는 주민복지도 가능해진다. 호남이 신재생에너지 공급기지가 되면 기업들이 스스로 찾아오게 된다. 또한 호남RE300이 현실이 되면 우리 광주의 에너지 자립도시 문제는 자연적으로 해소되게 된다.

'호남RE300' 성공의 핵심 조건은 초광역 에너지망(에너지고속도로) 구축이다. 재생에너지 전원공급망과 저장 수단이 부족한 상황에서 재생에너지 설비 확대에만 치중하면 제주도 사례처럼 기존 전력망이 수용할 수 있는 발전 출력량을 초과해 결국 발전을 제한할 수 밖에 없다. '호남RE300'에는 재생에너지 전원 확대와 초광역에너지망 구축 등을 위해 200조가 넘는 막대한 예산이 소요되므로 대통령 선거 공약사업 반영을 추진하고 있다.

핵심성과 13

광주 최초로 경제자유구역 지정 및 광주경제자유구역청 개청

요 약

- 2020년 6월, 4개 산단(빛그린산단, 에너지밸리 일반산단, 에너지밸리 도시첨단 국가산단, 첨단3지구)이 경제자유구역으로 지정
- 기대효과 : 생산유발효과 10조 3,641억원, 부가가치 유발효과 3조 2,440억원, 국내기업 투자유치 1조 4,626억원, 외국인 투자유치 1억 3천불, 지역일자리 창출 5만 7천개

(1) 1호 공약 : 광주경제자유구역 지정

우리 광주는 정의로운 역사를 가졌지만 상대적으로 산업발전이 더뎠다. 특별한 자원도 없고, 지리적으로도 한반도 남녘에 위치해 접근성이 좋지 않을 뿐만 아니라 강성 이미지를 지닌 정치도시로 인식되어 기업이나 투자가들이 선호하는 도시가 아니었다.

나는 산업불모지라 불릴 정도로 산업기반이 약했던 우리 광주를 돈과 사람 그리고 기업이 몰려오는 산업평화 경제도시로 만들기 위해서는 '경제자유구역 지정'이 반드시 필요하다고 판단했다.

그래서 광주시장 예비후보시절 '경제자유구역 조성사업'을 핵심공약으로 내걸었다. 당시 정부는 경제자유구역 추가 지정에 대해 부정적이었

으므로 많은 사람들이 이 공약 실현이 어려울 것으로 전망했다. 그러나 치밀한 준비와 적극적인 노력 끝에 2020년 6월, 광주 역사상 최초로 경제자유구역 지정 성과를 거두었고, 2021년 1월 광주경제자유구역청이 개청하여 본격적인 업무를 시작했다.

(2) 마침내 3개지구 4개산단이 경제자유구역으로 지정 (2020년 6월)

2019년 1월 광주경제자유구역 지정을 위한 개발계획 수립 용역을 시작으로 경제자유구역 전문가 포럼 개최와 경제자유구역 지정관련 사전컨설팅 수행 등을 통해 각계각층의 전문가 의견을 수렴하는 절차를 거쳤다.

2019년 9월 30일 산업통상자원부에 빛그린산단(광주지역), 에너지밸리 일반산단, 에너지밸리 도시첨단국가산단, 평동3차산단, 첨단3지구산단 등 5개 지구에 대한 '경제자유구역 조성' 지정을 신청했다. 다만 광주전남과 공동으로 경제자유구역 지정을 추진하려고 했으나 전남이 반대하여 빛그린산단 함평지역은 제외되어 아쉽다.

2019년 11월 20일, 경제자유구역 지정을 위한 평가위원들은 우리 시가 제출한 5개 지구에 대한 현장을 방문했고, 시장인 내가 직접 평가 현장을 찾아 평가위원들에게 경제자유구역이 우리 150만 광주시민의 숙원사업임을 진정성 있게 설명했다.

이후 11월 28일 광주경제자유구역 지정을 위한 마지막 관문인 산업통상자원부 프리젠테이션에도 직접 참석해 다시 한번 광주경제자유구역 지정의 당위성을 상세하게 설명했다. 후담이지만 현장실사에 이어 발표 및 평가현장까지 광역자치단체장이 직접 참석해 이토록 열정을 보인 것은 내가 유일했다고 한다.

2019년 끝자락, 손꼽아 기다렸던 소식이 도착했다.

12월 27일 빛그린산단, 에너지밸리(일반산단, 도시첨단국가산단), 첨단3지구 등 광주지역 4개 산단이 산업통상자원부로부터 경제자유구역으로 예비 지정됐다.

그리고 마침내 2020년 6월 3일 경제자유구역 최종 발표가 났다. 광주 역사상 처음이다. 2019년 1월 개발계획 수립을 위한 용역을 시작한지 1년 6개월 만에 이룬 성과였다. 그동안 우리 공직자들 모두가 경제자유구역 지정을 위해 혼신의 힘을 쏟았던 터라, 결과가 더욱 기쁘게 다가왔으며 광주발전의 양 날개인 광주형 일자리와 인공지능 사업이 더 좋은 환경 속에서 탄력 받을 수 있게 됐다.

광주경제자유구역은 생산유발효과 10조 3,641억원, 부가가치 유발효과 3조 2,440억원, 국내기업투자 유치 1조 4,626억원, 외국인투자유치 1억 3천불, 지역일자리 5만 7천여 개 창출될 것으로 전망된다.[53] 사람과 기업과 돈이 몰려오는 광주실현의 꿈에 또 한발 크게 다가섰다.

경제자유구역에 투자하면 조세감면과 규제완화 등의 혜택이 주어질 뿐만 아니라 투자 전담기구인 광주경제자유구역청에서 적극적인 투지 유치와 효율적인 지원을 하게 되어 일자리 창출은 물론 지역경제에 활력을 불어 넣는 계기가 되고 있다.

<광주경제자유구역 3개 지구 4개 산단>

3개 지구 구분	미래형자동차 산업지구	스마트에너지 산업지구		AI 융복합지구
		I	II	
4개 산단	빛그린국가산단 (광산구)	에너지밸리 일반산단 (남 구)	도시첨단국가산단 (남 구)	첨단3지구 (북구, 광산구)

53 광주경제자유구역 개발계획(2019)

구분 \ 3개 지구	미래형자동차 산업지구	스마트에너지 산업지구		AI 융복합지구
		I	II	
면적 (4.371㎢, 132만평)	1.847㎢ (56만평)	0.932㎢ (28만평)	0.486㎢ (15만평)	1.106㎢ (33만평)
주요 사업	GGM 자동차공장 완공	한국전력 및 에너지 관련 기업들과 연계하여 스마트그리드 및 에너지 효율 제고 사업 집중 육성		우리나라 최초 인공지능산업 융합 집적단지 조성 중

(3) 광주 경제자유구역청의 산업지형 변화 역할 기대

초대 경제자유구역청장은 공모에 의해 투자전문가인 김진철 청장을 임명하고 2021년 시작과 함께 업무를 시작했으며, 1월 27일 성윤모 산업통상자원부장관 참석하에 개청식을 가졌다.

현재 광주는 외국인 투자의 불모지에서 글로벌 신산업거점으로 산업지형이 바뀌고 있다. 프랑스대사, 독일대사, 노르웨이 대사 등 주한외국공관과 미국, EU 등 주한상공회의소에서 광주의 산업환경 변화에 높은 관심을 보이며 줄이어 방문하고 있고 세계적자동차 인증기관인 독일의 데크라, S/W 선도기업 다쏘시스템, 컴퓨팅 선도기업인 엔비디아 코리아 등 많은 외국 기업 및 전문가들이 광주를 방문하여 협업체계를 구축하고 있다.

광주의 경제자유구역이 매력적인 투자처로서 부상하고 있는 것이다. 광주 경제자유구역청은 씨뿌리는 농부의 마음으로 광주의 풍요로운 미래의 결실을 위해 외국계 글로벌 기업 및 강소기업을 타겟팅하여 국제포럼과 해외 전시회·박람회 참가 등 다양한 투자유치활동을 전개하고 있다.

핵심성과 14 광주역·광주송정역·상무지구 일원이 도시재생을 통해 대변신

요 약

- 광주역 일대 : 3대 메가사업을 통해 '호남권 최대 창업단지'로 변신
- 광주송정역 일대 : KTX투자선도지구로 지정되어 산업·업무·주거 융복합지구로 조성 중, 송정역 주차장 확충 및 선상역사 증축 추진
- 상무지구 : 도심융합특구로 지정되어 제2테크노밸리로 조성 중, 광주 대표도서관 건립, 국제적 수준의 광주컨벤션센터 신축

과거 도시성장의 중심축이었던 광주역, 호남 최대의 관문인 광주송정역, 그리고 행정·경제·금융의 중심지로 도약하고 있는 계획도시 상무지구 일원이 도시재생을 통해 광주의 새로운 혁신거점으로 변신 중이다.

(1) 광주역 일대의 '화려한 부활'

광주역 일대는 오는 2025년까지 1조 2천억원 이상을 투자해 경제기반형 도시재생 뉴딜사업, 도시재생 혁신지구 국가시범사업, 그리고 민간복합개발사업 등 소위 3대 메가사업을 통해 '호남권 최대 창업단지'로 변신한다.

광주역 일대는 과거 사통팔달의 교통 요지이자 도시성장의 중심축이었지만 공공기관들이 이전하고 KTX가 광주송정역으로 일원화되면서

쇠퇴의 길을 걸었다.

하지만 2025년쯤 광주역은 그간의 침체에서 벗어나 그 명성을 되찾고 사람과 기업이 몰려오는 혁신 거점이 될 것이다.

3대 메가사업 중 경제기반형 도시재생 뉴딜사업은 2024년까지 총사업비 2,633억원을 투입하는 대규모 프로젝트이다. 침체된 광주역 일원을 되살리기 위해 창업 및 기업성장지원 시설 건립, 창업자 주거지원, 녹지 및 환경개선, 주거·상업·유통·업무 등 지역 거점시설을 조성하는 내용으로 추진 중이다.

특히 지역 소상공인의 경쟁력 향상과 도심형 제조산업 지원을 위한 시설로 이 사업의 마중물이 될 '어울림팩토리'는 2021년 8월에 준공되었다. 20억원이 투입되어 광주역 인근 지상 4층, 연면적 542㎡ 규모의 유휴건물 리모델링을 통해 지역 소상공인 및 스몰 비즈니스 창업자 입주공간으로 활용하고 있다.

경제기반형 도시재생 뉴딜사업의 또 다른 사업인 '빛고을 창업스테이션'은 예비창업자와 초기창업자를 육성하기 위한 핵심사업으로서 2021년 10월 1일 착공하였다. 총사업비 350억원을 투입해 광주역 수화물 주차장 내 부지 5,500㎡에 연면적 8,950㎡, 지상 5층 1동 규모로 건립되며, 1~3년차 초기 창업·중소벤처기업을 위한 입주 및 보육공간과 다목적홀, 코워킹스페이스, 교육공간, 복합문화공간 등이 조성된다. 더불어 창업기업들의 밀접 지원을 위한 창업지원 혁신기관 입주사무실과 유망 기업을 발굴·육성하는 프로그램과 문화시설 등이 지원된다.

두 번째 메가사업으로 도시재생 혁신지구는 광주역 후면 1만 4,000㎡(4,235평)에 향후 5년간 총사업비 1,688억원을 투입해 그린, 디지털, 스타트업 중심의 창업·혁신기업을 집적화하는 사업으로 2021년 7월 국가시범지구 공모사업에 선정됐다. 도시재생 혁신지구 사업은 2025년까지 ▲3~7년차 창업기업 R&D고도화 지원시설인 복합허브센터 ▲5~10년차 선배 창업기업 입주공간으로 벤처기업의 규모화·글로벌화를 지원하는 기업혁신성장센터 ▲사회적경제 기업 플랫폼과 문화복합공간인 사회문화혁신센터를 차례로 구축해 호남권 최대 창업단지로 조성하고, 나아가 TIPS(Tech Incubator Program for Startup)디운으로 확대하게 된다.[54] 또한 혁신지구 내에 광주그린스타트업 타운이 조성된다. 2021년 5월 13일 중소벤처기업부 주관으로 시행한 '그린 스타트업 조성사업'에 우리 시가 대구, 부산과의 경합에서 최종 선정되었다.

세 번째 메가사업으로 광주역 구내 철도시설 이전 및 재배치를 통해 확보될 공간에 코레일과 공동으로 복합개발 사업을 추진한다. 민간복합개발사업은 2025년까지 광주역 부지 20만㎡에 7,493억원의 민간자본을 투자해 유통·소비·주거·업무가 복합된 역세권으로 개발하는 것이 핵심이다.

광주역 일원 개발에 따라 2조원의 생산유발효과와 1만 6,000개의 새로운 일자리가 만들어질 것으로 전망되며, 광주역은 도시철도 2호선, 달빛고속철도, 경전선 전철화사업을 통해 '찾아오는 광주'의 또 다른 대표 관문이 될 것이다.

(2) 국토서남권의 관문 광주송정역 'KTX투자선도지구'로 선정

광주송정역 일대는 국토교통부의 공모사업에서 '광주송정역 KTX지역 경제거점형 투자선도지구'로 2021년 2월 최종 지정고시되어 체계적

54 TIPS : 세계시장을 선도할 기술 아이템을 보유한 창업팀을 집중 육성하는 민간투자 주도형 기술창업 지원 프로그램

인 개발이 이루어진다. 광주송정역 인근이라서 준수도권에 버금가는 접근성을 확보하고 있어 우리 시는 이 일대를 산업·업무·주거 등의 융복합지구로 조성할 계획이다.

광주송정역을 중심으로 한 구역1(3만 1,778㎡)은 KTX광주송정역 일대의 종합적인 교통 및 환승체계 등 기반시설을 개선해 이용자의 편익을 증진하고 국토서남권 광역교통의 허브기능을 수행토록 육성한다.

광주송정역 후면의 구역2(52만 8,649㎡)는 빛그린산단과 연결하는 자동차산업 연구·지원시설, 주거, 상업 융복합단지를 조성한다.

국토교통부의 KTX투자선도지구 사업 지정·고시에 따라 기본 및 실시계획 수립 및 승인 절차 등을 거쳐 2022년 토지보상, 2025년 준공을 목표로 하고 있다.

또한 광주송정역은 주차장과 교통난 등 그동안의 시민 불편을 해소하기 위해 2021년 6월 21일부터 대형 주차빌딩을 신축하고 있다. 기존 4배 규모로 확장 (7층 1,580면)되며 2022년 10월에 공사가 마무리될 예정이다. 공사기간 동안은 시민 불편을 최소화하기 위해 광주송정역 인근 6개소에 지금보다 많은 임시주차장을 설치해 운영하고 있다.

이와 더불어, 호남고속철도 개통 이후 3배 이상 이용객이 급증한 광주송정역의 이용 불편 해소를 위해 광주송정역 선상역사 증축사업을 정부에 지속적으로 건의한 결과 120억원의 국비를 신규 반영시켰다. 국토교통부에서 2021년 12월 4일 광주송정역 설계 공모를 마쳤으며, 앞으로 설계용역 추진 등 조기 증축을 위해 함께 노력해 나갈 것이다.

우리 시는 광주송정역 KTX투자선도지구 지정과 더불어 광주송정역 증축을 통해 광역 고속교통망을 통한 접근성을 확보하여 상업·업무·문화 등의 복합기능을 도입하고, 주변 도심재생과 연계한 도시환경정비로 원도심의 활력을 증진하는 등 광주송정역 일대를 국토서남권 중심역에 걸맞게 육성할 계획이다.

(3) 상무지구는 제2테크노밸리 꿈꾼다

상무지구는 우리 시의 행정·경제·금융의 중심지이다. 특히 광산구 외곽까지 도시가 확대 성장하면서 도심 중의 도심이 되었다. 이런 상무지구가 정부의 도심융합특구로 지정되고 각종 특화된 사업이 추진되면서 대변신을 하고 있다.

2020년 12월 국토교통부의 '도심융합특구 선도사업지'로 최종 선정되어 2025년까지 삶과 일 그리고 여가가 연계된 복합 인프라를 갖춘 특구로 조성된다. 상무지구 마륵동·치평동 일원 85만㎡에 판교 제2테크노밸리의 모델을 적용해 기업과 청년들에게 매력적인 복합혁신공간을 조성한다. 정부가 추진하는 주요 공간정비 사업을 집적하고 일터, 삶터, 놀이와 배움의 터전이 결합된 혁신적인 복합공간을 마련하게 된다. 우리 시는 2021년 6월 28일 '도심융합특구 기본계획 수립 및 사업타당성조사 용역' 계약을 체결하고 용역에 착수했다. 이어 2022년 초 기본계획 수립을 완료하고 기본 및 실시계획 수립 및 승인 절차 등을 거쳐 2023년 토지보상, 2024년 착공할 예정이다.

이 사업은 미래 성장산업 생태계 조성을 통해 새로운 혁신 일자리 1만 개를 창출하고 라이프스타일 맞춤형 정주환경을 조성하며, 미래를 대비하는 스마트 그린환경 조성, 도전이 일상화되는 혁신 거점 조성을 목표로 한다.

먼저 2025년까지 창업·성장·벤처·소통·교류의 공간과 혁신기업·글로벌 공간을 조성한다. '창업·성장·벤처·소통·교류의 공간'은 공공이 선도 추진하는 창조경제 생태계 집적 공간과 창업기업 성장지원, 벤처, 스타트업 육성 공간으로 구성되며, 기업지원허브, 기업성장센터, SW드림센터, ICT융합센터, 글로벌BIZ센터 등의 지원시설이 들어설 예정이다.

'혁신기업·글로벌공간'은 혁신형 기업의 미래기술 선도 공간, 수도권 선도기업 이전 및 창업성공 기업 등 앵커기업 입지 공간, 선후배 기업의 멘토링, 컨설팅, 기술트렌드, 오픈 아카데미 공유 공간 등이 들어선다.

특히 수도권 이전 기업에는 기업 이전 지원금을 제공하고 도심융합특구 내 창업 기업에는 사업화 자금 등을 지원하며, 법인세, 재산세, 취득세 등 세제 혜택도 제공하게 돼 기업하기 좋은 여건이 조성된다.

또한 상무소각장 일대는 복합문화시설로 재탄생하고 있다. 국제공모를 거쳐 설계 중인 광주대표도서관이 2023년 완공을 목표로 2022년 초 착공하고 舊 공장동은 문화체육관광부 유휴공간 문화재생사업을 통해 문화시설로 변신한다.

우리 시 대표 공연인 국악상설공연이 진행되는 광주공연마루와 함께 상무시민공원 '에너지파크'가 2021년 9월 개관하여 상무지구가 복합문화지구로도 자리매김하고 있다.

<광주 에너지파크>

에너지 신기술을 전시·체험·교육할 수 있는 에너지파크가 2021년 9월 광주 상무시민공원에 문을 열었다. 에너지파크는 광주시와 한전이 함께 만든 에너지 체험공간으로, 한전이 사업비 투자와 전시관 등 시설물을 건립했으며, 광주시는 부지 제공과 유지·관리 업무를 맡고 있다.

에너지파크는 2045년 탄소중립 에너지 자립도시 실현을 선언한 광주의 상징적 공간이자 지속가능한 미래로 연결해주는 통로역할을 할 것이다. 특히 미래 에너지의 중요성을 알리고 에너지에 관한 시민의식 강화를 위해 에너지전시관과 에너지를 주제로 하는 외부전시물로 조성한 에너지 전시, 체험, 교육 공간으로, 시민 누구나 무료로 이용 가능하며, 에너지 관련 주제나 아이디어를 공유하고 의견을 교환할 수 있는 '에너지 사랑방' 역할도 수행한다. 시민들은 이해하기 어려운 분야인 에너지에 대한 정보와 지식을 쉽게 접할 수 있어 탄소중립 에너지의 필요성을 공감하고, 나아가 '내가 사용하는 전기는 내가 만들어 쓰는' 에너지 전환의 주체로 인식하게 될 것이다.

에너지파크에서는 태양광, 풍력에너지, 수소연료전지 등 미래 신재생에너지를 체험하며, 스마트홈 AR 체험, 드론, 자율주행 모형자동차 등을 통해 자연스럽게 인공지능 스마트 에너지를 접할 수 있다.

또 상무시민공원에는 생활밀착형 국민체육센터도 건립 중이다. 상무시민공원은 많은 시민이 즐겨 찾는 광주 생활체육의 요람이지만 조성된 지 20년이 지나 시설 부족 등 이용에 어려움이 많다. 생활밀착형 국민체육센터 신축은 시민들의 건강증진에 큰 도움이 될 것이다.

그리고 소각장 인근의 나대지에는 청년, 신혼부부, 아이들을 가진 부모들을 위한 광주형 평생주택 건립사업이 본격적으로 추진 중이다. 장기공공임대주택으로서는 전국 최초로 중형평형(전용 85㎡ 이하)을 포함하고 국공립어린이집, 생활문화센터 등 다양한 각종 생활 SOC를 갖춘 광주 평생주택은 무주택 시민들에게 희망을 안겨줄 것이다.

또한 상무지구 일대가 2018년 8월 문화체육관광부로부터 '김대중 국제회의복합지구'로 지정받아 국제회의 인프라가 집적됨으로써 MICE 산업 경쟁력이 더욱 향상될 것이다. 특히 광주 MICE 산업을 대표하고 광주의 랜드마크가 될 국제적 수준의 광주컨벤션센터 건립을 추진하고 있다.

또한 광주공공의료원이 서구·광산구 경계인 상무지구 도심융합특구에 사업비 1,500억원 투입해 350병상 내외로 건립된다.

2021년 4월에는 어르신들의 최대숙원이었던 '광주광역시 노인회관'

이 상무지구에 신축 개관했다. 대한노인회 광주시연합회를 비롯해 노인일자리지원센터, 노인취업지원센터, 경로당광역지원센터 등이 입주해 있는 어르신 복지 서비스의 구심점이다.

핵심성과 15

2019 광주세계수영선수권대회를 역대 가장 성공적 대회로 개최

요 약

- 191개국에서 1만 2,821명이 참가해서 역대 최다 참가국, 최다 참가 선수 신기록을 세웠다.
- 세계수영연맹(FINA) 평가 : 최고수준의 경기장과 선수촌, 수준 높은 경기운영 등 역대 가장 성공적인 대회
- 턱없이 부족한 예산, 북한 불참, 국내 스타선수 부재라는 악조건 속에서 '저비용 고효율 국제대회'의 이정표를 세웠다.
- 자원봉사와 시민서포터즈, 대회 마스코트 수리 달이, BTS가 출연한 슈퍼콘서트 역시 대회의 성공적 개최에 크게 기여했다.

(1) '저비용 고효율 국제대회'의 성공모델이 되다.

2019년 여름, 수영의 불모지나 다름없는 우리 광주가 세계 수영의 역사를 새롭게 썼다. 7월 12일부터 8월 18일까지 31일간 이어졌던 '광주세계수영선수권대회'는 191개국에서 1만 2,821명[55]이 참가하여 역대 대회 중 최다 국가 참가,[56] 최다 참가선수 신기록을 세웠다.[57]

---

55 • 선수권대회 참가 : 191개국 7,456명(선수 2,518명, 임원 1,534명, 심판 204명 / 방송미디어 1,928명 / FINA 관계자 등 1,272명)
 • 마스터즈 대회 참가 : 84개국 5,365명(선수 4,013명, 임원 193명, 심판 309명 / 방송미디어 102명 / FINA 관계자 등 748명)

56 과기 최대 참가국 대회는 2015년 러시아 카잔대회로 184개국 참가 / 과거 최다

또한 최고 수준의 선수촌과 경기장 그리고 경기운영을 통해 세계신기록 10개, 대회신기록 17개, 한국신기록 5개 등 명승부와 진기록이 쏟아진 풍성한 대회였다. 특히 6개 종목(경영, 다이빙, 수구, 아티스틱 수영, 오픈워터 수영, 하이다이빙)[58]에 2020년 도쿄올림픽[59] 출전권의 43%가 배정돼 있어서 선수들에게는 더 큰 의미 있는 대회였다.

지구촌 전 세계에서 10억 9천만 명이 TV를 통해 대회를 시청했고, 국내·외 SNS를 통한 노출 건수만 7억 회 이상을 기록했다. 또한 기존시설을 최대한 활용함으로써 개최 후 시설 사후관리상의 문제도 없었을 뿐만 아니라 적은 예산에도 불구하고 놀랍게도 159억원의 운영 흑자도 창출했다. 그리하여 '저비용 고효율'의 성공모델[60]을 완성하여 국제대회의 모범이 되었다.『턱없이 적은 예산, 국내 스타선수 부재, 북한 불참』이라는 삼중고에 직면했지만, 광주시민들의 적극적인 참여와 성숙된 시민의식, 특히 3천여 명의 자원봉사자와 1만 2천여 명의 서포터즈의 헌신적인 봉사가 대회 성공의 큰 동력이 됐다.

세계수영연맹(FINA)도 "최고 수준의 경기장과 선수촌, 수준 높은 경기운영 등으로 풍성한 신기록이 쏟아져 나오는 등 역대 가장 성공적인 대회"라고 평가했다. 세계 속에 광주다운 멋과 광주인의 저력을 한껏 보여

참가선수 대회는 2009년 이탈리아 로마대회 2,438명

57 대회기간 31일 : 선수권대회 7. 12. ~ 28.(17일간) 국가대표 선수 참가 / 마스터즈 대회 8. 5. ~ 8. 18.(14일간) 25세 이상 수영동호인 선수 참가

58 6개 종목 개최장소 : 경영 다이빙은 남부대시립국제수영장 / 수구는 남부대 수구경기장(임시풀) / 아티스틱 수영은 염주종합체육관(임시풀) / 하이다이빙은 조선대 하이다이빙 경기장(임시풀)/오픈워터수영은 여수엑스포 해양공원

59 코로나19로 인해 2020년에 개최예정이던 도쿄 올림픽은 2021년에 개최되었다.

60 총사업비가 2,036억원으로, 평창동계올림픽의 5.2%, 2011대구육상대회의 62% 수준. 주경기장은 기존시설을 활용하고 부족시설은 임시시설로 구축해 사업비 절감 및 사후운영 문제 해소, 선수촌은 도심재생방식으로 구축해 예산절감

주었던 대회였다.[61]

우리나라는 1988년 서울올림픽을 시작으로 2002년 월드컵, 2011년 대구 세계육상선수권대회, 2018년 평창동계올림픽을 성공적으로 치러냈고, 2019년에 광주세계수영선수권대회까지 광주에서 성공적으로 개최하면서 독일, 일본, 이탈리아에 이어 세계 5대 메가스포츠를 모두 개최한 4번째 국가가 됐다.

세계수영선수권대회는?

세계수영선수권대회는 세계수영연맹(FINA)이 주관하는 대표적인 국제경기대회로 수영을 통해 세계인들의 우호를 다지고 나이, 성별, 인종 등과 상관없이 수영의 저변 확대에 목적을 두고 있다. 1973년 유고슬라비아 베오그라드에서 열린 1회 대회를 시작으로 제18회 광주 수영대회에 이르기까지 명실상부한 최고 권위의 수영대회로 자리매김했다.

우리 시는 2012년 10월 FINA에 유치의향서를 제출한 이후 유치활동이 본격화됐다. 2013년 초 FINA가 스위스 로잔에서 주최한 유치 설명회에는 4개국이 참여했다. 마침내 2013년 7월 19일 스페인 바르셀로나에서 열린 FINA뷰로회의에서 광주가 2019년 제18회 세계수영선수권대회 개최도시로 최종 확정됐다.

당시 2015년 광주U대회 개최를 2년 앞두고 있어 메가 이벤트를 동시에 기획하고, 조직화해 나가는 일이 좀처럼 쉽지 않아 조직위원회의 발족은 2015년 광주U대회가 끝난 이후로 미뤄졌다. 2016년 9월 35명 규모의 조직위원회 사무국이 출범하면서 대회 준비가 조영택 사무총장을 필두로 본격화됐다. 사무국은 현장준비 체제 전환까지 3단계 조직 개편을 거치면서 최대 200명까지 확대

61 FINA회장 : 선수촌은 살고 싶을 정도로 시설이 잘 돼 있고 경기장도 최고 / FINA 사무총장 : 여러국가 많이 다녀봤지만 모든 시설이 이렇게 잘 돼 있는 곳은 없었다. / 언론 : 저비용 고효율 성공모델 제시, 외형보다 실속(국내 3대 통신사), 역대 최대규모 신기록 풍년, 세계 수영사 한 획(국내 스포츠 전문지)

됐다. 대회 개최 1년 전부터는 국무조정실과 문화체육관광부 등 14개 정부부처, 광주광역시, 조직위원회가 대회 준비 협조체계를 구축했다.

(2) 3대 악조건을 극복하라!

내가 2018년 7월 시장으로 취임할 때만해도 광주세계수영선수권대회는 개최 자체가 어려울 정도로 최악의 상황이었다. 특히 턱없이 부족한 예산, 북한 불참, 국내 스타선수 부재라는 3대 악조건을 극복하는 것이 최대 과제였다.

1) 예산 확보에 비상, 저비용 고효율 대회 지향

광주수영대회는 정부와 개최도시인 광주시가 총사업비 협약을 체결(2017. 5. 29.)한 최초의 국제대회였다. 협약 골자는 대회 총사업비 규모를 확정하고 향후 추가적인 소요 비용은 개최도시가 부담한다는 것이다. 협약체결 자체부터 내용까지 모두 불공정한 것이었다. 대회 유치당시 박근혜정부로부터 밉보인 결과였다. 2013년 대회 유치 당시 중앙 정부와 이견으로 인해 중앙정부 특히 문체부는 광주세계수영선수권대회에 대해 매우 부정적 입장이었다. 내가 오기 전에 이미 정부와 광주시간 맺어진 협약에서 국비예산규모(1,697억원)가 확정되어 있어 이를 늘리는 것은 매우 힘든 작업이었다.

발등에 불이 떨어졌다. 협약서에 규정된 1,697억원으로는 도저히 대회를 치를 수 없었다. 이미 중앙정부와 협약을 체결해 약속한 예산을 대회를 1년 앞 둔 시점에 증액한다는 것은 사실상 어려운 일이었다.

정부는 이미 맺은 '대회개최 협약서'를 근거로 추가 국비 증액 불가를 고수했지만, 나는 대회 개최가 임박한 2018년 말까지 사업비 증액에 집중했다. '정부의 적극적인 지원 없이는 대회가 성공할 수 없다'며 정부를 설득했고, 정치권에는 여야를 막론하고 초당적 협력을 통해 예산을 증액해 줄 것을 요청했다.

이에 따라 2019년 6월까지 3차례 조정과정을 거쳐 가뭄의 단비와도 같은 국비 339억원을 추가로 확보 해 총 2,306억원으로 대회를 치루어 냈다. 하지만 전체 사업비가 평창올림픽의 5.24%, 2014 인천아시아게임 대비 11%, 2015 광주U대회 대비 36.3% 수준에 불과했다. 그래서 우리 시와 조직위원회는 입장권 판매, 대회 마케팅을 통한 휘장 사업 등 다각적인 수입확보에 힘을 기울였다.

다른 한편으로는 저비용 고효율대회가 되도록 비용절감과 운영의 효율화를 지향했다. 새로운 경기장을 신축하지 않고 기존 경기장의 리모델링과 임시 시설을 이용하여 시설비를 절감했으며 운영비 또한 유사규모의 국제대회에 비해 가장 적은 예산이 투입됐다. 선수촌은 노후화된 도시환경 개선과 대회 재정부담 최소화 차원에서 오래된 아파트를 재건축하여 제공해 선수들의 아늑한 쉼터 구실을 톡톡히 했다. 운영비는 3천여 명의 자원봉사자와 1만 2천여 명의 시민서포터즈의 헌신적인 봉사를 통해 최소화했다. 나눔과 연대의 광주정신이 또 한 번 빛을 발한 순간이었다.

그 결과 광주수영대회는 국내에서 개최된 역대 국제대회 중에서 가장 적은 비용을 들여 가장 효율적 대회로 마무리했다는 긍정적 평가를 받았다. 그야말로 저비용 고효율 대회의 이정표를 세웠다. '저비용 고효율' 대회의 성공모델은 이후 국제대회를 준비하는 다른 도시에서 벤치마킹할 정도였다.

2) 기다리고 기다렸지만, 끝내 북한 선수단 대회 불참

2019 광주세계수영선수권대회는 세계 유일의 분단국가인 대한민국에서 개최되는 것인 만큼 화합과 평화가 최대 과제였다. 따라서 대회 슬로건도 'Dive Into Peace'(평화의 물결 속으로)로 내걸었다. 지구촌의 평화와 화합을 기원하는 지상 최대 축제에 우리 남과 북이 함께하는 모습을 전 세계에 보여주는 것이 최대 과제였고 여기에 많은 열정을 쏟았다.

2018년 7월, 2019광주세계수영대회 D - 1년 성공기원 KBS 열린음악회에서 나는 "평창동계올림픽이 평화의 물꼬를 튼 대회였다면, 세계수영선수권대회는 평화의 물결이 넘실대는 대회가 되도록 하겠다"는 특별한 각오를 밝혔다.

2018년 12월 제5회 FINA 월드 아쿠아틱스 갈라 행사차 중국 항저우를 방문했을 때 세계수영(경영)선수권대회 결승전 관람석에서 북한 수영대표 단장과 감독, 선전부장, 선수들을 만났다. 이들에게 우리 기념배지를 달아주며 2019년 광주에서 꼭 다시 만나자고 약속했다. 중국 출장 내내 FINA관계자들과 세계 언론들, 수영선수들까지도 2019년 수영대회의 북한 선수단 참가 여부가 초미의 관심사였다.

2018년 평창동계올림픽을 시작으로 남북정상회담과 북미정상회담에 이르기까지 남북 관계가 호전된 만큼 우리 광주도 큰 희망과 기대를 안고 대회 준비에 만전을 기했다. 통일부와 문화체육관광부를 통해 북한 선수단, 응원단, 예술단의 참가를 요청했고, FINA에서도 북한 선수단의 참가비용과 중계권을 부담하겠다며 적극 나섰다.

2019년 2월 15일 문화체육관광부 장관을 통해 북한 체육상에게 내 명의의 초청서한을 전달했다. 대회 D - 50일이었던 5월 24일 국제수영연맹과 함께 북한 참가를 거듭 요청했다. 선수권대회 참가등록 마감일인 6월 12일까지 얼마 남지 않은 상황에서 북한 참가가 매우 불투명해지고 있었지만, 희망의 끈을 놓지 않았다. 2018년 평창동계올림픽 때처럼, 우리는 '반드시 올 것이다'는 기대와 믿음을 갖고 기다렸고 북한 참가를 위해 모든 준비가 끝난 상황이었다.

6월 30일 남·북·미 정상이 판문점에서 만나는 장면이 전 세계에 생중계되면서 광주세계수영대회에 북한 선수단이 참가 할 수 있을 것이라는 희망이 생겼다. 남·북·미 정상의 판문점 만남이 성사된 후 가장 많이 받은 질문이 "이번 수영대회에 북한이 참가합니까?"였다. 판문점에서 시작된 대화의 물꼬가 한반도 전역을 타고 7월 12일 광주에 도달하길 광주시민과 함께 간절히 바랐다.

나는 이런 간절함을 전하기 위해 7월 1일 김정은 국무위원장에게 북한 수영대회 참가를 정중히 요청하는 기자회견을 가졌고, 7월 3일에는 150만 광주시민 모두가 한뜻으로 한마음대회를 개최해 남과 북의 교류와 소통이 광주수영대회를 계기로 다시 시작되고 더욱 공고해지길 염원했다.

7월 3일 경기엔트리 마감까지 여러 경로를 통해 북한 참여를 요청했지만 결국 북한은 아무런 답도 없이 불참했다. 참으로 유감이고 안타까웠다. 나는 북측선수단의 참가를 단순히 광주수영대회 성공을 위해서가 아니라, 한반도 평화와 공동 발전의 길로 나아가는 소중한 디딤돌이기에 절실히 요청했던 것인 만큼 아쉬움이 컸다.

3) 국내 스타선수 부재 : 온·오프라인을 넘나드는 적극적 홍보 집중

광주수영대회의 전국적 관심을 끌어올리기 위해서는 개최국인 국내 스타선수 참여가 절실했다. 하지만 우리나라를 대표하는 마린보이 박태환 선수의 불참으로 대회 흥행에 빨간불이 켜졌다.

그렇다고 손 놓고 있을 수는 없었다. 온·오프라인 투트랙 홍보에 집중했다.

우선 페이스북, 인스타그램, 트위터, 블로그, 유튜브는 물론 웨이보와 아메바 등 특정 국가들을 대상으로 한 12개 채널에 165,700명의 구독자를 확보해 대회 준비 사항을 비롯해 운영, 소식 등을 실시간 공유했다.

특히, SNS 기자단과 파워블로거, 온라인 서포터즈 등 온라인 홍보단은 광주 곳곳을 발로 뛰며 대회 준비와 광주의 관광 소식을 전하는 메신저 역할을 했다. 300명의 온라인 홍보단이 생산한 콘텐츠는 전 세계 팔로워들에게 광주의 생생한 대회 소식을 알려 대회가 임박한 상황에서 전개된 릴레이 응원 캠페인도 큰 주목을 받았다. 마린보이 박태환 선수와 수영신예 안세현 선수, 이낙연 국무총리와 국악인 오정해씨, 그리고 수영선수 이력을 가진 배우 성훈씨가 대회 홍보대사로 열심히 뛰어주셨다.

대회 마스코트인 '수리와 달이'가 홍보에 큰 몫을 했다. 무등산 깃대종 수달을 모티브로 탄생한 수리와 달이는 귀엽고 친근한 이미지로 큰 사랑을 받았다. 수리달이는 청와대 사랑채를 비롯해 KTX서울역과 용산역, SRT수서역 등 수도권은 물론이고 부산, 영남, 인천, 대전, 세종, 제주, 전남, 광주 등 전국 주요지점 22곳에서 광주수영대회를 알렸다.

수리달이의 귀엽고 친근한 이미지에 나는 "수리달이를 옆에 두면 무슨 일이든 '술술달달 잘 풀린다'"는 의미까지 더해 홍보를 하였고 수리달이는 대회 내내 큰 사랑을 받았다. 수리와 달이 카카오톡 이모티콘은 배포 18시간 만에 71,455건 전량이 소진될 정도로 인기가 폭발적이었고 인형은 총 31,000세트가 제작됐는데, 대회 개막 이틀 만에 67%인 21,000 세트가 판매됐다.

만나는 사람마다 광주형 일자리 등 지역 현안이 수리와 달이 덕분에 술술 풀렸고 개인적으로도 감기 한번 걸리지 않았다고 수리달이 효과를 홍보하고 다녔다. 공식석상에서 건배 제의를 하거나, 기념사진을 촬영할 때도 내가 "술술~!" 외치면 남은 사람들이 "달달~!"을 외치면서 마스코트 홍보에 열을 올렸다. 실제 나는 집과 사무실 이곳저곳에 수리와 달이를 두었고 언제 어디서나 대회 조직위원장인 나와 함께 했다.

지금도 수리달이는 시청 정문 앞에서 시민들과 함께하고 있다. 나 역시 여전히 사무실과 집에 수리와 달이를 두고 있다. 광주수영대회이후 세계 스포츠대회는 코로나19로 인해 거의 모두 중단되었다. 수리달이의 효험덕분에 코로나19 오기 전에 우리는 수영대회를 성공적으로 개최할 수 있었다는 생각도 해본다. 이처럼 수리와 달이는 행운을 가져다주는 마술사라는 닉네임을 얻을 정도로 인기 '짱'인 홍보대사 역할을 톡톡히 해냈다.

수영대회 1년을 앞두고 개최한 '열린음악회', 그리고 세계적인 인기그룹 BTS가 출연한 '슈퍼콘서트'는 대회 홍보는 물론 안전하고 질서 있는 대회 개최의 바로미터가 됐다. 특히 '슈퍼콘서트'는 BTS를 비롯해 트와이스, 홍진영, 모모랜드, 엔플라잉, 투모로우바이투게더, 아이즈원, 더보이즈, 네이처, 체리블렛 등 K-POP 스타들을 보기 위해 65개국에서 1만 명의 한류 팬들에, 2만여 명의 국내 팬들까지 총 3만 명이 운집한 대형 행사였지만 단 한건의 사건사고도 없었다. 무대를 에워쌌던 뜨거운 환호와 열정이 광주수영대회를 성공으로 이끄는 강한 에너지로 되돌아왔다.

대회 기념주화도 인기가 많았다. 수리달이만은 못했지만 기념주화를 소장하려는 사람들이 참 많았다. 한국은행이 제조비를 부담하고 한국조폐공사에서 제조·판매하였다. 기념주화 앞면은 평화의 물결을 헤치며 미래를 향해 힘차게 전진하는 접영 선수의 모습을, 뒷면에는 대회 슬로건(DIVE INTO PEACE)과 대회 엠블럼을 담았다. 은 99.9% 함유된 은화 1종, 10,000장을 발행했고 사전예약접수 결과 발행량을 초과해 수량대상자를 공개 추첨까지 해야 할 정도였다.

전야제 행사로 5·18민주광장에서는 K-POP콘서트를 금남로에서는 시민화합한마당 축제를 만들어 내어 '물, 빛, 흥'이라는 주제로 시민이 참여하는 다채로운 프로그램으로 진행하였고 광주 대표 음식으로 꼽히는 상추튀김과 주먹밥이 마련된 부스는 말 그대로 '문전성시'였다.

수영대회 덕분에 모델로 데뷔하다

2019년 4월 24일

광주세계수영선수권대회 공식 유니폼이 공개된 날, 난생 처음, 서울 JW메리어트 호텔에서 개최한 패션쇼 무대에 올라 런웨이를 걸었다. 수영대회 홍보대사 박태환 선수, 배우 성훈씨와 나란히 스포트라이트를 받았다.

그 이후 대회가 끝날 때까지 나는 때와 장소를 가리지 않고 모든 행사에 공식유니폼을 입고 참석했다. 수영대회를 반드시 성공시키겠다는 나의 의지의 표현이었다. 덕분에 '단벌신사'라는 별명까지 생겼다.

(3) 개막식 그리고 뜨거웠던 경기들

2019년 7월 12일, 손꼽아 기다리던 광주세계수영선수권대회가 드디어 개막했다.[62] 문재인 대통령님을 비롯해 국제수영연맹(FINA) 관계자들, 주한 외국대사들, 정부부처 관계자들과 여야 정치권 인사들, 그리고 191개국 선수들과 임원들, 150만 광주시민들이 광주세계수영대회 성공을 기원하는 마음으로 개막식에 함께 자리해주셨다.

62 개·폐회식은 대회 주제인 '평화의 물결 속으로(DIVE INTO PEACE)'를 토대로, 미래를 향한 생명과 평화의 메시지를 전달했다. 개회식의 주제는 5·18민주광장의 분수대에서 모티브를 얻어 '빛의 분수'를, 폐회식은 아름다운 남도의 계절미와 인간의 생애주기를 결합한 '아름다운 순환'으로 잡았다.

문재인 대통령께서는 “자유와 도전과 우정이 아름답게 빛나는 대회가 되기를 바란다”는 격려의 메시지를, 훌리오 마글리오네 FINA회장은 “광주세계수영대회는 기록적인 숫자의 국가들이 참여하여 흥미롭고 멋진 경기를 전 세계에 선보일 것이다”는 대회사를 전했다. 개막식이 무르익어갈 때쯤 ‘북한 선수들이 함께 했으면 얼마나 좋았을까’하는 아쉬움이 컸다.

대회 기간동안 전국 지자체와 정부에서도 대회 성공개최에 힘을 보태며 격려 방문이 이어졌다. 최문순 강원도지사와 1,000여 명의 강원도민을 시작으로 오거돈 부산시장, 이춘희 세종시장, 권영진 대구시장, 박원순 서울시장 등 여러 지자체에서 지역민들과 함께 ‘시·도의 날’과 홍보관도 운영하며 품앗이를 넘어 국민 모두가 함께 만들어가는 성공의 역사를 써내려갔다. 박양우 문화체육관광부 장관, 유은혜 사회부총리 겸 교육부 장관께서도 함께 해주셨다.

특히, 대회가 중반으로 무르익어갈 쯤, 귀한 손님이 오셨다. 주인공은 바로 우리나라 퍼스트 레이디 ‘유쾌한 정숙씨’였다. 이런 표현이 실례인 줄 알지만 그분을 옆에서 지켜보고 있자면 ‘열정, 환희, 유쾌’ 그 자체였다. 그 기운 덕분인지 우리나라 김서영 선수가 혼영 200m결승전에 올랐다. 김정숙 여사님을 비롯해 남부대 주경기장을 가득 메운 관중들과 함께 우리는 김서영 선수의 선전을 기원하며 열정적인 응원전에 나섰다. 아쉽게도 메달은 따지 못했지만 우리는 최선을 다했고 충분히 행복했다.

남자 수구가 탄력을 받아 첫 승의 쾌거를 거두며 대한민국 수구의 역사를 써내려갔다. 비록 뉴질랜드와의 15 - 16위 결정전이었지만 선제골을 시작으로 동점과 역전을 거듭한 끝에 연장전까지 가서 17 : 16 패널티 슈팅으로 이겼다. 제8의 멤버로 함께한 우리 모두 금메달보다 빛나는 승리자였다.

전 국민의 전폭적인 응원 덕에 우리나라 선수들의 선전도 감동적이었다.

대회 이틀 만에 우리나라 김수지 선수가 다이빙 여자 1m 스프링보드 경기에서 동메달을 땄다. 우리나라 다이빙 역사 첫 메달이자 세계수영선수권대회 우리나라 선수 중에서는 박태환 선수에 이어 두 번째 메달리스트다. 나는 김수지 선수에게 동메달을 직접 수여하며 우리 선수들의 선전을 기원했다.

이어 김서영 선수의 경영 결승에 이어 우하람 선수는 다이빙에서 결승에 오르는 기염을 토했다. 이번 세계선수권대회 3m 스프링보드와 10m 플랫폼 개인전 결승 진출자에게는 올림픽 진출권이 주어진다. 이후 우하람 선수는 2020도쿄올림픽에서 한국 다이빙의 새로운 역사를 쓰며 '빛나는 4위'를 기록했다.

광주세계수영대회의 핫 이슈는 단연 '한국여자 수구'였다.

우리나라에는 여자 수구팀이 없었다. 하지만 개최국 자격으로 이번 대회 진출권을 따내면서 2019년 5월 급히 첫 공식 대표팀을 꾸렸고, 한달 반 동안의 연습을 거쳐 경기에 출전했다. 1차 헝가리전에서 0 : 64라는 완패를 기록했지만 2차 러시아전에서 '한 골의 기적'을 만들어냈다. 이어 3차 캐나다전에서는 한 걸음 더 나아가 두 골을 터트리며 우리나라 수구 역사를 새로 썼다.

나이 어린 선수들로 구성된 여자 수구대표팀은 어려운 여건에도 불구하고 세계대회 첫 골을 기록하는 등 국민들에게 진한 감동과 여운을 안겼다. 지금도 시청 시장실 복도에는 당시 환희와 감동의 순간을 기록한 액자들로 즐비하다.

이번 대회에는 915명의 미디어진이 취재 경쟁을 벌였다. 국내 133개사 577명, 해외에서는 32개국 191개사 338명이 참가했다. 취재진의 보도 활동에 필요한 최적의 환경조성에 역점을 뒀다. 남부대시립국제수영장에 위치한 메인프레스센터와 경기장마다 설치된 서브 프레스센터에는 취재기자들의 동선에 맞춰 지원시설을 배치했다. 신속한 정보전달을 위해서 세계 최고 수준의 통신서비스도 제공했다. 1,200세트의 미디어 키트를 제작해 배부했다.

미디어 라운지와 사진기자들의 작업실에 하루 300여 명의 내외신 기자들이 동시에 작업할 정도였다. 나는 우리 시 대변인실 언론담당 직원으로 구성된 '광주광역시청 언론지원단'을 파견하고 취재정보와 언론 홍보자료 등을 언론인들에게 실시간으로 제공하게 해 대회 홍보에 만전을 기했다.

대회 성공을 이끈 또하나의 주인공, 자원봉사자와 시민서포터즈

광주세계수영대회 성공 개최의 주역은 바로 자원봉사자들과 시민서포터즈이었다고 해도 과언이 아니다. 현장 곳곳에서 발로 뛰며 대회를 이끈 자원봉사자들을 비롯해, 중앙부처와 지자체에서 파견된 열정적으로 업무에 임한 지원요원, 그리고 대회 운영에 막바지 힘을 보탠 단기 요원까지.

수영대회에 투입된 인력은 총 3,726명이다. 이 중 자원봉사자는 전체 77%에 해당하는 2,867명으로 가장 큰 비중을 차지했다. 지원요원은 727명으로 19%, 단기고용요원은 4%에 해당하는 132명이었다.

자원봉사자와 더불어 우리 시에서 선발한 시민서포터즈 12,000여 명의 활약도 눈부셨다. 시민서포터즈들은 참가 국가별로 응원단을 꾸리며 공항 출·도착 영접과 경기가 열리는 날에는 경기장을 찾아 열띤 분위기를 조성했다.

경기가 없는 날에는 참가국 선수들과 광주시내 문화체험을 같이하면서 도시 홍보대사로 큰 역할을 수행했다. FINA도 이들의 활동에 대해 "광주대회에는 모든 선수들에게 '그들만의 응원단'이 있다"고 평가할 정도로 시민서포터즈의 역할은 컸다.

(4) 최고 수준의 대회시설과 선수촌

광주세계수영대회 대회시설은 기존 시설을 최대한 활용하면서 신규 시설을 지양하고, 최소한의 개·보수를 하는 방식으로 '저비용 고효율 대회' 실현에 역점을 뒀다.

주경기장인 남부대시립국제수영장은 2015년 광주U대회의 레거시로 광주전국수영대회까지 염두에 두고 다기능 수심조절장치, 대형 스테인리스 수조를 갖춘 세계최고 수준의 시설이다. 기존 3,000여석에서 11,000석으로 FINA의 좌석 기준을 맞출 수 있는 최소한의 보수작업만을 진행했다.

남부대 축구장에 조성한 수구 경기장, 조선대학교 운동장에 설치한 하이다이빙 경기장, 아티스틱 수영 경기장인 염주종합체육관도 임시수조와 임시좌석으로 FINA의 기존 좌석 수를 맞추는 방식으로 개·보수를 마무리했다.

오픈워터 수영 경기장도 바람이 적고 햇빛이 양호한 여수엑스포해양공원에 출발대와 2.5㎞ 코스 루프를 설치하고 2,095여석의 임시관람석을 설치했다. 임시시설은 철거하면 원상 복구되기 때문에 국제 스포츠대회 이후 골칫거리 중 하나인 신규시설 사후 활용의 문제를 미연에 방지하고 예산을 절감하는 이중효과를 얻을 수 있었다.

결국 FINA의 관계자들도 참가선수들이 세계기록을 갱신하는 등 훌륭한 경기가 펼쳐지자 '광주대회의 시설은 최고'라며 극찬을 아끼지 않았다.

선수촌 또한 도시환경개선과 대회 비용절감이라는 두 가지 목적을 훌륭히 충족시킨 시설이었다. 현대식 고층 아파트로 변모한 선수촌은 FINA회장과 사무총장으로부터 타 대회의 롤 모델로 손색없다는 호평을 들었다.

선수촌은 총 25개 동 1,660세대로 구성됐고 주경기장에서 자동차로 10분 걸리는 근거리에 위치해 선수들의 이동 동선을 최소화 할 수 있었다. 단지 내에는 식당, 병원, 은행 등 기본 편의시설 외에 네일아트숍, 컴퓨터 게임룸, ICT체험장 등 이색 시설을 배치해 선수들의 지친 마음을 달래 주기에 충분했다.

숙소관리는 24시간 운영의 프런트 서비스, 긴급 보수반 운영과 주기적인 린넨류 교체 및 청소를 제공했다. 의료센터의 경우 잦은 부상과 통증에 시달리는 선수들에게 치유의 공간이 됐다.

선수촌 안전은 운영기간 내내 가장 역점을 둔 사항이었다. 숙소배정에서부터 정치, 종교, 문화, 언어 등을 고려하고 각국 연맹과 사전 의견 조율을 통해 배정함으로써 행여 발생할 수 있는 국가 간 갈등의 여지를 사전에 예방했다.

또한 대회기간 선수들의 최상 컨디션을 위해 주간 비행훈련 축소, 야간 비행훈련 중지, 이륙방향 조정 등 국방부와 공군본부의 적극 협조로 전투기 소음으로 인한 문제를 최소화 했다.

선수들의 정겨운 휴식이자 미디어진의 허브센터였던 챔피언십 빌리지는 소통과 교류의 토대를 제공한 명실상부한 작은 지구촌으로 영원히 기억될 것이다.

(5) 마스터즈대회도 성공적으로 개최

세계수영선수권 대회에 이어 8월 5일부터 18일까지 84개국 6,000여 명의 수영 동호인과 함께 하는 광주세계마스터즈수영대회가 열렸다. 세계수영선수권대회는 국가 간에 치열하게 경쟁하는 대회였던 반면, 마스터즈대회는 수영 자체를 즐기는 동호인들의 축제인 만큼 대회성격에 맞게 운영과 지원체계를 재정비토록 했다.

마스터즈 대회는 8월 5일에 시작되었지만 경영 대회에 맞춰 입국하는 3,000여 명의 선수들과 함께 하기 위해 개회식은 11일 열렸다.

화려한 미디어 아트를 배경으로 광주시립국악관현악단의 연주, 국악인 박애리씨 그리고 육중완 밴드의 공연, 불꽃놀이까지 한 여름밤을 뜨겁게 달굴 무대를 준비했지만 예기치 못했던 비가 쏟아지기 시작했다. 내가 환영사를 할 때쯤은 눈앞에 있는 원고가 보이지 않을 정도로 빗방울이 굵어졌지만 그 무엇도 우리의 열정과 도전을 멈추게 할 수 없었다. 무대도, 관중석도 비에 흠뻑 젖었지만 참석자들은 축제 열기에 푹 빠져들었다. 진짜 '물의 축제'가 됐다.

마스터즈대회는 드라마보다 더 드라마 같은 현장이 연출됐다. 물속에서는 장애나 편견 없이 공정한 경기만 존재했다. 자폐장애가 있는 우리나라 이동현 선수의 도전기부터, 91세에 다이빙 실력을 보여준 불가리아 선수, 오픈 워터 수영에서 아름다운 꼴찌의 드라마를 보여준 73세 브라질 선수까지 매 순간 순간이 감동과 환희의 도가니였다.

(6) 레거시 사업

나는 역사적인 2019광주세계수영선수권대회가 일회성 국제행사로 그쳐서는 안된다고 생각했다. 수영도시 광주로 발돋움하는 전기가 되도록 인프라 확충과 수영인구 저변 확대를 위해 한국수영진흥센터 건립, 광주전국수영선수권대회 개최 등의 유산사업(레거시 사업)을 적극 추진했다.

그 결과 광주세계수영대회가 개최되었던 남부대학교에 사업비 370억원(국비 102억원, 시비 238억원, 민자 30억원)을 투입하여 한국수영진흥센터가 건설 중이다. 2020년 11월 행정안전부 제3차 지방투자심사를 통과했으며 2024년 준공될 예정이다. 연면적 8,755㎡, 지상 3층 규모로 조성되며, 수영풀, 스포츠기념관, 지원시설 등이 들어선다. 앞으로 센터는 한국수영의 컨트롤타워로서 수영 지도자 양성, 수영선수 육성, 수영의 대중화, 조기 생존수영 실시 등 수영 저변확대를 위한 사업을 추진할 것이다.

광주 전국수영선수권대회는 아쉽게도 코로나19로 인해 2020년 대회와 2021년 대회가 취소되고 말았다. 2022년에는 꼭 광주 전국수영선수권대회가 제대로 개최되길 바라고 있다.

핵심성과 16 국제 스포츠 도시로 우뚝 성장
2025 세계양궁선수권대회와 AI페퍼스 여자배구단 유치

요 약

- 민선 7기 들어 광주가 국제 스포츠도시로 도약
- 2019 세계수영선수권대회 성공개최, 2022 양궁월드컵 대회와 2025 세계양궁선수권대회 유치, 호남권 최초 여자프로배구단(AI페퍼스) 유치, 2038 광주대구 아시안게임 유치 추진

(1) 국제 스포츠 도시 광주로 우뚝 성장

우리 광주가 민선 7기 들어 국제적인 스포츠도시로 일대 도약하고 있다.

나는 시민들이 생업에서 열심히 일하면서 다른 한편에서는 문화예술과 스포츠를 향유할 수 있어야 진정한 풍요로운 도시라고 생각해왔다. 따라서 시장이 되고 나서 시민들이 직접 각종 체육활동에 참여하거나 다양한 스포츠를 보고 즐길 수 있도록 대회 유치와 체육시설 인프라 확충에 많은 노력을 기울였다.

우선 2002 월드컵 아시아 첫 4강 도시인 우리 시는 2019 광주세계수영선수권대회 등 2015 광주하계U대회와 2차례 메이저 국제경기대회를 성공시켜 스포츠 국제도시로서 위상을 전 세계에 각인시켰다.[63] 또 전국

63 영국 스포츠 마케팅 연구소 '스포츠칼'의 2019년 4월 발표 자료에 따르면 '광주

최대 규모의 e스포츠 전용경기장도 개관했다. 아울러 겨울 인기스포츠인 여자프로배구단(AI페퍼스)을 호남권 최초로 유치하여 사시사철 스포츠를 즐기는 매력과 열정이 넘치는 문화체육 도시로 발돋움하고 있다.

또한 2020 도쿄올림픽과 패럴림픽에서 보여준 '광주선수단' 쾌거로 스포츠 국제도시로서 광주시의 위상과 브랜드가 한층 더 높아졌다. 도쿄올림픽에서는 우리나라 총 20개 메달(금6, 은4, 동10) 중 우리 광주 선수들이 5개(금3, 은1, 동1)를 획득했다. 도쿄 패럴림픽에서는 우리나라 총 24개 메달(금2, 은10, 동12) 중 광주 선수들이 7개(은5, 동2) 메달을 따냈다. 이러한 광주선수단의 쾌거는 그동안 광주시, 체육회, 학교 등 관련 주체간의 유기적 협력과 투자를 통한 우수선수 육성 등의 결과이자, 국제경기대회 유치 및 성공 개최 경험이 지역 선수들에게 동기를 부여하고 성장의 계기를 마련해주는 데 기인한 것이다.

여기에 우리 광주는 2025년 세계양궁선수권대회를 유치한데 이어 2038년 광주 - 대구 하계아시안게임 유치에도 박차를 가하고 있다. 2021년 11월에는 대구에서 '2038 광주 - 대구 아시안게임 공동유치 준비위원회'가 출범하였고, 양 시 연구원 주관으로 '공동유치 기반조사 및 타당성 조사(2021. 10. ~ 2022. 4.)'를 본격 추진하고 있다.

아울러 우리 시는 전문선수 및 시민들의 스포츠복지를 위한 '시설인프라'를 대폭 확충하고 있다. 지난 2020년 7월 광주FC의 역동적인 경기 관람을 위해 '축구전용구장'을 준공했다.[64] 또한 시민 건강 증진과 장애인들의 스포츠시설 접근성을 높여 '스포츠 복지'를 강화하기 위하여 적극적인 국비 공모사업을 통해 '체육시설' 을 확충하고 있다. 2021년 9월 현재, 빛그린산단과 평동산단에 다목적체육관을 비롯해 한국수영진흥센

시는 국제스포츠 영향력 평가 결과에서 전 세계 27위, 아시아 6위' 위치

64 관람석 1만석, 전광판, 선수숙소 17실 등 / 총164억원 투입(국비36, 시비128억원)

터와 진월복합운동장 등 총 14개 체육인프라사업에 1,894억원(국비 628, 시비 1,014, 구비252)을 투입하고 있다. 우리 시 생활체육관은 현재 22개로 6대 광역시 중 부산(26개소), 인천(25개소)에 이어 세 번째로 많다.

<현재 추진 중인 체육시설 확충사업>

(2021년 9월 현재)

사업명	기간/연면적/사업비	공사공정율
① 평동산단 개방형다목적체육관	18 ~ 22/2,471㎡/100억원(국50, 시50)	28%
② 빛그린 개방형다목적체육관	19 ~ 22/2,560㎡/100억원(국50, 시50)	1%
③ 생활밀착형 국민체육센터 (무등경기장)	19 ~ 22/2,118㎡/70억원(국30, 시40)	16%
④ 생활밀착형 국민체육센터 (상무시민공원)	19 ~ 22/3,337㎡/110억원(국30, 시20, 구60)	13%
⑤ 북구종합체육관	18 ~ 22/4,995㎡/160억원(국48, 시56, 구56)	75%
⑥ 진월복합운동장	19 ~ 21/23,292㎡/86억원(시66, 구20)	24%
⑦ 무등경기장 리모델링	18 ~ 22/31,697㎡/458억원(국137, 시321)	48%
⑧ 한국수영진흥센터	20 ~ 24/8,755㎡/384억원(국106, 시248, 기타 30)	설계공모 추진 중
⑨ 남구 반다비 국민체육센터 (장애인형/월산근린공원 소재)	19 ~ 22/4,316㎡/140억원(국40, 시50, 구50)	설계용역 중
⑩ 북구 반다비 국민체육센터 (장애인형/광주교대 소재)	19 ~ 22/4,621㎡/141억원(국61, 시40, 구40)	56%
⑪ 서부권역 노인복합시설내 체육센터 (광산구 비아동 소재)	20 ~ 23/9,100㎡/72억원(국40, 시32)	설계용역 중
⑫ 광주 장애인회관내 체육센터 (광산구 신창동 소재)	20 ~ 22/5,466㎡/27억원(국12, 시15)	설계용역 중
⑬ 송정동 복합커뮤니티센터내 체육센터	20 ~ 22/6,310㎡/26억원(국12, 시7, 구7)	설계용역 중
⑭ 우산근린공원 복합체육센터	20 ~ 22/3,000㎡/50억원(국12, 시19, 구19)	45%

(2) 2025 세계양궁선수권대회 유치

우리 광주가 2021년 12월 5일 스위스 로잔에서 열린 세계양궁연맹 운영위원회 투표 결과, 세계적인 스포츠 관광도시인 스페인 수도 마드리드(인구 322만명)를 제치고 압도적인 지지로 2025년 세계양궁선수권대회 개최지로 결정되었다. 최종 심사위원 11명 중 10명이 마드리드 대신 광주를 선택했다. 이에 따라 오는 2025년 9월 5일부터 12일까지 8일간 광주국제양궁장 및 국립아시아문화전당 일대에서 90여 개국 1,100여 명의 선수 및 임원이 참가한 가운데 대회가 개최될 예정이다.

세계양궁연맹(WA) 운영위원회는 광주시의 2015 하계U대회와 2019 광주세계수영선수권대회 성공 개최 경험, 국제규격을 갖춘 '광주국제양궁장' 등 시설 인프라 보유, 1984년 서향순 선수부터 2021년 안산 선수에 이르기까지 올림픽 금메달리스트 6명을 배출[65]한 양궁 명문도시로서 광주를 높이 평가했다.

광주국제양궁장은 1,600여 명의 관객을 수용할 수 있는 국제규격시설로 국내외 대회가 33차례 열렸으며, 중국, 일본, 프랑스 등에서 전지훈련을 다녀갈 정도로 국제대회에 최적화 되어 있다. 선수 육성을 위한 시스템도 잘 갖춰져 있어 초등부부터 일반부까지 20개 양궁팀도 왕성하게 활동하고 있다.

우리 시는 그동안 150만 시민들의 대회 유치 의지와 열망을 세계양궁연맹에 잘 전달하기 위해 전략적이고 체계적인 대회유치 신청자료 준비와 실사 대비 등에 심혈을 기울였다. 2021년 11월 광주를 방문한 세계

65 광주는 17세의 나이로 1984 로스엔젤레스올림픽에서 대한민국 최초로 양궁 금메달을 목에 건 서향순, 2008 베이징올림픽 주현정, 2012 런던올림픽 2관왕에 빛나는 기보배, 2021년에 개최된 2020 도쿄올림픽 3관왕 안산선수를 배출했다.

양궁연맹 실사단에게 완벽한 프리젠테이션이 이뤄질 수 있도록 최첨단 IT 기술을 활용한 드론 촬영 경기장을 입체적으로 소개하는 등 대회 성공 개최 준비상황을 세심하게 보여주기도 했다.

우리 시는 2021년 3월 2025 세계양궁선수권대회 유치를 공식 선언한 이후, 시의회 및 대한양궁협회 등과 긴밀한 협조체계를 구축했다. 또한 2021년 8월 대회 정치, 행정, 체육, 유관기관 인사 등 97명으로 구성된 '대회유치위원회'를 공식 출범시켰으며, 특히 나와 함께 정의선 대한양궁협회장이 공동위원장을 맡아 대회 유치에 힘을 보탰다. 11월에 있었던 세계양궁연맹 현지실사 과정에서는 시장인 내가 실사 전 과정을 진두지휘하면서 실사단 대표에게 직접 경기장 소개, 환영·환송 등을 기획하고 참여하기도 했다. 특히, 현지 실사에 광주시의회 김용집 의장을 비롯해 시의원들, 장영술 대한양궁협회 부회장, 김광아 광주시양궁협회장 등 체육계 인사와 홍보대사 기보배·안산 선수도 적극 활동함으로써 큰 힘을 보탰다.

세계양궁선수권대회는 국제양궁대회 중 90여 년 역사를 지닌 가장 권위 있는 대회로서 전 세계 리커브 및 컴파운드 부분의 국가별 대표선수가 모두 참가하는 단일종목 대회로서는 최대 규모의 대회이며, 2년마다 매 홀수년도에 개최되며 2023년에는 독일 베를린에서 개최된다. 대한민국은 1985년 제33회 서울, 2009년 제45회 울산에 이어 3번째로 2025년 제53회 광주대회를 개최하게 된다.

아울러 세계양궁연맹 운영위원회에서는 당초 중국 상하이에서 개최 예정이었던 2022 현대양궁월드컵대회 개최지로 광주를 선정했다. 양궁월드컵대회는 약 45개국이 참가할 예정이며 2022년 5월에 개최될 예정이다. 또한 이번 운영위원회에서는 광주를 2025 세계양궁연맹 총회 개최지로 확정했다.

우리 시는 2025 세계양궁선수권대회를 개최하게 됨에 따라 2015하계U대회와 2019 세계수영선수권대회에 이어 다시 한번 국제스포츠도시로서의 광주의 위상을 확인하고 도약할 수 있는 계기를 마련하게 됐으며 지역경제 활성화에도 큰 도움이 될 것으로 기대하고 있다.[66]

또한, 2025세계양궁선수권대회 결승경기는 5·18 민주광장에서 특별경기장을 설치해서 치러진다. 결승경기는 150여 개국에 생방송 중계가 되므로 5·18의 세계화에도 큰 도움이 될 것이다.

2025 세계양궁선수권대회 개최지로 광주가 결정된 것은 무엇보다 150만 광주 시민의 대회 유치 염원과 양궁에 대한 애정이 이뤄낸 결과이다. 시민 여러분께 진심으로 감사드린다. 우리시는 세계양궁연맹, 중앙정부, 대한양궁협회 등과 긴밀한 협조체계를 구축해 2025 세계양궁선수권대회를 성공적으로 개최할 수 있도록 차질 없이 준비할 것이다.

(3) AI페퍼스 여자배구단 유치

2021년 10월 19일, 광주페퍼스타디움인 염주종합체육관이 배구팬들로 떠들썩했다. 10년 만에 처음 창단된 제7의 여자프로배구단, AI페퍼스가 연고지인 광주에서 첫 경기를 갖는 날이었다. 광주의 여자배구단 유치는 치밀한 전략, 준비된 인프라, 지역사회의 열망이 빚어낸 합작품이었다. AI페퍼스 배구단 유치로 우리 광주는 '겨울 스포츠 부재'라는 오랜 숙제를 해결하고 지역 스포츠 활성화의 새로운 동력을 마련하게 됐다.

---

66 대회개최 효과 분석(출처 : 전남대학교 산학협력단/2021. 6.) : 생산유발효과 57억, 부가가치유발효과 28억, 취업유발효과 98명/내·외국인 13,500여 명 광주방문 예상

1) 배구에 대한 남다른 애정이 유치의 불씨가 됐다.

왕년엔 나도 배구선수였다. 배구는 내가 가장 잘 하는 운동이었다. 내가 다닌 학다리중학교는 당시 전국 중학교 배구대회에서 우승을 할 정도로 배구가 강했다. 그 영향으로 나는 중학교 때부터 시골 마당에서 친구들과 배구를 즐겼다. 전남대학교를 다닌 시절 처음으로 5개 국립대학 배구대회가 열렸고 그 때 대표선수로 뛰었다. 행정고시에 합격하여 1974년 수습사무관으로 전남도청에 근무하던 시절 새마을 배구대회가 처음 생겼는데, 도청 선수로 뛰었다. 1980년에 개최된 제1회 정부부처 대항 배구대회에 재무부 대표선수로도 출전했다. 이후 기획재정부 체육대회 때는 항상 세제실 대표선수로 뛰었고, 훗날 청와대 혁신수석을 할 때는 경호실과 친선 배구 시합을 하기도 하였다. 여자 프로배구단 광주 유치는 이러한 배구에 대한 남다른 나의 관심과 애정도 크게 한 몫을 했다.

우리 시는 2021년 3월 22일 페퍼저축은행이 한국배구연맹(KOVO)에 여자프로배구단 창단 의향서를 제출하자마자 연고지 유치에 적극 나섰다. 이어 4월 1일 한국배구연맹에 연고지 유치의향서를 제출하고 유치추진단을 꾸려 전방위적인 유치 활동에 나섰다.

우리 시는 배구 전용구장으로 리모델링을 마친 염주종합체육관과 보조구장 활용이 가능한 빛고을체육관 등 인프라를 갖추고 있는 점, 또 광주에서만 90개 생활배구팀이 운영 중인점, 초·중·고교와 실업팀에서 120여 명의 전문선수가 활동할 정도로 시민들의 배구 사랑이 남다른 점을 강조했다. 아울러 페퍼저축은행이 광주와 전주에 지점을 운영하는 점도 '하나의 인연'으로 덧붙였다.

때마침 2021년 4월 7일 개최된 한국배구연맹에서 개최된 여자프로배구구단 회의 결과, 한국배구연맹과 기존 6개 구단 관계자들이 프로배구의 광역화를 위해 신생팀의 연고를 광주광역시에 두는 것을 권고하기로 하여 우리는 더욱 희망을 갖게 됐다.

2) 광주다운 뚝심, 그리고 진정성으로 장매튜 대표의 마음을 움직였다.

그러나 페퍼저축은행을 설득하는 일이 쉽지 않았다. 구단이 수도권을 선호하고 있었고, 페퍼저축은행 장매튜 대표가 배구단의 연고지는 은행 본사가 있는 성남에 두어야 한다는 강한 의지를 갖고 있었다. 미국에서 학교를 다닌 장 대표는 미식 축구 하나로 지역 전체가 축제 분위기였던 과거 경험과 기억을 살려, 페퍼저축은행 고객들과 지역민들에게 또 다른 즐거움을 선물하기 위해 배구단을 창단했던 것이다. 그런 이유로 연고지는 처음부터 은행 본사가 있는 성남으로 거의 확정된 상태였다.

그럼에도 봄, 여름, 가을 야구와 축구로 열광하는 우리 시민들이 겨울에도 스포츠를 즐길 수 있도록 그리고 배구를 사랑하는 우리 시민들의 간절한 열망이 꼭 이루어지도록 최선을 다해야 한다는 일념으로 유치작전을 본격화했다.

무엇보다 은행장인 장 대표의 생각을 돌리는 것이 매우 중요하다는 판단하에 내가 대표를 직접 만나 설득하기로 마음 먹었다. 다방면으로 알아보니 장 대표는 호남의 장씨 가문이었고 가깝게 지내는 친척들을 찾아낼 수 있었다. 평소 잘 알고 지내는 장재식 전 장관(페퍼저축은행 고문)과 장하성 주중대사에게 도움을 요청했다. 이분들이 '이용섭 광주시장은 믿을만한 사람이고 대한민국에서 광주가 갖는 의미는 매우 크니 진지하게 만나보고 광주 연고지도 검토해보는 것이 좋겠다'는 뜻을 장 대표에게 미리 전달했다.

그 결과 2021년 4월 14일 오전 8시 페퍼저축은행 성남 본사에서 면담 일정이 잡혔다. 나는 당일 새벽 4시 40분에 집을 나와 5시 15분 광주송정발 수서행 첫 SRT를 탔다. 이날 나는 장매튜 회장을 만나 배구에 대한 나의 관심과 사랑, 한국에서 광주란 도시의 중요성, 페퍼저축은행 사업에 미칠 긍정적 영향, 광주의 배구 인프라 그리고 배구단 유치를 간절히 희망하는 우리 시민들의 열망을 절실하게 전했다.

면담이 끝날 때쯤 장 대표로부터 잘 검토하겠다는 답을 받아냈다. 아울러 광주와 성남에서 나누어 대회를 개최하는 것에 대한 내 의견을 묻기도 하였다. 어느 정도 마음을 움직였다는 판단하에 이후 조인철 문화경제부 시장, 김준영 문화관광체육실장을 비롯한 직원들로 하여금 적극적으로 유치활동을 전개토록 했다. 여기에 전갑수 광주광역시 배구협회장을 비롯한 체육회 관계자들의 노력도 더해졌다.

3) AI페퍼스 광주에 둥지를 틀다

드디어 2021년 4월 27일 페퍼저축은행이 배구단 연고지 확정에 앞서 현장 실사를 위해 광주를 방문했다. 이례적으로 장매튜 대표가 실사단과 함께 직접 광주를 방문해 기대감이 높아졌다. 나는 장 대표와 가장 맛깔스러운 남도음식으로 점심을 함께 하면서 우리 시민들의 뜨거운 열망을 다시 한 번 전달했다.

<페퍼저축은행 여자배구단 이름은 'AI페퍼스!'>

사실 페퍼저축은행 여자배구단의 이름은 장 대표와 나의 합작품이다. 4월 27일 광주 실사를 왔던 장 대표와 점심을 함께 하면서 배구단 이름에 대한 의견을 나눴다.

당시 장 대표는 사회적 트랜드를 따라 '디지털 페퍼스'라는 이름을 염두에 두고 있었다. 하지만 나는 인공지능 중심도시 광주와 운명을 함께 한다는 상징적인 의미를 담고, 과학적인 배구를 뜻하는 AI페퍼스로 명칭을 제안했고 장 대표는 좋은 아이디어라면서 바로 수용의 뜻을 밝혔다. 이 명칭에는 인공지능이 각종 통계와 데이터를 분석하여 과학적인 수비와 공격을 함으로써 일류구단으로 도약한다는 의미도 담겨 있다.

이후 페퍼저축은행이 8월 23일 팀명과 엠블럼을 공개하기까지 우리의 대화는 비밀에 부쳐졌다. 언론인들을 만날 때마다 자랑하고 싶었지만, 신뢰를 깰 수 없어서 꾹 참았다.

2021년 5월 13일 시장인 나와 장매튜 페퍼저축은행 대표이사가 광주시청에서 페퍼저축은행배구단 광주연고지 협약서에 서명했다. 드디어 우리 시민들은 15년 만에 지역 연고의 동계 프로스포츠를 볼 수 있게 된 것이다.[67] 나는 협약식에서 "프로 스포츠는 선수들의 경기력과 '팬심'으로 똘똘 뭉친 연고지의 활약이 승패를 좌우한다"며 "페퍼저축은행이 광주시의 에너지를 바탕으로 힘차게 날아오를 수 있도록 적극적으로 지원하겠다"고 밝혔다.

장매튜 대표는 협약체결을 기념하고 힘찬 도약을 약속하며 지역 배구 인재 양성을 위해 후원금 1억원을 쾌척했다. 장 대표는 "광주 배구 팬의 뜨거운 열망과 이용섭 시장님을 비롯한 많은 분의 적극적인 열정에 감명 받아 광주를 연고지로 결정하게 됐다"며 "광주시의 우수한 지역 배구 저변을 기반으로 유소년 배구팀을 적극적으로 지원하고, 향후 배구 연고지인 광주시에서의 사업도 확장하며 고용 창출에도 앞장설 것"이라고 밝혔다.

오는 정이 있으면 가는 정도 있어야 한다. 나는 장매튜 대표께 어떻게 감사의 마음을 전할까 고민하다가 페퍼저축은행 거래계좌를 개설하며 찐 고객이 되었다. 창단식이 끝난 후 장매튜 대표와 함께 국악상설공연

67 과거 광주에는 남녀 프로농구단이 있었으나 모두 연고지를 이전하고 2006년 이후에는 동계 프로 스포츠단이 없었다. 현재 광주가 연고인 프로스포츠구단은 야구(KIA 타이거즈)와 축구(광주FC)가 있다.

도 보고 맛깔스런 남도 음식으로 창단식을 기념했다.

지난 2013년 자산 1천 900억원 규모의 늘푸른저축은행을 인수해 8년 만에 4조 6천억원 규모로 성장한 페퍼그룹이 광주에 안착하면 지역경제 활성화에도 적지 않은 도움이 될 것이다.

9월 30일 호남권 최초 광주연고 여자프로배구단인 AI페퍼스가 창단식을 갖고 공식 출범했다. AI중심도시 광주와 페퍼저축은행이 한가족이 되었다. 10월 19일에는 홈구장인 광주 페퍼스타디움(염주종합체육관)에서 KGC인삼공사와 역사적인 창단 첫 경기를 치렀다. 이후 나는 광주에서 개최되는 AI페퍼스 경기에 여러 차례 참석하여 응원하고 있다. 코로나19에 지쳐있는 우리 시민들이 잠시라도 모든 것을 잊고 배구 경기에 열광하는 모습을 보면 참 잘 유치했다는 생각과 함께 흐뭇하다.

핵심성과 17

달빛고속철도를 4차 국가철도망계획에 반영

요 약

- 2021년 6월 29일 광주와 대구를 잇는 달빛내륙철도가 제4차 국가철도망계획에 반영 → 수도권 블랙홀 막고 국가 균형발전에 획기적으로 기여할 역사적 전기 마련
- 2038년 광주~대구 하계아시안게임 유치전에서 유리한 고지를 결정하기 위해서는 반드시 다음 정부에서 착공 필요 → 예비타당성 조사 면제 및 조기 착공을 위해 차기 대선후보공약에 반영

(1) 영호남의 20년 숙원사업이 드디어 해결됐다.

광주와 대구 간에 새로운 길이 놓인다. 양 도시를 1시간대에 연결하는 달빛고속철도 건설사업[68]이 제4차 국가철도망구축계획에 '드디어' 포함됐다.

국토교통부는 2021년 6월 29일 열린 철도산업위원회에서 대구시와

68 달빛내륙철도 건설사업이란?
노선길이 198.8㎞, 예산 4조 5,158억원이 소요되는 사업으로 대구, 경북(고령), 경남(합천·거창·함양), 전북(장수·남원·순창), 전남(담양), 광주 등 6개의 광역지자체 10개 지자체를 경유하는 철도건설사업이다. 광주~대구 간 영호남을 1시간대 고속철도로 연결함으로써 동서화합과 동서광역경제권 형성을 통해 국가균형발전에 획기적으로 기여할 수 있는 사업으로 평가받고 있다.
※ 국가철도망 계획에는 '달빛내륙철도'로 되어 있으나 우리는 '달빛고속철도'로 사용하고 있음.

광주시를 잇는 달빛내륙철도 건설을 담은 제4차 국가철도망구축계획을 최종 확정했다.

2개월 전인 4월 22일, 향후 10년간의 전국 철도망 건설 구상을 담은 제4차 국가철도망구축계획 정부 초안이 발표될 때만 해도 달빛내륙철도는 계획안에서 제외됐던 터라 더욱 감개무량했다. 당초 정부 초안에서 제외된 사업 중 최종안에 추가 신규사업으로 포함된 사업은 달빛내륙철도뿐이었다.

정부의 당초 계획안 발표 직후만 해도 달빛고속철도의 국가계획 반영 타당성에 대해 교통전문가들과 부처 관계관들은 사업의 경제성이 낮다는 이유로 부정적인 기류가 강했고 사업비가 4조원이 넘는 큰 규모여서 최종계획 반영 전망은 더욱 어려운 상황이었다. 하지만 우리 시를 비롯한 영·호남 각계각층의 일치된 노력으로 20여 년간 넘지 못한 국가계획 반영이라는 큰 문턱을 통과하게 된 것이다.

불과 7년 전만 해도 광주와 대구는 왕복2차선 88고속도로로 이어져 있어 오고 가는 데만 8시간이 걸렸다. 그러다가 2015년 12월, 고속도로가 4차선으로 확장되어 양 도시 간 이동시간이 절반으로 줄어들었고, 앞으로 달빛고속철도가 개통하면 광주-대구 간 거리는 1시간대로 더욱 가까워진다.

광주 대학생들이 아침밥 먹고 대구 가서 수업 받을 수 있고, 대구 시민들이 퇴근 후 광주의 소문난 맛집을 찾아 저녁 모임과 공연을 즐길 수 있는 반나절 생활권 시대가 열리게 될 것이다.

달빛고속철도는 영호남을 잇는 단순한 길이 아니다. 오랜 세월 정치적 이해관계로 갈라져 대립하고 갈등해야 했던 동서 간 화합의 물꼬를 트고 진정한 국민통합, 나아가 국가균형발전에 획기적으로 기여할 수 있는 초광역사업이다.

또한 영호남 1,800만 시장을 가진 동서 광역경제권이 구축돼 수도권의 블랙홀을 막아내고 대한민국 경제 역사를 새로 쓰게 되는 전기가 될 것이다.

(2) 달빛고속철도가 건설되어야 하는 4가지 이유

정부가 2021년 4월 발표한 제4차 국가철도망구축계획 초안에서 달빛고속철도를 제외했던 주된 이유는 비용에 비해 편익(B/C)이 낮다는 점, 사업 규모가 4조 5,158억원으로 예산이 많이 들어가는 대규모 사업이라는 점이었다.

나는 다음과 같은 네 가지 논거들을 청와대, 총리실, 국토부, 정치권 등에 집요하게 그리고 간절히 설득한 끝에 최종 제4차 국가철도망계획에 반영시켰다.

첫째, 달빛고속철도는 오랜 세월 정치적 이해관계로 갈라져 대립하고 길등해야 했던 동서 간 화합을 이루는 상징적 정책으로서 국민통합과 지역균형발전에 크게 기여할 수 있는 대표적 사업이다. 달빛고속철도는 단순히 광주와 대구만을 잇는 것이 아니라 전남(담양), 전북(순창·남원·장수), 경남(함양·거창·합천), 경북(고령) 등 6개 광역자치단체를 거쳐가고 이 지역 거주인구만 해도 980만에 이른다.

둘째, 이런 이유로 문재인 대통령도 달빛고속철도를 영호남 상생공약으로 내걸었고, 국정과제에도 포함시켰다. 그런데 문재인 정부에서 이 내용을 10년 계획에도 포함시키지 않는다면 지역 시·도민들이 느낄 소외감과 좌절감은 이루 말할 수 없고, 이는 국민과의 당초 약속을 저버리는 것이나 다름없다. 특히 문재인 정부는 동서화합을 통한 국가균형발전을 위해 많은 노력을 해왔는데 이보다 더 국가균형발전에 기여할 사업이 없다.

셋째, 정부가 10년 중장기 계획에서 제외한 이유로 낮은 B/C(0.483)와 과다한 소요예산(4조 5,158억)을 드는 것은 지나친 탁상공론이다. 호남고속철도와 인천국제공항 등도 건설 당시에는 경제성이 낮았다. 특히 B/C가 이보다 더 낮았던 호남고속철도의 경우 지금은 이용객 급증으로 좌석이 부족한 것처럼 철도나 도로 교통의 경우 공급이 수요를 창출한다.

또한 정치권이 수십년간 이해관계 때문에 영호남을 분열시켜 인적 물적 교류가 오랜 기간 단절되어 예비타당성조사에서 경제성(B/C)이 높게 나올 수 없는 구조다. 오히려 이런 이유 때문에 양 지역의 접근성을 개선하는 것이 국가적으로 더욱 절실하다.

소요예산은 오랜 공사기간에 걸쳐 부담하기 때문에 국가 재정에 큰 부담을 지우지 않으며, 특히 현재 문재인 정부에서는 전혀 예산이 필요하지 않다. 다만, 앞으로 10년 안에 이 사업이 건설될 수 있도록 장기계획에만 포함시켜달라는 것이다. 그동안 10년 넘게 논의하고 기다려 왔는데 또 기약 없이 10년을 더 기다릴 수는 없지 않는가?

넷째, 정부가 이번 4차 철도망구축계획에서 밝힌 '주요 거점도시 간 2시간대 철도 연결'이라는 목표달성을 위해서도 국토 동서축을 횡단하는 이 사업은 꼭 포함돼야 한다.

이처럼 달빛고속철도 사업은 대통령의 대선공약이고 국정과제이며, 명분과 실익도 충분하며, 무엇보다 영호남 시·도민들이 모두 간절히 원하고 있으므로 동서 간에 오랜 갈등을 털어버리고 국민통합과 지역균형발전의 미래로 나아갈 수 있도록 역사적 물꼬를 열어주길 부탁드렸다.

<달빛고속철도와 함께 한 숨은 주역들>

정부 초안 발표 후 2개월 동안 권영진 대구시장과 수시로 전화통화를 하고, 바쁜 시정에도 불구하고 수시로 만나 국토교통부 장관 등 정부 인사들을 면담하고 청와대를 방문해 비서실장, 정책실장, 정무수석 등을 만나 달빛고속철도 사업의 필요성을 호소했다.

4월 29일 광주글로벌모터스 자동차공장 준공행사차 광주를 방문한 문재인 대통령을 만났을 때도 이 사업의 중요성을 언급하며, 정부 차원의 지원을 요청드렸다. 또 5·18민주화운동 41주년 기념식이 열린 날, 나와 권영진 시장은 광주 시내 식당에서 김부겸 국무총리를 따로 만나 국가철도망 계획 반영을 건의했다.

또한 4월 28일에는 달빛고속철도가 경유하는 영호남 6개 시·도지사와 함께 대통령 건의 공동호소문을 발표하고 공동의견서를 국토교통부 장관에게 제출했다. 이어 영·호남 시·도의회와 시민단체, 언론들도 하나같이 이 사업의 필요성을 강조하며 목소리를 내주었다. 이어 광주와 대구 국회의원들도 헌정사상 최초로 국회에서 달빛고속철도 국가계획 반영 긴급 공동기자회견을 개최하면서 힘을 모았고, 영·호남 시·도의회와 시민단체, 언론들도 하나같이 이 사업의 필요성을 연일 호소해주었다.

특히 불광불급의 심정으로 혼신의 노력을 다해 준 우리 시 문영훈 기획조정실장과 박남언 교통건설국장을 비롯한 우리 직원들에게 감사한 마음을 전한다. 실무를 담당했던 교통정책과 소진호 사무관과 박희경 주무관은 2021년 7월 '이달의 공무원'과 '올해의 공무원'으로 공동 선정됐다.

이처럼 영·호남 각계각층의 일치된 노력이 있었기에 20여 년간 넘지 못한 국가계획 반영이라는 큰 문턱을 통과하게 됐다. 특히 문재인 대통령, 김부겸 국무총리, 송영길 더불어민주당 대표, 노형욱 국토교통부 장관, 안도걸 기획재정부 제2차관께 감사드린다.

(3) 향후 추진 계획

우리 시는 2030년쯤 완공을 목표로 하고 있다. 그러려면 다음 정부에서 조기 착공이 이루어져야 한다. 올해 대선 후보 공약에 '임기 중에 달빛고속철도 조기 착공'이 포함되도록 하여 오랜 시간이 소요되는 예비타당성조사 면제를 추진할 것이다.

양 지역 간 산업과 물류, 정보와 문화관광이 교류하는 시대가 조기에 실현되고 특히 2038년 광주-대구 하계 아시안게임 공동유치를 위한 동력을 얻기 위해서라도 다음 정부에서 조기 착공이 꼭 필요하다. 그리해야 유치전에서 유리한 고지를 점령할 수 있다. 아시안게임은 아시아올림픽 평의회에서 통상 대회 10~14년 전에 개최도시를 결정하고 있으며, 2034년 개최지 사우디아라비아 리야드가 2020년 12월 결정됐다.[69] 착공 이후에는 광주와 대구 양쪽에서 공사를 진행하는 등 최대한 빨리 완공될 수 있도록 최선의 노력을 다할 것이다.

69 아시안게임 확정국가 : 2020년 중국 항저우 → 2026년 일본 나고야 → 2030년 카타르 도하 → 2034년 사우디아라비아 리야드

핵심성과 18 무주택자에게 '광주형 평생주택'과 '누구나 집' 공급

요 약

- 고품격의 광주형 평생주택 1만 8천호 공급
  - 1단계 : 상무지구에 460호 2025년 입주
  - 2단계 : 첨단3지구에 2,300호 2026년 입주
  - 3단계 : 2030년까지 산정지구 등에 나머지 공급
- '광주형 누구나 집' 750호 건립
- 광주형 평생주택과 광주형 누구나 집은 청년·신혼부부·아이가 있거나 부모를 모시고 사는 무주택 시민들에게 최우선 공급

우리 광주도 주택가격이 급등하면서 집 없는 서민들의 주거 불안이 커지고 있다. 우리 시 주택보급률은 2019년 기준 107%이며, 향후 10년간 공급될 주택물량은 현재 진행 중인 민간공원특례사업 1만 2,754호, 재개발·재건축 사업 3만 6,562호, 신규 택지개발 사업 2만 9,343호 등 약 14만호에 달할 것으로 전망된다. 이에 따라 2030년 주택보급률이 120%에 육박할 것으로 예상돼 일부 전문가는 공급과잉을 우려하고 있는 상황이다. 이렇게 민간아파트나 분양아파트가 충분히 공급되더라도 청년, 신혼부부, 서민들은 집값이 비싸서 내 집 마련이 어려운 것이 오늘의 현실이다. 이들의 주택문제를 해결하기 위해 우리 시는 광주형 평생주택과 누구나집을 최대한 빨리, 집중적으로 공급할 것이다. 광주형 평생주택과 누구

나집은 집 사기 어려운 청년과 신혼부부, 아이가 있거나 부모를 모시고 사는 무주택 시민들에게 최우선 공급할 것이다. 이렇게 되면 청년, 신혼부부, 무주택 시민들은 집 걱정 없이 우리 광주에서 행복한 삶을 영위할 수 있을 것이다.

(1) '광주형 평생주택' 1만 8천호 공급해 중산서민들의 주거문제 해결

1) '광주형 평생주택'은 지금까지와는 다른 혁신형 공공임대주택

"주택은 자산증식(투기) 수단이 아니라 거주공간이어야 한다"는 것이 나의 평소 철학이다. 그러나 현실은 정반대로 가고 있다. 지방인 우리 광주에서까지 천정부지 치솟는 아파트값과 전월세 부담은 평범한 직장인이 감당하기 버거운 수준에 와 있다. 더구나 이 같은 일은 투기자본들이 규제가 덜한 지방의 아파트들을 쇼핑하듯 사들이면서 벌어진 일이라는 점에서 분노마저 느낀다. 광주시민들이 '내 집 마련'에 삶의 대부분을 소진하는 것이 아니라 보다 가치 있고 보람 있는 일에 전념할 수 있는 주거환경을 마련하기 위해 '평생주택'을 생각하기에 이르렀다.

나는 2020년 11월 26일 집값 상승과 전세난으로 어려움을 겪고 있는 중산층 이하 무주택 가구의 주거 안정을 위해 양질의 공공임대주택 '광주형 평생주택' 1만 8,000호 공급 계획을 발표했다. 광주 주택보급률이 이미 100%(2018년 말 기준 106.6%)를 넘어섰으므로 일반 분양주택보다 무주택 서민들을 위한 질 좋은 공공임대주택을 공급해 무주택자들의 주거문제를 해결하고 주택시장도 안정시키기 위해 마련한 것이다.

'광주형 평생주택'은 기존의 공공임대아파트와는 근본적으로 다르다. 무주택자들에게 저렴한 임대료로 도심지 내 생활기반시설과 국공립어린이집, 생활문화센터 등 다양한 사회간접자본(SOC)을 갖춘, 평생 거주할 수 있는 양질의 공공임대주택을 공급하는 혁신모델이다.

광주형 평생주택의 공급 대상은 기존 저소득층 위주에서 중산층 이하 무주택 세대로 범위를 확대하고, 면적은 기존 소형 평형(60㎡ 이하)을 중형(85㎡ 이하)으로 확대해 수준 높은 주거환경을 제공한다.

또 입주예정자를 설계부터 입주 후 아파트 관리 운영까지 모든 과정에 참여시켜 수요자 맞춤형 단지로 조성하고 입주민 공동운영을 통해 폐쇄적인 아파트 문화를 개선한 새로운 주거공동체 문화를 창출한다.

더불어 기본계획 수립 단계부터 총괄·공공건축가를 참여시키고 설계공모를 통해 저소득층이 밀집한 상자형 아파트에서 탈피해 우수한 디자인의 품격 높은 주택으로 공급한다.

광주형 평생주택은 미래형 공공임대주택 모델로서, 인공지능과 IoT(사물인터넷) 도입과 제로에너지 건축물 인증 등 스마트 녹색건축물로 조성해 공동주택분야 그린뉴딜을 선도한다. 건설 과정에는 자재, 인력, 장비 등 지역업체 참여를 최대한 높여 지역 건설경기 활성화에도 기여토록 할 것이다.

※ 공공임대주택 건설 추진 절차 비교 (기존 VS 광주형)

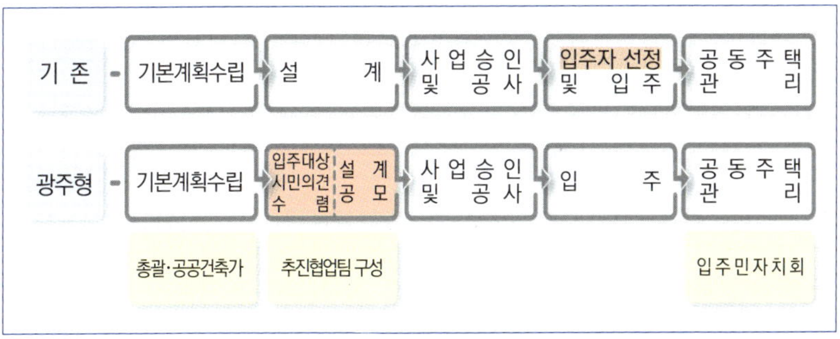

2021년부터 1단계로 시범사업을 진행해 도심 내 공공소유 부지에 460호를 건립해 2025년에는 입주가 이뤄지도록 할 계획이다. 1단계 광주형 평생주택은 청년들에게 희망을 주고 '아이 낳아 키우기 좋은 맘(MOM) 편한 광주' 만들기를 지원하기 위해 청년, 신혼부부 및 미성년 자녀가 있거나 부모를 모시고 사는 무주택 가구에 우선 공급할 계획이다.

우리 시는 시범사업 추진사례를 바탕으로 2022년부터 본격적인 공급 확대에 나설 계획이다. 2단계로 우수한 정주여건이 조성될 수 있는 첨단3지구에 약 2,300여 호를 건립하는 사업을 시작해 2026년에는 입주할 수 있도록 속도감 있게 추진한다.

또 3단계로 현재 계획을 수립하고 있는 산정지구와 KTX 선도지구 등 입지여건이 우수한 곳에 공급될 수 있도록 국토부 및 LH 등과 지속적인 협의를 통해 사업을 확장해 2030년까지 1만 8,000호를 공급할 계획이다.

이와 관련, 국토부가 '서민·중산층 주거안정 지원방안'(2020. 11. 19. 발표)에서 중형주택까지 확대하는 '질 좋은 평생주택'이라는 새로운 유형의 공공임대주택에 대한 국비지원 계획[70]을 발표하면서 광주형 평생주택 공급에 필요한 제도적, 재정적 근거도 마련됐다.

광주형 평생주택은 공공임대주택이 영세한 서민들이 거주하는 소형주택이라는 일반 통념에서 벗어나 중산층 이하 시민들이 평생 주거 걱정 없이 살 수 있도록 하는 것이므로 집값을 안정시키고 주택문화를 소유개념에서 거주개념으로 바꾸어 가는데 크게 기여할 것이다. 앞으로 우리 시는 광주형 평생주택'을 대한민국을 대표하는 공공임대주택의 선도적 모델로 만들어 집값을 안정시켜 중산층 이하 무주택 가구가 집 걱정없이 살아갈 수 있는 광주를 만들어갈 것이다.

70 국비 33%, 주택도시기금 33%, 사업시행자 20%, 입주자 14%

2) 1단계로 상무지구 '광주형 평생주택' 건립 본궤도 진입

1단계 광주형 평생주택 시범사업은 우리 시가 광주도시공사와 함께 광주의 중심지인 서구 치평동 옛 상무소각장 동쪽 나대지에 추진하고 있다.

전국 최초로 중형평형(전용 85㎡)을 포함, 총 460세대 규모로 1천371억을 투입할 예정으로 2021년까지 기본 및 실시설계를 진행해 사업계획승인을 득하고 2022년 공사 착수, 2025년 입주가 목표다. 국토교통부 건설형 공공주택 공급계획에 포함되어 국비지원이 확정됐다.

※ 기본계획(안) : 전용 84㎡ 224호, 59㎡ 176호, 36㎡ 60호

이를 위한 현상설계공모를 통해 'Beacon Platform(비콘 플랫폼 : 빛고을 복합주거플랫폼)'이라는 작품이 당선됐는데, 다양한 개별공간인 단위세대를 가로와 마당으로 엮어가며 수직, 수평의 마을 공동체를 형성하고 기존 공공임대주택의 전형에서 벗어난 변화감 있는 입면과 배치가 높이 평가됐다.

상무지구 광주형 평생주택은 설계과정에서 입주대상 시민 설문조사, 아이디어 모집 등 다양한 방식으로 의견을 수렴, 국공립어린이집, 문화센터 등 다양한 생활SOC를 제공하고, 조화로운 도시경관 창출과 디자인 특화단지 조성을 위해 광주시 최초로 '특별건축구역'으로 지정해 시행된다.[71]

흔히 장기공공임대주택이라고 하면 주거취약자가 거주하는 낙후된 아파트라는 인식이 강한 편이지만, 광주형 평생주택은 계층 간, 세대 간

---

71 특별건축구역 : 조화롭고 창의적인 건축물의 건축을 통하여 도시경관의 창출, 건설기술 수준향상 및 건축 관련 제도개선을 도모하기 위하여 건축법 또는 관계법령에 따라 일부 규정을 적용하지 아니하거나 완화 또는 통합하여 적용할 수 있도록 특별히 지정하는 구역

소통하는 혁신적인 커뮤니티 형성을 지향한다. 공공임대주택의 선도적 혁신모델로서, 집값 상승과 전세난 등으로 어려움을 겪고 있는 청년, 신혼부부와 아이들을 가진 부모들에게 희망을 안겨줄 수 있는 살고 싶은 복합주거공간이 되도록 최선을 다하고 있다.

저렴한 임대료와 함께 교통과 정주여건 등 생활기반시설이 잘 갖춰진 도심에 들어서는 양질의 공공임대주택이므로 중산층 이하 실수요자들의 평생 거주를 위한 공간으로 부상할 것이다.

[붙임] 기존 공공임대주택 VS 광주형 평생주택

구 분	기존 공공임대주택	광주형 평생주택
유 형	영구임대, 국민임대, 행복주택 등	중형 공공임대
공급대상	저소득층, 주거취약계층	무주택 중산층 이하 (우리 시 1년 이상 거주)
소득기준	계층별, 유형별 상이 (가구 월평균소득 50 ~ 100%)	중위소득 150% (3인 가구 581만원, 4인 가구 712만원) 이하
전용면적	60㎡ 이하	85㎡ 이하
임대료	시세의 30 ~ 80%	시세의 60 ~ 90% (소득기준에 따라 차등)
임대기간	5 ~ 50년	30년 이상(사실상 평생)
사업위치	택지개발단지 등	도심 내 핵심지역
입주자 모집시기	입주예정 6개월 전	사업계획 승인 후
단지조성	저소득층 밀집 (낙인효과)	다양한 계층이 어울려 거주하는 소셜믹스 단지
특화시설	사회복지관 등 법정시설	국공립어린이집, 생활문화센터 등 생활SOC 조성

(2) '광주형 누구나 집' 750호 건립

우리 시는 남구 에너지밸리에 '광주형 누구나 집' 750호를 건립한다.

'광주형 누구나 집'은 집값의 10%만 내면 바로 입주가 가능하다. 예를 들어서 5억짜리 아파트라면 5천만원만 있으면 바로 들어갈 수 있다. 또한 시세보다 저렴한 임대료로 10년 동안 거주한 후 입주 시점에 확정된 가격으로 분양받는 방식이다. 따라서 분양전환 시 발생하는 분양가 분쟁을 미연에 방지하고 확정분양가격 이상의 시세차익이 발생할 경우 그 이익을 사업자가 아닌 임차인이 갖게 된다.

따라서 10년 동안 집값이 많이 올라도 부담이 없고 오히려 집값 상승 혜택이 입주한 시민들에게 돌아가므로 재산 형성의 기회도 될 것이다.

※ '누구나 집' 사업 개요

- 입주대상 : 무주택자, 청년, 신혼부부, 고령자 등
- 임 대 료 : 시세의 85%(특별공급 : 청년, 신혼부부, 고령자 등)
  ~95%(일반공급 : 무주택자)
- 분양전환에 따른 시세 차익 공유 구조

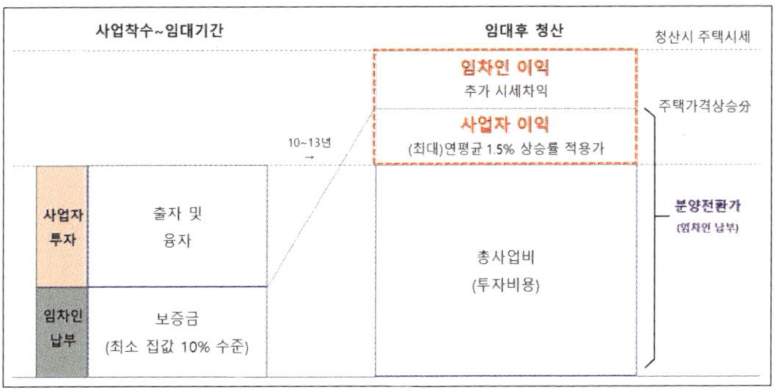

핵심성과 19

든든한 지역경제 지킴이, 광주형 상생카드와 공공배달앱 시행

요 약

- 광주의 돈이 광주에서 돌도록 지역화폐인 광주형 상생카드 도입(2019년 3월)
  - 2021년 11월 말 기준 누적 발행액 2조 640억원으로 큰 인기, 소상공인과 골목상권 버팀목 역할
- 광주형 공공배달앱 '위메프오' 시행(2021년 7월)
  - 가입비와 광고료가 없고 중개수수료를 낮추어 소상공인 부담 크게 경감

(1) 소상공인과 자영업자의 생명줄, 광주상생카드의 성공적 정착

1) 지역화폐 도입배경

경제 규모는 커지고 소득은 증가하는데 소상공인과 자영사업자들은 더욱 어려워지고 있다. 지역경제가 어려운 이유는 여러 가지이지만 광주 돈의 외부 유출도 그중의 하나다. 쉽게 이야기하자면 내가 빵집에 가서 빵을 사면 빵집 아저씨는 그 돈으로 목욕탕에 가고 그럼 목욕탕 아주머니는 슈퍼에 가는 등 이렇게 돈이 지역에서 돌아야 한다. 그런데 시민들이 대형유통점이나 백화점에서 물건을 사면 해당 기업들은 그 돈을 광주에서 쓰는 것이 아니라 다른 지역에 투자하거나 전국 단위, 세계적 단위

에서 수익을 낼 수 있는 물건을 구입해서 광주에 공급한다. 이렇게 역외로 유출되는 돈이 연간 수 조원 이상으로 추정된다.

어떻게 하면 광주의 돈이 광주에서 계속 순환되게 할 것인가?

지역경제를 살리기 위해선 광주의 돈이 광주에서 계속 순환되게 만드는 것이 급선무였다. 그래서 나온 아이디어가 지역화폐다. 나는 취임하고 9일 만인 2018년 7월 9일 간부회의에서 정부 복지수당이나 공무원 복지포인트 등을 지역화폐로 지급하여 지역 내 전통상점, 골목상권에서 사용할 수 있도록 '지역화폐 활성화 방안'을 마련하도록 지시했다. 이렇게 해서 탄생한 복덩이가 바로 광주시민들로부터 사랑받고 있는 '광주상생카드'다. 준비과정을 거쳐 2019년 3월 20일 광주시의회 본회의에서 '광주사랑 상품권 이용 활성화에 관한 조례안'이 통과됐다. 명칭도 공모로 진행하여 광주상생(相生)카드로 정했다.

광주상생카드는 광주자금이 외부로 유출되지 않고 지역 내에서 순환될 수 있도록 백화점, 대형마트, 기업형 슈퍼마켓, 온라인 가맹점, 유흥업소 등을 제외하고 시 소재 사업장은 모두 광주상생카드 가맹점이 될 수 있도록 하였다.

2) 광주상생카드, 짧은 시간 내에 크게 활성화

광주상생카드는 출시 일주일도 채 되지 않아 3,000여 장이 발행될 정도로 출발이 좋았다. 2019년 3월 최초 출시된 이후 2년 6개월여 만에 사용액이 2조원에 육박하는 것에서 볼 수 있듯이 시민들의 큰 호응으로 조기에 실생활에 정착되어가고 있다.

2019년 863억원에서 2020년 10배가 넘는 8,641억원이 발행됐고, 2021년 11월말 기준 누적 발행액 2조 640억원,[72] 사용액 1조 9,126억

72 광수상생카드는 2021년 11월 기준 총 282만 2,897장이 발행됐고, 이 중 체크

원(체크카드 8,059억원, 선불카드 1조 1,067억원)으로 눈에 띄는 성장세를 보이고 있다.

광주 소재 소상공인 가맹점에서 주로 사용되어 코로나19로 침체된 경제위기 속에서 지역 골목상권 버팀목으로 큰 역할을 하였다. 사용업종을 살펴보면 마트·슈퍼 등 유통·도소매업이 7,210억원으로 38%가 사용돼 가장 높게 나타났으며 음식점이 3,334억원으로 17%, 병의원약국이 18%, 교육비 10%, 교통비, 이·미용, 여행·취미의 순으로 사용됐다.

상생체크카드는 발급가능 연령인 만 14세 이상 인구 125만명의 16% 이상이 사용하고 있으며, 다양한 권종으로 발급되고 선 할인되는 선불카드는 50만원권, 20만원권, 10만원권, 3만원권 순으로 높은 이용률을 보였다.

연령별 이용현황은 경제활동의 중심인 40대(26%), 50대(19%), 30대(15%)의 순으로 높은 이용률을 보였다.

3) 광주상생카드 혜택

광주상생카드 인기비결은 사용자와 가맹점 모두에게 특별한 혜택이 있기 때문이다. 개인당 체크·선불카드로 월 100만원을 사용하면 최대 10만원의 특별 할인을 받을 수 있다. 또 연 매출 5억원 이하 영세·중소 사업장에는 카드결제수수료 전액(0.5% ~ 1%)을 지원하고 있다. 지원대상은 광주시 전체 사업장의 76%가 넘는다.

2020년 4월부터는 선불카드에 충전기능을 더해 최초 구입 이후 은행 방문 없이도 충전해 재사용이 가능토록 하였고, 장애인 대리발급도 허용했다. 또 2021년 4월부터는 광주시 공공배달앱(위메프오)에 상생카드 결

카드는 19만 7,882장 8,134억원, 선불카드는 262만 5,015장, 1조 2,506억원이 발행됐다.

제를 연동해 온라인에서도 상생카드 사용이 가능하도록 사용자 혜택을 추가했다. 또 선불카드뿐만 아니라 체크카드도 충전하여 사용하도록 하였고, 광주은행 이외 타 은행계좌에서도 충전이 가능하도록 시스템을 개선했다.

또 2022년 초에 지급되는 일상회복지원금도 상생카드로 지급하고, 각 부서에서 추진하고 있는 정책사업을 비롯해 직원대상 복지포인트 및 각종 시상·포상금도 광주상생카드로 지급하는 등 이용 확대를 위한 노력을 다하고 있다.

광주상생카드는 코로나19의 어려운 시기에 효자노릇을 톡톡히 했다. 우리 시는 앞으로도 광주상생카드가 지역지킴이로서 골목상권에 활력을 불어넣고 지역경제 활성화에 기여할 수 있도록 행·재정적으로 적극 지원할 것이다.

(2) 든든한 소상공인 지원군, 광주형 공공배달앱 '위메프오' 시행

1) 도입배경

코로나19가 우리 삶 구석구석 침투해 생활양식 자체를 바꾸어놓았다. 음식 배달은 이미 보편적 서비스가 됐다. 과거 중국음식, 피자, 치킨 등 특정 메뉴에 한정됐던 배달 서비스는 이제 한정식부터 셰프 요리까지 배달이 안 되는 메뉴가 없고, 배달 안 되는 지역이 없을 정도다. 비대면 문화가 일상으로 자리잡으면서 최근에는 배달 분야가 음식에서 생필품, 옷까지도 확대되고 있는 추세다. 하지만 배달앱 중계수수료는 고스란히 소상공인들의 몫이라 이에 대한 해결책이 시급한 상황이다. 우리 시가 광주형 공공배달앱 구축을 서두른 이유가 바로 여기 있었다. 코로나19로 인해 비대면 거래가 증가하고 있는 상황에서 국내 배달 앱 시장을 일부 업체가 독점함으로써 소상공인의 부담이 커져만 갔기 때문이다.

2) '위메프오'가 광주형 공공배달앱으로 태어나다

우리 시는 '광주형 공공배달앱 사업'을 앱을 개발·운영하는 민간의 전문성과 지자체 '지역화폐'의 공익적 요소가 결합된 민관 협력형으로 추진하였다. 무엇보다 이 정책이 성공적으로 실행하기 위해서는 사업파트너를 잘 만나야 하기 때문이다. 광주경제고용진흥원은 공공배달앱 구축·운영 사업자 제안 및 평가를 통해 주식회사 위메프오를 2020년 12월 12일 우선협상대상자로 선정한 후 협상을 통해 2021년 1월 계약을 체결했다. 우리나라 토종기업인 위메프오는 '공정배달'을 통해 소상공인 친화정책을 펼치며 상생의 가치를 실천하는 훌륭한 기업으로 이미 2,500여 개 가맹점을 보유하고 있어 공공배달앱 조기정착에 큰 도움이 될 것으로 기대됐다

소상공인의 부담을 덜어주고 매출확대를 지원하기 위해 마련한 '광주형 공공배달앱'이 2021년 4월 시범운영을 거쳐 드디어 7월부터 본격 시행에 들어갔다. 이처럼 '광주형 공공배달앱'은 1인 가구 증가와 코로나19로 인한 비대면 거래 증가로 확대된 배달앱 시장의 점유율 편중, 소상공인 비용 부담 증가 등을 해소하고 지역 소상공인과 전통시장 상인의 온라인 판로 지원을 위해 마련된 것이다.

3) 광주형 공공배달앱은 '이것'이 다르다.

광주형 공공배달앱은 가맹점의 가입비와 광고료가 없고 중개수수료를 2%(이 가운데 1%는 소비자 혜택으로 되돌려준다)로 대폭 낮춰 기존 민간 배달앱에 비해 소상공인의 부담을 크게 줄였다. 민간배달앱사 중개수수

료가 6.8%~12.5%인 것을 감안하면 상당히 저렴한 편이다. 또한 최대 10% 할인 구매한 지역화폐인 광주상생카드로도 배달앱에서 온라인 결제가 가능하다. 아울러 전통시장 장보기 기능이 탑재돼 온라인 주문·결제도 할 수 있는 등 지역경제 활성화와 시민 편익을 위한 다양한 서비스를 제공해 골목상권과 전통시장에 활력을 불어넣는 계기가 되도록 했다. 가맹점 가입도 쉽다. 모바일 위메프오 입점상담 신청 또는 유선 전화로 상담 후 필수 서류 3종(사업자등록증, 통장사본, 영업신고증) 제출과 앱 반영 정보입력 등을 등록하면 가입이 완료된다.

4) 광주형 공공배달앱 지역대표 민생플랫폼으로 자리매김

이처럼 가맹점에게는 비용 절감, 온라인 판로 개척 등 혜택이 돌아가고, 소비자들은 최대 10% 할인받은 광주상생카드 사용과 함께 이벤트·프로모션을 제공받을 수 있어 윈-윈(Win-Win)의 상생효과가 있다. 우리 시는 지역 소상공인, 자영업자, 전통시장 상인의 경영부담 완화와 매출 증대를 위한 광주공공배달앱이 지역대표 민생플랫폼으로 잘 정착할 수 있도록 시민들의 이용률 제고와 다양한 가맹점 확보에 특단의 대책을 강구해오고 있다.

광주형 공공배달앱 홍보에도 많은 공을 들였다. 좋은 정책을 수립했지만 정작 수혜자인 소상공인들과 시민들이 이 배달앱을 모른다면 성공할 수 없기 때문이다. 우리 시와 ㈜광주경제고용진흥원은 △ 매주 할인쿠폰 지급(즉시할인, 페이백, 배달료 무료 등) △ '언능시켜부러' 주문챌린지 진행, △ 지역 맘카페, 대학교 최대 커뮤니티 '에브리타임' 등 유력 온라인 커뮤니티 마케팅 △ 이동 커피차 이벤트(앱 다운로드) △ 가맹점 모집홍보 현장방문(외식업중앙회, 프랜차이즈협회, 골목상권 상인회 등) △ 소비자 이용홍보활동(시 체육회, 자원봉사센터 등) 등을 추진하며 공공배달앱 활성화를 위해 노력해오고 있다.

광주은행, 광주소상공인연합회, 한국외식업중앙회 광주지회, 광주시 상인연합회, 한국프랜차이즈산업협회 광주전남지회와 공공배달앱 활성화를 위한 업무협약도 체결했다. 시청 직원들을 비롯해 5개 자치구, 산하기관들도 참여하고 있다. 그밖에도 시 공식 홈페이지, 페이스북, 유튜브, 블로그 등 광주시가 가용할 수 있는 모든 수단을 동원해 적극 홍보에 나섰다.

시범운영을 시작한 2021년 4월 1일 2,717개였던 가맹점도 공공배달앱 정식 출범일인 7월 1일 4,632개, 11월 6,406개로 꾸준히 증가하고 있다. 또, 지난 4월 시범운영부터 7개월간 운영실적은 18만 379건, 누적 거래액 43억6,200여 만원을 기록했다.

2022년부터는 소비자들에게 혜택을 주기 위해 즉시할인, 페이백, 타겟형·스토리텔링 할인 이벤트, 배달료 할인, 광주상생카드 결제시 추가할인, 전통시장 장보기 프로모션 등 추가 지원방안이 시행되고 있다.

앞으로도 우리 시는 광주형 공공배달앱이 광주형 상생카드와 함께 지역경제의 근간이자 버팀목인 소상공인과 전통시장 상인들이 다시 일어서는데 큰 힘이 될 수 있도록 최선을 다할 것이다.

핵심성과 20

수치로 본 시정 혁신 성과

요 약

- 성과창출의 동력은 일과 성과중심의 인사혁신을 비롯한 공직내부혁신
  - '온라인 희망인사시스템' 및 '시장 Hot-line' 시행 → 인사청탁 소지 제거
  - '이달의 공무원'시행, 공무직 및 공공기관 직원 통합채용
  - 성과관리 시스템 도입, 디지털 플랫폼 행정시스템 구축
- 주요 상 182개 수상하고 인센티브로 61억원 확보
- 185개의 주요 국책사업 유치 또는 공모사업 선정
- 전국 최초·국내 유일 또는 전국 최대 성과 94건
- 떠나는 광주에서 찾아오는 광주로, 정치가 강한 도시에서 경제도 강한 도시로 탈바꿈

(1) 광주시청 내부 혁신이 성과창출의 동력

이용섭호의 4년을 관통하는 정신은 '혁신'이다. 나는 광주 혁신만이 광주의 도시경쟁력과 시민들의 삶의 질을 높이고 새로운 광주시대를 열 수 있는 유일한 해법이라고 판단하고 '광주를 혁신하라'는 슬로건과 함께 임기를 시작했다. 무엇보다 우선 공직 내부 행정부터 달라져야 광주 전반의 혁신을 이끌어 낼 수 있다는 생각으로 우리 직원들에게 혁신행정, 소위 적극행정·도전행정·창의행정·플랫폼행정을 요구했다.

2년 가까이 지속된 코로나19라고 하는 시정의 블랙홀에도 불구하고

짧은 기간 동안에 광주의 대변화를 이끌어 낼 수 있었던 것은 우리 직원들이 줄탁동시(啐啄同時)와 응변창신(應變創新)의 혁신적 자세로 사고와 발상을 전환해 새로운 길을 개척해 앞장서 주었기에 가능한 일이었다.

그 결과 지난 3년 6개월의 짧은 기간 동안에 의미있는 상만 182개를 수상했고, 우리 지역의 미래성장동력이 되고 시민들의 삶의 질을 높이는 국책사업도 185개나 유치했다. 우리 광주가 이뤄낸 성과중 국내 최초·유일·최대 성과만해도 94개나 된다.

산업불모지였던 광주가 인공지능 대표도시, 친환경자동차 선도도시, 노사상생도시, 기후위기대응 선도도시, 아이 낳아 키우기 좋은 도시로 탈바꿈하면서 떠나는 광주에서 사람과 기업이 찾아오는 광주로 바뀌고 있다.

우리 시 3대 시정가치는 혁신, 소통, 청렴이다. 우리 시가 추진한 각종 혁신적인 정책과 사업들은 소통과 청렴이 뒷받침되었기에 성과를 낼 수 있었다. 혁신은 기득권을 침해하므로 저항이 뒤따르기 때문에 원활한 소통이 반드시 필요하고, 청렴이 결여된 혁신은 사리사욕을 위한 탐욕으로 흐를 수 있다. 우리 시 공직자들이 이러한 3대 시정가치를 실천하고 시민들이 도와준 덕분에 이러한 성과들을 이룰 수 있었다.

<인사혁신>

가장 먼저 인사혁신부터 단행했다. 조직을 변화시키고 성과를 창출하는 주체는 결국 사람이고 사람을 움직이게 하는 것이 인사이기 때문이다. 조직혁신도 인사에서 비롯되고, 리더의 힘도 투명하고 공정한 인사에서 나온다. 나는 취임하자마자 직원들이 인사에 신경 쓰지 않고 업무에만 전념할 수 있도록 '전자희망인사시스템'을 구축·시행하고 '시장 핫라인'도 개통했다. 직원들이 인사철에 외부에 청탁하고 부탁해야 될 필요성을 근본적으로 없앤 것이다. 직원 누구나 '희망인사시스템'을 통해 시장에게 언제든지 온라인으로 인사 건의나 일하고 싶은 부서를 직접 3순위까지 신청할 수 있다. 특히, 시장에게 '시장 핫라인'을 통해 각종 건의사항과 애로사항을 직접 알릴 수 있어 인사철마다 관행처럼 반복되어 온 외부청탁이 사라졌다.

또한 과거 기관별·부서별로 채용하던 산하공공기관 직원(2019년 도입)과 시청 공무직(2021년 도입)을 통합채용방식으로 전환하여 채용의 공정성과 투명성을 제고했다. 이에 따라 외부부탁 등에 의해 정실로 채용하던 관행들이 사라지다보니 채용부조리가 원천적으로 차단되고 직원들 수준이 전반적으로 향상되고 있다는 평가를 받고 있다.

이러한 투명하고 공정한 인사혁신 시스템을 바탕으로 채용·승진·전보 인사를 단행함으로써 인사 부조리나 잡음이 없는 인사문화가 정착되어 가고 있다.

또한 '일'과 '성과' 중심의 조직 문화를 만들어가기 위해 2018년 8월부터 '이달의 공무원제도'를 시행해 오고 있다. 우리 시의 3대 시정가치인 혁신, 소통, 청렴을 앞장서 실천하면서 자기분야에서 창의적이고 적극적으로 업무를 수행해 괄목할 만한 성과를 거양한 수범 공직자를 매달 이달의 공직자로 선정해오고 있다. 현재까지 50명이 '이달의 공무원'으로 이름을 올렸다.

또한 혁신적 성과관리시스템을 도입하여 운영하고 있다. 연 초에 실국·과장들이 스스로 핵심 정책들을 선정하여 성과창출 목표를 제시하고 연말에 추진성과를 평가하여 그 결과를 부서 성과평가와 개인 직무성과 평가에 반영하고 있다.

우리 시는 이러한 일과 성과 중심의 인사혁신을 인정받아 2021년 지방인사혁신 경진대회 최우수상(행정안전부), 인사교류 우수기관(인사혁신처), 균형인사 우수기관(인사혁신처) 등 중앙정부 평가 3관왕의 영예를 안았다. 특히 지방인사혁신경진대회에서는 3년 연속 수상(2019년 최우수상 → 2020년 대상 → 2021년 최우수상)하는 성과를 거양하였다.

<근무환경 혁신>

우리 직원들이 업무에만 전념할 수 있는 안전하고 편안한 근무환경 조성을 위해 청사 출입 방호시스템을 구축했다. 청사를 민원공간과 행정사무공간으로 분리하는 전국적인 추세를 반영하여 2019년 10월 청사출입시스템을 도입하였다. 당시 일부의 반대가 심했지만 이 제도는 시민들이 사무실 이곳저곳을 방문하지 않고 1층 민원공간에서 보다 편리하게 민원업무를 처리할 수 있는 등 장점이 많기 때문에 관철시켰다. 우리 시는 2018년 행정안전부 보안감사에서 "불특정 다수에게 청사가 무한 개방돼 청사 불법점거, 정보유출, 공무원 폭행 등 위험이 발생할 수 있으므로 청사 출입을 제한하는 등의 보안조치가 필요하다"라는 지적을 받은 바 있다. 중앙부처와 국회·법원·검찰 등 대다수 정부기관과 서울시청(2010년), 부산시청(2012년), 대전시청(2012년), 경기도청(2016년), 울산시청(2018년) 등 대부분의 광역지자체가 이미 청사출입시스템을 도입하였다.

청사출입시스템을 도입하면서 시민 접견실도 함께 마련했다. 1층에 새롭게 마련한 시민접견실은 145㎡ 규모의 단체실 1개와 18㎡ 규모의 일반실 2개, 기타 개방형 접견실 1개 등 총 4개로 구성됐다. 지금은 청사출입시스템의 도입으로 시민들은 1층에서 원스톱으로 민원업무를 해결하고, 공직자들은 악성 민원인과 집단 시위자들의 청사출입이 통제되어 안전한 분위기에서 일에 전념할 수 있는 분위기가 마련됐다며 환영하고 있다. 또한 이러한 시스템을 선제적으로 도입한 것이 코로나19로부터 방역의 컨트롤타워인 시청을 안전하게 지켜내는데도 일조를 했다.

또한 우리 시는 2021년 1월 1일부터 청사 주차장 이용 차량에 대해 주차요금을 부과토록 제도를 개선하였다. 이것은 수익을 올리기 위한 목적이 아니다. 그동안 청사 주차장을 무료로 운영하다 보니 누구나 장시간 주차를 하게 되어 정작 시청을 찾은 민원인에게 많은 불편이 초래되어 왔다. 꼭 필요한 시민들이 우선적으로 주차할 수 있도록 하기 위해 주차요금 유료화제도를 도입한 것이다.

<디지털 플랫폼행정 시스템 구축>

나는 시장이 되고 나서 낙후된 광주가 도약할 수 있는 돌파구로 인공지능을 선택했고, 우리 시 행정서비스를 시민들이 언제 어디서든 편리하게 이용할 수 있는 행정서비스의 보편화를 위해 디지털 플랫폼 구축을 강조했다. 시민들이 공직자들을 구태여 접촉하지 않고도 한곳에서 모든 정보를 파악해 필요한 각종 서비스를 공정하게 받을 수 있도록 하기 위해서다.

이를 위해 각 분야별 정책 수요자들이 원스톱(one-seop)으로 모든 정보를 실시간 공유할 수 있는 각종 플랫폼들이 구축되었다. 특히 광주청년 플랫폼, 광주복지 플랫폼, 광주아이키움 플랫폼, 광주빅데이터 플랫폼, 광주자원봉사 플랫폼 등 5대 빅데이터 기반 온라인 플랫폼이 운영되면서 시정의 접근성이 획기적으로 높아졌다.

금년에는 '광주문화예술통합 플랫폼'이 개통될 예정이다.

(2) 의미있는 상 182개 수상, 인센티브로 61억 29백만원 확보

지난 3년 6개월 동안 감사패와 같은 형식적이고 의례적인 수상실적은 제외하고 중앙부처 등으로부터 받은 의미 있는 상만 182개를 수상하였고 인센티브로 약 61억원을 확보했다.

주요 수상 15개를 예시하면 ① 전국에서 유일하게 4년 연속 일자리정책 최우수상(고용노동부), ② 대한민국 안전분야 최고상인 2021년 안전문화 대상(대통령 기관표창) 수상(재난안전특별교부세 6억원 확보), 또한 2018년부터 매년 재난안전분야 평가에서 최우수기관으로 선정, ③ 지방인사혁신경진대회에서 3년 연속 최우수상, 2021년에는 중앙정부 인사평가 3관왕(행정안전부의 지방인사혁신 경진대회 최우수상, 인사혁신처의 인사교류 우수기관, 인사혁신처의 균형인사 우수기관), ④ 더불어민주당 광역단체장 우수정책 1급 포상(2020년, 광주형 일자리) & 2급 포상[2021년, 아이 낳아 키우기 좋은 맘(MOM) 편한 광주만들기], ⑤ 제7회 한국정책대상(한국정책학회, 도시철도 2호선 공론화), ⑥ 한국매니페스토 실천본부 주관 공약이행평가 3년 연속 SA(최우수상), ⑦ 2020 정부혁신평가 우수등급(행정안전부), ⑧ 한국공공정책평가협회&한국거버넌스학회 최우수상[아이 낳아 키우기 좋은 맘(MOM) 편한 광주만들기], ⑨ 2018 전국 자원봉사대상(대통령상), ⑩ 제12회 지자체 최우수 행정대상(한국유권자연맹), ⑪ 2019 목민상(소상공인연합회), ⑫ 2019올해의 지방자치 CEO(한국공공자치연구원), ⑬2021년 고객만족경영부문 대상(한국능률협회컨설팅), ⑭ 2021년 투자유치 우수지자체(산업통상자원부, 인센티브로 지방투자촉진 보조금 국비 보조비율 5%p 추가 지원), ⑮ 2021 거버넌스지방정치대상 최우수상(거버넌스센터, 광주형일자리· AI중심도시· 2045탄소중립) 등이다.

(3) 주요 국책사업 유치 및 공모사업 선정 : 185건

일자리 창출과 지역경제 활성화는 물론이고 우리 광주의 미래 발전동력이 될 185개의 주요 국책사업을 유치하거나 공모사업에 선정되었다.

주요 15개 사업을 예시하면 ① 광주경제자유구역 지정, ② 광주형 일자리 대한민국 상생형 지역일자리 제1호 선정, ③ ESS발전 규제자유특구 지정, ④ 자율주행자동차 시범운행지구 지정 / 무인저속특장차 규제자유특구 지정, ⑤ 친환경 공기산업 클러스터 / 친환경 대기산업 클러스터 유치, ⑥ 2021 공공어린이 재활의료센터 공모사업 선정, ⑦ 백운광장 일원 도시재생뉴딜사업 공모 선정, ⑧ 뿌리산업 특화단지 지원 공모 선정, ⑨ 국가 폭력 트라우마 치유센터 유치, ⑩ 2024세계해부학회 학술대회 유치, ⑪ 2025세계양궁선수권대회 유치, ⑫ GIST인공지능대학원 유치, ⑬ 광주전남에너지산업융복합단지 지정, ⑭ 국제회의 복합지구 활성화사업 공모선정(김대중컨벤션센터 일원), ⑮ 산업단지 대개조 공모사업 선정(7,657억원) 등을 꼽을 수 있다.

(4) 전국 최초·국내 유일·전국 최대 성과 : 94건

우리 시가 이룬 성과 중 전국에서 최초이거나 유일 또는 전국 최대 규모의 사업·정책만 해도 94건에 이른다.

주요 성과 15개만 예시하면 ① 국내 유일 인공지능산업 융합집적단지 조성사업 및 국내 최대 인공지능데이터센터 착공, ② 전국 최초 365일 24시간 1대1 최중증발달장애인 돌봄센터 개소, ③ 세계 최초 지자체 주도의 노사상생 광주형일자리사업 성공, ④ 전국 유일 2021년 매달 출생아 수 증가 및 특·광역시 최초로 출생 축하금과 육아수당 지급, ⑤ 광역자치단체 최초 24시간 긴급아이돌봄센터 개소, ⑥ 전국 최초로 공공임대주택에 중형평형(84㎡) 도입(광주형 평생주택), ⑦ 전국 최초 초중고 신입생 모두에게 입학준비금 지원, ⑧ 지방 최초 순환선인 도시철도 2호선 착공, ⑨ 민간공원특례사업 전국최대 공원면적비율 확보 및 사업자의 초과이윤 환수장치 최초 마련, ⑩ 국내 유일 친환경자동차 부품인증센터 유치, ⑪ 국내 첫 도심 국가습지 지정(장록습지), ⑫ 전국 최대규모의 e-스포츠 경기장 개관, ⑬ 전국 최초 대구에 코로나19 병상제공 및 자가격리 해제 전 검사 실시, ⑭ 전국 최초 코로나19 후유증 극복센터 운영, ⑮ 전국 최초 코로나19 피해 소상공인 3무 특례융자지원 등이다.

(5) 각종 개선된 지표들

민선 7기 광주시의 변화는 각종 통계와 지표로도 확인되고 있다. 우선 국가로부터 지원받는 예산, 즉 국비예산이 2조원을 돌파한지 불과 3년 만에 3조원 시대를 열었다. 지난 2018년 대비 2022년 광주 국비예산 증가율은 62.7%로서 같은 기간 국가예산 증가율 41.7%를 크게 뛰어넘었다.

※ 우리 시 국비예산 규모 : 2018년 1조 9,743억원, 2019년 2조 2,102억원, 2022년 3조 2,155억원

예기치 못한 코로나19 방역과 15차례에 걸친 민생안정 대책으로 추가적인 재정 지출이 많았음에도 채무(일반채무 + BTL임차료 잔액)비율이 2017년 말 22.72%에서 2021년 말 16.5%(잠정)로 낮아졌다. 지방세(시세) 징수액은 2017년 1조 4,662억원에서 2021년 11월 말 기준 1조 9,267억원으로 증가했다.

인공지능 기업 유치는 2019년부터 시작해 2021년 말 133개 기업과 협약을 맺었고 이들 기업들이 광주에 둥지를 틀고 있다. 과거에는 광주 기업들이 수도권 등으로 떠나려고만 했지 이렇게 짧은 기간에 많은 AI기업들이 광주에 내려오는 것은 상상조차 할 수 없었다. 인공지능 기업 외에도 각종 투자가 활발해져 산업단지 공장용지 분양면적은 2018년 12,947천㎡에서 2021년 11월말까지 14,694㎡로 증가했고 분양률은

95.2%에 이르고 있다.

수많은 투자유치와 고용창출을 이끌어내며 기업하기 좋고 투자하기 좋은 도시로 발돋움하고 있다. 민선 7기 출범 이후 지금까지 국내외 165개 기업으로부터 1조 7,616억원의 투자유치 협약 성과(광주형 자동차공장은 포함하지 않았음)를 달성했고, 이들 기업의 신규 고용인원은 5,700명에 이를 것으로 전망된다(2021. 10. 23.기준). 강성도시라는 이미지 때문에 기업과 투자가들이 기피하던 광주는 이제 옛 얘기가 되고 있다.

복지분야의 경우 2018년 대비 2021년 11월말까지 국공립 어린이집 82개소(33 → 115개), 다함께 돌봄센터 14개소(0 → 14개), 건강생활지원센터 4개소(5 → 9개)가 늘어났다. 치매안심센터 4개소(1 → 5개), 청소년문화의 집 4개소(5 → 9개) 등이 추가되었다.

2021년 10월까지 매달 출생아수가 전년 동기 대비 늘어나는 곳은 광역자치단체 중 우리 광주가 유일하다. (2021년 1월 ~ 10월, 632명 증가, 전년 대비 10.2% 상승)

자살률(인구 10만 명당 자살 사망자 수) 역시 우리 시가 특·광역시 중 가장 낮은 것으로 나타났다. 통계청 발표에 따르면 2020년 전국 인구 10만 명당 자살 사망자 수는 25.7명인 반면 광주지역은 22.6명으로 특·광역시 최저를 기록했다.

취약계층 대상(60,532세대) 주택용 소방시설 보급률은 2017년 32.2%에서 2020년 100%를 달성했다.

노인일자리 참여자도 2018년 15,899명에서 2021년 27,575명으로 증가하였다.

공공체육시설은 2018년 말 742개소에서 2020년 말 1,076개소로 늘어났다.

2021년 10월 말 기준 교통사고 사망자 수는 36명으로 전국 최고 수준의 감소율을 나타냈다(2018년 75명, 2020년 62명). 특히, 어린이 교통사고 사망자는 2021년에 한 명도 발생하지 않았다.

교통약자 특별교통수단인 장애인 콜택시는 2018년 153대에서 2021년 207대로 54대가 늘었고, 저상버스 운행 대수도 2018년 213대에서 2021년 303대로 증가했다. 친환경 전기·수소버스도 2018년 한 대도 없었으나 이 기간에 54대(전기버스 42대, 수소버스 12대)가 보급되었다.

횡단보도 LED조명을 2018년 38개에서 2021년 638개로 확대 설치했고, 주택가 보안등 LED 교체율도 2018년 19.6%에서 2021년 9월 기준 53.1%로 높였다. 방범용 어린이 보호용 등 CCTV를 2018년~2021년 기간 동안 4,799대를 추가 설치했다. 대기오염 측정소를 2018년 9개소에서 2020년 13개소로 확충했다.

자원봉사자 등록 인원은 2018년 434,943명에서 2021년 11월 말 기준 483,201명으로 48,258명 증가했다.

4부

「더 크고 더 강한 광주시대」 개막

- 시민이 묻고 시장이 답하다 -

그간의 성과를 바탕으로 누구도 따라올 수 없는 광주의 대전환을 이끌어 내야 한다. 정의롭고 풍요로운 광주를 뛰어넘어 「더 크고 더 강한 광주시대」를 열어 미래 100년을 대비해야 한다. 시민이 행복한 「그린-스마트-펀 시티」를 만들어 도시경쟁력과 삶의 질을 획기적으로 높여 나가야 한다.

4부 「더 크고 더 강한 광주시대」 개막

1. 더 크고 더 강한 광주!

Q1. 시장께서는 지난해 말 「더 크고 더 강한 광주시대」를 준비해야 된다고 말씀하셨는데 취지와 방향은?

지금은 대전환의 시대다. 기존의 틀과 고정관념을 완전히 깨는 혁신적 발상만이 지속가능한 미래를 열 수 있다.

지난 3년 6개월 동안 광주가 이룬 성과 역시 혁신에서 시작되었다.

광주형 일자리 자동차공장 완공, 인공지능 광주시대 개막, 기후위기 선도적 대응, 아이낳아 키우기 좋은 도시 만들기 등의 혁신적 정책들이 성공적으로 추진되면서 정의롭고 풍요로운 광주건설의 꿈이 결실을 맺고 있다. 떠나는 광주에서 찾아오는 광주, 정치 1번지를 뛰어넘어 경제 1번지로 탈바꿈하고 있다.

하지만 우리에게는 이러한 성과들에 만족해서 머뭇거릴 시간이 없다. 시정의 중단이 있어서도 안 된다. 우리가 이룬 성과들은 지속성과 추진력이 확보되지 않으면 언제든지 과거로 뒷걸음칠 수 있고 국내외 다른 도시들로부터 추월당할 수 있는 상황이다. 지금까지의 성과들을 바탕으로 누구도 따라올 수 없는 광주의 대전환을 이끌어 내야 한다. 정의롭고 풍요로운 광주를 뛰어넘어 「더 크고 더 강한 광주시대」를 열어야 한다.

「더 크고 더 강한 광주」의 꿈을 현실로 만들기 위해서는 경제적으로나 지역적으로 자생하고 자립이 가능한 메가시티를 만들어야 한다. 도시경쟁력과 시민 삶의 질을 획기적으로 높여 시민이 행복한 「그린-스마트-펀 시티(Green-Smart-Fun City)」를 만들어야 한다.

Q2. 더 크고 더 강한 광주시대를 열기 위해 '광주대전환 특위'를 발족했다고 하는데?

2021년 12월 29일 시장 직속 광주혁신추진위원회(이하 '광주혁신위')

는 광주대전환 특별위원회(이하 '특별위원회')를 구성해 첫 회의를 열고 도시경쟁력과 시민 삶의 질을 획기적으로 높이기 위한 '그린-스마트-펀 시티 광주' 실현을 위한 실행계획을 마련해나가기로 했다.

특별위원회는 환경·생태·AI·산업·문화·관광 분야 전문가 등 총 38명의 위원으로 구성됐다. 이날 회의에서는 장석주 호남대 교수를 위원장으로 선출했다. 이들은 앞으로 광주대전환을 통해 미래 100년을 대비하기 위한 비전과 구체적인 실천과제를 만들어 낼 것이다. 특히 총 위원의 1/3을 넘는 13명의 위원이 20~40대이다. 광주의 미래세대를 위한 그린-스마트-펀 시티로의 변화 모색에 젊은 세대가 참여해 논의를 펼친다는 점에서 의미가 깊다.

특별위원회는 이어 '그린-스마트-펀 시티 광주'를 위한 구체적인 범위와 방향 등을 논의했다. 위원들은 ▲기후위기 대응을 선도하며 친환경 청정 녹색도시·기후안심도시·녹색산업도시를 만드는 '그린시티' ▲향후 100년을 책임질 인공지능 기반의 '스마트시티' ▲시민들은 물론 외지인들이 광주에 와서 광주만의 볼거리, 즐길거리, 먹거리 등 문화예술과 관광을 즐길 수 있는 테마도시 '펀 시티'를 실현시키기 위한 사업방안 등을 발굴해 제시하기로 했다. 이를 위해 그린·스마트·펀 시티 3개의 추진단을 구성했다. 앞으로 특별위원회가 마련한 '그린 스마트 펀 시티 비전 및 실행계획(안)'은 광주혁신위 전체회의 심의를 거쳐 광주시에 건의할 계획이다.

Q3. 「더 크고 더 강한 광주」의 꿈을 현실로 만들기 위해서는 경제적으로나 지역적으로 자생하고 자립이 가능한 메가시티를 만들어야 한다고 했는데?

규모면에서 현재보다 훨씬 큰 도시를 만들어야 한다. 우선 광주와 인접해 있는 5개 시·군(나주, 화순, 담양, 함평, 장성)을 단일 경제권으로 묶어

200만 인구를 보유한 30분 생활권의 빛고을 스마트 메가시티를 만들어야 한다.

또한 광주천 시대에서 영산강 시대로 대전환의 물꼬를 터야 한다.

영산강 물길 따라 광주~장성~담양~화순~나주~영암~목포를 연결하는 광역 생태·역사·문화 관광벨트를 조성해 나갈 것이다. 2021년 12월 3일 열린 광주·전남 상생발전위원회에서 나와 김영록 지사는 영산강 시대를 열어 가는데 뜻을 함께 하기로 했다. 이러한 노력들이 진전되면 천년을 함께 해 온 광주와 전남은 다시 자연스럽게 하나로 통합될 수 있을 것이다.

아울러 광주와 대구를 잇는 달빛고속철도를 다음 정부에서 조기착공해 1,800만 인구를 담는 동서 광역경제권을 구축해야 한다. 광주와 대구 간에 1시간대 고속철도가 달리면 동서 광역경제권이 구축되어 지역균형발전과 동서화합, 나아가 국민통합에 크게 기여할 것이다. 이 사업이 차기 정부의 국정과제로 조기에 착공되어 2030년 안에 개통되면 광주와 대구가 추진하고 있는 2038년 아시안게임 공동개최도 더욱 탄력을 받을 것이다.

여기에 광주와 전남 영광에서 목포~여수~그리고 경남 남해와 거제, 부산까지 해안선을 잇는 해양관광벨트까지 구축하여 섬 크루즈와 한려해상 관광루트를 개발하게 되면 글로벌 해양 휴양지대가 조성된다.

이렇게 광주-대구 간 달빛동맹을 완성하고 광주~전남-부·울·경을 연계하는 남해안 신성장 권역이 구축되면 수도권의 블랙홀을 막아내고 광주 중심의 지방화 시대를 열 수 있다. 그야말로 우리 청소년들이 광주·전남을 떠나지 않고 세계를, 최고를, 미래를 꿈꿀 수 있는 세상이 만들어지는 것이다. 또한 인구, 기업, 일자리, GRDP, 수출액, 재정자립도 등에서 괄목할만한 증가를 통해 「지역이 강한 나라, 균형잡힌 대한민국」의 새로운 모델이 만들어질 것이다.

생각만 해도 가슴 뛰고 설레지 않는가? 우리가 힘을 모으면 얼마든지 실현 가능한 일이다.

Q4. 인구 200만명 규모의 빛고을 메가시티, 로드맵은?

우리는 이미 2015년부터 빛고을 생활권 행정협의회를 구성하여 SOC사업, 관광인프라 연계구축, 지역 현안사업 해결에 힘과 지혜를 모아왔다. 이제는 광주와 공동생활권인 인접 5개 시·군(나주, 담양, 함평, 화순, 장성)을 하나로 묶는 '빛고을 스마트 메가시티' 구축 계획을 구체화하여 실천해야 한다.

우선 고속도로, 순환도로, 광역철도 건설 등 광역교통망을 구축하여 권역 내 어디나 30분 안에 접근이 가능토록 할 것이다. 특히 인공지능 기반의 스마트 메가시티로 조성하고 또 자동차·인공지능 산업, 에너지밸리·첨단의료 복합단지 조성·문화콘텐츠 등 미래 신산업 공동육성을 통해 광주와 5개 시·군 인구를 현재 173만명에서 200만명까지 늘리는 것이 1차 목표다.

이와 함께 주민생활 편의 증진을 위해 행정의 경계를 벗어나 복지시설은 물론 의료, 교육, 문화예술, 관광, 스포츠 레저 등을 공유할 수 있는 특별지방자치단체 설립도 적극 검토할 필요가 있다. 이렇게 되면 젊은이들이 살고 싶은 꿈의 도시가 될 것이다.

Q5. '빛고을 메가시티'의 구상은 궁극적으로 광주·전남 통합의 전초전이라고 보여지는데.

그렇다. 현재 광주전남연구원에서 '광주·전남 행정통합방안에 관한 연구'를 진행 중이다. 연구결과가 나오면 양 시·도는 시·도통합 공론화 위원회 등에서 연구 결과를 토대로 광주·전남의 미래 상생 비전과 목표를 제시하고, 초광역적 협력방안, 행정통합과 경제통합 등 구체적인 통합방안 및 실행계획을 마련할 예정이다.

행정통합은 광주시와 전남도의 행정조직을 하나로 합친다는 물리적 의미를 넘어, 한 뿌리인 광주·전남 시·도민의 사회·정서적 결합을 가져와 그 효과는 매우 다양하고 광범위하며 클 것이다.

수도권과 지방 간 격차가 갈수록 심화되고 있는 상황에서 광주·전남처럼 소규모 자치단체로는 수도권의 블랙홀을 막아낼 수 없고, 경제적 낙후와 인구소멸 문제도 극복할 수 없다. 광주·전남이 통합해서 자생력과 자립경제가 가능한 단일광역경제권을 구축해야 국가 균형발전과 도시 경쟁력 제고라는 두 마리 토끼를 잡을 수 있다.

광주·전남은 천년을 함께 해온 공동운명체이다. 따로 따로 가면 완결성도 경쟁력도 확보하기 어렵다. 매 사안마다 각자도생하고 치열하게 경쟁하면 공멸뿐이다.

Q6. 최근에는 정부도 초광역화에 전향적인 자세를 보이고 있는데 어떻게 평가하나?

다행스럽게도 정부 역시 메가시티나 행정동합에 적극적인 모습을 보이고 있다. 2021년 10월 14일 세종시에서 대통령 주재하에 '균형발전 성과와 초광역협력 지원전략 보고회'가 열렸다. 대통령은 수도권 일극체제를 타파하기 위해서는 지금까지와는 차원이 다른 특단의 균형발전 전략이 모색되어야 한다면서 초광역협력을 제시했다. 광역과 기초지자체의 경계를 뛰어넘어 수도권과 경쟁할 수 있는 단일 경제생활권을 만들어 대한민국을 다극화해야 한다고 강조했다. 초광역 경제생활권역을 형성하여 지역 청년들이 수도권으로 오지 않고도, 좋은 일터와 삶터에서 마음껏 꿈을 펼칠 수 있는 환경을 마련하자는 제안이었다. 초광역협력이라는 새로운 모델이 성공하고 확산된다면, 수도권 집중 추세를 반전시키고 골고루 잘

사는 대한민국으로 나아갈 수 있을 것이라는 것이 대통령의 결론이었다.

그렇다. 대통령의 진단이 옳다. 그간 정부의 각종 균형발전 노력에도 불구하고 수도권 집중은 지속되고 있다. 수도권 인구는 2019년을 기점으로 전체 인구의 절반을 넘어섰고, 경제력의 집중은 더욱 심해지고 있다. 이에 따라 수도권은 수도권대로 주거, 교통 문제 등 과밀의 폐해가 심각해지고, 지방은 지방대로 활력을 잃어가며 소멸의 위기까지 거론되고 있다.

최근 위기의식이 큰 지역들이 초광역 협력과 통합에 주도적으로 나서고 있고,[1] 초광역협력을 지원하는 제도적 기반이 체계적으로 구축되고 있다. 32년 만에 지방자치법 전면 개정으로 올해 1월부터 두 개 이상의 지자체가 공동으로 특별지자체를 설치하여 운영할 수 있게 됨으로써 초광역협력을 제도적으로 뒷받침할 수 있게 되었다. 문재인 대통령은 빠른 시일 안에 국가균형발전특별법도 개정하여 초광역협력을 국가균형발전의 핵심 정책으로 반영하고, 적극적 재정 지원과 함께 범정부 통합 추진체계도 가동할 것이라고 밝혔다. 또한 정부는 신속한 성공모델 창출을 위해 초광역 특별협약과 분권협약과 같은 절차도 도입하여 지원할 예정이다. 초광역협력은 지역이 주도하고 정부가 지원하는 전략이므로 지자체들이 미래를 예견하고 적극 나서야 하는 과제이다.

나는 이날 보고회에서 대통령께 광주·전남 통합이 원활하게 추진될 수 있도록 현재보다 지원이 줄어들지 않고 늘어나는 방향으로 하루빨리 제도를 개선해 줄 것을 건의했다.

---

1 2021년 2월 부산, 울산, 경남이 '동남권 메가시티 전략'을 제시하고, 초광역협력을 가장 먼저 본격화했다. 현재 2022년 1분기 내 초광역 특별지자체 설치를 목표로 속도를 내고 있으며, 핵심적으로 추진 중인 초광역 사업들도 상당히 진척되고 있다. 또한 최근 대구·경북, 충청권 등에서도 협력이 본격화되고 있다. 특히 대구·경북은 민선 8기에 행정통합을, 충청권은 2024년 특별지자체 설치를 목표로 추진하고 있다.

<광주·전남 단일 광역경제권 구축 발표문 요지>

지금은 국가균형발전정책의 패러다임 전환이 필요한 시점이다.
공공기관 지방이전이나 대형 국책사업의 지방 유치와 같은 전통적 방식으로는 효과를 거두기 어렵다. 무엇보다 광역자치단체들이 자생력과 자립경제가 가능한 규모의 단일 경제권을 구축하는 것이 선결과제이다.
그리해야 수도권의 블랙홀을 막아내고 경제적 낙후와 인구소멸 문제를 해결할 수 있을 뿐만 아니라 정부가 추진하는 각종 균형발전 정책들도 효과를 낼 수 있다.
이런 의미에서 보면 광역자치단체 간 협력사업을 정부가 적극 지원하는 것도 진일보한 것이지만 이보다 더 중요한 것은 역사적 정체성이 같고 경제사회적 보완관계가 깊은 자치단체 간에 행정통합이 촉진될 수 있도록 정부가 제도를 보완하고 지원을 강화하는 것이다.
광주·전남은 천년을 함께 해온 공동운명체이고, 같은 생활권이기 때문에 통합에 따른 시너지효과가 막대할 것으로 전망된다. 시도민도 절반(50%) 이상이 통합을 찬성하고 있다. 다만 지역에서는 광주·전남이 통합할 경우 중앙 정부의 지원규모가 줄어들 수 있다는 우려가 크다. 정부와 국회가 이 문제를 해결해주시길 건의드린다.
오늘은 광주·전남 협력사업으로 ▲광주·전남이 협력하는 글로벌 에너지 허브 ▲광주와 인접 시군이 상생하는 빛고을 스마트 메가시티 ▲광주와 대구 간 달빛동맹 및 전남과 부울경을 연계하는 남해안 신성장 권역에 대해 차례로 설명드리겠다.
(이하 생략)

Q7. 시장은 이보다 1년도 더 앞선 2020년 9월에 광주·전남 통합을 제안하셨다. 당시 일부에서 비난도 했지만 지금 생각해보면 선견지명이 있었다고 생각되는데?

나는 2020년 9월에 광주·전남 통합 논의를 제안했다. 당시 미래를 내다보지 못하는 일부에서 일방적 주장이니 뜬금없는 소리라고 비판했지만 우리만 그대로 있었다면 우물안 개구리 신세가 될 뻔했다. 우여곡절도 많았고 논의 진행도 매우 더디어 아쉬움은 있지만 그래도 그런 제안을 계기로 광주전남연구원에 통합 관련 연구용역이라도 의뢰하게 되어 참으로 다행스럽다.

Q7-1. 광주·전남 통합 논의를 제안한 배경은?

나는 2020년 9월 10일 '공공기관 2차 지방이전 대비 정책토론회' 축사에서 2차 공공기관 지방 이전 역시 1차 이전 때의 그 절박함과 상생정신을 가슴에 새기고 광주·전남이 공동 대응해야 하는데, 현실은 매 사안마다 경쟁하고 있어 이에 대한 해결책으로 "광주·전남 행정통합 논의가 더 늦기 전에 시작되어야 한다"는 평소 생각을 밝혔다.

이 제안은 즉흥적인 것도 아니고, 어떤 정치적 계산도 없었다.

세계적인 추세와 지난 2년간 광주시장으로서 경험을 바탕으로 사명감과 소명의식에서 오직 광주·전남의 상생과 동반성장, 그리고 다음 세대에게 풍요로운 미래를 물려주기 위한 해법으로 제기한 것이다.

국내외적으로 긴밀한 경제관계가 있거나 생활권이 같은 자치단체들이 경쟁력을 높이기 위해 통합 논의를 본격화하고 있는데 우리만 이를 외면하고 현실에 안주하면 우리 지역의 미래는 없기 때문에 더 늦기 전에 통합 논의가 필요하다고 판단했다. 불편하더라도 대변혁의 시대에 생존하고 도약하기 위해서는 적극적이고 능동적으로 대응해야 한다. 지역의 지도층들이 이해관계 때문에 논의자체도 반대한다면 역사에 죄를 짓는 것이라고 판단했다.

Q7-2. 광주·전남 통합의 필요성과 효과는?

행정통합의 주장 논거는 ▲규모를 키워 효율화 ▲광주·전남이 합쳐 기존과는 다른 새로움 창조 ▲지역발전을 선도할 통합과제 추진 ▲지역갈등 해소로 지역발전 공동 대처 등을 들 수 있다.

첫째, 수도권의 블랙홀을 막아내고 광주·전남이 살아남기 위한 해법이다. '국가 균형발전과 도시 경쟁력 제고'라는 두 마리 토끼를 잡을 수 있는 발전 전략이다.

수도권은 우리나라 전체 면적의 11.8%에 불과한데도, 우리나라 인구 절반 이상이 몰려 있다. 갈수록 수도권과 지방 간 격차가 심화되고 있고 국가성장잠재력을 저하시키고 있다. 과거 산업사회가 '국가 간 경쟁시대'였다면 지금은 각 지역이 고유함과 독특함을 살려 균형 있게 발전해야 국가 경쟁력이 제고되는 '도시·지역 간 경쟁시대'이다. 그러나 광주(146만명)나 전남(186만명)과 같은 소규모 지방자치단체로서는 사람과 기업 등의 수도권 블랙홀 집중을 막아낼 수가 없으며 경제적 낙후와 인구소멸의 문제도 극복할 수 없다.

지역간 인구이동이 거의 없었던 1949년, 호남 인구는 약 520만 명이었다. 당시 우리나라 인구는 약 2천만 명으로 전체인구의 약 26%가 호남에 살고 있었다. 반세기 이상이 흐른 지금, 우리 호남 인구는 전체인구의 10%로 떨어졌다. 이대로 시간이 더 흐른다면, 광주·전남은 한반도 남녘의 소도시로 추락하게 될 것이다.

한국고용정보연구원보고서에 의하면 전남 22개 시·군 가운데 18개 시·군(목포, 여수, 순천, 광양 제외)이 30년 내 소멸위험지역으로 포함되어 있다. 획기적인 변화가 없다면 광주·전남의 쇠락은 피할 수 없다.

둘째, 지방자치단체의 초광역화나 메가시티는 시대정신이고 세계적인 추세로서 광주·전남 통합은 글로벌 선도도시로 발전하기 위한 해법이다.

정보통신이 발달하고 규모의 경제가 강조되면서 이제 도시 광역화는 '대세'이다. 지역 단위로 경쟁력을 갖추려면 인구가 적어도 300만~500만 명은 돼야 한다는 것이 전문가들의 주장이다.

이미 우리보다 인구가 훨씬 많은 대구(243만 명)와 경북(266만 명)은 본격적인 행정통합 논의를 진행 중이다. 부산(341만 명)·울산(114만 명)·경남(336만 명)을 하나로 묶는 메가시티 논의도 기본구상안이 나오는 등 현실화되고 있고, 대전은 세종시와의 통합을 거론하고 있다.

국제적으로도 프랑스는 22개의 레지옹(광역지자체)을 2016년 13개 레지옹으로 통합 개편했고, 일본은 47개 도도부현을 9~13개로 개편할 계획이다. 오사카시와 오사카주도 통합을 위한 주민투표를 했다.

이런 상황에서 우리 광주·전남이 시대적 흐름과 변화를 쫓아가지 못하고 현실에 머무르면서 통합 논의조차 하지 않는다면 경제적 낙후와 고립을 피할 수 없게 될 것이다. 공동 번영과 미래 경쟁력을 확보하기 위해서는 지금부터라도 통합 논의에 본격 나서야한다.

동일 생활권인 우리 광주·전남이 통합하면 자생력과 자립경제가 가능한 단일 광역경제권을 구축하게 되어 지금보다 강력한 경제블록이 형성되고 지방분권이 가능하게 된다. 국내적으로는 국가균형발전의 마중물이 되고, 대외적으로는 우리 광주·전남이 글로컬(glocal) 선도도시로 도약하는 전기가 될 것이다.

셋째, 소지역주의에서 벗어나 불필요한 경쟁이나 중복투자를 해소해 광주·전남 공동 번영과 경쟁력을 확보할 수 있는 길이다.

광주·전남은 천년을 함께 해온 공동운명체이다. 따로 따로 가면 완결성도 경쟁력도 확보하기 어렵다. 광주 전남의 정책들은 반쪽짜리 정책이 많다. 매 사안마다 각자도생하고 치열하게 경쟁하면 공멸뿐이다.

농축수산물 생산기지이며 항만과 천혜자원을 지닌 전남과 교육·의료·문화·서비스 등 도시 인프라를 갖춘 광주간에 통합이 이루어지면 상호 시너지효과를 내면서 발전하는 기폭제가 될 것이다. 아울러 중복투자, 과다경쟁, 공공기관 지방 이전 등 현안대응 능력 약화 등의 문제들이 해소될 것이다. 도시 경쟁력과 브랜드 가치가 제고되어 많은 일자리가 창출되고 지역경제는 활성화될 것이다.

특히 행정통합은 광주시와 전남도의 행정조직이 하나로 합친다는 물리적 의미를 넘어 한 뿌리인 광주·전남 시도민의 사회·정서적 결합을 가져와 그 효과는 매우 다양하고 광범위하며 클 것이다.

Q7-3. 일부에서는 과거 실패 사례를 들면서 이번에도 실패할 것이라고 얘기하는데

일부에서 과거에 광주·전남 행정통합 논의가 두 번(1995년, 2001년)이나 진행되었다가 무산되었는데, 이번에도 어렵지 않겠냐고 우려를 나타내고 있다. 그러나 그 때와 지금은 시대정신도 주변 여건도 크게 변화하였다. 1990년대 초반까지만 해도 중앙집권체제하에 정보통신과 교통이 발달하지 않았기 때문에 중앙정부가 통치하고 관리하기 쉽도록 큰 도시들을 직할시나 광역시로 '분리'하는 것이 시대정신이었다.

그러나 지금은 정보통신이 비약적으로 발전했고, 각 지역마다 고유함과 독특함을 바탕으로 균형 있게 발전해야 국가 경쟁력을 확보할 수 있는 분권의 시대이다. 따라서 지금은 자치단체들이 자생력과 자립경제가 가능한 300만~500만 이상의 규모의 경제를 실현하기 위해 연대와 통합을 본격적으로 추진하고 있다.

그럼에도 행정통합이 성공하기 위해서는 반대측이 제시하고 있는 ▲지금도 두 지역은 경제활동 면에서 분리되어 있지 않으므로 통합을 한다고 효율화가 나타나지 않음 ▲오히려 광역단체 하나가 소멸함으로 인해 국가지원이 감소하여 정부 과제의 축소가 예상됨 ▲광주 측에서 보면 광주의 재정이 전남으로 투입될 우려 ▲전남 측에서 보면 인프라가 잘 갖추어진 광주 인근으로 국책사업이나 산업이 집중될 가능성 등의 우려에 대해 면밀하게 분석해서 해법을 제시해야 한다.

즉, 행정통합이 이루어질 경우 오히려 양 지역 총량으로 본 중앙정부 지원 예산을 늘릴 방안을 찾아야 한다. 또한 현재의 광주 지역과 전남 지역 간에 불균형이 발생하지 않을 방안을 마련해야 하며, 전남의 낙후지역으로 광주의 예산이 이동하지 않고도 전남 낙후지역을 발전시킬 방안은 무엇인지를 보여주어야 광주시민들이 안심할 수 있을 것이다. 그리고 전남도민들이 안심할 수 있도록 전남의 사업들이 광주 인근으로 집중되지 않을 방안도 제시해 주어야 한다.

결론적으로 행정통합 찬성과 반대 양측 주장 모두 나름대로 일리가 있다. 그러나 행정통합 찬성 주장의 이유가 보다 진취적이다. 화합과 새로움을 추구하고, 더 큰 세상으로 전진하자고 하는 것이니 새로운 미래를 위해 우리가 받아들여야 할 가치다. 반면 행정통합 반대 주장의 이유는 기존의 상태 유지여서 현실 안주의 퇴행성이 엿보인다. 하지만 이 역시 나름대로 보수적인 가치로서 존중받아야 하므로 행정통합은 이 가치도 존중하면서 추진되어야 할 것이다.

Q7-4. 향후 논의 방향은?

온전한 통합에 이르기까지는 많은 절차와 시간이 필요하다. 지금으로서는 광주·전남이 통합 논의를 시작하는 것 자체만으로도 큰 의미가 있다고 생각한다. 시장과 도지사, 시도민이 "우리는 다시 하나가 된다"는 진정성을 갖고 통합 논의를 시작하면 그것만으로도 불필요한 중복투자와 과다경쟁, 행정의 비효율 상당 부분을 해소할 수 있을 것이다.

통합방식과 시점에 대해서는 광주시와 전라남도가 정치권, 전문가, 시민사회단체들과 긴밀한 협력관계를 유지하면서 시도민들이 바라는 방향으로 속도감 있게 추진해 나가야 한다.

광주·전남 통합 논의는 미래를 준비하는 일이다. 1986년 광주가 전남에서 분리된 후 35년 이상의 세월이 경과되면서 많은 이해관계가 새롭게 형성되었다. 따라서 다시 통합하게 되면 단기적으로는 불이익을 보는 사람이나 집단도 많이 있을 것이다. 개별 이해관계 때문에 논의가 무산되거나 지연돼서는 안 될 것이다. 장기적으로는 구성원 모두에게 도움이 되기 때문이다.

새로운 길을 가는 혁신에는 항상 저항이 있고 힘이 들지만 반드시 가야될 길이다. 광주·전남 통합 논의는 미래를 준비하는 일인 만큼 더 늦기 전에 폭넓은 논의가 시작되어야 한다. 광주시와 전남도는 원활한 통합 논의가 이루어질 수 있도록 적극 뒷받침해야 한다. 이는 시장과 도지사에게 주어진 책무이다. 우리의 손에 광주·전남의 미래가 달려 있다는 책임감과 시대적 소명의식을 갖고 새로운 미래를 열어가야 한다.

<광주·전남 행정통합 추진 상황>

- 이용섭 시장, 시·도 통합논의 제안 : 2020. 9. 10.
- 광주·전남 행정통합 논의를 위한 시·도지사 합의문 발표 : 2020. 11. 2.
- 이용섭 시장, 대통령 주재 초광역협력 지원전략 보고회에서 광역자치단체간 통합 촉진을 위한 제도보완 및 지원강화 건의 : 2021. 10. 14.
- 광주·전남 행정통합 연구용역 위·수탁 협약 체결(시·도·광전연) : 2021. 10. 21.
- 광주·전남 행정통합 연구용역 수행 중(광주·전남연구원) : 2021.11. ~ 2022. 10.

Q8. 모두가 불가능할 것이라고 생각했던 달빛고속철도 사업을 제4차 국가철도망 구축계획에 포함시켰다. 이제 실행 동력을 마련하는 일이 중요한데.

달빛고속철도 사업은 영·호남 시·도민의 20년 숙원사업이다.

광주-대구를 1시간대로 연결하는 달빛고속철도는 영호남을 잇는 단순한 길이 아니다. 오랜 세월 정치적 이해관계로 갈라져 대립하고 갈등해야 했던 동서 간 화합의 물꼬를 트고, 진정한 국민통합을 이루어내는 큰 걸음이 될 것이다. 또한 영호남 8개 시·도가 연결되는 1,800만 경제시장을 견인하는 동서 광역경제권을 형성하여 수도권의 블랙홀로부터 지역을 지켜내는 한편, 국가균형발전의 견인차 역할을 하면서 대한민국의 새로운 경제역사를 쓰는 전기가 될 것이다.

우리는 달빛고속철도가 다음 정부에서 조기에 착공할 수 있도록 대선 후보 공약에 반영할 것이다. 이를 위해 지난해 12월에 영·호남 6개 지방자치단체 지역혁신협의회가 정부에 달빛고속철도 예비타당성 조사 면제와 조기 착공을 촉구하는 공동건의문을 발표했다. 이는 앞으로 광주와 대구의 2038하계아시안게임 유치를 위해 꼭 필요하며, 수도권 중심 인구·산업 구조 재편성을 통한 국가균형발전의 선결 과제이기도 하다.

2. 그린-스마트-펀 시티(Green-Smart-Fun City)

Q1. 광주를 그린-스마트-펀 시티로 만들어야 한다고 말씀하였는데 어떤 의미인가?

그린시티(Green City)는 기후위기 대응을 선도하는 친환경 녹색도시를 만들자는 것이다. 정부 계획보다 5년 앞선 2045탄소중립 에너지 자립도시 광주를 만드는 것이 대표적 실천과제다. 스마트 시티(Smart City)는 향후 50년, 100년을 책임질 인공지능 기반의 최첨단 도시를 만드는 것이다. 펀 시티(Fun City)는 우리 시민들은 물론이고 외지인들이 광주에 와서 편하게 쇼핑도 하고 무등산에 올라 즐거운 추억도 만들고 문화예술과 관광을 즐길 수 있는 광주만의 볼거리, 즐길거리, 먹거리가 있는 테마도시를 만드는 것이다.

이를 위해 세계적 수준의 특급호텔을 유치하고 소상공인과 상생할 수 있는 복합쇼핑몰 입점 그리고 무등산 접근성 향상 등 도시경쟁력 제고와 관광인프라 확충을 위한 논의도 본격적으로 시작해야 한다. 국제적 수준의 새로운 광주컨벤션센터를 광주의 랜드마크로 신축할 것이다.

Q2. 광주·전남의 가장 큰 현안인 광주군공항 이전사업의 전망은?

광주 군공항은 광주와 전남이 상생하고 동반성장하는 방향으로 반드시 이전되어야 한다. 특히 군공항은 국가의 중요한 안보시설이기 때문에 이전사업 역시 정부가 국가사업으로 추진해야 한다.

민선 7기 들어 군공항 이전사업도 더디기는 하지만 진척을 보이고 있다. 우리 시의 노력으로 국무총리실에 범정부협의체가 만들어져 군공항 이전의 당위성과 이전지역에 대한 정부 차원의 인센티브 논의를 진행 중에 있다. 또한 최근 국토교통부는 광주공항과 무안공항의 통합을 광주군 공항 이전과 연계하여 추진하겠다는 내용의 제6차 공항개발종합계획을 고시했다.

또 지난해 12월 열린 광주전남 상생발전위원회에서도 시도지사는 광주 군공항 이전 문제가 광주·전남이 상생할 수 있는 방향에서 국가 주도로 추진될 수 있도록 공동 노력하기로 다시 한 번 약속했다. 우리 시는 다음 정부에서 반드시 군공항 이전이 실현될 수 있도록 노력하고 광주군공항이 이전되면 그 부지는 그야말로 그린-스마트-펀 시티(Green-Smart-Fun City)의 대표적이고 상징적인 공간으로 조성할 것이다. 이러한 내용들을 대선후보 공약에 반영시켜 실천동력을 확보할 것이다.

Q3. 광주 안에서도 5개 구간의 균형발전을 이루는 일이 중요하다. 앞으로 자치구 경계조정 논의 전망은?

국가 균형발전이 중요한 것처럼 광주 5개 자치구간 균형발전도 중요하다. 5개 자치구간 경계조정 논의는 2014년부터 지역정치권을 중심으로 이뤄지다가 2017년 1월 구청장협의회에서 구체화되었다. 2018년 1 ~ 11월 연구용역까지 마쳤다.

정치권은 물론이고 일반 시민들도 ▲기형적 선거구의 정상화 ▲자치구간 인구편차 불균형 조정 ▲구도심 공동화에 따른 대안 마련 ▲주민편익과 행정 효율성 확대 등을 위해 모두 자치구간 경계조정 필요성에 대해 공감하고 있다.

따라서 우리 시는 그동안 관련 용역을 토대로 북구 일부를 동구로, 광산구 일부를 북구로 편입하고 다양한 인센티브를 제공하는 내용을 담은 경계 조정안까지 마련했지만, 해당 자치구의 거센 반발에 직면했다. 총론에 대해서는 찬성하지만 구체적인 대안에 대해서는 이해관계에 따라 찬반 의견이 크게 갈리고 있다.

나는 광주의 미래를 위해 구간 경계조정을 민선 7기 때 마무리하기 위해 노력했지만, 최선이 아니라는 결론에 도달했다. 2022년 지방선거를 앞두고 있어 관련 지역 인사들의 동의를 얻어내기 어려운 시점이고 무리하게 추진하면 지역 내 분열과 갈등이 커질 수 있기 때문이다.

그러나 지방선거가 끝나고 다음 총선을 준비해야 하는 상황이 되면 광주 국회의원 수가 1명 줄어들 수 있다는 우려 때문에 경계조정 추진 동력이 생길 것이다.

자치구간 경계조정은 밀어붙여서 될 일이 아니다. 현행법상 해당 자치구에서 건의하지 않으면 진행될 수도 없다. 구간 경계조정은 해당 구만의 문제가 아니고 광주 미래에 관한 문제이므로 언론, 시민사회단체, 시민들의 적극적인 관심과 성원을 부탁드린다.

Q4. 임동 전방·일신방직 부지 개발의 기본방향은?

전남방직주식회사와 일신방직주식회사 부지개발은 여러 차례 입장을 밝힌 대로 투명성을 바탕으로 공공성과 사업성이 조화를 이루는 방향으로 진행될 것이다.

이 일대는 일제 강점기 수탈과 광주 근·현대 산업화의 역사성을 가지고 있는 상징적인 장소이다. 따라서 역사문화자산인 공장건축물 보존을 기본원칙으로 세웠고, 동시에 시민 삶의 질 향상과 도시경쟁력 제고를 위한 전략적 중심상업지로 개발할 계획이다. 국제적 수준의 호텔과 라키비움(도서관 + 기록관 + 박물관) 등 복합문화시설을 도입해 품격 높고 혁신적인 도시경관과 쾌적하고 창의적인 도시공간을 구현할 계획이다. 다만, 주상복합이나 아파트 위주의 개발은 허용하지 않을 것이다.

그동안의 경과를 보면 ▲2020년 4월 토지소유주(전방·일신방직)측에서 협상대상지 신청을 했고 ▲우리 시에서는 전문가합동T/F(단장 : 행정부시장)를 구성해서 23차례 회의(2020.7. ~ 2021.10.)를 통해 협상조건을 마련해 2021년 11월 11일 시민설명회를 개최했다. ▲이어 2021년 11월 12일에는 광주시 도시계획위원회와 건축위원회를 공동 개최하여 자문을 받았다.

우리 시는 이런 과정을 거쳐 마련된 협상조건을 지난해 11월 24일 전방과 일신방직에 통보했다. 즉, ① 공장건축물 보존 기본원칙 준수 ② 시민 삶의 질 향상과 도시경쟁력 제고를 위한 상업·업무·문화시설의 융복합 개발 ③ 아파트 및 주거위주의 개발 지양 ④ 품격 높고 미래지향적인 도시경관과 쾌적하고 창의적인 도시공간을 구현하기 위한 설계공모 및 특별건축구역제 도입 등 도시계획방향 ⑤ 도시관리계획 변경에 따른 이익의 사회적 공유와 합리적 배분이 이루어지는 공공기여계획을 제시하였다.

이에 대해 ▲전방과 일신방직은 지난해 12월 10일 우리 시가 제안한 협상조건을 수용한다고 회신해왔다. 회신문에서 두 회사는 "광주시 발전에 기여하고, 랜드마크로서 디자인 특화명품단지를 조성하여 광주의 도시 경쟁력 제고를 위한 선진적 도시개발모델이 될 수 있도록 최선을 다할 것"이라고 밝혔다. 이에 따라 ▲우리 시는 12월 13일 임동 전방과 일신방직 공장부지를 도시계획 변경 사전 협상대상지로 선정했다.

앞으로 사업자 측에서 광주시가 제시한 도시계획 방향을 반영한 세부 개발계획(안)을 제출하면 우리 시는 협상조정위원회(광주시측, 민간측, 외부전문가로 구성)를 구성하여 본협상에 착수할 계획이다. 협상결과가 확정(협상개시일로부터 6개월 이내)되면 협상을 종료하고 지구단위계획을 입안하여 본격적으로 사업을 시행할 것이다.

국립아시아문화전당-광천터미널-상무지구를 잇는 이 부지가 개발되면 시민이 행복한 「더 크고 더 강한 광주시대」를 여는 데는 물론 볼거리와 시민 생활편의시설 제공으로 펀 시티(Fun City) 조성에도 크게 기여할 것이다.

앞으로 이 사업이 순조롭게 잘 진행되어 2025년 세계양궁선수권대회 전에 국제적 수준의 특급호텔 건립이 완공될 수 있도록 노력하겠다.

Q5. 그동안 지역의 해묵은 현안들이 상당수 해결됐다. 그런데 유독 어등산 관광단지 사업 추진은 더디기만 하다. 사업 재개를 위한 대안이 있는가?

어등산 관광단지 조성사업이 행정소송 제기 등으로 지연되어 참으로 안타깝다. 온 시민들이 17년간이나 끌어온 어등산 관광단지 사업이 조속히 완공되기를 간절히 바라고 있는데 일부에서 계속 지연시키고 있어 참으로 유감이다.

그나마 다행스럽게도 광주지법은 2021년 12월 28일 어등산 관광단지 우선협상대상자인 ○○건설이 발주처인 광주시를 상대로 제기한 우선협상대상자 선정 취소 처분 효력 집행정지 가처분 신청을 기각했다.

우리시는 2019년 8월에 어등산 관광단지 조성 민간사업 우선협상대상자로 ○○건설을 대표 주관사로 하는 컨소시업을 선정했다. 이후 협상 당사자인 광주도시공사가 ○○건설과 협약체결을 위한 협상을 추진했으나, 시와 도시공사가 제시한 총 사업비를 ○○건설이 수용하지 않았다.

이에 따라 우리시는 공모지침서에서 정한 우선협상대상자의 의무를 성실히 이행하지 않아 관련 규정과 행정절차법에 따라 청문을 실시해 의견 진술 등의 행정절차를 거친 후 2021년 10월 사업자 선정을 최종 취소한바 있다.

이에 대해 ○○건설은 가처분 소송과 함께 본안(처분 취소) 소송을 함께 제기 했다. 우리 시는 가처분 승소 판결이 확정되면 어등산 관광단지 조성사업을 본격적으로 재추진할 것이다. 그동안 수익성 저조로 난항을 거듭해온 민간공모방식을 지양하고 민간과 공공의 공동개발 방식으로 추진하는 방안을 적극 검토하고 있다.

하루라도 빨리 시민들에게 번듯한 관광단지와 휴식 공간을 제공할 수 있도록 속도감 있게 추진할 것이다. 각자의 이해관계가 있겠지만 광주 미래를 위한 대승적 협조를 부탁드린다.

Q6. 대형복합쇼핑몰 유치에 대한 지역사회의 관심이 높다.

특·광역시 중 우리 광주에만 '대형복합쇼핑몰'이 없다. 이를 유치해야 한다는 제안과 건의들이 부쩍 많아지고 있다. 많은 분들이 광주시 홈페이지와 SNS 등을 통해 창고형 할인매장이나 프리미엄 쇼핑몰 등의 유치를 건의하고 있다. 그런가 하면 일부에서는 이런 요구에 대해 큰 우려를 표명하고 있다.

매우 민감한 문제지만 계속 논의를 미루는 것은 바람직하지 않다. 그러나 고려해야 할 점이 많다.

광주는 다른 대도시와는 달리 나눔과 연대를 통해 함께 고난을 극복해 온 운명공동체의 특성이 있다. 경제 효율성이나 편의성만을 강조하여 지역상권을 붕괴시키고 소상공인들을 거리로 내모는 정책을 펴는 것은 바람직하지 않다. 그렇다고 시민 삶의 질이나 편의, 그리고 도시 경쟁력을 외면하게 되면 인구가 감소하게 되어 길게 보면 소상공인을 포함하여 모두가 피해를 입게 된다.

따라서 우리 시는 소상공인 생존권과 지역상권 보호, 시민 쇼핑편의와 도시 경쟁력 제고 등이 상호 조화를 이루고 상생할 수 있는 방안을 마련하여 소상공인과 광주공동체 모두에게 도움이 되는 방향에서 대형쇼핑몰 유치 방안을 검토할 것이다.

Q7. 송정역 일대 KTX투자선도지구 개발에 대한 관심이 뜨겁다. 이 일대가 교통물류의 허브, 산업·업무·주거 융복합지구로 거듭나기 위해서는 금호타이어 광주공장 이전이 필수인데, 언제쯤 구체화될 것으로 보이는가.

나는 지난해 8월 9일 기자간담회에서 금호타이어의 광주시 관내 이전을 고집하지 않고 금호타이어측이 빛그린산단 함평지구로 이전하기를 원한다면 그 입장을 존중하겠다고 밝혔다.

우리 시는 그동안 금호타이어 광주 공장이 관내로 이전되도록 여러 부지를 제시했으나 금호타이어는 조기이전(3 ~ 5년)이 가능하고 저렴한 가격(평당 80만원 내외)의 부지를 찾기 어렵다는 입장을 보였다.

공장이전 후 남는 금호타이어 부지는 송정역 일대가 KTX 투자선도지구로 지정된 만큼 이 종합계획과 궤를 같이 하면서 도시경쟁력과 도시브랜드 가치를 높이고, 더 많은 일자리 창출과 지역경제 활성화시키는 방안을 금호타이어측과 협의할 것이다. 분명한 것은 아파트 위주의 개발은 안된다는 점이다. 송정역 일대를 교통과 물류 허브, 산업·업무·주거 융복합지구로 개발할 예정이기 때문에 그 목적에 맞게끔 개발 계획이 마련되어야 용도변경도 가능할 것이다.

Q8. 광주는 2045년 탄소중립 에너지자립도시를 선언(2020년 7월)하고 비전과 목표를 제시했다. 2021년이 탄소중립의 기반을 닦는 원년이었다면 2022년은 구체적인 광주행동이 시작되는 첫 해이다. 어떤 사업들을 준비 중인가.

2021년 11월 25일에 '2022 광주행동 계획'을 발표하였다. 녹색전환도시를 위한 구체적인 행동계획으로 4대 분야 8대 핵심사업을 제시했다.

① **에너지자립 청정도시** 실현을 위한 정의로운 에너지 전환이 본격화된다. 에너지 전환마을 거점센터 조성·지원 확대와 함께 기후위기 대응 전문인재 양성을 위한 기후·에너지 사관학교가 운영될 예정이다.

② **친환경생태도시** 실현을 위한 자원순환경제 및 생태·녹지축을 확대한다. 생활폐기물 탄소중립 특화단지를 조성하고 도심공원 훼손지 복원 사업을 통해 도시 녹지를 확대해 나갈 방침이다.

③ **녹색교통도시** 실현을 위해 자전거 중심의 친환경 도로환경을 확충하고, 안전하고 걷고 싶은 보행환경 조성사업에 속도를 낼 것이다. 우리시 온실가스 배출량의 분포도를 보면 수송 분야에서의 배출량이 가장 높다. 자동차에서 나오는 탄소를 줄이기 위해 교통정책 방향을 승용차 중심도시에서 녹색 대중교통 중심도시로 과감하게 전환할 것이다.

④ **모두가 평등하고 건강한 도시** 실현을 위해 친환경 공동주택 건립과 동계천 구도심 도시회복지구 조성사업도 추진한다.

3. 2022년을 시작하면서 각오

지난 3년 6개월 동안 쉼 없이 노력했고 많은 성과도 창출했다. 그러나 지금 생각해보니 미흡하고 부족한 부분도 적지 않은 것 같다. 특히 광주형 일자리, 인공지능, 기후위기 대응, 출산율 제고, 코로나19 확산 차단 등 큰 시대적 화두 해결에 주력하다 보니 광주의 위상을 높이고 도시경쟁력을 제고하는 데에는 크게 기여 했지만, 상대적으로 시민들의 일상을 보다 가까이에서 깊이 살피지 못했다. 또한 코로나19로부터 시민의 생명과 광주공동체의 안전을 지켜야한다는 '대의' 때문에 방역수칙 준수를 강조하다 보니 시민 개개인의 아픔을 더 절실하고 따뜻하게 보듬지 못한 아쉬움도 크다.

앞으로는 「더 크고 더 강한 광주시대」를 열기 위해 광주 대전환의 큰 그림도 그리겠지만, 시민들의 즐겁고 행복한 삶을 위해 재래시장 골목상권을 활성화시키고 일자리를 충분히 제공함과 동시에 시민들이 겪는 일상의 애환을 챙기는 일에도 주력하겠다.

인생도 역사도 만남이다

초판발행	2022년 1월 14일
지 은 이	이 용 섭
펴 낸 이	김 수 진
펴 낸 곳	세 경 사
출판등록	1977. 12. 2. No. 제3-74호
주 소	서울특별시 영등포구 은행로 29(여의도동) 정우빌딩 209호
전화번호	792-7202~3, 795-3398, 796-2400
팩 스	792-1343
홈페이지	www.sekyungsa.co.kr
I S B N	978-89-7933-397-8 03300
정 가	20,000원